Rolf Hochhuth
Täter und Denker

Rolf Hochhuth

Täter und Denker

Profile und Probleme
von Cäsar bis Jünger

Deutsche Verlags-Anstalt
Stuttgart

CIP-Kurztitelaufnahme der Deutschen Bibliothek

Hochhuth, Rolf:
Täter und Denker : Profile u. Probleme von Cäsar bis Jünger
Rolf Hochhuth. – Stuttgart : Dt. Verl.-Anst., 1987
ISBN 3-421-06346-X

© 1987 Deutsche Verlags-Anstalt GmbH, Stuttgart
Alle Rechte vorbehalten
Lektorat: Wolfgang Stammler
Typographische Gestaltung: Marion Hildenbrand
Satz: Setzerei Lihs, Ludwigsburg
Druck und Bindearbeit:
Franz Spiegel Buch GmbH, Ulm
Printed in Germany

HENNER gewidmet, dem frühesten Gefährten:
Dr. Hans-Heinrich Koch

Neue Essays sind hier neben älteren versammelt,
die nie gekürzt wurden, doch oft erweitert,
und die zuerst erschienen sind in der
Baseler Zeitung, der Frankfurter Allgemeinen, dem Spiegel,
der Welt am Sonntag, der Weltwoche und der Zeit.

R. H.

Inhaltsverzeichnis

Die beiden Cäsar-Probleme

In memoriam Jacob Burckhardt,
gestorben vor neunzig Jahren, am 8. August 1897 in Basel

>»Geschichte ist die Begründung
von Massenmorden«

GOTTFRIED BENN, 1936
ENTWURF ZU ›WEINHAUS WOLF‹.

I.
DER NEBEN JESUS HÖCHSTGERÜHMTE

Täter, Denker, Künstler sind lebendig, das heißt: dramatisch –
statt nur noch museal – in genau dem Maß, in dem sie auch *uns*
problematisieren. Daß ausgerechnet Cäsar der neben Jesus
Höchstgerühmte wurde – sogar der ausgenüchterte Burckhardt
gibt schriftlich: »vielleicht der größte Sterbliche«!–, ist erstens
der Tatsache zuzuschreiben, daß Cäsar problematischer ist als
alle anderen »groß« Genannten. Zweitens ist es zuzuschreiben
dem schlechten, das heißt durch Cäsar problematisierten Gewissen der Nachwelt, die es sich selbst nie ganz verzeihen kann,
ausgerechnet vor jenem Menschen so andauernd auf den Knien
zu liegen, dessen Veranstaltungen als Imperialist wie als Bürgerkrieger durch einen geradezu tierischen Egoismus charakterisiert
sind; und der zweitens die ehrwürdigsten Patrioten Roms
gezwungen hat, zu Meuchelmördern zu werden.

Diese beiden Cäsar-Probleme setzen keineswegs ein Fragezeichen hinter historische Größe überhaupt. Es bleibt uneinge-
schränkt wahr: Die Großen »sind zu unserem Leben notwendig,
damit die weltgeschichtliche Bewegung sich periodisch und ruck-
weise frei mache von bloßen abgestorbenen Lebensformen und
von reflektierendem Geschwätz«; ja, daß »für den denkenden
Menschen ... das Offenhalten des Geistes für jede Größe eine der

9

wenigen sicheren Bedingungen des höheren geistigen Glückes« ist, wie Burckhardt sein Kapitel über »Die Individuen und das Allgemeine« beschließt. Es gab wahrscheinlich auch Täter erster Garnitur, die – anders als Cäsar – keine Mörder waren, so Themistokles (obgleich dessen Mutter sich seinetwegen, laut Burckhardt, erhängt haben soll), Marc Aurel, Luther, Marlborough, Prinz Eugen, Cavour, Bismarck, Lincoln, Bolivar, Edward VII., Franklin Roosevelt. Um so bedrückender die Frage, warum ausgerechnet *der*, dessen Kriegsverbrechen ein Unmaß angenommen hatten, daß sogar ein Römer – nicht irgendeiner, sondern Cato – Cäsars Auslieferung an die Germanen im Senat beantragte; daß der, für den nach eigenem Bekunden sein Bürgerkrieg kein anderes Ziel als ein urpersönliches hatte: daß selbst der vom Schöngeist unter den Historikern »in Betreffs der Begabung« der Größte der Sterblichen genannt wurde. Wieso, wenn er angesichts eines Großen – einmal – schon im Superlativ schrieb, nannte dann Burckhardt, gebildeter als jeder andere Historiograph, nicht Michelangelo oder Mozart oder Perikles?

Und weil Cäsars Nachwelt sich noch nie dagegen hatte wehren können, immer erneut, auch heute wieder, durch die Überzeugungskraft dieses brillantesten *homo ludens* unter allen Politikern mitgerissen zu werden – »kühl und blendend wie ein Reptil«, nennt Birt (1852–1933), Repräsentant der auf Mommsen und Burckhardt folgenden Althistoriker-Generation, diesen »Adler«, dieses »glänzende Raubtier« –, so hält die Nachwelt wie keinen anderen diesen Egomanen dauernd im Gespräch, interessanter als viele noch gegenwärtig Agierende. Doch wen wir bewundern, dessen Treiben heißen wir gut, mindestens in *dem* Maß, in dem wir ihm den Vorzug vor anderen geben. Die Zahl derer, die einen Marc Aurel bevorzugen, gesetzt den Fall, sie wissen von ihm, ist gering – während von Cäsar jeder weiß. Bismarck, weil er beobachtet hatte, wieviel öfter die Schweden Bilder Karls XII. ins Zimmer hängen als die jedes anderen Monarchen, bemerkte verstimmt, Völker zeigten sich wenig dankbar gegenüber jenen, die ihnen den Frieden erhalten – viel anhänglicher seien sie offenbar denen, die ihren Staat und dessen Menschen runiert haben wie Karl XII., den, wegen seines Marsches in die Ukraine, Friedrich von Preußen »den Hanswurst im Furchtbaren« genannt hat.

Trifft auch auf die persönlich oder mit ihren Generationsgenossen Betroffenen nicht mehr zu, daß sie jene lieben, durch die sie und ihr Vaterland ruiniert wurden: Auf die Nachwelt trifft das um so mehr zu! Auch der vorsichtige Basler Bürger Burckhardt zählte nicht mehr jene Schweizer, die der nächste Hanswurst im Furchtbaren nach Rußland mitverschleppt und umgebracht hatte, sondern bilanzierte gelassen: »...wie denn Napoleon auf Elba sagte: ›Mon nom vivra autant que celui de Dieu‹... Mit dem Unheil, welches er über die Franzosen brachte, ist Napoleon dennoch weit überwiegend ein unermeßlich wertvoller Besitz für sie.« Burckhardt schreibt: »*Mit* dem Unheil« – nicht: *trotz* des Unheils: Exakt! so ist es, und so verstimmte es Bismarck in Schweden: Je größer die Opfer waren, die ein Regierungsschurke forderte – desto höher steht er in der Nachwelt... So daß es ja auch spätestens den Enkeln, zuweilen aber auch schon den Söhnen wieder möglich, ja zur Lust wird, einem neuen »großen Mann« freiwillig auf Schlachtfelder zu folgen – oder gar, das übersehe man nicht, ihn anzutreiben, sie auf Schlachtfelder zu führen. Denn Völker sind oft, so die Franzosen 1870 und die Europäer insgesamt 1914, nicht weniger wild versessen aufs Schlachte-»Fest«, wie kleine Leute sagen, wenn sie ihr Schwein abstechen, als die Befehlsgeber, denen im Rausch des Krieges sogar nachgesehen wird, daß sie längst aus jeder Familie Angehörige umgebracht haben. Noch nach fünf Kriegsjahren, beim Attentat Stauffenbergs 1944, lag Hitler, neun Monate, bevor er sich endlich in den Mund schoß, »seinen« Deutschen und Österreichern im Blut – populär wie Bier und Geschlechtsverkehr.

Allein jene Angst, die nicht die Möglichkeit hat, sich religiös zu gebärden, also die nicht aus der Religion stammt – denn Religion konnte immerhin zu der Illusion verhelfen, man tue Gottgefälliges, wenn man in den Krieg zieht –, Angst, wie sie erst durch die Atombombe geweckt wurde, macht dann die Menschen friedlicher; auch läßt ja in Friedenszeiten der Straßenverkehr, gerade weil er seit dem 20. Jahrhundert in den Industriegesellschaften *jedem* seinen Motor beschert, so viel an Aggressionen ab, daß in dem Maß, wie diese abgelassen werden, Hoffnung zulässig wird.

II.

FRIEDE STILLT KEINE RUHMGIER

Friede aber stillt, furchtbar, das zu sagen, Tätern nicht die Ruhmgier, die jedoch offenbar eine höchst legitime zu allen Zeiten war; vielleicht noch stärker sogar bei denen ausgeprägt, die rühmen wollen und das für ihren geistig-seelischen Haushalt auch *brauchen* – also jedes Volk und auch die meisten einzelnen – als bei jenen, die berühmt *werden* wollen. Gibt es einen einzigen Staatsmann im Gedächtnis der Menschheit, der nicht auch Kriege führte? (König Edward schuf immerhin die »Entente«, die allein 1914 Europa vor seinem Neffen Wilhelm dem Letzten aus Berlin retten konnte.) Und gibt es einen einzigen Historiker, der nicht vorwiegend Krisen und Kriege – gewiß nicht nur deshalb, weil die schriftstellerisch mehr »hergeben« als Zeiten des Glücks, das heißt: ereignislose – zu seinen Sujets gemacht hat? Burckhardt sogar spricht verächtlich von langem Frieden, obgleich er immerhin als einziger in seiner Zeit – einziger mindestens der Deutsch Schreibenden – den *endgültigen* Pessimismus angesichts der Teufeleien geschichtlicher Ereignisse dort aufbrachte, wo wirklich nichts mehr für die Opfer zu hoffen gewesen war: »Daß aus Bösem Gutes, aus Unglück relatives Glück geworden ist«, dürfe nie vergessen lassen, »daß Böses und Unglück anfänglich waren, was sie waren.« Burckhardt *weiß* von den »entsetzlichsten Mitteln … unermeßlichen Strömen von Blut«, zum Beispiel beim Unterwerfen von Orient und Okzident durch Rom. Um so erstaunlicher doch dann auch seine Verachtung – eben deshalb, weil der persönlich so friedeliebende Mann im kriegsverschonten Basel achtzig werden durfte, ohne je im Leben einen Schuß zu hören – für politisch windstille Zeitläufte. Sarkastisch verhöhnt er im Sommer 1868, als er in der Konstanzer Sommerfrische seine Vorlesung ›Über Studium der Geschichte‹ schrieb, die dann 1905 sein Neffe Oeri als ›Weltgeschichtliche Betrachtungen‹ herausgab, sein eigenes Zeitalter,

12

das ihm offensichtlich als aufreizend langweilig an den Nerven zehrte, so daß Burckhardt ihm weniger drohte als wünschte:

»Heutzutage ist zunächst eine Schicht von Leuten auszuscheiden, welche sich und die Zeit vom Bedürfnis nach großen Männern emanzipiert erklären. Es heißt, die jetzige Zeit wolle ihre Geschäfte selber besorgen, und man denkt sich etwa, es werde ohne die Verbrechen großer Männer recht tugendhaft zugehen. Als ob nicht die Kleinen, sobald sie auf Widerstand stoßen, eben auch böse würden, abgesehen von ihrer Gier und ihrem Neid untereinander.

Andere führen die Emanzipation (NB, wesentlich nur auf den intellektuellen Gebieten) praktisch durch mittels allgemeiner Garantie der Mediokrität, Assekuranz gewisser mittlerer Talente und falscher, in ihrem schnellen Daherrauschen kenntlicher Renomeen, die dann freilich auch bald platzen. Das Übrige tut die polizeiliche Unmöglichkeit alles großartig Spontanen ... Wenn aber der große Mann käme und nicht gleich in seinen Anfängen unterginge, so ist noch die Frage, ob man ihn nicht zerschwatzen und durch Hohn über ihn Meister würde. Unsere Zeit hat eine zermürbende Kraft ... Jedenfalls kann sich das vorherrschende Pathos unserer Tage, das Besserlebenwollen der Massen, unmöglich zu einer wahrhaft großen Gestalt verdichten. Was wir vor uns sehen, ist eher eine allgemeine Verflachung, und wir dürften das Aufkommen großer Individuen für unmöglich erklären, wenn uns nicht die Ahnung sagte, daß die Krisis einmal von ihrem miserabeln Terrain ›Besitz und Erwerb‹ plötzlich auf ein anderes geraten, und daß dann ›der Rechte‹ einmal über Nacht kommen könnte, – worauf dann Alles hinterdrein läuft.«

Dann Burckhardts Stoßseufzer der Erleichterung, wie stehendes Wasser eine belebende Brise empfängt: Als der große Mann endlich da und in Paris eingezogen ist und seinen König in Versailles zum Kaiser gekrönt hat! Burckhardt fügt rasch im Hinblick auf Bismarck und Frankreichs Kriegserklärung an Deutschland und die sehr blutigen Schlachten dieses kurzen Krieges – der bis dahin opferreichste der Geschichte, auf beiden Seiten, gemessen an der Kürze der Kampfhandlungen – in sein Vorlesungsmanuskript als ›Zusatz 1870/71‹ noch ein:

»Vor allem haben beide Staaten ihre Völker von dem Gebiet der Rechte wieder auf das der Pflichten zurückgeführt und verlangen Unerhörtes von ihnen. Statt der Reflexion und des Raisonnements regiert die Hingebung, statt des Einzelnen und Vielen das Ganze und Eine.

Statt der Kultur ist wieder einmal das bloße Dasein in Frage, und auf Jahre hinaus wird man der bloßen Lüsternheit nach sogenannten Verbesserungen mit einem Hinweis auf die unermeßlichen Leiden und Verluste antworten.

Der Staat wird wieder sehr die Oberherrschaft über die Kultur zuhanden nehmen und dieselbe sogar nach seinem Geschmack mannigfach neu orientieren. Vielleicht frägt sie selbst bei ihm an, wie ers gerne haben wolle.

Zunächst werden Erwerb und Verkehr auf das derbste und dauernd daran gemahnt werden, daß sie nicht das Hauptsächlichste im Menschenleben seien. Von dem luxuriösen Betrieb der wissenschaftlichen Forschung und Mitteilung, auch der Künste, wird vielleicht ein gutes Stück sterben...

Harte Zweckmäßigkeit wird der herrschende Typus des Lebens sein; – daneben Steigerung der Religiosität, welche an sich keineswegs im Antagonismus mit der Kultur gedacht zu werden braucht.

Vollends werden die Grenzen zwischen Staat und Gesellschaft für lange festgestellt werden, und zwar von seiten des Staates.

Die weitern Kriege werden das übrige tun, um diese Lage der Dinge zu befestigen. Der Staat selber nimmt eine solche Physiognomie an, daß auf lange Zeit eine andere Gesinnung sich nicht mehr seiner bemächtigen kann.«

Burckhardt, Inbegriff des Zivilisten, des Künstlers unter den Gelehrten, darf vielleicht ohne Überteibung als der souveränste der Kontemplativen, nicht nur *seiner* Epoche, sondern mindestens bis ein Souveränerer auftaucht, gefeiert werden. *Dennoch* (oder deshalb?): Welche Sympathie-Erklärung an »interessantere« als nur friedliche Zeiten! Welches Aufatmen in seinem

Zusatz über das Kriegsjahr – gemessen an den beißend verächtlichen über die sechziger Jahre. Empfinden wir alle so?

Glück verdummt: auch Historiker und Dichter

Oder Historiker und Ästheten besonders? Als Stefan George, der »natürlich«, eine Generation nach Waterloo geboren, nie in seinem Leben einen Schuß gehört hat – nur *deshalb* dieses Gerede –, im Juni 1912 in Heidelberg das Ehepaar Marianne und Max Weber besuchte, keine Vertrauten von ihm, es war Georges zweiter und letzter Besuch, da sagte er, was am gleichen Tag Frau Weber aufschrieb:

»Schönes und Tiefes. Einiges davon war von Nietzsche übernommen, z. B. über das Böse als Weltprinzip, das man mit schwachen Händen und geistigen Waffen doch nicht bezwingen könne. Über den Segen des Kriegs für ein heroisches Menschentum und die Gemeinheit des Kampfes im Frieden, über unsere Entnervung durch die zunehmende Befriedung der Welt, die unsereins sogar das Schlachten eines Huhnes unmöglich mache. Auch er bekannte sich zum Unvermögen dieses heroischen Aktes. Dann über Othello und Jago und deren ›kosmische‹ Bedeutung. Daß ich Othello als so qualvoll und furchtbar, fast als Produkt äußerster Herzenskälte empfinde, erschien ihm als rein psychologische, falsche und verweichlichte Auffassung. ›Kindchen, Kindchen! Sie müssen es kosmisch verstehen, nicht als Einzelschicksal.‹ – Als wir von der Bedeutsamkeit der stets zunehmenden geistigen Kämpfe des modernen Menschen sprachen, die vielleicht *seelischen* Heroismus erzeugen statt des leiblichen, meinte er: ›Frevlerin, Frevlerin! Sie wollen alles immer noch weiter zu Geist machen und zerstören dabei den Leib.‹ Daß gerade *er* höchst verfeinerte Menschen als Widerhall braucht und nicht die heroischen Schlagetote der früheren Zeiten ist ihm offenbar nicht bewußt. Aber was sind ›Ansichten‹? Es kam Warmes, Menschliches, Kraftvolles aus ihm heraus, das wir lieben mußten – er ist umfassender als seine Zarathustra-Überzeugungen.«

Er kam nie wieder, weil er Max Webers Reserve gegen sein kriminelles Gequatsche spürte ... Der sonst so harmlose Hesse, zwei Generationen jünger als Napoleon-Zeugen, verstieg sich zwar nicht zu Benns unsäglichem Kalauer, geschrieben von einem, dem schon drei Brüder gefallen waren und dessen Frau sich 1945 bei Kriegsende umgebracht hatte: »Wer Strophen liebt, der liebt auch Katastrophen«. Doch Hesse, nachdem er vor 1914 beklagt hatte, das Leben scheine sich »in sanften Tänzen um das Nichts zu drehen«, ersehnte im Gedicht, bevor der Krieg »natürlich« nicht ihm, dem Privilegierten, der sich vor der Wehrpflicht in die Schweiz hatte flüchten können, aber doch seinen Jahrgängern das dann bescherte – und damit vier Millionen Europäern den Soldatentod:

Schönheit der Träume, holde Spielerei,
So hingehaucht, so reinlich abgestimmt,
Tief unter deiner heitern Fläche glimmt
Sehnsucht nach Nacht, nach Blut, nach Barbarei.

Im Leeren dreht sich, ohne Zwang und Not,
Frei unser Leben, stets zum Spiel bereit,
Doch heimlich dürsten wir nach Wirklichkeit,
Nach Zeugung und Geburt, nach Leid und Tod.

Barbarei hat denn auch der 1848 nicht zum Schuß gekommene Mommsen – da sie nicht *ihn* hätte mittöten können – erschreckend unbefangen in jenem römischen Jahrhundert vermißt, als »Jahr für Jahr die Pandorabüchse des Stimmkastens« die Dinge des Staates entschied – eben gar nichts entschied, weil »die Stabilität der Verfassung ... hier wie überall nicht ein Zeichen der Gesundheit des Staats, sondern der beginnenden Erkrankung und der Vorbote der Revolution« gewesen sei. Und Mommsen spricht wörtlich wie Hesse einmal von der Barbarei als einem ersehnenswerten Zustand, anläßlich der römischen Kaiserzeit, deren »langen Status quo« er beklagte – vielleicht weil ihm selber der schier endlose Friede seit 1848 in Deutschland an den Nerven riß. Er schreibt: »Als man so weit war, daß, wer überhaupt noch nachdenken konnte, es nicht weiter brachte als zur Verzweiflung am irdischen Leben, war es freilich Zeit, daß der Sturmwind kam, dies abgestorbene Wesen auszukehren und mit einer neuen Barbarei die Möglichkeit einer neuen Entwicklung heranzuführen...« Und Eduard Meyer, ebenso wie Mommsen – das ist entscheidend – von Geschichte persönlich so gänzlich unbelästigt, daß er während des Ersten Weltkrieges *Cäsars Monarchie und das Principat des Pompejus* schreiben konnte, versteigt sich zu der völlig amoralischen Aussage: »Moralische Bedenken freilich kennt Cäsar so wenig wie nur die skrupellosesten der politischen Spieler seiner Zeit; wer solchen Anwandlungen zugänglich ist, kann in revolutionären Zeiten niemals etwas erreichen, sondern ist wie Cato – Cicero hatte ein viel weiteres Gewissen – zu ehrlicher, aber unfruchtbarer Negation verurteilt. Wo die Staatsräson es verlangt, ist auch Cäsar vor keinem Verbrechen zurückgescheut...«

Nichts kann das übliche Cäsar-Klischee des windstill lebenden deutschen Gelehrten des 19. Jahrhunderts und diesen selbst so exakt und deprimierend in seiner Zeitverfangenheit kennzeichnen wie diese Sätze, die auch sehr geeignet sind, noch heute abzulesen, was im gebildeten Deutschen des Ersten Weltkrieges gedanklich und gefühlsmäßig vorgegangen ist und warum er geholfen hat, durch Kriegsbegeisterung und Annexionswahn sein Vaterland zu ruinieren. Meyer schrieb das Vorwort zur zweiten Auflage dieses Werkes Pfingsten 1919, die erste Auflage war elf Monate zuvor erschienen, fünf Monate, bevor Wilhelm II. seinen Thron verlor: Meyer hatte soeben die anständigste – nämlich Blut scheuende – Revolution der Geschichte in Berlin erlebt; keinem Bürger, auch keinem von Adel, war durch jene Sozialdemokraten, die das Hohenzollern-Regime nach fünfhundert Jahren abgeschafft hatten, auch nur eine Fensterscheibe demoliert oder ein einziger Acker Land, eine einzige Aktie enteignet worden. Doch als habe er nie aus dem Fenster herausgeschaut, während er schrieb, sagt Meyer, wer Skrupel habe, könne nie Revolution machen! Er verhöhnt Cato, weil der ein anständiger Mensch geblieben war – beklagt aber mit winselndem Pathos, »daß unser Volk der großen weltgeschichtlichen

Aufgabe, die ihm gestellt war, nicht gewachsen gewesen ist«. Welcher Aufgabe? Dem Wahn des Kaisers – »unsere Zukunft liegt auf dem Wasser« –, das britische Weltreich um seine Hegemonie zu bringen? Schon Mommsen war des Wahns gewesen, als er Karthago mit London verglich: dem afrikanischen »Krämervolk« entsprächen die Briten. So hatten alle Deutschen gedacht – anstatt einzusehen, daß Miltons ›Verlorenes Paradies‹ realistisch war, in dem es heißt: *Wir* – die Briten – gründeten Rom neu!

Mommsens Deutsche hielten sich für die Erben Roms – doch die Briten waren es gewesen. Und so wie Mommsen und Meyer auch Birt, dessen ›Charakterbilder‹ von Homer bis Spätrom gewaltige Auflagen hatten und einen schon nietzschehaften Machiavellismus lehrten, so wenn er über Cato fröhlich schreibt: »...brachte einen Sack voll Feigen (aus Afrika) mit und legte sie im Senat auf den Tisch des Hauses mit den lakonischen Worten: ›Ihr seht, eine Gegend, wo die Feigen so schön sind, die müssen wir haben‹ ... so schrie der 85jährige Eiferer wieder und wieder durch den Senatssaal sein: ›ceterum censeo Carthaginem esse delendam‹ ... und er hatte recht. Karthago wäre stets ein Fremdkörper im römischen Reich gewesen ... das punische Element war rassenfremd und mußte ausgeschaltet werden; schon zu Ciceros Zeit spüren wir kaum noch etwas von seiner Existenz, ein Rückgang wie der der Indianer in Nordamerika oder gewisser Tiersorten, der Büffel und Elche, in Deutschland. Und die letzte große Rolle der semitischen Rasse auf dem Gebiet der Staatenbildung bis auf Mohammed und die Ommaijaden war damit ausgespielt.« So der vielleicht einflußstärkste Lehrstuhlinhaber unter den Althistorikern bis 1933: Birt starb zwei Tage vor Hitlers Einzug in die Reichskanzlei.

Wie wirkten solche gemeingefährlichen Zeilen und die der anderen Gelehrten auf die Millionen potentieller Nazis unter den Akademikern? Wenn vermutlich Hitler selber sie nie las, so nur deshalb, weil er durch Spengler, der ihm bei Wagners in Bayreuth persönlich begegnet ist, überhaupt als Nichtleser exakt charakterisiert wird. Thomas Mann hat in seinem Tagebuch 1934 eingetragen: »O. Spengler war vor einiger Zeit ad audiendum verbum bei Hitler, er war auch bei Mussolini gewesen und verglich. Der Italiener sagt zur Begrüßung höfliche Worte, die seine Unterrichtetheit beweisen sollen, lädt dann zum Sitzen ein und sagt: ›Bitte, äußern Sie sich, Sie können deutsch sprechen.‹ Hitler läßt den Besucher, einen Mann immerhin wie Spengler, eine Weltberühmtheit, überhaupt nicht zu Worte kommen. Er redet selbst, unausgesetzt, eine Stunde lang und länger. Dabei hat man das Gefühl, sagen zu müssen: ›Gehen Sie jetzt, junger Mann, und holen Sie Ihren Chef!‹«

Solche Leute sind vor Büchern sicher. Hitler hat stets von der Welt, der Geschichte nur hören und sehen wollen, was seine »Visionen« – zum Beispiel ohne Risiko Moskau erobern zu können – zu *bestätigen* schien. Als ihm sein »Volksaufklärer« Goebbels in den dreißiger Jahren stolz die Nachricht brachte, die Amerikaner hätten ihn, Goebbels, zur Weltausstellung nach San Francisco eingeladen, hat Hitler ihm *verboten,* dorthin zu reisen: Er wollte nicht, so sagte er das auch, daß Goebbels in den USA verunsichert, verwirrt, »aufgeklärt« werde – sei es auch nur: aufgeklärt über die Dimensionen des Erdballs; keiner der »Paladine« Hitlers – außer dem früh von ihm ermordeten Röhm – kannte andere Länder. Was Hitler las, das waren die drei Amerika-, Rußland-, England-Bücher jenes Giselher Wirsing, der eben durch diese Bücher stärker Geschichte gemacht hat als jeder andere deutsche Autor: Goebbels trug schon die Druckfahnen mit leuchtenden Augen in die Reichskanzlei! Hitler verschlang »seinen« Wirsing – SS-Obersturmbannführer und im Staate Adenauers als Chef der Zeitung ›Christ und Welt‹ einer der einflußreichsten Medienmacher –, weil dessen Bücher über diese drei Weltreiche ihm bestätigten und einredeten, daß weder die USA noch Großbritannien noch die UdSSR ernsthafte Gegner sein *könnten!* Intellektuelle wie Wirsing sind dem Trieb, von dem Schopenhauer sagt, er mache den Verstand zur Magd des Willens, noch blinder ausgeliefert als andere Leute … Mommsen, von Unbedeutenden wie Birth gar nicht zu reden, wurde selber, weil seine Triebe ihn Cäsar zutrieben, durch dessen Kriminalität – kriminell: »Der ewige Friede ist unter allen Umständen nicht bloß ein Traum, den heute auch Kant nicht träumen würde, sondern nicht einmal zu wünschen. Wir ... Deutschen beklagen uns keineswegs, daß uns ein Platz auf dem Erdball angewiesen ist, wo ... kein Wassergürtel, kein machtloser Nachbar uns das Geschäft erleichtert, Haus und Hof und Weib und Kind zu beschützen«. Warum auch hätte der alte Mann das beklagen sollen – es war ja erst sein Enkel, der dann in Wilhelms Krieg gefallen ist!

Daß Intellektuelle, die noch selber jahrgangsgemäß aufs Schlachtfeld müssen, den Krieg herbeisehnen wie der dann am 4. 3. 1916 gefallene Franz Marc, kommt seltener vor: »Was man vorher in der Gesinnung beging, begeht man jetzt in Taten, aber warum?, weil man die Verlogenheit der europäischen Sitte nicht mehr aushielt. Lieber Blut als ewig schwindeln: Der Krieg ist ebensosehr Sühne als selbstgewolltes Opfer, dem sich Europa unterworfen hat, um ›ins Reine‹ zu kommen mit sich ...«

Besonders hochgemut anläßlich des Krieges sind »natürlich« jene Dichter, die vor ihm sicher sind, persönlich: »Was die Dichter begeisterte, war der Krieg an sich selbst als Heimsuchung, als sittliche Not ... war Reinigung, Befreiung, was wir empfanden ... als sittliche Wesen aber – ja, als solche hatten wir die Heimsuchung kommen sehen, mehr noch, auf irgendeine Weise ersehnt, hatten im tiefsten Herzen gefühlt, daß es so mit der Welt nicht mehr weitergehe...«, schwärmte 1914 der vom Wehrdienst befreite Thomas Mann. Während der wehrpflichtige Oscar Loerke verzweifelt in sein Journal schrieb: »Ich werde mitgehen wie die Pferde, die auch nicht wissen, was ihnen geschieht...«

Mommsen belegt, daß Horaz – wie Vergil ein bösartiger Werbetexter der Macht, beide bezahlte Literaten am Hofe jenes Augustus, der den tragisch-tapferen Ovid immerhin am Leben ließ und in der Verbannung am Schwarzen Meer in Sicherheit brachte vor der Rachsucht der Kaiserin Livia und ihres Sohnes Tiberius –, daß Horaz in den ersten sechs Gedichten des dritten Buches seiner Lieder Augustus mit geradezu mörderischer – mörderisch für dessen Gegner – Ergebenheit besungen hat: Was Mommsen zu dem für einen so intimen Kenner der Geschichte, wie er doch gewesen ist, erstaunlich kitschigen Bilde verleitet: »Wie zur Rose der Sonnenschein, so gehört zu diesen

Liedern der Hintergrund der Geschichte«; es war die Geschichte eines Triebmörders – warum sonst hat Augustus sogar das Kind seines Wohltäters Cäsar abgestochen? –, den der Mommsen-Schüler Birth, wir erinnerten schon daran, »den konsequentesten aller Henker« genannt hat. Von *dessen* Geschichte also, soweit sie Horaz in seine Lieder hineinnahm, singt Mommsen, sie gehöre dazu »wie zur Rose der Sonnenschein«!

Mommsen erläutert, wie schon die ersten zwei dieser Gedichte Preislieder auf jene Form des Staates sind, die das Positive des Augusteischen Zeitalters war. Uns hier interessiert, daß der Dichter vom dritten der sechs Feiergedichte an seinen Monarchen derart aggressionsgeladenen auf Kosten der Gegner dieses Cicero-Mörders besingt, daß allein die Artistik, keineswegs aber der Geist sie vom Horst Wessel-Lied der Banditen Hitlers im biergelben Hemd unterscheidet: Fremdenhaß, wie meist gesteigert durch Frauenhaß – auf Kleopatra, auf Helena, die angeblich Reiche zugrunde richteten, während doch die Kriege, die Männer um sie führten, die Reiche zerstört haben –, macht den Anfang. Sie haben Gäste verführt: Paris, Cäsar, Antonius, und Rom war in Gefahr, seine Orient-Eroberungen einzubüßen. Alle diese langweiligen Werbetexte sind hier heute nur insofern interessant, als Mommsen ihnen absolut erliegt, ihnen hymnisch zustimmend, ja sie als Literatur feiernd! So wenn er dem Antonius anhängt, »der Unholdin verfallen« zu sein wie sein Abgott Cäsar und den »im Ehebruch erzeugten Kindern« flucht, die gedacht gewesen seien, »Herren dieser römisch-orientalischen Bastard-Reiche« zu werden ..., was der »Auslieferung der römischen Weltherrschaft an den Orient, der Knechtung Italiens durch die besiegten Griechen und Halbgriechen« gleichgekommen sei: Woher *weiß* das Herr Professor Mommsen? Völker wie jenes, das immerhin Jesus hervorgebracht hat, stehen ihm verwerflich tief unter dem römischen! Er nimmt eine Schlacht wie jene am Actischen Vorgebirge als Absolutum, als Welt- und Gottesgericht: Weil der von »seinem« Cäsar als Nachfolger Bestimmte dort gesiegt hat – hat Gott dort gesiegt!

Es ist grotesk, wie mit wenigen Zeilen ganze Völkerschaften, Riesenreiche – nämlich alle östlich Roms gelegenen – für solche zweiter oder letzter Qualität erklärt werden; sogar die Trojaner noch sind der letzte Dreck, gemessen am Maßstab des Horaz und des Mommsen, der folgendermaßen seine Orden verleiht, indem er Horaz auslegt: »Das Kapitol wird leuchten, und Rom, wie bisher die Untertanen weniger besteuernd als beherrschend« – sollen Steuern doch die unterworfenen Völker zahlen –, wird »über drei Erdteile gebieten, und sein Name bis zum Aufgang der Sonne und bis zu den Nebelreichen des Westens wird die Völker schrecken ... Der Mann aber, der dieses vollbracht hat« (also der Arbeitgeber des Horaz), »ist wohl den Göttern gleich zu achten ... ihm wird wie Herkules und wie dem Bacchus dereinst im Götterkreise der Nektar kredenzt werden...«

Mommsens Auslegung des fünften dieser Propaganda-Artikel zeigt ihn und seinen Horaz besonders als machiavellistische Anschwärmer der Macht; das geht so weit, daß Horaz – und mit ihm Mommsen – schriftlich gibt, jene zehntausend römischen Soldaten, die einst, als Crassus vernichtet wurde, von den Parthern gefangengenommen worden sind, seien nicht wert, befreit zu werden: Ein Römer, der Gefangener wurde, ist »kein Römer mehr«! Mommsen merkt expressiv verbis an: »Die Intention des regierungsfreundlichen Dichters tritt darum nur um so deutlicher zu Tage...«! Denn – muß man wissen – als Augustus in Syrien stand, da verzichtete er darauf, diese gefangenen Römer zu befreien, weil er einen Krieg gegen die Parther nicht wünschte – und so sehr auch Kriegslustige in seinen Reihen zu diesem Kriege geraten haben. Mommsen ist jetzt mit sich selber im Widerstreit: Er weiß, daß Cäsar abgestochen wurde, nur Tage bevor er zu diesem Rachefeldzug für Crassus hatte aufbrechen wollen. Und da Cäsar das wollte, ist das auch für Mommsen das Evangelium; er schreibt: »Daß Britannien, Germanien, das Partherreich nicht sogleich oder auch überhaupt nicht zum Römischen Reich gekommen sind, das ist vielleicht die wichtigste Folge des von Brutus und Cassius vollzogenen Mordwerks. Cäsar hatte dies alles gewollt« ... Aber da der maßvolle, auch vorsichtige Augustus eben diesen Partherkrieg für gefährlich ansah – so dichtet ihm sein Horaz einen Rechtfertigungstext, ein Gutachten, das Augustus vermutlich bei seinem Hofdichter ebenso bestellt hat wie bei seinem Klempner eine Badewanne: Horaz setzt also für ihn in Verse, weder seien die gefangenen Römer wert, befreit – noch die Parther wert, bekriegt zu werden, denn »Augustus kehrte aus dem Orient heim, ohne in dieser Hinsicht irgendeinen Schritt getan zu haben«, rügt Mommsen. Obgleich doch in einem der früheren Propaganda-Gesänge Horaz für seinen Herrscher geprahlt hatte: Die Eroberung Britanniens und Persiens werde Augustus »ebenso als irdischen Gott offenbaren, wie Jupiter sich offenbart durch den Donner als der Herr des Himmels«. Ebenso hat Horaz vorher, preist Mommsen, in dem Soldatengedicht »den Legionär geschildert, wie der den Parther niederwirft und die Braut des persischen Prinzen zitternd dem römischen Löwen nachschaut ...«

Dies alles erzählt Mommsen ohne einen Gran Ironie, ja mit hirnlahmer Bewunderung. So wie er sich vom sechzig Jahre späteren Spengler, der den Cäsarismus als das Schicksal Europas samt Amerikas und Rußlands bis zum Jahre 22000 nur ankündigt, dadurch unterscheidet, daß er den Cäsarismus *anpreist,* nicht weniger von ihm begeistert als der Hofdichter Horaz.

Mommsen sagt zwei Monate nach Ausrufung des Kaisers von Bismarcks Gnaden im Spiegelsaal zu Versailles: »Die Monarchie der Cäsaren stand der großen Frage der Nationalitäten durchaus anders gegenüber als die alte Republik. Diese hätte nie erobern sollen, und wo sie es tat, da geschah es deshalb mit zagender Hand und bösem Gewissen ... Darum hat der Senat, so lange er aufrecht stand, die Reichserweiterungen mehr über sich ergehen lassen als erstrebt...« Doch dann gibt Mommsen zu: Es »war dennoch ein vernichtender Schlag für die Nation, als aus den Ruinen der morschen Republik« – die in Wahrheit weder eine Ruine war, noch besonders morsch, doch Mommsen *wollte* das so sehen, weil er nicht in Cäsar den Usurpator zu sehen wünschte: wer seinen Hund töten will, bezichtigt ihn der Tollwut, und Mommsen *wollte* den Untergang der Republik als »Notwendigkeit« hinstellen mit dem gleichen Haß, mit dem Spengler den der Weimarer Republik als angeblich »notwendig« gepriesen hat –, Mommsen hat dann durchaus die Tötung des »Gemeinwesens« in Rom durch das Aufkommen des Cäsaris-

mus beklagt. Dann aber schnell wieder preist er dennoch die
Cäsaren, besonders den Namensgeber, den ersten, überschweng-
lich: »Darum ist es gerechtfertigt, daß … der Begründer der
neuen Monarchie zugleich den großartigsten, ja man kann vielleicht sagen: den einzigen wirklichen Eroberungskrieg geführt
hat, den die römische Geschichte verzeichnet. Ich meine natürlich die Eroberung des Gebietes zwischen dem Rhein und dem
Atlantischen Ozean, Nord- und Mittelfrankreichs und des
linksrheinischen Deutschlands, durch den Statthalter der beiden
Gallien Gaius Cäsar … Jener Krieg Cäsars bewies es, daß nicht
die alte Republik, wohl aber die neue Monarchie erobern konnte
und erobern wollte, und als der Cäsarismus in Rom sich befe-
stigte, als er die im Todeskampf mehr als in ihrer Altersschwäche
furchtbare Partei der Republik schließlich überwand, da mochte
der römische Dichter mit gutem Grund den Kelten und Britan-
nern zurufen, auf ihrer Hut zu sein…« Zwar spricht dann
Mommsen auch vom Verhängnis solcher Staatenbildungen, daß
es für sie keine Schranken mehr gibt – aber sein Preislied ohne
Vorbehalt gilt doch allein den cäsaristischen Eroberungen, nicht
dem Maßhalten der Republikaner…

Was hier dem friede-verdummten Mommsen zugestoßen ist,
der inmitten eines beispielhaft liberalen Zeitalters wirkte und
also Geschichte so sah wie er sie erlebte: liberal – das beweist
abermals, wie tief das Sein das Bewußtsein beschränkt. Das fiel
schon Ernst Jünger auf, als er ›Der gordische Knoten‹ schrieb:
»Die alten Quellen sind von einer Dichte, die mehr enthält, als
wir in ihnen wahrnehmen. Der Leser, der um die Jahrhundert-
wende geboren ist, wird vielleicht die Beobachtung bestätigen,
daß die Lektüre der klassischen Autoren ihn zunehmend fündig
machte im Sinne größerer Tiefenausbeute. Es sprechen dabei
nicht nur Gründe des Lebensalters mit, sondern vor allem der
Einfluß der eigenen Epoche und die Erfahrung, mit der sie
begabt. Wir nähern uns der Welt des Tacitus. Einem Schüler, der
1913 hörte, daß ein Cäsar sich zum Gott, sein Pferd zum Konsul
ernennen ließ, mußten solche Berichte weit fabelhafter vorkommen, als sie es heute, nach vierzig Jahren, dem gereiften Manne
sind. Dem gleichen Schüler waren ja auch viel näher liegende

Fakten unvollziehbar, wie etwa jenes, daß um 1791 in Paris ein mäßiges Mittagessen zwanzigtausend Franken kostete. Daß ihn dergleichen jetzt weniger erstaunt, liegt an der Spirale, die er inzwischen beschrieben hat, und die ihn gleichzeitig in den Jahren voran und in der Geschichte zurückführte. Wir können erst heute wieder eine Erscheinung wie die von Heliogabal ›ernst nehmen‹, etwa in dem Sinne, wie Altheim es tut. Was nun die Wertung der Cäsaren angeht ...«

IV.
NICHT FAUST: MEPHISTO; NICHT JESUS: CÄSAR FASZINIEREN

Daß uns Mephisto nachhaltiger fasziniert als Faust, auch unvergleichlich viel stärker *amüsiert;* daß wir nicht jene ehren – oder nur ausnahmsweise, so den Präsidenten Kennedy, weil der so bald darauf ermordet wurde –, die einen Krieg verhindern, sondern jene, die ihn gewinnen; daß selbst Künstler und Philosophen, jedenfalls dann, wenn sie wie Mommsen, wie Meyer, wie Hesse, wie Hegel wissen, daß *sie* nicht mitmarschieren müssen auf die Schlachtbank, »heimlich dürsten« nach Barbarei oder sie in Person anbeten wie Hegel, der in Napoleon »die große Weltseele« feierte: genau dies erklärt, warum der Wettkampf, ob Cäsar, ob Jesus der Höchstgerühmte der Geschichte bleiben wird, schon entschieden ist zugunsten des Römers.

Denn so viel »Reinheit«, wie sie dem Christen aufgebürdet wird, macht den damit Gezeichneten langweilig, eindimensional, ja sie reduziert sein Bild zum Plakat. Zieht man von seiner Erscheinung jenen Teil ihrer Wirkung ab, die sie der – einst bedrohlichen, heute lässigen – staatlich verordneten Anbetung verdankt: so bleibt zwar noch immer den Abendländern die Ehrfurcht vor dem, der die Idee der Barmherzigkeit in die Welt brachte. Das ist sehr viel. Doch von aller Vergöttlichung des Bergpredigers, gar von der Religion, die seine Jünger und Jüngersjünger dann als Staatsdoktrin mit Scheiterhaufen und jedem anderen Terror durchgesetzt haben – wird schwerlich mehr bleiben als von der gestrengen Orthodoxie des Marxismus, obgleich ebenso wie Jesus auch Marx als Person unsterblich weiterleben wird, weil er die Jesus-Idee der Barmherzigkeit und Nächstenliebe erweitert hat ins Soziale, das Jesus noch nicht wahrnahm. Doch wer schon heute bei Galerie-Besuchen die totale Gleichgültigkeit oder gar Eile beobachtet, mit der jedermann, außer Kunsthistorikern, jene Säle hinter sich bringt, in denen die spezifisch christliche Malerei ausgestellt ist, dem bleibt nichts von der Illusion − sofern er sie hatte−, daß diese Zeugnisse oft großer Künstler nur in ihrer Eigenschaft als Kunstwerke die Legenden und Mythen überleben könnten, die sie darstellen. Man ist sie schon heute leid. Natürlich wird man diese Bilder stets ausstellen, auch fernerhin. Doch daß sie, abgesehen von der Madonna, die eben als Mutter mit Kind einfach *schön* ist, noch existentiell anrühren, gar religiös, diese endlosen Orgien der Grausamkeit: des Folterns, Brennens, Siedens, Räderns, Köpfens, Pfählens, Kreuzigens; daß sie gar irgendwelchen Besuchern aus fernen Erdteilen mehr abgewinnen als Frösteln und Ekel: wer könnte sich das einreden? Und natürlich wird auch den Malern nicht nur nicht gutgeschrieben, daß sie ihre Produktionskraft an so zeitgebundene, dogmenverdummte Themen vergeudet haben, sondern sie werden dieser Themen wegen mit denen vergessen. Es ist ja nicht wahr, daß der Inhalt der Kunst belanglos sei und allein die Qualität zähle, mit der die Kunst gemacht wurde. Es gibt zu viel Schönes, Belebendes anzusehen, als daß es gleich wäre, was wir sehen.

Und strenger noch als mit Bildern verfährt die Nachwelt mit Büchern. Denn zweihundert Bilder anzuschauen, das hält nicht auf. Doch zweihundert Seiten zu lesen, wenn deren Inhalt, vom Stil nicht zu reden, uns wegschreckt oder anödet? Natürlich bleibt auch von christlicher Kunst, was Giganten geschaffen haben, sofern deren Schönheitssinn ausgeprägter war als die religiöse Inbrunst, mit der sie malten oder bildhauerten: Die Sixtinische Kapelle und die der Medici sind auch für Besucher aus Tokio oder dem Sudan, die von Jesus nicht *mehr* wissen − und wissen *wollen* − als wir von Buddha oder Mohammed, Offenbarungen eben des zeitlos Schönen, doch keine Christi. Selbst am »göttlichen« Raffael, wie Stendhal ihn trotzdem nannte, mußte er melancholisch rügen, schon vor anderthalb Jahrzehnten: »Leider fehlt den meisten Künstlern der Blick für das wahrhaft Große. Was für Gemälde hätte Raffael gemalt, wenn er statt der ewigen dummen Heiligen Familien wirkliches Leben dargestellt hätte!«

Und sich gar vorzustellen, in fernen Jahrhunderten noch und für Ferngeborene solle ein geistiger Mammut interessant bleiben, der sich als Philosoph ausgab, aber in allem, was er sich einbildete zu »denken«, doch nur geglaubt hat, nämlich ans Christentum? Hegels Eschatologie kann ja weder vom Ursprung noch vom Ziel her »glaubhaft« sein – eben weil sie auf Glaube, nicht auf Kenntnis der Geschichte beruht – für alle jene, die *nicht* die von Hegel selber als »Achsen«-Satz bezeichnete Prämisse akzeptieren: »Alle Geschichte geht zu Christus hin und kommt von ihm her. Die Erscheinung des Gottessohnes ist die Achse der Weltgeschichte.« Kein peripherer – ein zentraler Satz!

Das sollte Philosophie sein? – die Vorstellung, Alexanders Völkerscharen oder die Inkas und Azteken, die von Christen ausgerottet wurden wie später die Indianer Nordamerikas, seien vorhanden gewesen, um sich auf Jesus hin zu bewegen und um von ihm einen Sinn im Nachhinein zu erhalten, ihre »Erlösung«? Und da grämt man sich über das Gelächter, in das Schopenhauer gegen Hegel ausbrach, den übrigens Burckhardt wie sein Berliner Lehrer Ranke ebenso verabscheut haben? Sollte auch *der* Hegels Denkgleise, vom Christentum her zum Christentum hin, befahren *können*, dessen Herkunft nicht im zeitweise christlich gewesenen Abendland liegt? Doch wie? Warum? Ein Philosoph sollte überzeugen, den zu verstehen man erst seine Religion annehmen muß? Und Jesus selber hat mit jenen beiden Sätzen, die wenigstens problematisch sind – die weitaus meisten sind ja klar wie Trinkwasser, das heißt: auch so banal und völlig uninteressant –, selber seine Botschaft derart verabsolutiert, daß sie wegschreckt durch ihren Totalitarismus: »Niemand kommt zum Vater denn durch mich« – ein Anspruch, dem er auch noch (Lukas 19, 27) die mörderische Drohung hinterherschickte, mit der er ihn zu *dem* Kernsatz der Intoleranz gemacht hat: »Jene meiner Feinde, die nicht wollen, daß ich über sie herrsche, bringet her und erwürget sie vor mir.«

V.

Das Christentum nur noch historisch

Es haben ja nicht nur in jenem ketzerischen, dem 18. Jahrhundert, als endlich die Unkirchlichkeit unserer Klassiker zum soliden Bestand des geistigen Haushaltes der Nation geworden schien, der Hausherr von Sanssouci, der für seine Galerie kein Gemälde mit christlichen Motiven ankaufte, und der Dichter des ›Nathan‹ die Alleinherrschaft des christlichen Dogmas in Europa verabscheut, sondern auch Goethe, als er gegenüber Böttiger (um 1790) seufzte: »Beim erneuerten Studium Homers empfinde ich erst ganz, welches unnennbare Unheil der jüdische Praß uns zugefügt hat. Hätten wir die Sodomitereien und ägyptisch-babylonischen Grillen nie kennen lernen und wäre Homer unsere Bibel geblieben, welch eine ganz andere Gestalt würde die Menschheit dadurch gewonnen haben!« Das schließt nicht aus, daß Goethe zuweilen bewegt bewegende Worte über den Nutzen des Christentums fand, obwohl er spottete, so viele Gedichte er auch geschrieben habe, keines sei geeignet, im Lutherischen Gesangbuch gedruckt zu werden. Hier sei nur daran erinnert, wie früh selbst bei christlich Erzogenen die notwendige Selbstbefreiung von der »Heilslehre« eingesetzt hat – also der Prozeß, sogar Jesus sozusagen »zu erden«, ihn künftig nur mehr als geschichtliche Figur, wenn auch als die vielleicht folgenreichste anzusehen.

Zweihundert Jahre nach Goethes Liebeserklärung an Homer auf Kosten der Bibel beobachtete der – neben Hamsun und Shaw – Längsterfahrene aller Autoren, Ernst Jünger, mit einundneunzig Jahren unterwegs nach Sumatra: »Die Anziehung des Islam gerade auf Naturvölker erklärt sich auch durch den Anteil, den der Prophet den Sinnenfreuden zubilligt. ›So tötet nun eure Glieder, die auf Erden sind‹ (Kolosser 3) – damit läßt sich bei ihnen nicht viel ausrichten.« Jünger betont im gleichen Tagebuch – wie früher in seinem ganzen Werk mindestens seit dem Zweiten Weltkrieg –, der »größte Teil der Leistung, von der wir leben, ist namenlos, der wichtigste sogar verborgen: transzendent«. Auch betont er den »wachsenden, durch keine Wohlfahrt zu befriedigenden Hunger nach Transzendenz«, der die geistige Lage der Gegenwart – geschrieben 1986 – kennzeichne. Tatsachen, gewiß. Doch nichts deutet an, daß es ausgerechnet eine Religion, die den Körper entseelt, ja verteufelt und den Menschen das Dogma von der Auferstehung des Fleisches und der Jungfräulichkeit der »Gottes-Mutter« zumutet, noch lange sein *kann*, die den nie zu stillenden Hunger jedermanns nach Transzendenz befriedigen wird.

Im gleichen Monat, als Jüngers Reise-Notizen erschienen, wurde in Essen, Mai 1987, durch den Generalvikar der Diözese der Theologin Ranke-Heinemann befohlen – verbrennen kann die allein seligmachende Kirche die Ketzerin nicht mehr, doch kann sie der Universitätsprofessorin die kirchliche Lehrerlaubnis entziehen –, Rede zu stehen, warum sie immer wieder gegen die »verbindliche Glaubenslehre« spreche, indem sie auch außerhalb des Hörsaales erklärt: »Ich kann nicht an die biologische Jungfräulichkeit Mariens glauben.« Nun, *glauben* könnte diese Mutter zweier Kinder das so gewiß, wie sie anderes glaubt – es scheint ja, wo überhaupt Glaube möglich ist, zum Beispiel an die leibliche Himmelfahrt Mariens, kein Halten mehr. Doch die Professorin ist als Mutter gekränkt: »Die biologische Jungfräulichkeitslehre«, die sie als »Mütterbeschädigungswerk« ironisiert, beleidigt in ihren Augen – sicher nicht nur in ihren – alle Mütter. Sie weiß, daß die Darstellung der Jungfrauengeburt einfach dem antiken Brauch entsprach, berühmte Leute gern als Göttersöhne hinzustellen: Cäsar hat tatsächlich ja nicht nur als Jüngling sich ausgedacht, er stamme direkt von Venus ab, sondern hat noch in seiner Gedenkrede, die er als reifer Mann der Witwe des Marius hielt, der Schwester seines Vaters, diesen Witz ernst gemeint zum besten gegeben. Und freilich hat er seiner Mutter nicht nur nicht unterstellt, sie sei Jungfrau, sondern hat den Traum (Sueton) propagandistisch unters Volk gebracht, er habe seine Mutter vergewaltigt: Mutter war gleich Mutter Erde; wer von sich sagen konnte, er habe seine Mutter gehabt – hatte die Welt, die Aussicht auf Weltherrschaft! Auch die leibliche Himmelfahrt eines Verewigten wurde nicht im Falle Jesus allein propagiert: Kornemann erzählt, daß Livia, Witwe des Augustus, die zwar fünf

Tage lang mit den vornehmsten Rittern die Gebeine aus der Asche des verbrannten Imperators gesammelt hatte, dennoch einem Senator eine Million Sesterzien schenkte (fünfzig hatte Augustus ihr und Tiberius hinterlassen), weil dieser Senator geschworen hatte, die leibliche Himmelfahrt des Verbrannten »geschaut zu haben«! Durchaus also war in der Epoche, in der Jesus hingerichtet wurde, leibliche Auferstehung keine nur *seinem* Leichnam nachgesagte Befähigung.

Uta Ranke-Heinemann beruft sich aber in ihrem Konflikt mit der Kirche auf den belegbaren Nachweis, daß es in ihrem Konflikt gar nicht um den Glauben gehe, sondern um die Fälschung ältester neutestamentlicher Berichte, in denen Josef noch als natürlicher Vater Jesu auftrat, zugunsten zeitlich jüngerer Bibeltexte des ersten Jahrhunderts, denen zufolge Maria zwar ihren Erstgeborenen noch nicht von ihrem Mann empfangen habe, sondern als Jungfrau von Gott – jedoch die Geschwister Jesu dann von Josef. Aber auch das genügte den von »zölibatärer Sexualneurose« befallenen Kirchenvätern alsbald nicht mehr:

»In Schriften des zweiten Jahrhunderts wurde Maria schließlich zur lebenslänglichen Jungfrau hochstilisiert. Die Geschwister Jesu wurden erst zu Stiefgeschwistern aus einer ersten Ehe Josefs, schließlich gar zu Jesu Vettern und Kusinen abgewertet. Denn auch Marias Mann Josef hatte nunmehr ein Leben lang jungfräulich gelebt.« (Ranke-Heinemann)

Dazu paßt, daß gleichzeitig in Alabama/USA kraft richterlichen Beschlusses aus sämtlichen Schulbüchern jeglicher Hinweis entfernt werden muß, der sich auf Charles Darwin und seine Lehre von der Entstehung der Arten bezieht.

Wie könnte in der sogenannten Dritten Welt ein Heiland auf die Dauer und in den Seelen der meisten Fuß fassen, dem als widernatürlicher Ballast solche scholastischen Perversitäten anhängen? Und wie lange kann noch die Frage verdrängt werden, wie es bei der Beurteilung der Antike und des christlichen Abendlandes mit der großen Gewinn- und Verlustrechnung steht? Während bisher alle Historiker Cäsars Veranstaltungen als Eroberer das Prädikat zuerkennen, damit die Einheit eines später christlichen Kontinents ermöglicht zu haben, muß doch endlich auch der Frage begegnet werden, was es – an Menschenblut und Gewissensterror – *gekostet* hat, daß anstelle antiker Götter die christlichen Gott, Sohn und Heilige traten! Immerhin war ja in der Antike wenigstens die Religion in den weitesten Bereichen nicht totalitär, sondern meist nur der Staat. Der Satanismus des Christentums aber ist ja, daß es zum Totalitarismus vieler Staaten auch noch den der Religion hinzufügte, also die Urquelle der Grausamkeiten noch verdoppelt hat. Kritiklos das Aufkommen und Sichdurchfechten des Christentums schon als ein Positivum an sich preisen? Was hat, um *einen* zu nennen, dessen Wirkung durchaus mit der Heinrich Himmlers vergleichbar ist, der Großinquisitor Torquemada (1420–1498) aufgrund der »Moral«-Theologie seines Onkels an Greueltaten in Europa und Lateinamerika angerichtet? Und zwar *beispielhaft* für Jahrhunderte: weil er und seine Ketzer-Verbrenner ja nicht, wie Himmlers SS, schon zwei, drei Jahre nach ihren Untaten einem – wie immer genannten – Nürnberger Prozeß unterworfen wurden...

VI.
Projektionen der Biographen

Cäsar wird also an Anziehungskraft noch gewinnen – mit der Beschleunigung, mit der Jesus – trotz aller Missionarsanstrengungen – zum Menschen »demontiert« wird in einer Welt von jetzt fünf Milliarden, die für den Abendländer »Gottes Sohn« immer weniger zu interessieren sein dürften. Wie jedenfalls Cäsar »wächst« mit dem zeitlichen Abstand von seinem Erdentreiben, das hat erst neulich wieder Christian Meiers Opus magnum belegt, das – trotz wissenschaftlicher Seriosität – über Nacht zum Bestseller wurde. Allerdings ist es auch so gewinnend episch und mit dichterischer Anschaulichkeit auf 596 Seiten erzählt, wie seit Mommsens ›Römischer Geschichte‹ keiner jener Geheimräte mehr schrieb, die Mommsens Schüler und ebenfalls erstaunlich gute Stilisten waren, wenn auch als Autoren nicht vergleichbar mit ihrem Meister, dem ersten deutschen Nobelpreisträger für Literatur. Mommsen hatte übrigens – für Horoskopgläubige nicht uninteressant – am selben Tag Geburtstag wie der andere Nobelpreisträger, der diesen Preis – als einziger – außer Mommsen als Historiker erhielt: Winston Churchill, geboren am 30. November 1874, also 57 Jahre nach Mommsen.

Nutznießer des schwer begreiflichen, aber doch immer wieder obsiegenden Zaubers, den Cäsar ausstrahlt, ist jeder, der über ihn schreibt: Übertrug dieser Zauber sich erst auf seine Biographen, zuweilen bis zu der Steigerung, sie – wie es Mommsen zustieß – völlig zu behexen, so übertrugen ihn dann jene auf fast alle ihre Leser. Mommsens bedeutende Nachfolger, obgleich man doch im Gegenteil vermuten müßte, ihr Meister habe für sie das Thema Cäsar miterledigt, wurden fast alle mindestens als Essayisten in den Sog Cäsars gerissen: Birt, Ferrero, Kornemann und Eduard Meyer, den schon Spengler, wie jetzt auch Christian Meier in seinem Aufsatz über ›Max Weber und die Antike‹, als den »bedeutendsten Althistoriker der Zeit« gekennzeichnet hat.

Christian Meier, meines Wissens, gehört mit seinem Lehrer Hermann Strasburger zu den ersten, die wieder frei sind von den beiden Nachtseiten – kein Vorteil ohne Nachteil – der »Befähigung des 19. Jahrhunderts für das historische Studium«, wie Burckhardt es seinem eigenen Säkulum bescheinigt hat, als er festhielt: »So haben die Studien des 19. Jahrhunderts eine Universalität gewinnen können wie die früheren nie.« Sicher. Doch Nationalismus und Renaissance-Kult im 19. Jahrhundert verführten alle Cäsar-Beschreiber, das Macht- und Imponiergehabe, das die Krieger und Staatsmenschen ihrer Gegenwart im Leibe hatten, auf ihren Helden zu übertragen – ohne es zu bemerken, weil sie selber davon besessen waren; Burckhardt auch, aber doch in unendlich viel geringerem Maß als Gelehrte, deren Staaten in seiner Zeit zu den Großmächten gezählt wurden. Niemand, der im Zeitalter Disraelis, Gladstones und noch Clemenceaus über Cäsar schrieb, zwischen Mommsen (1817–1903) und Eduard Meyer (1855–1930), bezweifelte, wie noch Niebuhr (1776–1831), daß Cäsar berechtigt gewesen sei zu seinem wüsten Imperialismus. Man muß schon zufrieden sein, wenn diese Anbeter des Römers – ihm hörig wie »natürlich« Nietzsche: »der herrlichste Mensch« – wenigstens bemüht waren, konstruierte – und von Christian Meier dann hundert oder sechzig Jahre später als gegenstandslos entlarvte – »Begründungen« zu finden, *warum* Cäsar angeblich gezwungen gewesen sei, zum Beispiel Gallien zu unterjochen oder sich in England seiner blutigen Abfuhr auszusetzen oder gar Ägypten zu nehmen. Meier weist auch nach, daß die sogenannte »Germanische Gefahr«, die Cäsars Abenteuer im Norden in den Augen der Historiker des 19. Jahrhunderts rechtfertigen soll, damals noch nicht existiert hat.

Mommsen hatte sich auch ausgedacht, Cäsars Metzeleien in Gallien dadurch zu rechtfertigen, daß er behauptete, allein diese Eroberung habe die Grundlage fürs christliche Abendland geschaffen. Woraus zu folgern wäre, die nicht von Cäsar eroberten England, Deutschland, Skandinavien, Polen hätten christlich *nicht*, römisch-griechischer Kultureinflüsse *nicht* teilhaftig werden können. Es gab eben keinen Unsinn, den der große Mann nicht zu Hilfe holte, um Cäsars sämtliche Werke nicht nur zu rechtfertigen, sondern ihnen eminente Bedeutung für die Zukunft beizulegen. Noch Spengler, soviel Blick er dafür hat, wie sehr Mommsen aus dem Empfinden des 19. Jahrhunderts schrieb, spricht von jenem »Millionär-Wucherer Brutus, der als Ideologe der oligarchischen Verfassung unter dem Beifall des patrizischen Senats den Mann der Demokratie erstach ... Die ›Freiheit‹ bedeutete aber nichts als die Oligarchie einiger Familien, denn die Menge war ihrer Rechte längst müde geworden. Daß neben dem Geist das Geld hinter der Tat stand, die großen Vermögen Roms, die im Cäsarismus das Ende ihrer Allmacht heraufkommen sahen, war selbstverständlich.«

Aber war Cäsarismus – Demokratie? Noch Thomas Mann hat Roosevelt im Nekrolog mit »Cäsar, dem Freund des Volkes« verglichen: Wie kam zu diesem Ehrentitel der Römer, dessen ganzer »Sozialismus« sich auf den Vorsatz beschränkte, seine Veteranen zu versorgen, wie er es ihnen als Soldaten versprochen hatte und was er nur durch brutale Enteignung anderer – wie dann Augustus das getan hat – hätte durchführen können? Wenn es wahr ist, daß die Patrizier in Cäsars Monarchie das witterten: so wäre dieses Ende zugunsten der Alleinherrschaft

Cäsars ja noch nicht die Demokratie gewesen; gibt es Anhaltspunkte, Cäsar habe einen wie immer gearteten Ansatz zu einem ›New Ideal‹ im Auge gehabt?

Der zweite Nachteil des Vorteils, im 19. Jahrhundert, bei so leichtem Zugang zu den Quellen und Stätten antiken Geschehens, Geschichte schreiben zu können: Die im damals sagenhaft friedlichen Europa Aufgewachsenen lebten persönlich zu sehr von Geschichte verschont, wenn sie nicht gerade selber in Solferino, auf der Krim oder bei Sadowa oder Sedan in die Hölle der Schlachten geraten waren! Zu verschont, um sich noch vorstellen zu *können,* was ein Raubkrieg für dessen Opfer war, selbst dann, wenn Cäsar ihnen »nur« eine Hand hatte abhacken lassen – in Übereinstimmung mit seiner von allen gepriesenen »Milde« – statt beide Hände oder den Kopf! Mommsen sogar, wenn meine Erinnerung nicht täuscht, kann nicht umhin, einmal von vierzigtausend Männerhänden – unvorstellbar groß diese Zahl bei der damaligen Bevölkerungsdichte – zu sprechen, die sein Held nach Rom karren ließ, um dort zu zeigen, was alles in Gallien er sich leisten könne. Bei Meier finden sich Hinweise nicht nur auf die rechte, sondern auf beide Hände, Zehntausende, die Cäsar Gefangenen abhauen ließ – und dies in einer Zeit, da verhungerte, wer nicht jagen oder Feldarbeit verrichten konnte. Abhauen ließ den Angehörigen eines Volkes, das nicht etwa Rom den Krieg erklärt hatte, sondern überfallen worden war, um ihm – wie sich dann zweitausend Jahre später Gelehrte ausdachten – die römische Kultur aufzupflanzen, auf daß die wenigstens, nach Vernichtung der antiken durch die Christen, im Abendlande weiterlebe! Wenn das Gefühl dominiert, kann kein Unsinn absurd genug sein – er wird doch geglaubt, ja »wissenschaftlich begründet« von jenen, deren Gefühl sie anweist, diese Begründungen zu konstruieren. Damit Touristen sich zweitausend Jahre nach Christus an der Porta Nigra erfreuen können, soll eine Instanz namens Weltgeschichte es sinnvoll gefunden haben, diejenigen zu massakrieren, die in der Gegend von Trier sich der römischen Vergewaltiger erwehrten?

Sogar Burckhardt vermag dort, wo das Stärkere sich durchsetzt »dank« seiner größeren Niedertracht (»auch in der Pflanzenwelt ist ein Vordringen des Gemeineren und Frecheren hie und da erweisbar«), vermag »das Unterliegen des Edlen, weil es in der Minorität ist«, ja sogar Roms unsagbare Verbrechen dadurch zu deuten, daß er zwar nicht wie Mommsen unverschämt *behauptet,* das habe einen weltgeschichtlichen Zweck gehabt, daß er aber doch behutsam die *Frage* stellt, ob es einen solchen gehabt haben *könne:* »Hier erkennen wir im Großen einen wenigstens für uns recht scheinbaren weltgeschichtlichen Zweck: die Schöpfung einer gemeinsamen Weltkultur, wodurch auch die Verbreitung einer neuen Weltreligion möglich wurde, beides überlieferbar auf die barbarischen Germanen der Völkerwanderung als künftiger Zusammenhalt eines neuen Europa...«

Wir Späteren, die Massaker innerhalb Europas noch seit 1914 vor Augen, die »Weltreligion« schon keineswegs mehr als eine Kontinente versöhnende, Völkerkriege verhindernde oder auch nur deren Grausamkeit mildernde im Blick, wir fragen heute nach dem *Ertrag* – nicht nach der »*Entwicklung*«. Hat das Christentum nicht *mehr* Antikes vernichtet als überliefert? Was hätte der »künftige Zusammenhalt« in Europa, als dessen Grundlage Burckhardt gern die Eroberungen Roms guthieße – er tat das ja nur sehr zögernd und vorbehaltlich –, an Kriegsgreuel den Europäern erspart? Hat, daß sie die gemeinsame Religion und Kultur hatten, sie weniger mörderisch aufeinander einschlagen lassen? Nein. Sie respektieren einander seit 1945, weil die zwei Großmächte sie unter Vormundschaft gestellt und entwaffnet haben: aus keinem anderen Grund. Mit Roms Eroberungen hat das nichts, *nichts* zu tun. Am wenigsten gewiß mit der Tatsache, daß Cäsar Gallien nahm, so wie später Marc Aurel so weit im Osten Krieg führte, daß er in Wien sterben konnte.

Cäsar wird nicht charakterisiert durch seinen »Vorausblick« – dergleichen gibt es nicht – auf ein Europa, das angeblich zu schaffen er Gallien genommen habe, sondern wird exakter als durch jede andere Tat gekennzeichnet durch die Erdrosselung des Vercingetorix, einen Tag nach jenem Triumphzug durch Rom, in dem der strategisch so bedeutende Rebell an der Seite der Schwester der Kleopatra und des Sohnes des Königs Juba hatte mitgehen müssen: die Tapferkeit des Soldaten, der nichts getan hatte, als seine unterjochte Heimat zum Aufstand gegen die Unterjocher zu führen, vermochte das Herz des großen Soldaten Julius Cäsar mitnichten zu rühren: Nach fast sechsjähriger Kerkerhaft ließ er den Gallier noch auf niedrigste Weise totmachen! Christian Meier nennt anläßlich seiner Darstellung dieses Triumphzuges die schier unglaubliche Zahl von 1 192 000 Gegnern, die umgebracht zu haben Cäsar auf jenen Tafeln sich rühmte, die er in Triumphzügen wie diesem vorantragen ließ! Bodycount heißt das seit dem Vietnam-Massaker, das die USA-Luftwaffe angestellt hat. Eduard Meyer zitiert Curio, der »ihn gut kannte« und der im April 49 gesagt hatte, nicht »aus Neigung und Naturanlage sei Cäsar nicht grausam, sondern lediglich aus Politik«. Das trifft aber allein auf den Bürgerkrieger Cäsar zu. An ihm bestätigt sich, wie wahr diese Charakterisierung ist: Mitbürger zu massakrieren wäre unklug gewesen; Ausländer in riesigen Mengen ermordet zu haben – mußte Cäsar sich sogar rühmen! Was hatte Kleopatras Schwester ihm getan?

VII.
STENDHALS FUND: DIE DREIZEHN JAHRE

Friedensjahre sind nicht populär – unter Historikern; überhaupt unter Autoren nicht. Stendhal, sonst doch so ausgenüchtert, daß er für gut hielt, morgens im ›Code civil‹ zu lesen, ehe er als Dichter an den Schreibtisch ging, verliert sofort jeden Maßstab, wenn er Cäsar erwähnt: »Ich empfinde fromme Andacht, indem ich den ersten Satz zur ›Geschichte Napoleons‹ niederschreibe, handelt es sich doch um den größten Mann, der seit Cäsar auf Erden erschienen ist.« Stendhal, der mit Napoleon in Berlin und Moskau eingeritten ist, hat übrigens ein erwähnenswertes biographisches Gesetz aufgefunden: Ungefähr dreizehn Jahre »halten« sich, wie ja auch Hitler, die am meisten zu fürchtenden Eroberer – dann bringt seelische Ermattung, im Bunde mit Größenwahn, der schließlich alle Welt gegen sie vereint, sie zur Strecke oder läßt sie so leichtfertig werden, wie Cäsar und Pompeius ihren Mördern ins Messer liefen: »Der Erfolg von dreizehneinhalb Jahren hat aus Alexander dem Großen einen Narren gemacht. Eine Gloriole von genau derselben Dauer brachte in Napoleon die nämliche Narrheit hervor. Der einzige Unterschied ist der, daß der Makedonier das Glück hatte, rechtzeitig zu sterben. Welchen Ruhm hätte Napoleon hinterlassen, wenn ihn am Abend der Schlacht an der Moskwa eine Kugel getroffen hätte.« Ferrero bestätigt diese Zahl dreizehn: »Pompeius erhob sich, um auszusteigen, als die entsetzte Cornelia sah, wie ein Soldat in der Barke ihren Gatten hinterrücks abstach. Es war der 29. September 48. An diesem Tag vor dreizehn Jahren war Pompeius, mit dem Gewand Alexanders des Großen bekleidet, in Rom eingezogen und hatte seinen großen Triumph über Asien gefeiert.«

Birt, der Pompeius als Feldherr Cäsar für ebenbürtig hält, bringt, um ihn von Alexander und Cäsar zu unterscheiden, den plausiblen Vergleich zwischen Jagdfalke und Adler, das heißt: der dem Senat getreue Pompeius »ging nicht auf eigenen Raub aus«. Er steht im Schatten Cäsars wie Lloyd George in dem Churchills – in jenem Maß, das er an Menschlichkeit seinem Schwiegervater, der jünger war als er, voraus hatte. Auch Karl XII. brauchte nur dreizehn Jahre, bis er 1709 bei Poltawa Schweden für immer als Großmacht verjuxt und Rußland in den Sattel geholfen hatte. Sulla, von seinem ersten Kommando in Kleinasien, 92, nachdem er die Prätur bekleidet, hat genau dreizehn Jahre bis 79 gewütet.

Uns hier ist problematisch, *warum* auch Stendhal kein Augenmaß mehr hat, sobald er Cäsar erwähnt, obgleich er ihn doch mit Napoleon meist zusammensieht – und diesen immerhin als Opfer des Größenwahns durchschaut. Auch ist Stendhal illusionslos genug zu schreiben: »Paulus hat die Welt ebenso umgewälzt wie Cäsar und Bonaparte.« Allerdings: Paulus, der das Christentum durchgesetzt hat, wirkte unverhältnismäßig viel *länger* als die zwei anderen Täter, er wirkte so lange, wie nur noch Marx wirken wird; Stendhal fährt aber dennoch fort: »Ebenso wie sie hat Paulus sich aus Gier nach Macht dem Tode ausgesetzt«, und resümiert: »Man kann den Römern den gleichen Vorwurf machen wie dem Kaiser Napoleon. Sie waren zuweilen Verbrecher, aber nie ist der Mensch größer gewesen.«

37

Wieso wäre Augustus so groß gewesen wie Perikles? Weiß man von dem Griechen Niederträchtigkeiten wie Cäsarions und Ciceros Ermordung oder die Vertreibung der Bewohner von achtzehn blühenden Gemeinden, denen – römischen Bürgern – mitten im Frieden Land und Haus genommen wurde, um sie den Soldaten zu schenken?

Wann sind Menschen groß? Wie kann es auch Mommsen zustoßen – da er doch die ›Antigone‹ kannte und Scipio' den Jüngeren und Marc Aurel und Goethes ›Iphigenie‹ –, sich von Cäsar dermaßen blenden zu lassen, daß er blind wird gegen die elementarsten Gebote und schriftlich gibt: »Denn eine Menschlichkeit an sich gibt es nicht, sondern der lebendige Mensch kann eben nicht anders als in einer gegebenen Volkseigentümlichkeit und in einem bestimmten Kulturzug stehen. Nur dadurch war Cäsar ein voller Mann ...«

Wer oder was ist »ein voller Mann«? Einer, für den es »eine Menschlichkeit an sich« nicht gibt? Mommsens erstaunliche Schutzbehauptung für seinen Helden – wie lange gab es die ›Antigone‹ bereits, zu Cäsars Lebzeiten! – läßt sich kaum mit der Beobachtung seines Schwiegersohnes Wilamowitz, der als Kenner der Griechen dem Römerkenner Mommsen ebenbürtig war, erklären: Mommsen selber sei eine Cäsaren-Natur gewesen. Denn eben *deshalb* ist es für uns heute *das* Cäsar-Rätsel schlechthin: wie der es immer wieder fertigbringt, sogar einen ihm geistig Ebenbürtigen – Mommsen war es – vom eingefleischten Republikaner zum Cäsarianer zu bekehren! Und zwar in einem Ausmaß, das die Geschichtsfälschung streift. Denn was immer man über Cäsar liest: Mommsen hat ja das und viel, viel mehr *auch* gewußt. Und doch verdrängt, vieles davon, um aus seinem Liebling einen Gott zu machen. Aus dem Tyrannen, über den der Italiener Ferrero (1871–1942) schreibt: »Noch mit fünfzig war er der verhaßteste, verachtetste, verfolgteste Mann in den oberen Klassen.« Und obgleich auch Ferrero durchaus im Banne Cäsars bezaubert steht und ihn so oft entschuldigt wie alle anderen, die über ihn schreiben – er muß doch zuletzt zugeben, als er berichtet, wie Antonius nach der Beseitigung Cäsars Stimmung gegen die Tyrannenmörder machen will: »Trotz der Veteranen und

Soldaten und obwohl kein einziger der Verschwörer anwesend war, zeigte der Senat alsbald eine so offensichtlich günstige Stimmung für die Mörder, daß Antonius die Unmöglichkeit einsah, Verfügungen gegen sie zur Annahme zu bringen. Zu viel Haß gegen Cäsar hatte sich angesammelt...«

VIII.
CHRISTIAN MEIERS MOMMSEN-INTERPRETATION

Christian Meier hat seinem ›Cäsar‹ einen ebenso bedeutenden Essay hinzugefügt, der Mommsens ›Römische Geschichte‹ im Hinblick auf die Persönlichkeit ihres Verfassers und dessen zerquälte Zeitgenossenschaft mit dem gehaßten Bismarck untersucht – ach, wie milde war doch dessen von Mommsen noch in seinem Testament angeklagtes, so verächtlich beurteiltes »persönliches Regiment«, gemessen am tyrannischen Regiment seines Abgottes! Doch Meier liefert viele Belege, daß Mommsens Cäsar-Bild das Ergebnis *auch* – natürlich nicht nur – der Resignation eines gescheiterten achtundvierziger Revolutionärs ist. Weil Mommsen am eigenen Leib erfahren hat, wie Demokratie sich gegen Monarchie nicht durchzusetzen vermochte, hat er sie derart verabscheut – denn ein so stolzer Mann will ja nicht zeitlebens auf Seiten der Besiegten, der nicht zum Zuge Gekommenen stehen –, daß er auch die römischen Gegner einer Monarchie als miserabel regierungsunfähig brandmarkte: als liege im System des Senats (oder des Parlaments) schon dessen Untergang beschlossen, so daß es sich naturnotwendig einem starken Mann an den Hals werfen *müsse!* Konnte eine Bewegung nicht siegen, der sogar Mommsen leidenschaftlich angehört hat, eben der Parlamentarismus von 1848 – so mußte das ja am System, so konnte das ja nicht an den einzelnen liegen. Daß ausgerechnet Bismarck, als Junker von Mommsen tief verabscheut, in Deutschland über die Demokraten Meister geworden war, ertrug der Cäsarianer Mommsen so wenig, daß er es seelisch nötig hatte, Bismarck anzutun, ihn nicht an einem Menschen, sondern an einem Ideal, an einem Gott zu messen: an dem von ihm als Übermenschen gezeichneten Cäsar, den es so wenig jemals gegeben hat, wie es sonst Götter auf Erden gibt.

Offenbar hat *keiner* der Historiker bis zum Ende der Hitlerzeit gemäß der Forderung Ludwig Wittgensteins sich selber befragt und in seiner Zeitbefangenheit verdächtigt: »Die Arbeit an der Philosophie ist ... eigentlich mehr die Arbeit an Einem selbst. An der eigenen Auffassung. Daran, wie man die Dinge sieht. (Und was man von ihnen verlangt.)« Daß Wittgenstein hier, 1931, von Philosophen spricht, erlaubt dennoch, diese Forderung auch auf Historiker zu übertragen. Denn der Mathematiklehrer Spengler, der einzige Historiker, den Wittgenstein unter den zehn Persönlichkeiten nennt, die ihm seine »Gedankenbewegung ... gegeben« haben, hielt sein Werk ausdrücklich für ein philosophisches.

Gibt es einen Beleg, daß Mommsen, *der* Imperiale unter den Historikern, je die Frage an sich selbst richtete, wie weit und ob überhaupt sein Cäsar ein Produkt der Auffassungen *auch* des 19. Jahrhunderts sei? Viele Bücherregale wurden vollgeschrieben, bis »dank« persönlicher Erfahrungen in der Hitler-Diktatur Historiker sich selber wieder schrankenloser Macht ausgeliefert sahen und deshalb wie der – durch eine Großmutter – »jüdisch versippte« Hermann Strasburger, der trotzdem in Hitlers Wehrmacht hatte dienen müssen, schreiben konnten: »Wer einmal bei den ›Spänen‹ war, als ›Männer, die Geschichte machten‹, ›hobelten‹, lernt den Konflikt zwischen Vitalität und Objektivität bei sich selber kennen, vermag aber um so eher auf ebensolche Erlebnisse im geschichtlichen Felde aufmerksam zu machen.« Sein Schüler Meier, der das zitiert, zieht den Schluß, Strasburgers »Kritik an Cäsar, an Alexander, an Thukydides folgt aus dieser Haltung«. Und Meier weist nach, daß Strasburgers Augenzeugenschaft, als die Weimarer Republik zugrunde gerichtet wurde, seinen Lehrer bestimmt hat, auch den römischen Senat und die Gesellschaft in jenen Jahren, die Cäsars Diktatur vorausgingen, vor Mommsens hochmütigen und ahnungslosen Aburteilungen in Schutz zu nehmen. Denn Mommsen schreckte ja nicht davor zurück, »zu hegeln«, das »geschichtlich Notwendige« – woher weiß wer, was notwendig ist: das, was gesiegt hat? – sei von

Cäsar nur vollstreckt worden: »Wo er zerstörend auftrat, (hat er) nur den ausgefällten Spruch der geschichtlichen Entwicklung vollzogen...« Woher weiß das ein Sterblicher? Und wohin führt ein solches »Denken«, das übrigens ja auch total inhuman über alle Verlierer sich hinwegsetzt? Wäre es demgemäß also *sinnvoll* gewesen, nur weil es wirklich so war, daß Pompeius kurzerhand ermordet wurde, als er in Ägypten an Land ging? Immerhin verteidigte er ohne Eigennutz die Republik: Niemand konnte doch sagen, ob nicht auch Pompeius, als Innenpolitiker sicher nicht weniger fähig als Cäsar, den Senat glücklich nach Rom zurückgebracht haben könnte, ohne Cäsars furchtbaren Preis dafür zu fordern: nämlich die Entmündigung des Senats.

Linke, die besonders borniert darauf beharren, es komme nie auf den Einzelnen an, sondern nur auf gesellschaftliche »Bedingtheiten« — verstummen rasch, wenn man sie fragt, ob dieser These gemäß die Stalinschen Schauprozesse auch dann ihre Mordorgien gefeiert hätten, wenn Lenin alt geworden wäre!

IX.
CICERO, CARL SCHMITT: DIE KLASSISCHEN MITLÄUFER

Aber welcher unterm Baldachin schier ewigen Friedens Aufgewachsene und dann auch noch zeitlebens ohne kriegerisch-materielle Gefährdung, ja ohne Blick auf einen einzigen Verwundeten des Krieges seine geschichtlichen Studien Pflegende wird ein Gran Phantasie aufbringen *können*, Verschleppung, Vertreibung, Hinrichtung, Soldatentod auch »nur« von Angehörigen sich vorzustellen? Bismarcks drei Kriege: wie vergleichsweise wenig zogen sie die Zivilisten, die nicht wehrpflichtig wurden, mit hinein! Ist doch ewig wahr die Formulierung von Marx: Das Sein bestimmt das Bewußtsein. Wissen, das unser Denken bestimmt, muß existentiell am eigenen Leibe erfahren worden sein, sonst bleibt es — Lektüre.

Ja, mehr: das Sein entschuldigt auch weitgehend zwar nicht die Verbrechen, aber doch die Mitläuferei mit Verbrechern, das ekelhafte Kriechen selbst eines Höchstprominenten wie Cicero

– so prominent war er, daß einst zwanzigtausend Mitbürger Trauer angelegt haben wie die Senatoren, als er aus Rom verbannt worden ist! – vor Cäsar, wie es uns noch heute den Magen umdreht, wenn wir zum Beispiel Ciceros Panegyrikus auf den Diktator lesen, weil der nach dem öffentlichen Kniefall des Vetters des Verbannten im Senat huldreich bewilligt hat, Marcellus dürfe heimkehren nach Rom. Was Cicero hinriß, Cäsar ins Gesicht zu schmeicheln: er erkläre ihn »für geradezu göttergleich«! Und warum? Cicero: »Denn nach dem Recht, das der Sieg gewährt, hätten wir, die Besiegten, allesamt sterben müssen; doch dein Gnadenurteil hat uns geschont.«

Sterben müssen, weil sie im Bürgerkrieg, den Cäsar ihnen aufgezwungen hatte, Republikaner geblieben waren? So schrieb der Berliner Ordinarius Carl Schmitt am Morgen nach der Juni-Nacht 1934, als Hitler seine ihm zehn Jahre lang treu gewesenen Kumpanen im biergelben Hemd ohne Gerichtsverfahren erschossen hatte, auch einige Gegner, insgesamt 84 Personen: »Der Führer schützt das Recht«!

Sind es, fragt man mit Schaudern, nicht viel mehr die Untertanen, die einen Diktator machen – als daß der sich selber macht? Der Nazi-Staatsrechtler und Vatikanist Carl Schmitt hat das zeitlos gültige Credo des klassischen Mitläufers wie für sich, so für alle formuliert: »Wir sind auf der Seite der kommenden Dinge« – wertfrei, morallos, rauschblind.

Erst die Nazi-Zeit ermöglichte dem 1929 geborenen Cäsar-Biographen Meier, Geschichte nach dem *Erlebnis* Geschichte zu schreiben: In einer Provinz aufgewachsen, in Pommern, die dann, als Meier sechzehn war, dem Reich abgerissen wurde – und ihre Menschen wurden daraus vertrieben, wie das im Alten Testament, aber kaum je in Mitteleuropa geschehen war –, hat ein solcher Historiker selbstverständlich eine passendere Ausbildung, den glanzvollsten Eroberer der Weltgeschichte zu beschreiben als ein Kollege, der – siebzig Jahre älter – die Angst, die Okkupantenstiefel auslösen oder Haussuchungen oder die mörderische Denunziation durch einen Nachbarn, nur aus Erzählungen eines Onkels oder Großvaters mitbekam. So aber erging es ja unseren bedeutenden Epikern auch der Geschichte im 19. Jahrhundert: Aus Napoleons Zeiten hatte man ihnen, die existentiell nie Geschichte erfahren haben, von »Geschichte« nur erzählt...

Wie wird sogar das Mitlaufen Ciceros (obgleich später Brutus dessen Namen an der Leiche Cäsars ausrief und Antonius ihn der intellektuellen Urheberschaft am Attentat bezichtigt) – wie wird Ciceros Mitlaufen, so lange Cäsar lebte, durch die Hitlerzeit verständlicher als früheren Historikern! Wird er nicht durch Unwissenheit und angeborene – wem nicht angeborene – Charakterschwäche entschuldigt, wenn man seit Hitler erst wieder gelernt hat, wie wehrlos, ohne feige zu sein, der Durchschnittsbürger, der Normalverbrauchte inmitten hirngelähmter Berauschter war? In einem Reich, dessen Diktator die ganze Welt schon *kannte* als Mörder seiner getreuesten Mitbanditen, der SA Röhms! Die Welt wußte von Hitlers Konzentrationslagern. Wußte, er hatte die halbe Million deutscher Juden bis zur Mordandrohung entrechtet. Und dennoch wurde er vom »ersten Bürger Großbritanniens, dem Sieger von 1918«, wie Churchill Lloyd George apostrophierte, ebenso auf dem Obersalzberg besucht wie vom Herzog von Windsor und von dem jüdischen Chinareisenden Sven Hedin: Da sollen Bäcker Schulze, Amtsrichter Müller *Widerstand* leisten, sich um den Kopf, ihre Familie um die Freiheit reden? Wenn sie doch erleben, wie die Sport-Jugend der Welt auf der Berliner Olympiade 1936 *nicht* in einer Sympathie-Erklärung für den schwarzen Goldmedaillen-Gewinner aufschreit, als Hitler Owens deshalb nicht wie allen anderen die Hand gibt, weil der schwarz ist! Wer *dürfte* da Widerstand verlangen? Eine verschonte Nachwelt? Und wie sollte ein Untertan Hitlers davor gefeit sein, dem Begeisterungsrausch auch zu verfallen, wenn er sieht, wie die *Welt* seinem Gebieter huldigt?

X.

GUNDOLF UND NIETZSCHE

Wie logisch, ja natürlich, daß ausgerechnet das Bildnis Cäsars nur geschrieben werden konnte von einem, der selber einen

Eroberer erlebt hatte: Auch Hitler schlug die bis dahin »größ-ten« Schlachten der Geschichte – groß heißt bei Schlachten immer nur: an Zahl der Beteiligten groß. Erst wer wie Meier als Jüngling solchen Schlachten und Schlächtereien zusah, konnte mit der Ironie, mit der allein ihm zu begegnen ist, den Huldi-gungs-Essay des politisch so ganz und gar unmündigen Gundolf auf Cäsar einbauen – in sein Kapitel: ›Cäsars Faszination‹.

Gundolf: Man atmet auf, daß er 1931 beizeiten gestorben ist, denn seine geradezu kindische Ahnungslosigkeit vor der Politik – ahnungslos, wie es einem Zeitgenossen des Ersten Weltkrieges nicht mehr erlaubt war – hätte diesen Heidelberger zweifellos nach Auschwitz gebracht, wäre er auch nur zweiundsechzig Jahre alt geworden. Hätte er doch »den Führer«, den er in sei-nem Cäsar-Panegyrikus von Herzen herbeisehnte, da die Deut-schen angeblich jetzt, 1924, ausschließlich »von Feldwebeln« regiert würden, natürlich selbst dann noch nicht »erkannt«, wäre Hitler schon mit Gundolfs Schüler Goebbels »vom Kaiser-hof zur Reichskanzlei« umgezogen. Was hat ein Autor vom Auf-kommen einer geschichtlichen Erscheinung begriffen, wenn er noch 1929, ganze vier Jahre, bevor Hitlers Antisemitismus Staatsdoktrin wurde und sämtliche Juden aus ihren Ämtern ver-jagt wurden, zu seinen Heidelberger Studenten in der Gedenk-rede zu Lessings 200. Geburtstag – wörtlich – vom »Verfol-gungswahn« des ›Nathan‹-Autors sprechen kann, weil ja dieses Drama schon 1780, als es geschrieben wurde, einen so nicht mehr möglichen, nämlich bis zum Verbrennungstode ausarten-den Antisemetismus darstellte! Gundolf erklärte den ›Nathan‹, dieses damals aktuellste Stück der Klassik, für so obsolet, daß er »begründete«, warum man Lessing feiern müsse, *obwohl* er der Autor des ›Nathan‹ sei!

Dazu paßt, daß er die durch den Versailler Vertrag fast erdros-selte erste deutsche Republik, die allein seinesgleichen Freiheit und Leben vor dem schon aufmarschierenden Hitler garantieren konnte, in seinem ›Cäsar‹ für nichtswürdig erklärt: »Heute, da das Bedürfnis nach dem starken Mann laut wird, da man der Mäkler und Schwätzer müd, sich mit den Feldwebeln begnügt statt der Führer« – so beginnt Gundolf, als solle geradezu in seiner Person bewiesen werden, daß Gott erst einen *dummen* Juden schaffen mußte, wenn er ihn zum Chefapostel Stefan Georges berufen wollte... Und Gundolf schließt sein Geschrei nach einem neuen Cäsar: »Erst Nietzsche rief wieder die Historie als Bildnerin des Lebens ... erst er sah wieder Völker und Führer ... und beschwor wieder die großen Wesen der Vorwelt mit Blut. Den Übermenschen, den er forderte, damit die Untermenschen auch nur erst Menschen würden, nährte er aus seiner eigenen Glut und und formte er nach Gestalten, die waren. Ihm erschien neben Napoleon, dem jüngsten Heroen, am dringlichsten Cäsar, der ›herrlichste Mensch‹.«

Lese weiter im Gundolf, wem Ekel das nicht verwehrt.

XI.
Frauen und Cäsar

Warum auch die abstoßenden Eigenschaften, ja gerade *sie,* eines Lebewesens wie Cäsar, je bekannter die sind, nicht – abstoßen, sondern anziehen? Und warum sie keineswegs nur uns Männer anziehen, die wir doch möglicherweise von Natur potentielle Kriegsverbrecher allesamt sind, sondern auch die Frauen – ja, Frauen besonders: wer wüßte das?

Zwar entscheiden Frauen nicht über den Ruhm, sofern sie nicht persönlich Ruhmreiche sind wie Jeanne d'Arc, Charlotte Corday, Katharina II., wie Florence Nightingale oder Käthe Kollwitz. Denn wann schrieben Frauen, vor Hildegard von Spitzemberg, vor Ricarda Huch, Barbara Tuchmann oder C. V. Wedgewood je Geschichte? Aber das Berühmtsein eines Mannes in dessen Gegenwart wird fraglos von Frauen entscheidend mitbestimmt. Und wie erst bei Cäsar, der nicht nur wie andere Höchstrangige (wie vielleicht sie alle; aber bei vielen ist das Leben ihrer Mutter nur unzureichend dokumentiert) eine aus dem Üblichen fallende Mutter hatte – so auch Alexander, die Gracchen, Brutus, Prinz Eugen, Napoleon, Talleyrand, Bismarck, Schopenhauer, vermutlich auch Goethe, gewiß Churchill und die Brüder Mann –, sondern der karrierefördernde Frauen zu lieben pflegte:

»Er war Ehebrecher von Beruf. Auch des Pompeius Frau kam an die Reihe ... charakteristisch, daß Cäsar plante, durch Gesetze die Vielweiberei in Rom einzuführen ... vor allem stand er mit Servilia, einer der politisierenden Frauen, die einen großen Kreis von Männern um sich sammelte, in intimster Verbindung ... Servilia war die Mutter des Brutus, der Cäsar mordete«, schreibt Birt. Sueton hatte überliefert: Diese Servilia habe Cäsar, der ihr ein Landgut schenkte, »vor allen anderen geliebt«; er habe »sehr viele hochgestellte Frauen verführt«.

Cäsars Mutter-Familie – ähnlich bei Bismarcks und Churchills nicht-adligen, doch eminent entscheidenden Müttern – war plebeischen Ursprungs und erst kürzlich so »hoch« gekommen, Consuln zu stellen, während die Schwester von Cäsars Vater den Cimbern- und Teutonen-Besieger Marius geheiratet hatte, was dem Neffen zugute kam, ihn freilich auch der Verfolgungssucht des Sulla ausgesetzt hat. Wenn man Cäsar positiv sieht, weil er sich Sullas Forderung widersetzte, sich von Cinnas Tochter scheiden zu lassen was ihn die Heimat kostete – abstoßend ist doch, daß er um dieser seiner zweiten Braut willen, da sie die Tochter eines sehr Berühmtgewordenen war, seine erste Braut wegschickte: Cossutia.

Seine 23jährige Tochter Julia gab er, als es ihm gut dünkte, sich mit ihm zu verbinden, dem 49jährigen Pompeius, damals Roms – das hieß: der Welt – machtvollstem Mann, der fünfmal geheiratet hat; dies wurde eine Liebesehe. Und als Cäsar wieder einmal heiratete, da war es Pompeia, nicht irgendein Mädchen, sondern »die Enkelin der beiden Konsuln von 88, des Sulla und seines Verbündeten Quintus Pompeius Rufus«. Und Eduard Meyer schreibt einmal: »...galt es für Cäsar ein Äquivalent zu finden, das ihn für die von Pompeius beanspruchte Konzession entschädigte und seine Zukunft sicherte ... über dieses Äquivalent ist lange gefeilscht worden. Cäsars Anerbieten, durch neue Verschwägerungen das alte Bündnis zu bekräftigen« – denn Cäsars Tochter war als Gattin des Pompeius im Wochenbett gestorben –, »lehnte Pompeius ab: Pompeius sollte Cäsars Großnichte Octavia heiraten (die Schwester des späteren Augustus), die mit C. Marcellus vermählt war: Cäsar wollte sich von Calpurnia scheiden und Pompeius' Tochter, bisher die Gemahlin des Faustus Sulla, heiraten.« Und die er zuletzt liebte, Kleopatra, besaß bekanntlich Ägypten! ... Seltsam, daß sogar ein so ironischer Voltaireianer wie Bernard Shaw in seiner Neigung zu Cäsar von solchen grotesk-widerlichen Schachspielereien mit Frauen so wenig abgestoßen wird wie – Frauen!

Charme in der Nachwelt nach zweitausend Jahren noch – wie machtvoll muß er Cäsars *Mit*welt, die Römerinnen und Römer, um den Verstand gebracht haben!

XII.
ATTENTÄTER 44 VOR – UND 1944 NACH CHRISTUS

Dieser Charme war natürlich eine Macht ersten Ranges, solange Cäsar lebte; allenfalls Lord Nelson scheint Zeitgenossen ebenso charmiert zu haben; ein Charme, der noch nach neunzehnhundert Jahren sogar einen so eingefleischten Republikaner wie Mommsen, von Natur gestrenger Jurist, solidester Historiker, zu seinem Preisgesang hinreißt: Wie muß dieser Charme die Zuschauer von Cäsars Triumphzügen erst berauscht haben! Von ihm nicht mitgerissen, nicht verblendet, verblödet zu werden, sondern sich der Mutprobe ohnegleichen zu stellen durch den Plan, die Freiheit wiederherzustellen auf dem einzig noch möglichen Weg: durch Ermordung dieses erdrückend Populären – wie adelt das vor der Geschichte jene Senatoren, die das riskiert haben!

Wir Nachgeborenen können das furchterregende Risiko dieser Verschwörer allenfalls taxieren, wenn wir uns das einer Verschwörung in unserem Jahrhundert wieder vor Augen holen. So sei an den durch Ernst Jünger überlieferten Seufzer des sonst – aber hier gar nicht – auch persönlich so mutigen Marschalls Rommel nach dem Attentat vom 20. Juli 1944 erinnert: »Hat man denn keinen Hauptmann mit einer Armee-Pistole gehabt?« Rommel selber war noch am 17. Juni allein mit Hitler, mit dessen Adjutanten Schmundt, mit seinem eigenen und mit Marschall Rundstedt und dessen Adjutanten in einen Luftschutzkeller während eines Fliegerangriffs hinter der Normandie-Front geflüchtet: warum nahm nicht er *seine* Pistole? Rommel selber war noch am 29. Juni zum Vortrag auf dem Obersalzberg gewesen und hatte Hitler dermaßen erzürnt durch seine unverblümte Darstellung der in Frankreich für die deutschen Armeen hoffnungslosen Lage, daß Hitler verstummte und in Panik und Wut grußlos, während Rommel sprach, den Raum verließ: Warum griff Rommel nicht hier zur Pistole? Eine solche Frage stellen – heißt schon so unverschämt sein, wie niemand sein darf, der nicht selber eine solche Tat riskiert hat. Aber so unverschämt war Rommel, als er nach dem namenlosen Hauptmann fragte, der das – auch nicht riskiert hat.

Um so ehrfurchtgebietender der Mut jener Senatoren, die – im Gegensatz zu den Männern des Jahres 44 zweitausend Jahre später – Cäsar von Hand abstechen und das fast in der Öffentlichkeit tun und also damit rechnen mußten, nach der Tat der Lynch-»Justiz« zu verfallen; einige fielen ihr zum Opfer. Denn Cäsars Popularität stand der Hitlers nicht nach. Wer, der früher über Cäsar schrieb, hätte der moralischen Leistung seiner Mörder, die uns beim Vergleich mit den Attentätern um Stauffenberg erst ganz aufgeht, *ohne* einen solchen Vergleich auch nur annähernd gerecht werden können? (Was nicht heißt: Cäsar sei vergleichbar mit Hitler. Verglichen werden aber die Risiken eines Attentats.) Doch das »Erlebnis« Hitler – wie das einem Historiker zugute kommt, wenn dieser Cäsars Laufbahn darstellen will – wird ganz deutlich, wenn man Cäsar-Bildnisse der hier genannten Autoren zwischen Mommsen und Birt mit Christian Meiers Epos vergleicht.

Kornemann, der jüngste der berühmten Mommsen-Schüler, starb erst 1946 und schloß so noch den ›Epilog‹ auf seine ›Geschichte der Spätantike‹ mit der Befürchtung, Europa, »zwischen der Mutter Asien und der Tochter Amerika ... zerrieben«, werde dem Untergang, »wie ihn Oswald Spengler schon vor Jahrzehnten seherisch vorausgesagt hat«, verfallen.

Birt jedoch, eine halbe Generation älter als der erst 1868 geborene Kornemann, *konnte,* da ihm das Erlebnis der Diktatur gerade noch erspart geblieben war, um nur *ein* Beispiel zu nennen, der Senatsherrschaft noch gar nicht gerecht werden. Wie unendlich, ja *unvergleichbar* erträglicher ein noch so heruntergekommener Senat ist, gemessen an einer Diktatur: woher hätte Birt das schon wissen sollen? Auch der wieder eine Generation ältere Mommsen, obgleich doch Republikaner, hatte ja behauptet, eine absolute Oligarchie sei schlimmer als eine Monarchie im Sinne der Ein-Mann-Diktatur!

Damit übereinstimmend schrieb Birt anläßlich des ersten Jahrhunderts vor Christus: diese »blutrauchende Zeit, die nach einem Alleinherrscher, einem König sucht und ihn nicht finden kann«. Doch Birt begründet diesen – *seinen*, aber kaum auch der Römer – frommen Wunsch mit keiner Zeile; im Gegenteil, er attestiert sogar der Senatsherrschaft: »Die äußere Politik Roms, der Imperialismus, die Angriffspolitik, hatte vorläufig alle Wünsche befriedigt ... Rom hatte um 144 die Welt so gut wie in Händen: Spanien, Griechenland, Mazedonien, Afrika waren Provinzen ... je reicher der Bürger in Rom durch solche Beute wurde, je weniger brauchte er zu arbeiten ... die Bürger zahlten jetzt keine Steuern mehr.« Dennoch meint der Bürger Birt: der starke Mann, ausgerechnet, sei der Republik vonnöten gewesen! Ein Irrtum, dem ein Zuschauer Hitlers und Stalins bestimmt nicht mehr anheimgefallen wäre.

XIII.
Tacitus illusionsloser als die Historiker um 1900

So zeichnete erst Christian Meier Cäsar für *unsere* Generation, obgleich auch er vielleicht mehr noch den Nekrolog auf die Republik schrieb als das Portrait ihres Vernichters. Gut, daß er nicht auf vorwarnende – *uns* warnende – aktuelle Streiflichter verzichtet. So, wenn Meier die zum Sprichwort gemünzte Erfahrung des Tacitus mitliefert: »Corruptissima re publica plurimae leges« – je korrupter die Republik, desto mehr Gesetze macht sie! So ist das auch heute.

Daß auch Meier wie die Generation Birts in die Republik als Staatsform kein größeres Vertrauen setzt, als sie nach den historischen Erfahrungen rechtfertigt, kommt zwar seinem Helden dauernd zugute – verführt aber dennoch diesen neuen Biographen nicht mehr dazu, jene Preislieder auf Cäsar anzustimmen, die uns heutigen Diktaturgeschädigten die älteren Biographen schlechthin unlesbar gemacht haben. In der Tat gibt es ja für Cäsars Ignorierung des Senats, dann auch für dessen völlige Entmachtung mildernde Umstände die Fülle – und doch nicht genug! Wer – nach Catos Selbstmord und nachdem die Ägypter dem Pompeius den Kopf abgeschnitten hatten und Cicero resigniert auf dem Lande saß – wäre dem Diktator noch gewachsen gewesen außer jenem *einen,* der sich aber allein dadurch profilieren konnte, daß er die Mörder anführte: Brutus? Und man kann offenbar Cäsar nicht den Vorwurf machen – trotz seines geradezu satanischen Egoismus' nicht –, daß er liquidiert hätte, was noch intakt gewesen ist ... gesetzt, eine Staatsform *könne* überhaupt intakt sein; welcher Mensch ist »intakt«? Da er aber doch das Maß aller Dinge ist ...

Andererseits: Nach den eher positiven Erfahrungen, die der Senat soeben mit dem anderen genialen Feldherrn, mit Pompeius, gemacht hatte, der im Gegensatz zu Cäsar ein treuer Diener der Republik blieb, muß man den Senatoren zugute halten, so wie wir unseren Cäsar-Historikern des 19. Jahrhunderts ihre Unkenntnis einer neuen Diktatur zugute halten, daß ihnen die historische Einsicht noch fehlte, aufgrund derer sie *rechtzeitig* Cäsar als das eine, so zuvor nie dagewesene Individuum einschätzen konnten, das sich niemals mehr zähmen lasse und es abgesehen hatte auf Alleinherrschaft.

Erfolge beruhen auch in der Politik meist auf Überraschung: Nur die *Ahnungslosigkeit* 1933, wer Hitler eigentlich sei, macht begreiflich, daß sogar leidenschaftlich der Demokratie ergebene Parlamentarier wie Theodor Heuss dem Ermächtigungsgesetz zugestimmt haben, das schon alles weitere auslöste. Und so ahnungslos wie die Abgeordneten sind eben auch die Historiker, bevor *neue* politische Erfahrungen sie skeptischer machen; dies allein erklärt, was in Meiers Buch das Aufregendste ist: daß es so lange gedauert hat, bis endlich auch die Historiker Cäsar ebenso illusionslos zeichneten, wie das zuvor nur *ein* Dichter riskiert hatte, Shakespeare.

XIV.

Bismarcks Ironie gegen Mommsen

Daß Mommsen für den genialen Einzelnen unter seinen Zeitgenossen nur Spott und Abscheu hatte, rächte Bismarck, indem er fragte: Wenn ein Historiker seine eigene Zeit so wenig verstehe wie Mommsen, wie verläßlich sei dann dessen Cäsar-Porträt?

Wie weit Bismarcks ironische Abfuhr gegen Mommsen, den er einmal angezeigt hat, gerechtfertigt war: wir wissen es nicht, wie sollten wir. Wissen es aber noch weniger, seit wir nunmehr fasziniert Meier gelesen haben. Uns in bezug auf historische »Größe« noch mehr zu *verunsichern,* ist nicht die geringste der vielen Qualitäten des Werkes.

Auch Meier nimmt immer wieder zurück, was er an Positivem wie Negativem seinem Helden zugeschrieben hat. Genauer: die Ereignisse, die immer wechselnden oft so wirren, nehmen das jetzt zurück, dann wieder bestätigen sie es. Oder *scheinen* es zu bestätigen. Es gibt keine Formel, die sicher stimmt. Ist man soeben noch gerührt über »das Gran Güte«, um dessentwillen Burckhardt dem Cäsar, so viel mehr als anderen, nachgesehen hat, so ist man schon im nächsten Moment angewidert von den Greueln, die doch auch Cäsar – der offenbar seltener Gefangene ermordete als andere Feldherrn – mit seinen Triumphen verbunden hat (wobei man in Gedanken noch ergänzen muß, daß Cäsar als Chronist seiner Kriege das Schlimmste natürlich unterschlagen hat). Wenn Cäsar *selber* erzählt, daß er jedem, der in einer rebellischen Stadt des von ihm vergewaltigten Gallien Waffen getragen hatte, beide Hände abhacken ließ – eine Hand hätte auch genügt –, ihnen aber deshalb das Leben »schenkte«, damit »die Strafe für ihre Schlechtigkeit um so augenfälliger werde«, so bleibt die Frage offen: Wenn er das für normal hielt – was verschwieg er dann an »Anomalitäten«, die Meier ein wenig zu sehr, finde ich, entschuldigt?

Aber auch er nennt, wir wiederholen das sonst Unglaubliche: die Zahl von einer Million und einhundertzweiundneunzigtausend Galliern, die Cäsars *vollkommen* überflüssiger Krieg das Leben kostete. Mommsen hat bestätigt, Meier zitiert es: daß die

Gallier zur Zeit Cäsars tatsächlich Rom niemals bedroht haben. Cäsar führte Krieg, weil er in Rom nicht zu brauchen war; und als er ihn begonnen hatte, konnte er sich in Rom nicht mehr blicken lassen, weil man ihn dort vor Gericht gezogen, wenn nicht gar an die Germanen ausgeliefert hätte wegen seiner Greueltaten. (Das war keine leere Drohung durch Cato: Meier erzählt, als der Römer im Herbst 55 den Antrag im Senat einbrachte, Cäsar seinen germanischen Opfern auszuliefern, habe er auf einen Präzedenzfall verweisen können: den Spaniern hatte der Senat im Jahr 135 einen an ihnen zum Verbrecher gewordenen Consul ausgeliefert.)

XV.
PERSONALUNION KRIEGER – STAATSMANN?

Als dann Cäsar überraschend die Alleinherrschaft besaß, weil ihm die Ägypter die Beseitigung des Pompeius abgenommen hatten, da wußte er nichts damit anzufangen, konzeptlos, wie er war. Denn Friede war ihm unerträglich. (So unerträglich wie für Churchill, der in einem Meister-Essay über »den milden Himmel des Friedens und der Banalitäten« stöhnte und höhnte.) Friede war jener Zustand, in dem Rom mit Cäsar nichts anfangen konnte – und Cäsar, als er Rom »besaß«, nichts mit Rom. So dachte er, der es ganze fünf Monate und nicht länger in Rom als Diktator aushielt, sich einen Alexanderzug nach Persien für »nötig« aus: erstens, weil es ihn in Rom langweilte; zweitens, weil er nur auf dem Schlachtfeld unter seinen Soldaten, nicht aber in Rom vor Mördern mehr sicher war. Tatsächlich vermochten denn auch die Verschwörer ihn nur niederzustechen, weil er drei Tage zu lange zögerte, wieder in den Krieg aufzubrechen, in den Krieg, den er sich von Jugend an zunächst als Beschäftigungstherapie und Goldmine für sich selbst ausgedacht hatte; später dann zu seiner persönlichen Sicherheit.

Wer ihn als »Staatsmann« preist, obgleich Cäsars Verhalten in Rom das Chaos des Bürgerkriegs bei seinem Tod hinterlassen *mußte:* der frage sich, ob überhaupt jemals in der Geschichte ein sehr großer Krieger ein Staatsmann sein *konnte*. Ob nicht die

hervorragende Eignung zum einen die zum anderen Beruf aus-
schließt. Cavour und Bismarck, eingefleischte Zivilisten, hielten
sich ihre Krieger – und halfterten sie beizeiten ab, so wie Truman
MacArthur hinauswarf, bevor der in China mit Atombomben
einfallen konnte; so wie Bismarck Moltke hinderte, in Wien einzuziehen. So wie das britische Volk sofort nach Hitlers Tod
Churchill abwählte...

XVI.

Je furchtbarer, desto ehrlicher: mörderische Eitelkeit

Cäsar problematisiert uns – wie eingangs gesagt –, weil er nachhaltiger als *jeder* andere bis zum heutigen Tage festlegt, was in
unserer Zivilisation als Größe gilt. Und das ist auch für Meier
das Problem. Zwar widmet er ihm nur die ersten siebzig Seiten.
Doch auf den restlichen fünfhundertzwanzig ist nicht nur zwischen den Zeilen zu lesen, daß es dieses ungeheuerliche Ärgernis
war, das ihn produktiv machte: die Frage, warum gilt *dieser*
als der Größte, der allerdings in seiner *Ehrlichkeit* groß
wie keiner war – außer Hitler. Hitler bekanntlich – doch das
verdrängt seine Nachwelt aus sehr schlechtem Gewissen: um
sich einreden zu können, sie habe das nicht gewußt! –, Hitler hat
in zwei *öffentlichen* Reichstagssitzungen, durch Radio übertragen auf den ganzen Planeten, die »Ausrottung« – dreimal wörtlich: Ausrottung – und die »Vernichtung« – einmal wörtlich:
Vernichtung – der »jüdischen Rasse in Europa« verkündet. Zuerst am 30. Januar 1939 im Berliner Reichstag: komme es zum
Kriege, »dann wird das Ergebnis nicht die Bolschewisierung der
Erde und damit der Sieg des Judentums sein, sondern die Vernichtung der jüdischen Rasse in Europa«. Beim zweitenmal sagte
er, am 8. November 1942 im Münchener »Bürgerbräu-Keller«:
»Sie werden sich noch erinnern an die Reichstagssitzung, in
der ich erklärte: Wenn das Judentum sich etwa einbildet, einen
internationalen Weltkrieg zur Ausrottung der europäischen Rassen herbeiführen zu können, so wird das Ergebnis nicht die Ausrottung der europäischen Rassen, sondern die Ausrottung des

Judentums in Europa sein [Beifall]. Sie haben mich immer als Propheten ausgelacht. Von denen, die damals lachten, lachen unzählige nicht mehr [vereinzeltes Lachen, Beifall]. Die jetzt noch lachen, werden in einiger Zeit vielleicht auch nicht mehr lachen [Gelächter, starker Beifall].«

Cäsar – unabstreitbar belegt – hat kein Hehl daraus gemacht, erstens, daß er genau wußte, was er für eine Lawine lostreten würde, wenn er über den Rubikon ginge, unabsehbare Bürgerkriegsgreuel. Und gab zweitens zu, er tue das allein für sich selber – keineswegs für Rom. Marschieren, Krieg machen, um nicht, von seinen Soldaten getrennt, vom Senat zur Rechenschaft gezogen zu werden...

Merkwürdig, Cäsars Ichsucht war ausgeprägt wie bei keinem zweiten Menschen in der Weltgeschichte; denn die anderen Egomanen haben doch immerhin für nötig gehalten, ihren Egoismus zu tarnen: als liege ihm ein Zweck auch für das Gemeinwohl zugrunde. Doch Cäsar hielt für überflüssig, glauben zu machen, es gäbe irgend etwas auf der Welt, das ihn interessiere, außer der eigenen Person.

Und genau diese schamloseste Ichsucht, von der je zu hören war, ist in der Nachwelt die überzeugendste! Jacob Burckhardt hat ausgesprochen, Größe sei weniger ein Faktum als das Bedürfnis der Mit- und Nachwelt, sie einem Individuum beizulegen. Doch was ihn noch eindrücklicher von Mommsen unterscheidet, ist sein Mißtrauen erstens gegenüber »Größe« überhaupt, zweitens gegenüber dem *Prozeß,* der in der Nachwelt Größe *entstehen* läßt. Denn Größe ist ja ein langdauernder Wachstumsprozeß, sie ist nicht einfach da, sondern wird gemacht – von Späteren in einem vielleicht höheren Maße als von den Individuen selber, mit deren Namen sie von der Nachwelt, zuweilen auch schon von der Mitwelt verknüpft wird. Diesem Prozeß, der im Falle Cäsar deprimierend gradlinig und fast einstimmig verlief, während er zum Beispiel im Falle Peters des Großen oder Schillers doch gesunden Schwankungen unterworfen war, widmet denn auch Christian Meier seine *notwendigsten* Seiten.

54

XVII.

Grösse – von jeder Generation neu zu definieren

War nicht Winston Churchill allein deshalb ein unvergleichlich
viel größerer Mann als Julius Cäsar, weil Churchill – als Autor
mindestens ebenso bedeutend – der erste Krieger der Weltgeschichte ist, der für seine *eigene* Nation kein Dorf annektiert hat?
Und war er nicht der *einzige,* später dann gemeinsam mit Roosevelt, Eroberer welthistorischen Ausmaßes – vom Rande der Vernichtung in Nordafrika bis an die Elbe –, dessen Kampf nicht nur
sein eigenes Volk die Rettung verdankt, sondern darüber hinaus
zahlreiche Staaten? Daß Polen, der Balkan, Skandinavien, die
Benelux-Staaten überhaupt noch *existieren,* Länder, die alle Hitler besetzt hatte, um sie dem Reich »einzudeutschen«; und bei
der Teilung Polens machte Stalin mit, der auch das Baltikum
verschlungen hat: wem in erster Linie verdanken sie es, wenn
nicht Churchills Weiterkämpfen noch nach Dünkirchen?
Wie dürftig, ja verächtlich gegenüber Englands edlem Opfer-
gang – es blutete aus und war nicht angegriffen von Berlin –
Cäsars sinnlose Herumtreibereien zwischen Britannien und
Ägypten! Und schließlich – Meier kommt früh in seinem Werk
darauf zu sprechen – wird Größe doch mitbestimmt vom Charakter derer, die sie einem zulegen oder absprechen. Wie logisch
ist es, wie wenig überraschend, daß es ausgerechnet Napoleon
war, der sich von Goethe eine »vollwürdige« – was für ein Wort
– Darstellung Cäsars erbeten hat: »Das könnte die schönste Aufgabe Ihres Lebens werden. Man müßte der Welt zeigen, wie
Cäsar sie beglückt haben würde, wenn man ihm Zeit gelassen
hätte, seine hochsinnigen Pläne auszuführen.« Mussolini hat
dann bekanntlich dieses »vollwürdige« Cäsar-Drama verfaßt
und Hitler es durch seinen »Mephisto« Gründgens im Berliner
Staatstheater spielen lassen. So wie Hitler sich von seinem
»Reichsleiter« Bouhler 1940 auch eine neue Napoleon-Deutung
hat schreiben lassen, die sein eigenes Rußland-Abenteuer, das er
soeben für das nächste Jahr vorbereitete, gutheißen sollte, indem
Bouhler Napoleons Marsch auf Moskau »vollwürdig« guthieß!
Solche Wahlverwandten sind eine fürchterliche Hypothek auf

Cäsars Bild – doch Meier belegt, wie legitim es ist, daß ein Ungeheuer, das bei Borodino 1812 allein auf *einem* Feld mehr als sechzigtausend tote Soldaten liegen ließ und das hochgemut mit dem »lustigen« Satz kommentierte: »Eine Nacht von Paris bringt's wieder ein!«, in Cäsar sein direktes Vorbild pries. An unseren Früchten sind wir zu erkennen!...

XVIII.
SYMBOLISCHER SCHLUSS: ADOPTIERTE SÖHNE
ERMORDEN LEIBLICHE

... doch auch an unseren Nachfolgern, wenn wir selber es waren, die sie ausgesucht haben: Hinterhältige Ironie, daß der von Cäsar zum Nachfolger – per Testament – erkorene Großneffe Oktavian nicht Cäsars und Kleopatras Sohn Cäsarion als Nachfolger adoptiert, sondern diesen Sproß ruchlos ermordet; auch ganz zwecklos, denn adoptieren mußte er, der keinen Sohn hatte, ja doch einen Nachfolger – und wie logisch nicht nur, sondern *dankbar* wäre es gewesen, er hätte Cäsars Sohn, den noch Mark Anton dem Senat ans Herz gelegt hat, zum Erben des Imperiums gemacht, das er doch allein Cäsar *verdankte!* Hinterhältige Ironie, daß dem Augustus diese ekelhafteste seiner Niedertrachten – Birt, erinnern wir uns, nennt ihn den »konsequentesten« aller »Henker« – dadurch heimgezahlt wurde, daß ihm Tiberius den Enkelsohn ermordete; einen angeblich nur Schwachsinnigen; hier wieder: »Wer seinen Hund töten will, bezichtigt ihn der Tollwut«...

Hatte Augustus mit der Ermordung von Cäsars Sohn »gedankt«, daß Cäsar ihm das Reich überschrieben hatte, so dankte jetzt Tiberius, daß Augustus *ihn* adoptiert hatte, indem er *ihm* den letzten männlichen Enkel ermordete! Augustus, offenbar auch schwachsinnig, hatte ausdrücklich durch Vertrag dem Tiberius diesen Enkel als Mitregenten aufgenötigt. Einen Schwachsinnigen? Sehr unglaubhaft, daß der Kaiserenkel geistesgestört war, denn schneller noch, als Tiberius dem Volk verkündete, Augustus sei gestorben, ließ er bei dessen Tod den

Enkel des Kaisers totmachen. Warum diese Eile, wäre der blöde, also *kein* Rivale gewesen?

Dieser letzte männliche Leibeserbe des Kaisers hatte zwei andere Enkel überlebt, die im Frieden als Erwachsene, von Augustus zärtlich umsorgt, »einfach so« gestorben waren binnen achtzehn Monaten: Drei erwachsene Kaiserenkel sterben, der dritte und letzte nachweislich durch Mord: drei ohne Krieg. Drei sind viel. Kornemann, der nicht mag, was sich laut BGB nicht ziemt, daher Tacitus eine schlechte Note bei ihm hat, ist aber empört, daß man Livia, die Stiefgroßmutter und Gattin des Kaisers, sofort des Mordes an den Jungen, die nicht mit *ihr* verwandt waren, bezichtigte, was auch Birt überliefert. Kornemann erwähnt sogar einen Geheimbefehl des Augustus – erwähnt aber keinen, der den gesehen hat –, seinen letzten Enkel zu liquidieren, den angeblich Geisteskranken, nur damit Livias Sohn Tiberius allein beim Tode des Stiefvaters Kaiser werde. Livia, die mit Tiberius Barvermögen *und* Imperium erbte, obgleich weibliche Leibeserben des Augustus lebten, die aber leer ausgingen, wird von Tacitus als geschulte Vergifterin dargestellt, aufgrund zeitgenössischer Quellen, die Kornemann für nichtswürdig hält, weil sie sein von Edelmut triefendes Bild Livias beflecken. Die aber, die dem Augustus, ohne mit ihm blutsverwandt zu sein, *alles* verdanken, während seine Blutsverwandten nicht erbten, ja nachweislich, wenn sie der letzte männliche Erbe waren, ermordet wurden – *wie* drängen sie erneut die uralte, ewig neue Lebenserfahrung auf: Man hüte sich vor jedem, der einem dankbar sein muß!

Ovid hat offenbar zu seinem Unglück – er ging bei Hofe ein und aus, was stets lebensgefährlich ist, wenn man nicht als entmannter Hofdichter wie Vergil und Horaz, sondern als unabhängiger Geist leben will –, hat zweifellos *gewußt*, was alle tuschelten, sei die Wahrheit: Daß Livia als unermüdliche Giftmischerin kein Mittel scheue, *ihren* leiblichen Sohn, der nicht von Augustus war, auf den Thron zu bringen. Der Kaiser hat ihn spät und erst, weil alle *seine* männlichen Nachkommen umgebracht worden waren, mit Widerwillen adoptiert: Es gibt keine rationale Erklärung, warum er dermaßen in den Händen dieser zweiten Gattin war, die jedermann außer ihm für die Mörderin seiner beiden Enkelsöhne hielt: binnen achtzehn Monaten, im Frieden, verdiente Heerführer! So schrieb Ovid seine ›Medea‹, die im Gegensatz zu seinen anderen Dichtungen »natürlich« nicht mehr existiert. Und vermutlich hat allein Ovids Verbannung durch den Kaiser ins Donau-Delta am Schwarzen Meer, nach Tomi, den Dichter der Rachesucht von Livia und Tiberius entzogen – obgleich wir ja nicht wissen, woran er dann dort mit sechzig gestorben ist. Jedenfalls hat jedermann in Ovids ›Medea‹ das Porträt der regierenden Mörderin Livia erkannt!

Man mußte kein Dichter sein, nur ein tapferer Römer, deren es viele gab, um mit Tacitus zu sehen, wie einmalig in der Weltgeschichte dies war: Sämtliche Leibeserben des Kaisers von Thron und Erbe auszuschließen, drei männliche Enkel – der dritte *nachweislich* durch Mord – zu beseitigen und den weiblichen nicht nur den Thron, sondern auch ein Miterbe vorzuenthalten, weil als »unwürdig« skandalisiert – vielleicht, weil sie tatsächlich getan haben, was in hohen Kreisen – so Kornemann und Birt – alle taten: Ehebruch … Der Historiker Rudolf Chr. W. Zimmermann, der im ›Rheinischen Museum für Philologie‹ 1932 die Gründe für Ovids Verbannung untersuchte, folgert, daß sogar der Kaiser durch seine Frau vergiftet worden ist, weil er die Unvorsichtigkeit begangen hat, heimlich seinen letzten, von ihm verstoßenen Enkel zu besuchen; Augustus hat ihm offenbar nicht nur die Rehabilitierung zugesagt, sondern sie auch ins Werk gesetzt: Er bestimmte, Tiberius *müsse* als Mitregenten diesen Enkel an seine Seite holen – so daß Tiberius den Jungen ermordete, bevor er noch den Römern verkünden ließ, Augustus sei tot. Sogar der einzige Begleiter des Kaisers beim heimlichen Treffen mit seinem verbannten Enkel, Fabius Maximus, wurde umgebracht, »weil er des Kaisers Klagen über die ihm abgezwungene Verstoßung des Enkelkindes gehört und darüber zu seiner Gattin nicht geschwiegen hatte, durch die Kaiserin Livia und Tiberius von dieser Reise erfuhren«…

Goethe warnt denn auch: »Verschwiegenheit fordern ist nicht das Mittel, sie zu erlangen.«

Bismarck, der Klassiker

»Bismarck empfing den Kaiser im Roll-
stuhl ... Wir gingen gleich zu Tisch ...
Der Fürst versuchte, politische
Gespräche anzuspinnen ... Zu meinem
größten Bedauern ging der Kaiser auf
diese Gespräche nicht ein, sondern es
wurde die an der kaiserlichen Tafel
häufige Anekdötchenunterhaltung
geführt. Immer wenn Bismarck von
Politik anfing, vermied es der Kaiser,
darauf zu achten. Moltke flüsterte mir
zu: ›Es ist furchtbar‹; wir fühlten den
Mangel an Ehrfurcht vor einem solchen
Manne. Da sprach Bismarck aus irgend-
einem Zusammenhange heraus ein Wort,
das sich uns in seiner prophetischen
Schwere eingrub: ›Majestät, solange Sie
dies Offizierskorps haben, können Sie
sich freilich alles erlauben; sollte
das nicht mehr der Fall sein, so ist das
ganz anders.‹ An der scheinbaren Non-
chalance, mit welcher das herauskam,
als ob nichts darin läge, zeigte sich eine
großartige Geistesgegenwart; daran
konnte man den Meister erkennen.«

TIRPITZ: Letzter Besuch des Kaisers in
Friedrichsruh, 15. Dezember 1897.

Die Erzählung, die unser Motto ist, wurde zu Ende geführt von
Bismarcks Schwiegertochter: Während ihr Mann, Graf Herbert
Bismarck, den Kaiser zum Bahnhof Friedrichsruh geleitete,
sagte, ihnen nachblickend, der Rollstuhlfahrer: »Zwanzig Jahre
nach dem Tode Friedrichs des Großen kam mit Jena-Auerstedt
das Ende für Preußen; zwanzig Jahre nach meinem Tode –

kommt das Ende für *den*!« Die exakteste Prophezeiung der Weltgeschichte, Bismarck »irrte« um ganze drei Monate: er starb am
30. Juli 1898, Wilhelm entwich ins Exil am 8. November 1918 …
Noch bevor er am 2. August 1898 mit einem Kranz für
25 Minuten haltgemacht hatte in Friedrichsruh, um »nachzuse-
hen, ob Bismarck auch wirklich tot sei«, wie ein Höfling witzelte,
doch der Sarg war schon zugeschraubt, hatte eine Zeitbombe,
exakt auf Bismarcks Ableben eingestellt, den Kaiser am Vortag
schwer angeschlagen: die Veröffentlichung des Entlassungsge-
suchs von 1890. Im Auswärtigen Amt verurteilte Holstein, der als
Mitarbeiter Bismarcks seit 1860 ihm nähergestanden hatte als
jeder andere außer Sohn Herbert, daß einer die Fahne »auf halb-
stock« gesenkt habe: »Dieses demonstrative Zeichen der Trauer
werde im liberal denkenden Bürgertum, noch mehr in den Arbei-
termassen allgemeines Mißfallen und überdies, was das Bedenk-
lichste wäre, den Zorn Seiner Majestät auf das AA lenken…«
Exzellenz hatte nicht vergessen, daß keine zwei Jahre zuvor der
Kaiser Bismarck wegen »Landesverrat« noch nach Spandau hatte
verbringen lassen wollen, als der alte Mann – was im Reichstag
auch der linksliberale Eugen Richter als Landesverrat begeiferte –
in den ›Hamburger Nachrichten‹ bekanntgab, bis zu seiner Entlassung habe zwischen Rußland und Deutschland ein geheimge-
haltener »Rückversicherungsvertrag« bestanden, der beide Länder zur Neutralität verpflichtete für den Fall, eines von ihnen
werde angegriffen.
Die Nichtverlängerung des Vertrags durch Berlin, klagte der
Amtsenthobene an, habe Petersburg zu einer Allianz mit Paris
»genötigt«. Tatsächlich war nur einen Tag nach Bismarcks Amts-
enthebung der russische Botschafter aus der Wilhelmstraße fort-
geschickt worden ohne die Zusage, daß der ablaufende Vertrag
verlängert werde. Bismarck rechtfertigte seine ebenso gesetz-
widrige wie verantwortungsvolle Indiskretion: Er lasse die
»Geschichtsfälschung der klerikal-liberalen Presse, die die Regierung Kaiser Wilhelms I. und seines Kanzlers für alles Unheil verantwortlich mache«, nicht auf sich liegen…
Noch eindrücklicher veranschaulicht wird die Verurteilung
Bismarcks zur Unperson durch das offizielle Deutschland mit der

Weigerung des Reichstages – dem 1895 nur 44 Sozialdemokraten angehörten –, dem Gestürzten zum 80. Geburtstag zu gratulieren: Mit 163 gegen 143 Stimmen wurde dank des Votums der »Herren Abgeordneten Singer, Richter und Graf Hompesch« der Antrag abgelehnt. Vergleichszahl: nur 26 Unterhausabgeordnete zahlten keine Spende zu Sutherlands Churchill-Porträt, das alle anderen Churchill zum 80. Geburtstag kauften, doch gefeiert wurde er von allen, auch von Kommunisten, obgleich er – was ihn selber fassungslos machte – »noch nicht einmal zurückgetreten war«!

Deutsche Parlamentarier dagegen konnten noch fünf Jahre nach Bismarcks Sturz in ihrer Mehrheit ihm nicht verzeihen, daß es ihn gegeben hatte. Und da Bismarck nicht aufhörte, der Regierung jenes Mannes, »der am liebsten jeden Tag Geburtstag hätte«, offen seine Verachtung zu zeigen, so sagte schon 1892 der Zentrumsführer Lieber: »Er soll die Hände lassen vom Ruhme deutscher Macht und Herrlichkeit. Schmach und Schande, daß es in unserem Vaterlande solche Menschen gibt!«

Das Unmaß des Hasses, das noch als Greis, noch in der Gruft der Mann auslöste, dessen Seufzer: er habe nicht geschlafen, denn er habe »die ganze Nacht gehaßt«, berühmt geworden war, mag dazu beitragen, daß bis heute eine Kritik der Bismarck-Kritik nie geschrieben wurde. Daß Bismarcks Kritiker so oft recht hatten *mit* ihrem Urteil, hat sie immunisiert gegen die Frage, wieweit sie auch das Recht hatten *zu* einem Urteil.

Denn abgesehen davon, daß der intensive Selbstquäler Bismarck alle Kritik an seiner Arbeit, auch vernichtende, schon selbst und oft vorweggenommen hatte (so sprach er vom »Traum der deutschen Einheit, den neben mir noch zwanzig andere Schwindler auch gehabt haben«): Linke wie Rechte haben längst weitgehend dank dessen, was sie selber seit Bismarcks Abgang in der deutschen Politik angerichtet und hingerichtet haben, allen Wind aus den Segeln verloren, der sie jahrzehntelang antrieb und noch heute dazu antreibt, Bismarck haftbar zu machen sogar für Geschehnisse, die ein Viertel-, ein halbes Jahrhundert nach seinem Tod seine Hinterlassenschaft liquidierten. Wobei komischerweise zumeist die gleichen Personen, die Bismarcks nur »klein«-deutsche Lösung kritisierten – als hätten sie selber eine großdeutsche Einigung inklusive Österreichs zuwege zu bringen gewußt –, auch die sind, die ihm nachrechnen, seine Reichsgründung habe einen für außerdeutsche Europäer unerträglichen Machtklotz auf den Kontinent gewälzt.

Mögen die Linken den Schneid aufbringen, Bismarcks Sozialpolitik zu kritisieren, die sogar noch 1943 der Kommunist Heinrich Mann als ohne Vergleich fortschrittlich feierte, da er sechzig Jahre nach Bismarcks Erlassen selbst im Amerika des sozialen Franklin Roosevelt noch Bismarcks 1881 begonnene Krankenversicherungen, Unfallversicherungen, Alters- und Invalidenversicherungen vermißte.

Will man Bismarck im Sozialen Böses nachsagen, so mit vollem Recht, daß Reichskanzler Bülow mit berechtigtem Stolz schreiben konnte, 1883 seien etwa 173 000 Deutsche ausgewandert und so fast jährlich: 1892 noch 116 339 – jedoch ab Bismarcks Todesjahr nur noch jährlich etwa 22 000! Demnach habe dann Deutschland 55 Millionen Einwohnern bessere Existenzbedingungen gegeben als zur Zeit des Gründers, der 1871 nur 41 Millionen Untertanen gehabt hat: Bismarck, kein ausgeprägter Nationalist, hatte tatsächlich nicht das Gefühl, er müsse sich um Ausgewanderte ebenso kümmern wie noch fünfzig Jahre früher jene deutschen Fürsten, die (nach Wolfgang Stammler) im Texas-Verein versucht haben, den Ausgewanderten einen transatlantischen eigenen Staat zu schaffen, vor der Annexion von Texas durch die USA, Februar 1845.

Werner Richters ›Bismarck‹ schildert dramatisch den Prozeß, wie der Deutsche Reichstag dem Kanzler dessen durchaus bis zum »Staatssozialismus« vorangetriebene Gesetzes-Entwürfe dermaßen zerredete und verwässerte und immer wieder zurückwies, daß Bismarck schließlich diese seine bleibende, am längsten nachwirkende Tat als so verfehlt einschätzte, daß er sie in ›Gedanken und Erinnerungen‹ mit keinem Buchstaben erwähnte.

Eugen Richter verwarf im Reichstag die von Bismarck vorgebrachten (und bis heute noch nicht verwirklichten) Pläne, jedermann durch den Staat sein »Recht auf Arbeit« gesetzlich zu garantieren und den Unternehmern ein Eingriffsrecht des Staates bei Entlassungen ebenso zuzumuten wie den Gewerkschaften staatliche Eingriffsrechte gegen den Streikzwang, als »nicht nur mehr sozialistisch, sondern kommunistisch«!

Dieser machtvolle, redelustige Linksliberale hat sogar Bismarcks Vorschlag eines Leistungszuschusses zu den Versicherungskosten mit Erfolg verworfen. Bismarck resignierte, sagte aber: »Der Staat muß die Sache in die Hand nehmen, nicht als Almosen, sondern als Recht auf Versorgung, wo der gute Wille zur Arbeit nicht mehr kann. Wozu soll nur der, welcher im Kriege erwerbsunfähig geworden ist oder als Beamter durch Alter Pension haben und nicht auch der Soldat der Arbeit? Diese Sache wird sich durchdrücken. Sie hat ihre Zukunft. Es ist möglich, daß unsere Politik einmal zugrunde geht, wenn ich tot bin. Aber der Staatssozialismus paukt sich durch.« 1881 sagte er das!

Unangenehm, aber wahr: »Indem die deutsche Sozialdemokratie ihre höchsten politischen Ziele auf die Internationale einstellte, isolierte sie sich und verschärfte durch die unduldsame Betonung des sogenannten proletarischen Klassenbewußtseins, das nichts anderes als eine besondere Form deutschen Kastengeistes war« (Bülow), den Kampf der Regierung gegen sie. Der Franzose Jaurès hat nie begriffen, daß sein Freund Bebel als »Inhaber« der mitgliederstärksten Arbeiterpartei irreal keinen Anteil an der Staatsmacht anstrebte, weil in Deutschland der vierte Stand ebenso dünkeldumm mit seinem – ihm von Professoren eingeredeten – »proletarischen Bewußtsein« auf Adel und Bürger blickte wie die auf ihn. Wahr ist aber auch, was Gustav Mayer (Schwager von Jaspers, erster Historiker der Arbeiterbewegung, der an der Berliner Universität einen Lehrstuhl erhielt) in seinen Memoiren erzählt: daß der alte Bebel rot wurde vor Verlegenheit, als er kurz vor seinem Tode 1914 und nach langer Krankheit auf einem Flur des Reichstages von Kanzler Bethmann-Hollweg mit den Worten begrüßt wurde: »Wieder gesund, Herr Bebel, wie geht es?« – und dann zu Mayer sagte, dies sei nach über vierzigjähriger parlamentarischer Tätigkeit das erste Mal in seinem Leben gewesen, daß ein Mitglied der Regierung sich herabgelassen habe, ein persönliches Wort an ihn zu richten! Ebenso wie in Versailles vor der Französischen Revolution, hatte auch vor der Berliner kein Mitglied der Hofgesellschaft oder Regierung Instinkt genug zu ahnen, daß »die Füße derer, die dich wegtragen werden« längst vor der Türe standen ... ja, schon im Zimmer!

Die Linke hängt bis heute Bismarck an, Sozialpolitik nur gemacht zu haben, um der SPD »ihre« Argumente zu stehlen; deshalb auch, ja! Aber ebenso idiotisch könnte einer denunzieren, Adenauer und Schmidt hätten die Bundeswehr nicht geschaffen, um Soldaten zu haben, sondern »nur«, um Jugendliche und Rüstungsfirmen in Brot zu bringen und Aggressoren abzuwehren, was ja *auch* wahr ist, aber doch kein Einwand!

Die Linke: Hundert Jahre nach Bismarcks »Gesetz gegen die gemeingefährlichen Bestrebungen der Sozialdemokratie vom 21. Oktober 1878« läßt sie es zu, daß des linken Kanzlers Willy Brandt noch harmlos gemeinter Radikalenerlaß im Begriffe ist, die ganze BRD zu verwandeln in ein einziges BKA!

Junge Historiker, jene also, die zu Hitlers Zeit geboren wurden, lassen sich verdächtig selten herbei, Bücher zu schreiben wie der Freiburger Wolfram Wette, der in ›Kriegs-Theorien deutscher Sozialisten‹ den Nachweis führte, daß nicht nur ein Krieg gegen die sogenannte »Zaristische Knute« den Sozialdemokraten erlaubt bis erwünscht schien, sondern auch Krieg gegen Frankreich, sofern nur diese Kriege den Weg planieren würden zur Erkämpfung des nationalen und internationalen Sozialismus.

Von Marx, von Engels, von Bebel, die freilich alle drei voraussagten, was auch Bismarck gefürchtet hat, aber nicht genug gefürchtet hat; denn schließlich ließ er sich ja doch gegen besseres Wissen durch die ihm verhaßte Generalität dazu hinreißen – daß nämlich die Annexion Lothringens das Reich ewig zum Bündnis mit Rußland zwinge, unter beinahe jeder Bedingung – von den drei großen Sozialisten gibt es wesentlich militantere Hetzreden gegen Rußland und sogar gegen die Slawen als Rasse, als sie je von Bismarck oder auch nur, wenn man absieht vom Jahre 1887, im Berliner Generalstab zu hören waren.

Bismarcks damalige und endgültige Entscheidung, auch bei russischen Kriegsdrohungen keinem Präventivkrieg zuzustimmen, weil – seine klassische Formulierung – selbst im unwahrscheinlichen Fall eines vollständigen Gelingens wir Deutschen »einen Krieg gegen Rußland immer nur vor uns, nie hinter uns haben würden«, mit dem Zusatz, die Armee solle nicht aus Angst vor dem Tode Selbstmord begehen – ist ihm dann auch noch nach der Niederlage im Ersten Weltkrieg als das angeblich entscheidende Versäumnis seiner späteren Jahre nachgerechnet worden. Am intelligentesten und sogar so lange glaubhaft, bis Hitlers Krieg das Gegenteil belegte, durch Ulrich Noacks 1928 publizierten, noch immer faszinierend detailreichen Wälzer: ›Bismarcks Friedenspolitik und das Problem des deutschen Machtverfalls‹ – die eben das Resultat der senilen und sogar religiös verankerten Friedfertigkeit Bismarcks gewesen seien...

Doch diese Kritik der Liberalen oder Rechten geht vorbei an der eingefleischten Russenfurcht jedes Preußen: Wie Friedrich der Große lieber die Tochter eines seiner Generale (aus der dann Katharina die Große wurde) als Braut einem Zaren sandte, statt eine leibliche Schwester nach Petersburg zu schicken, worum er gebeten worden war; wie er in seinem Testament warnte, den Untergang Karls XII. vor Augen, sich je mit diesen »Barbaren im Osten« einzulassen – so sagte Bismarck: »Ich habe in das kalte Auge des Bären gesehen.« Und predigte zeitlebens auch öffentlich: Freundschaft mit Rußland. Seine Kanzel war der Journalismus; schrieb er nicht selber wie Churchill – und er schrieb eine wundervolle, an Heine geschulte Prosa – so ließ er schreiben; so auch noch nach seiner Entlassung den Russen Ignatiew Lwow, der am 28. April 1890 in Friedrichsruh zu hören bekam:

»Wenn jemand denkt, daß mit Rußland Krieg führen nicht furchtbar ist, so irrt er sich: in Sansibar Krieg führen ist ungefährlich, in Rußland sehr gefährlich und führt zu nichts. Etwas anderes ist une guerre défensive, wenn Rußland sich auf Deutschland würfe, dann hätten wir die Verteidigung des heimischen Herdes, le feu sacré und alles übrige; aber in anderer Weise mit Rußland kämpfen, wäre gefährlicher als mit irgend jemand sonst. Und das trotz der Zahl unserer Truppen und ihrer Kriegsbereitschaft. Und zu alledem – der Winter und die ungeheuren Räume, das sind furchtbare Waffen, denen man nichts entgegensetzen kann, diese hölzernen Häuser, die man ohne Kosten wieder herstellt, und die Hauptsache, das Allerstärkste und Unbesieglichste – das ist die persönliche Eigenschaft des edlen russischen Volkes, welches immer ergeben und immer zufrieden ist mit dem, was es hat, wie mit der Gegenwart im allgemeinen, und die Summe von alledem – alle diese ungeheuren Waffen – schützt Sie vollständig gegen jeden Angriffskrieg. Und endlich, was wollen wir von Rußland oder Rußland von uns? Milliarden würden weder wir von Ihnen, noch Sie von uns holen, selbst bei dem glücklichsten Erfolge des einen Teils würde er froh sein, die Kriegskosten wieder zu erhalten, die ungeheuer sein würden; eine Erwerbung, und ich werde meine Worte niemals zurücknehmen, von etwas über die Memel hinaus, ist ein Verbrechen nicht bloß gegen uns, sondern gegen ganz Deutschland.«

Das begründete er detailliert. Ewige Schande der DDR-Kommunisten, das im Kriege unversehrte Schönhausen deshalb 1946 bis zur Türschwelle abgerissen zu haben, weil es die Wiege Bismarcks war, der niemals den Russen vergessen hat, daß sie erstens Preußen im Siebenjährigen, dann im Napoleonischen Krieg gerettet haben – dann Bismarck gestatteten, seine drei Kriege mit freiem Rücken zu führen ...

Linke jener Jahrgänge, die momentan die Lehrstühle erklettern, verfügen über eine imponierende, früher bei Historikern wohl kaum in diesem Ausmaß vorhanden gewesene Detailkenntnis im Soziologischen. Was sie dann veranlaßt oder auch verführt – Außenpolitik interessiert sie wenig, sie schauen zumeist vereinfachend weg von allen gleichzeitig abgelaufenen Geschehnissen in Wirtschaft, Presse und Generalstäben des Auslands –, den Kanzler haftbar zu machen für jeden Bankkrach nach 1871 (es gab viele), für jede nicht mehr nach Rußland zu exportierende Eisenbahnschiene, für jede Hochofen-Stillegung und für die zweifellos von Bismarck mitverschuldete, erschreckend hohe jährliche Auswandererquote.

Sogar der Antisemitismus, der dann in der Depression von 1873 bis 1879 zur Seuche wird, soll noch mitverschuldet worden sein von dem Mann, der in Versailles bei Tisch sagte, die hervorragende Intelligenz sehr weniger Junkerfamilien sei das Ergebnis der Eheschließungen mit Jüdinnen; auch er, Bismarck, wisse noch nicht, ob er seinen Söhnen nicht einmal dazu rate...

Diese jungen Autoren verheizen zwar Bismarck nicht wie der in allem geschichtlichen Detail allzu schlichte Brecht, der in den ›Tagen der Kommune‹ den Kanzler als vollidiotische Schießbudenfigur ins Parkett krakeelen läßt, Bleichröder solle soundso viele Millionen der von Frankreich einzutreibenden Milliarden auf sein, Bismarcks, Privatkonto überweisen.

Doch schreiben sie meist Geschichte unter Ausklammerung aller außerdeutschen Bestrebungen und Ereignisse, wie Fritz Fischer, der in seiner Darstellung von Deutschlands ›Griff nach der Weltmacht‹, um die Durchschlagskraft seiner (sicherlich richtigen) These nicht zu gefährden, 847 Seiten den deutschen, doch nur eine einzige Seite den Kriegszielen der Russen, Briten und Franzosen widmete. So kommt man zu Formeln, die zünden. Die meiststrapazierte seit 1933 lautet bekanntlich: »Von Bismarck zu Hitler.«

Im Ernst, erstaunlich, wie lange diese blödsinnige Denunziation sogar von Seriösen, wie noch von Rothfels, wenn auch in nur einschränkender Form, nachgebetet werden konnte, wo doch jede einzelne Marginalie Bismarcks (und nicht zuletzt schon der Stil, in dem sie geschrieben ist) sie Lügen straft.

Peter Graf Kielmansegg, Jahrgang 1937, ist meines Wissens der einzige Historiker seiner Generation, der nicht die Mode mitschreibt, einen Menschen, der einen Tag vor Napoleons Rückkehr aus Elba nach Paris geboren wurde, noch für mitschuldig zu erklären sogar an dem, was volle hundert Jahre später, 1915, die Enkel-Generation versaut hat.

Kielmansegg: »Die Gründung des Reiches hat nichts determiniert; der Weg in den Ersten Weltkrieg war sowenig von 1871 an vorbestimmt wie das Unheil des Nationalsozialismus« – der sich dann ehrlicherweise auch schon gar nicht mehr auf Bismarck berief. Wußte doch sogar Hitler, daß Bismarck Kolonien nur spät und wenige (gemessen an England und Frankreich) erworben hat, um sich nicht völlig gegen den Zeitgeist zu stellen und um mit England politische Tausch-Geschäfte austragen zu können – daß er aber nie eine Flotte wollte. Sein letztes Wort war denn auch, 1897, die Warnung vor einem Schlachtflotten-Bau! Der Kaiser hatte ihm die verhängnisvollste Figur seines Reiches im Frieden (im Kriege wurde Ludendorff der Verhängnisvolle), nämlich Tirpitz ins Haus geschickt, damit der Alte einen Panzerkreuzer ›Bismarck‹ taufe – Bismarck lehnte ab: »Er sah mich mit einem vernichtenden Blick an und grollte los«: mit einer Schlachtflotte werde der Kaiser einen Feind schaffen, den es nie gäbe, schaffte er die Schlachtflotte nicht. »Dem Kaiser möchte ich sagen: er wünsche nichts anderes als allein gelassen zu werden (to be let alone)«: wegen des mithörenden Kutschers – fast ein Symbol – besprachen sie englisch den anderthalb Jahrzehnte später von Tirpitz und Wilhelm provozierten Krieg mit England, den Bismarck schon vor Augen hatte, der deutschen Flottenpläne wegen. Nie hatten sie einander bekämpft, im Gegenteil: Zweimal hatten Briten mit Deutschen, da es bisher keine Rivalität zwischen ihnen gab, Europa gerettet vor der französischen Hegemonie, Prinz Eugen mit Marlborough, Gneisenau mit Wellington. Und dieser Kaiser jetzt war Enkel sogar der Queen ... *die* idiotische Geschichte, die Europa zugrunde gerichtet hat!

Noch zum »persönlichen Regiment« Bismarcks, das zum Beispiel Fürst Lichnowsky, des Kaisers letzter Botschafter in London, als »Diktatur« in seinen Memoiren anklagt, weil er – wie Wilhelm I. sehr hellsichtig – Bismarcks Freundschaft mit Wien seit dem Berliner Kongreß für einen kommenden Kriegsgrund Rußlands ansah. Auch Mommsens Testament klagt die Bismarck-Zeit an, die dem Bürger – »ich wünschte ein Bürger zu sein« – kein Mitspracherecht an der Politik zubilligte. Das ist wahr: Selbst Großindustrielle waren erst hoffähig, wenn sie geadelt worden waren. Und doch: Für Kunst hat Bismarck mehr getan als jeder vor und nach ihm, weil er – woran neulich Ernst Jünger in ›Autor und Autorschaft‹ erinnerte – es abgelehnt hat, auf Einkommen aus musischer Tätigkeit Steuern zu erheben! Zuweilen griff Bismarck persönlich ein, um einen »Umstrittenen« – wie die Spießer heute sagen, die unsere Regenten sind und nichts für den Geist tun, was nicht fernsehgemäß ist –, um beispielsweise den Erzketzer Harnack, verabscheut von beiden Kirchen, weil er forderte, »das Dogma durch die Geschichte zu läutern«, auf einen Berliner Lehrstuhl zu berufen ... Und Golo Mann erzählt, sein Urgroßvater Dohm, der ›Kladderadatsch‹ von 1848 bis 1883 zur führenden satirischen Zeitung gemacht hatte, habe als Gefängnis-Insasse, weil sein Blatt eine Verwandte des Kaisers beleidigt hatte, vom amtierenden Ministerpräsidenten Bismarck nach wenigen Tagen Haft einen Brief erhalten, er sei amnestiert. Bismarck schrieb: »Ew Wohlgeboren benachrichtige ich *privatim* ... Darf ich eine persönliche Bitte an diese Mitteilung knüpfen, so ist es die, die arme Caroline nun ruhen zu lassen. Mit vorzüglicher Hochachtung Ew Wohlgeboren ergebenster v. B.« Auch die Adresse hatte der Ministerpräsident des Deutschen Reiches und von Preußen selber an den Häftling Dohm geschrieben: »Sr. Wohlgeboren dem Redakteur Herrn Dohm, Hausvogtei.« Golo Mann folgert: »Zeiten, in denen Europas berühmtester Staatsmann ... solche Briefe an einen kleinen Redakteur im Gefängnis schrieb, müssen, was sonst immer an ihnen zu tadeln sein mag, doch auch eine ihnen eigene Kultur besessen haben.« Weiß Gott, eine sagenhafte! Daß Dohm Jude war, sei erwähnt, weil es Leute gibt, die Bismarck einen Antisemiten nennen ...

Auch ist es Chronistenpflicht, daran zu erinnern – in einer Zeit, in der jeder Bürolump sich von seiner Sekretärin das Telefon bedienen und die Flugkarte besorgen läßt –, daß der Ministerpräsident sich am Fahrkartenschalter anstellte, ohne Leibbulle, trotz Anarchisten, die alsbald auf ihn und zweimal auf den alten Kaiser schossen und Elisabeth von Österreich totstachen: »Ich war im Begriff ... nach Koburg zu fahren«, erzählt der Ingenieur V. v. Unruh im Oktober 1862: »Als ich an den Schalter des Billetverkaufs trat, stand ganz unerwartet Bismarck neben mir. Ich begrüßte ihn und ließ ihm natürlich den Vortritt. Auf dem Perron, wo ich mir ein leeres Coupé aussuchte, kam Bismarck an mich heran und fragte, ob ich allein fahren wolle oder ob es mir recht sei, wenn er sich zu mir setze. Ich bat ihn darum und bemerkte, ich wolle dem Zugführer sagen, er möge sonst niemand in das Coupé setzen. Damit war Bismarck einverstanden. Sehr bald kam er auf den Streit über die Militärvorlage zu sprechen ... Ich war damals noch nicht wieder in das Abgeordnetenhaus eingetreten und glaubte, mich Bismarck gegenüber sehr zurückhalten zu müssen ...« Eine das 19. Jahrhundert so charakterisierende Geschichte, daß sich das »demokratische« zwanzigste nur genieren kann ...

Daß Ulbricht nach der Schleifung des Berliner Schlüter-Schlosses auch Schönhausen noch schleifte, nur weil es Geburtshaus des einzigen Staatsmannes war, der die Pflege guter Beziehungen zu Rußland als Dauerbeschäftigung betrieb; und daß wir Westdeutschen ungefähr gleichzeitig die zwei Angebote ausschlugen, erstens mit dem Beherrscher Rußlands, März 1952, sogar als der bis zur Elbe marschiert war, über eine Wiedervereinigung auch nur zu *reden*; zweitens die drei Paperbacks zu lesen, die Bismarcks Gespräche, erstmals gesammelt 1926, uns noch einmal zugänglich machen sollten – dieser Neudruck mußte aus Mangel an Interessenten verramscht werden –, sind deprimierende Belege für unsere verquere Nichteinstellung zu Bismarck. Der hat selten daran geglaubt, daß wir Deutschen das »Nürnberger Spielzeug«, das er uns geschenkt hatte, die Einheit, erhalten könnten. Bismarck brachte es fertig, vor aller Welt im Reichstag – Ungeheuerlichkeit eines Ministerpräsidenten, doch ehrlich – davon zu sprechen, jedem Deutschen sei sein Landsmann »im Innersten zuwider«! Und hatte ja selber »natürlich« auch keine Bedenken gehabt, in Versailles *sein* Deutschland separat zu errichten auf Kosten der Einheit mit Österreich. Immerhin hat der Geschichts-Denker in ihm, der ebenso wie Burckhardt es verächtlich gefunden hätte, einen Gedanken zu hegen, der sich nicht »an ein sichtbares Äußeres angeschlossen hätte«, ein Gesetz der deutschen Geschichte entdeckt und zuerst am 13. Juni 1890, und hoffentlich auch zu unserem Trost heute, Ende des 20. Jahrhunderts, formuliert: »... die Uhr des deutschen Dualismus mußte bisher in jedem Jahrhundert einmal durch einen Krieg richtiggestellt werden. Dieser Dualismus ist älter als der zwischen Österreich und Preußen; er prägte sich zuerst im Gegensatz zwischen Franken und Sachsen, dann zwischen Hohenstaufen und Welfen aus. Hierauf brach er wieder in der Reformation auf; Moritz von Sachsen erhob sich wider Karl V. doch vornehmlich zu dem Zwecke, um die Herrschaft von Kaiser und Reich abzutun: das nannte man damals die ›deutsche

Freiheit‹. Oder glauben Sie, daß er, als er von der ›viehischen Servitut‹ sprach, in welcher Deutschland damals angeblich schmachtete, an die traurige Lage der geknechteten Bauern Deutschlands dachte? Gewiß nicht – er meinte damit nur den Gehorsam, den sich der Kaiser bei den Fürsten erzwungen hatte. Ähnlich treten sich seit den schlesischen Kriegen Österreich und Preußen gegenüber, und jetzt äußert sich dieser Gegensatz in dem Widerspruche des Individuums gegen den Staat. Merkwürdig ist, daß der Kampf stets in der Mitte des Jahrhunderts stattfand, während die Versöhnung der Gegensätze sich um die Wende des Jahrhunderts vollzog. Ich bin nicht so abergläubisch, um in diesem Zeitmaße eine Vorausbestimmung zu sehen; es lag offenbar in der Natur der widereinander streitenden Kräfte, daß sich in jedem Jahrhundert ungefähr zur gleichen Zeit ein Ruhepunkt ergab. Jede Nation erfüllt ihr Geschick nach der ihr innewohnenden Fähigkeit, nach der Mitgift, die sie von der Natur erhalten hat. So waren wir Deutschen stets höchst unverträglich untereinander und viel zu nachgiebig gegen Fremde.«

Nimmt man den Kalten Krieg für Krieg: so war mit Luftbrücke und Mauerbau in Berlin auch um die Mitte des 20. Jahrhunderts der Höhepunkt der Feindschaft zwischen den deutschen Staaten – während im Herbst 1987 der DDR-Chef Honekker seinen Staatsbesuch in Bonn machte: Also ein Gesetz, das auch heute zutrifft, findet sich in den Gesprächen mit Bismarck; dieses hier zeichnete der Historiker Friedjung in Friedrichsruh auf. Bismarck sagte ihm noch – ein Alters-Selbstbildnis, das wir wiedergeben wollen: »›Jetzt habe ich wieder Zeit zu poetischer Lektüre. So habe ich den Schiller vorgenommen und lese seine Dramen jetzt noch einmal in der Reihenfolge ihrer Entstehung. Als ich jüngst beim Schlafengehen die ›Räuber‹ vornahm, kam ich an die ergreifende Stelle, wo Franz den alten Moor ins Grab zurückschleudert mit den Worten: ›Was? Willst du denn ewig leben?‹ Und da stand mir mein eigenes Schicksal vor Augen.‹

Der Eindruck dieser Worte war unbeschreiblich. Sie wurden mit einer leisen Bewegung der Stimme, aber ohne eine Veränderung in dem tiefgefurchten Antlitz gesprochen. Ich war tief erschüttert, um so mehr, als der Fürst eine längere Pause machte und unterdessen mit seinem Stock gedankenvoll Figuren in das feuchte Erdreich zeichnete. Ich wagte die Stille nicht zu unterbrechen. Endlich erwachte der Fürst aus seinem Sinnen und zerstörte hastig die von ihm gezogenen Linien, wie einer, der düstere Gedanken aus seinem Kopfe bannen will.«

Ulbricht wie Adenauer, stellvertretend für uns alle, die feindlichen Brüder, die unsere Einheit vernichtet haben, warfen zweifellos nie einen Blick in die gesammelten Gespräche Bismarcks, obgleich diese drei Bände die einzigen deutschsprachigen Bücher sind, deren menschlicher *und* politischer Rang (die seltenste Verbindung, die es gibt) sie auf die Höhe der Königsdramen Shakespeares hebt. Nietzsche konnte diese Gespräche noch nicht lesen – deshalb vermochte er jene Goethes mit Eckermann als das »beste deutsche Buch, das es gibt« zu bezeichnen. Doch wenn Bismarck, bemerkenswerterweise am selben Tag oder Vortag geboren wie der *eine* andere deutsche Reichsgründer, wie Karl der Große, am 1. April, der Franke vielleicht am 2. April –, wenn Bismarck als Mensch und Künstler in seinen Gesprächen dem Autor des Faust an Blickschärfe, Formulierungskraft, an Witterung für die Gefährdung der menschlichen Existenz und europäischen Zivilisation nichts nachgab, so hat er ihm *voraus* die Erfahrungssumme eines kontinentbewegenden Täters von Leninschen Maßen und Folgen.

Ist dieser Mann uns Deutschen, denen ein Wesen, wie er es ist, »im Grunde ein ständiger Vorwurf ist«, auch kaum mehr erträglich – ein Brite kann ganz unbefangen, wie 1954 der Historiker Gooch, resümieren: »Das 20. Jahrhundert ist kaum berechtigt, über das 19. zu Gericht zu sitzen, ehe nicht alle Großmächte zur Verwirklichung eines Systems bereit sind, das der menschlichen Wohlfahrt besser dient als dasjenige, welches der ›Eiserne‹ Kanzler schuf und verkündete, dessen Autobiographie als Handbuch der Staatskunst unübertroffen ist ... die eigentlich maßgebliche Äußerung über die Kunst des Regierens, die seit Machiavellis ›Il principe‹ erschienen ist.«

Ulbricht hat den mildernden Umstand vor der Geschichte, selber nur unterdrücktes Werkzeug des Kremls gewesen zu sein – doch immerhin: es war der Kreml, nicht das Weiße Haus, von dem wenigstens die Aufforderung zur Wiedervereinigung an Deutsche erging: Ob ehrlich oder nicht – darüber dürfen jene nicht zu Gericht sitzen, die Bundesdeutschen, die nicht einmal *versucht* haben, zu überprüfen durch Verhandlung, ob das Kreml-Angebot seriös war. Aber wie entsetzlich und schuldhaft Adenauer diese Chance ungeprüft fahren ließ – er war doch vielleicht *ein wenig* souveräner gegenüber dem Weißen Haus als Ulbricht gegenüber dem Kreml, und ist daher schuldiger vor der Geschichte wegen seiner aktiven Weigerung, mit den Russen auch nur zu *reden;* und wie sehr es eine *Frechheit* ist, die nicht einmal Unkenntnis entschuldigt, Bismarck mit ihm zu vergleichen, das hat ein für allemal Gräfin Dönhoff am 21. März 1986 in der ›Zeit‹ aufgedeckt, als das britische Foreign Office die Akten der fünfziger Jahre freigegeben hatte:

»Am 15. Dezember 1955 veranlaßte er den deutschen Botschafter in London, Hans von Herwarth, im britischen Außenministerium vorzusprechen, um Staatssekretär Sir Ivon Kirkpatrick eine vertrauliche Mitteilung zu machen: Selbst wenn im Zusammenhang mit dem Abschluß eines europäischen Sicherheitsvertrages, wie die Sowjets ihn wünschen, eine Wiedervereinigung Deutschlands aufgrund freier Wahlen möglich und völlige Handlungsfreiheit einer gesamtdeutschen Regierung gesichert sei, sei er – Adenauer – dagegen … Adenauer habe betont, daß es ›katastrophale‹ Folgen für seine politische Position haben würde, wenn seine Ansichten, die er mit solcher Offenheit mitgeteilt habe, jemals in Deutschland bekannt würden‹.«

Wir Deutschen wendeten uns von Bismarck ab, wie jener Hans im Glück nicht mehr erinnert werden wollte an seinen Goldklumpen, als er den endlich gegen einen Schleifstein eingetauscht hatte, den er dann – *auch noch* hinwarf und zerbrach.

Wilamowitz und sein Erbe Spengler

»Spengler war der erste, der die Europazentrierte Geschichts-Schau zerstörte ... ein klassischer Outsider, wird kritisiert, nicht diskutiert; gegen ihn ist eine frommere Abart als Gegengift erfunden worden: Toynbee.«

<small>Ludwig Marcuse: ›Aus den Papieren eines bejahrten Philosophie-Studenten‹, 1964</small>

»Lassen Sie mich zuerst sagen, daß ich die größte Bewunderung für Spengler habe. Ich glaube, er ist ein Genie und irgendwie einzigartig. Der fundamentale Unterschied unserer Auffassungen liegt darin – und ich zögere vor einem so großen Mann, das zu sagen –, daß ich seinen biologischen Maßstäben für die Kulturen nicht zustimmen kann...«

<small>Arnold Toynbee in einem Fernsehgespräch mit Gerd Kairat, Hamburg, 14. April 1969</small>

»Hast Du eigentlich Toynbee angeschaut? Ich glaube, daß er derzeit überschätzt wird und neige zu der Ketzerei, daß Spengler, als Gesamtkerl, bedeutender ist.«

<small>Max Rychner an Carl J. Burckhardt, Zürich, 21. Oktober 1950</small>

I.

Dankbarkeit war Spenglers Stärke nicht: Nirgendwo merkt er
an, daß bereits 1897, also volle zwei Jahrzehnte vor Abschluß
seines ersten Bandes, der am 20. April 1918 in Wien herauskam,
Ulrich von Wilamowitz-Moellendorf als ›Weltperioden‹ – dies
der Titel seiner Entdeckung – begriffen und beschrieben hat, was
dann in ›Untergang des Abendlandes‹ Spengler als angeblich
seine Vision von in sich abgeschlossenen, einander durchaus
fremden »Kulturen« ausgibt.

Wilamowitz, Außenseiter wie Spengler, denn er ist Philologe,
nicht Historiker, findet genial *das* Bild, das Geschichte noch am
überzeugendsten und exaktesten in ihrem Ablauf verdeutlicht
und mit dem er Spenglers Werk veranschaulicht, bevor der das
geschrieben hat: nicht als eine »kontinuierliche Bahn, sei's
geradlinig, sei's in der Spirale, künftiger Vollkommenheit und
Glückseligkeit entgegen … steigt die Entwickelung der Welt und
ihrer Kultur« – sondern die Weltgeschichte sei eine Kette,
zusammengesetzt aus in sich geschlossenen, selbständigen *Ringen,* die tausend bis fünfzehnhundert Jahre umfassen und von
Wilamowitz »Weltperioden«, aber später von Spengler »Kulturen« oder auch »Organismen« genannt werden. Auf dem Höhepunkt wilhelminischer Fortschritts-Protzerei, ausgerechnet an
Kaisers Geburtstag, sagte in Göttingen Wilamowitz – und vollzog damit *die* »kopernikanische Wende« in der Geschichte-
Schreibung, deren Spengler *sich* zwanzig Jahre später so oft
rühmte:

»Halbbildung … schaut auf der Väter Zeiten nur um sich
daran zu weiden, wie herrlich weit sie's selber gebracht hätte…

Es bedarf gar keiner Spekulation, … die Kultur kann sterben… Die Tatsachen sind da: nur wer sie aus Trägheit oder
Vorurteil ignoriert, kann bestreiten, daß die Weltgeschichte um
300 an einem der Wendepunkte … gestanden hat, daß sich ein
Ring an der Kette der Ewigkeit schloß, und wo äußerlich Conti-
nuität zu sein scheint, in Wahrheit nur ein neuer Ring sich mit
dem vorigen berührt. Der Inhalt der um 300 abgeschlossenen
Periode ist das s. g. klassische Altertum, die Geschichte der Kul-

tursphäre, welche der hellenische Geist zu durchdringen und zu beherrschen vermocht hat. Diese Geschichte beginnt anderthalb Jahrtausende früher, wo wir durch den Nebel trüber Überlieferungen wieder einen Wendepunkt der Weltgeschichte erkennen. Eine ungeheure Völkerbewegung macht den Anfang. Sie überflutet alle Länder um das ägeische und ionische Meer und läßt sich bis an die beiden Flußtäler des Niles und des Euphrats verfolgen, die in der oder den früheren Weltperioden die Centra der Kultur gewesen waren.«

Zuvor hatte Wilamowitz sarkastisch den »Wahnglauben nicht nur an den ewigen Fortschritt sondern an die erreichte goldene Zeit« im Augusteischen Zeitalter und der Kaiser Pius-Epoche auf eine Weise dargestellt, die jedem seiner Göttinger Zuhörer die Parallele zur gegenwärtigen Wilhelminischen Fortschritts-Seligkeit geradezu aufzwang; und hatte erläutert, es sei allenfalls erlaubt, »wenn man nur an den Occident denkt, eine aufsteigende Linie der Kultur seit Christi Geburt zu konstruieren, so daß durch einen einmaligen Akt ... eine der Vollendung zustrebende Weltperiode eröffnet wäre.«

Seit 1901 lagen die profunden ›Reden und Vorträge‹ des Berliner Ordinarius in Buchform vor. ›Weltperioden‹, dieser Essay über *das* Thema Spenglers, der sich allein dadurch von dessen Sicht auf die Geschichte unterschied, daß *er* diese Perioden als Organismen bezeichnete – was Wilamowitz nicht ausdrücklich sagt, doch was ihm zweifellos gefallen hat –, dieser Essay hat den Gelehrten, der ja auch vier Bände griechische Dramatiker, vorwiegend für Max Reinhardt, neu übersetzte, dichterische Bilder und Vergleiche finden und ihn mit ansteckender Wehmut sprechen lassen, die zweifellos Spengler mitgeprägt haben. Wo Spengler dann selber als Tragiker spricht und ganz überzeugend wird – da schimmert wie ein Wasserzeichen die elegische Grundstimmung durch, die Wilamowitz erfaßt hat anläßlich seines Blicks auf die stromab gegangenen Kulturen oder Weltperioden: einer jener Essays, die hundert andere überflüssig machen. Doch wo ist er? Wo ist dieser 1931 gestorbene Gelehrte, nach dem Tode seines Schwiegervaters Mommsen, der weitaus berühmteste Deutschlands, *heute als Autor?*

Wilamowitz hatte ein typisch deutsches Schicksal: Er hat sich durch eine Majestätsbeleidigung zugrunde gerichtet! Er verfiel in dem Maß, in dem Nietzsche vergottet wurde, der Ächtung, der totalen, zwar nicht durch die Gelehrten, aber durch die Autoren der zwei Generationen Thomas Manns (1875) bis Hannah Arendts (1903), die schlechterdings gegenüber Nietzsche nicht mehr kritikfähig gewesen sind. Wessen Verbrechens bezichtigten sie Wilamowitz? Er hatte als Jüngling von ganzen vierundzwanzig Jahren Nietzsches – seines vier Jahre älteren Mitschülers in Schulpforta – erstes Buch, ›Die Geburt der Tragödie aus dem Geiste der Musik‹, als historisch unhaltbare Fälschung entlarvt, als Werbetext für Bayreuth, der die Herkunft des Dramas aus der Politik, ›Der Fall von Milet‹ des Phrynichos und ›Die Perser‹ seines Schülers Äschylos, unterschlug, um gegen jede Überlieferung Musik »ins Spiel« zu bringen. Der Vierundzwanzigjährige hatte gewagt, drucken zu lassen, was Nietzsches betagter Baseler Kollege Jacob Burckhardt nie schriftlich gab, sondern nur maliziös in Vorlesungen seit 1877 als »die mysteriöse Herkunft der Tragödie aus der Musik« zur Sprache brachte. Nietzsche hatte, mit der gleichen borniertem Bosheit und ebenso reaktionär und gegenwartsfeindlich wie später Spengler, alle »moderne« Kunst inklusive Euripides verdammt zugunsten der einen, der von Wagner. Und der geniale Philologe Wilamowitz, schon so jung und streitbar auf der Höhe des Wissens um die Antike, hatte seine Zunft gegen ahistorischen Mißbrauch verteidigt. Nichts sonst. Doch da er gegen Nietzsche gesprochen hatte, den »man« nicht kritisierte, so ward er dem Scherbengericht durch alle Namhaften überantwortet, die ja alle mit Recht bei Nietzsche schreiben lernten, die auch im Lyriker Nietzsche den liebten, ganz natürlich, der Epoche gemacht hat.

Thomas Mann, zuerst *der* Spengleriana, der dann sehr verständlich den wahllosen Verächter aller zeitgenössischen Kunst als »Nietzsches intelligenten Affen« beschimpfte, ja groteskerweise ihm vorhielt, nicht »Nietzsches liebenden Geistes« zu sein, ließ sich durch seine »Affen«-Liebe zu Nietzsche noch als reifer Mann dazu hinreißen, gegen den Entdecker der Weltperioden, Wilamowitz, der die bleibenden Werke über Platon,

Aristoteles, über die Tragiker geschrieben hat, in Druck zu geben: »Ich habe dies eitle Gespenst nie leiden können und mich gewundert, daß er seit seinem Angriff auf Nietzsche überhaupt noch den Mund aufzumachen wagte. Er war doch eine Art von männlicher Kundry, er hatte ›gelacht‹. Ein großer Gelehrter mag er bis an sein Ende gewesen sein. Als Geist kam er nicht mehr in Betracht.«

Lieber Gott: weil ein Vierundzwanzigjähriger sich *einmal* so im Ton vergriffen hat – aber nicht in der Sache, in der er doch Recht hatte – wie Nietzsche sich zeitlebens und vorsätzlich in Ton *und Sache* vergreifen sollte! Und auch Benn, als er zum fünfzigsten Todestag Nietzsches 1950 wieder einen Panegyrikus dichtete, für eine französische Zeitung, fiel ebenso wie Thomas Mann über Wilamowitz her, weil der als Junge einen zum Denkmal Gewordenen angespuckt hatte...

Furchtbarer als dem bedauernswerten Wilamowitz ist sogar von deutschen Intellektuellen keinem »eingetränkt« worden, daß er sich als Junge einmal benommen hat wie der Junge in ›Des Kaisers neue Kleider‹ von Andersen. Ja, Wilamowitz »hatte gelacht«: allerdings! Wie Jacob Burckhardt, immerhin – doch nicht wie der heimlich, sondern ehrlich.

Hatte auch Ortega y Gasset, der die Einleitung zur spanischen Ausgabe des ›Untergangs‹ schrieb, »einen der großen Fehler Spenglers« darin gesehen, »seine Ideen, die zuvor mehr oder weniger von anderen zum Ausdruck gebracht worden waren, als exklusiv und eigenständig darzustellen«, so sah Ortega aber auch genau hier die Legitimation Spenglers: daß er »Gedanken formulierte, die im Schoß unserer Zeit pulsieren«, und man »anerkennen muß, daß Spengler für sie das Prägungsrecht erworben« hat. Anderen waren Spenglers (von ihm stets unerwähnte) Anleihen bei anderen aufgefallen.

Spengler konterte, die Suche seiner Kritiker nach seinen Gedankenspendern sei erheiternd: so habe er »mehr als fünfzig Vorgänger kennengelernt, bald werden es hundert sein«! Da aber Spengler vier engbedruckte Seiten: »Benutzte und empfohlene Bücher« seinem Buche anfügt, so bleibt die herausragende Unehrlichkeit schon sehr enthüllend und schockierend, den bedeutendsten Altphilologen der Deutschen, Wilamowitz, nur in einer Fußnote ganz abwertend einmal zu erwähnen und Seeck überhaupt nicht! Doch Spenglers Schwester, die ein kluges Tagebuch schrieb, hat »verraten«, daß Seecks einst sehr berühmte sechs Bände, ›Der Untergang der antiken Welt‹, genau in *dem* lebenentscheidenden Moment von ihrem Bruder im Schaufenster einer Buchhandlung entdeckt wurden, als dieser 1912 unter dem Eindruck der Marokkokrise seine im Vorjahr, anläßlich des »Panthersprungs« nach Agadir begonnene welt*politische* Niederschrift zu der welt*historischen* erweitert hat, die er ›Untergang des Abendlandes‹ nannte.

Spenglers ausgezeichneter Biograph und Nachlaß-Herausgeber Koktanek kommentiert: »Das vermittelnde Glied ist der durch Seecks Titel evozierte Begriff des Untergangs der Antike. Merkwürdigerweise bezieht sich Spengler nirgends auf Seeck... Er schweigt aber auch von Gibbon. Erwähnt er Augustinus oder Montesquieu, so geht er nie auf deren geschichtsphilosophisch bedeutende Werke ein... Ob sich darin Absicht ausdrückt, Verwischung eines Zusammenhangs, Distanzierung durch Schweigen«, fragt Koktanek, eine Frage, die angesichts der immensen Belesenheit seines »Helden« nur durch die Zuneigung verständlich wird, die der Biograph Spengler entgegenbringt. Unbedenklicher hat niemand in der deutschen Geistesgeschichte einen Vorgänger ausgebeutet, ohne ihn auch nur zu nennen... Wie anständig dagegen hat Toynbee sich verhalten, als er bekannte, zeitweise – und glücklicherweise vorübergehend – als junger Mann geglaubt zu haben, da es Spengler schon gebe, sei er umsonst auf die Welt gekommen...

Immerhin, im Vorwort zur ersten Auflage, geschrieben 1917, noch in der Zuversicht, Deutschland gewinne den ersten der Weltkriege, gibt Spengler zu: »Ein Gedanke von historischer Notwendigkeit ... der nicht in eine Epoche fällt, sondern Epoche macht, ist nur in beschränktem Sinne das Eigentum dessen, dem seine Urheberschaft zuteil wird. Er gehört der ganzen Zeit; er ist im Denken aller unbewußt wirksam.« Doch dieses allzu neutrale – so neutral, wie Spengler sonst nirgendwo formulierte –, farblose und verallgemeinernde Zugeständnis (»im Denken aller«)

und die sehr auffällige Tatsache, daß er ausgerechnet den umfassendsten Altphilologen mindestens *seiner* Epoche – so viele Autoren Spengler auch sonst in seinen Quellen angibt – nur einmal und mit schnöder Beiläufigkeit abwertend erwähnt, und zwar angesichts eines total unerheblichen Vorwurfs: daß nämlich »der Erbwille im frühesten Königtum« der Griechen von Wilamowitz unterschätzt werde, sind Belege genug, wie eifrig Spengler bemüht war, ausgerechnet *den* zu verstecken, der für die Perioden-Folge das Bild der Kette aus in sich geschlossenen Ringen – man kann geradezu sagen: *die Ketten-Parabel* – gefunden hat. Und der damit die Illusion hinwegfegte, es gäbe Kontinuität in der Geschichte. Eine Entdeckung, die beinahe alle weiteren revolutionären in ›Untergang des Abendlandes‹ schon einschloß. Denn wo keine Einheit ist, kein Zusammenhang, da kann logischerweise keine einheitliche, alle Zeiten und Zonen übergreifende, die geschichtlichen Gewalten: Ideen und Gewalt*haber* verbindende Ziel-*Vorstellung* die Geschehnisse dirigiert haben! Warum auch sollte ein Chinese oder Peruaner oder Ägypter zur Zeit von Christi oder Hitlers Geburt *irgendeine* Wunsch- oder Zielvorstellung für den Weg der Menschheit gehabt haben, die mit der eines Europäers oder Afrikaners oder Japaners in den entsprechenden Epochen (oder überhaupt) auch nur im geringsten übereingestimmt hätte? Schon die Vermutung, eine solche Gemeinsamkeit sei dennoch möglich gewesen, ist so albern, daß nur eines noch alberner ist: die Tatsache, daß jahrtausendelang als geistige Epidemie dieser Wahn im Denken auch erlauchtester Geister vorherrschte, die Menschheit sei unterwegs zu einem *gemeinsamen* Endziel.

II.

Hier der erste, so schnell berühmt gewordene, so oft verspottete Satz aus dem ›Untergang des Abendlandes‹: »In diesem Buche wird zum erstenmal der Versuch gewagt, Geschichte vorauszubestimmen. Es handelt sich darum, das Schicksal einer Kultur, und zwar der einzigen, die heute auf diesem Planeten in Vollendung begriffen ist, der westeuropäisch-amerikanischen, in den noch nicht abgelaufenen Stadien zu verfolgen.«

Vor den Beginn seines ersten Kapitels druckt Spengler eine zwölfseitige von ihm so genannte »Tafel ›gleichzeitiger‹ Epochen«, Epochen in vier verschiedenen Kultur-Kreisen; acht Kultur-Kreise hat Spengler als selbständige erkannt und beschrieben – die achte Kultur ist die europäisch-amerikanische. Spengler setzt das zum Verständnis seiner Denkweise entscheidendste aller Worte, den Begriff »gleichzeitig«, selber in Anführungsstriche. Doch geht er in der Tat davon aus, daß in den acht von ihm behandelten Kultur-Kreisen deren sieben bereits untergegangen sind, während der abendländisch-amerikanische erst im Jahre 2200 endgültig erloschen sein wird; und dann wird der russische die Führung übernehmen, derjenige, den die Völkerschaften zwischen Weichsel und Amur schaffen werden –, Spengler geht davon aus, daß der Frühling, der Sommer, der Herbst und der Winter aller Kultur-Kreise so *ähnlich,* ja kongruent in ihren Abläufen gewesen sind, daß sie Analogien geradezu aufzwingen. Und also Schlüsse, Folgerungen beispielsweise aus dem indischen, dem antiken, dem arabischen auf den europäisch-amerikanisch-abendländischen durchaus statthaft und vernünftig und so unabweisbar wie unausweichlich sind. »Gleichzeitig« sind – so Spengler – zum Beispiel der Altar von Pergamon und Richard Wagners Bayreuth innerhalb des Ablaufs der antiken und der westeuropäischen Kultur entstanden. Gleichzeitig sind Alexander der Große und Napoleon in *ihrem* Kreis aufgetreten – während, so Spengler, ein Vergleich zwischen Cäsar und Napoleon nicht nur willkürlich, sondern absurd sei.

Diese Tafeln, die den Beschauer mit erheblicher Beweiskraft überfallen, sind wiederum aufgeteilt in »gleichzeitige« *Geistes*-epochen, die erstens den religiös-mythischen und den denkerischen und mathematischen und sozialen Hervorbringungen der vier Kultur-Kreise innerhalb von deren vier »Jahres«-Zeiten gewidmet sind; die zweitens gewidmet sind den »gleichzeitigen« *Kunst*epochen. Und die drittens gewidmet sind dem Nachweis der »Gleichzeitigkeit« der *politischen* Epochen in den vier Kulturkreisen. Auch hier Beispiele: Der Mykenischen Zeit, die wir aus Homers Ilias und Odyssee kennen und natürlich durch die realitätsbezogene Bestätigung dieser Sagen in den Funden Schliemanns, entspricht im Abendland die Zeit der Franken. Was Agamemnon für die Welt der Antike war, sei für uns, so Spengler, die Epoche Karls des Großen gewesen.

Was sich während des politischen Hellenismus, also zwischen 300 und 100 in der mittelmeerischen Welt zugetragen habe, also auf der Bühne Alexanders des Großen, dessen und Hannibals Auftreten – dem entspreche in Europa die Zeit von 1800 bis 2000, also, verkürzt gesagt, Napoleons Auftritt und die dadurch geschaffenen Nationalstaaten und die aus diesen hervorgebrochene Epoche der großen, der Weltkriege. Diese oder sehr ähnliche Ereignisse in Rom während der zweihundert Jahre von Sulla bis Tiberius, also auch Cäsars Auftritt und Abgang, sagt Spengler in Europa voraus für die Jahre 2000 bis 2200. Das Beispiel Cäsar, der 44 vor Christi ermordet wurde, ist hier aufschlußreich, weil es einen bemerkenswerten Gedanken Spenglers erhellt: der namhafte einzelne (und natürlich auch ein Attentat) treten *zufällig* auf, können auch die Dinge beschleunigen oder verlangsamen – können aber nicht *Zufälliges* herbeiführen, sondern allein das im Ablauf der Epoche ohnehin Vorgegebene.

So bescheiden dachten zuweilen ganz Große von ihrem Wirken selber, Bismarck zum Beispiel, der sich weigerte zu glauben, der Staatsmann könne den Fluß lenken; Bismarck meinte, er könne nur auf ihm fahren, geschickt oder ungeschickt dessen Strömung benutzen. Ja, das *müsse* er, die Strömung nutzen – und nichts anderes. Dennoch hätte man Spengler, der früh starb, in der Nacht vom 7. auf den 8. Mai 1936 in München, noch nicht 56 Jahre alt, gern gefragt, ob er etwa Hitlers Marsch Richtung Moskau und das direkte Resultat dieses Marsches: das Vordringen der Russen bis zur Werra für eine *Bestätigung* seiner Rechnung halte, daß die Russen vom Jahre 2200 an – allerspätestens – zum dann dominierenden Kultur-Kreis, zum neunten, auf Erden aufgerückt sein werden; oder ob er Europas Verschwinden als selbständige geistig-kulturelle Einheit zugunsten Rußlands jetzt *früher* ansetzt, weil »dank« der Deutschen die Russen seit 1945 sechzig Kilometer vor Hamburg stehen.

Spengler hätte Hitlers Auftreten – er verachtete Hitler, nannte ihn, den er selber zweimal gesprochen hat, den »Prolet-Arier« und sagte: »Der Führer hat von meinem Buch den ganzen Titel gelesen!« –, er hätte Hitlers Auftreten für zufällig gehalten, jedoch das Resultat dieser diabolischen Existenz, seine geopolitische Wirkung für folgerichtig, für zeitgemäß. Dabei hat Spengler dem Menschen durchaus einen freien Willen zugestanden – frei, natürlich, im Rahmen seiner historischen Möglichkeiten: man muß, so Spengler, das Notwendige tun – oder nichts. Das Notwendige war für Spengler *die* Aufgabe, die den Menschen jeweils diejenige Epoche stellt, in die hinein sie geboren wurden. Doch selbst wenn Hitler-Deutschland seinen Raubzug gegen Rußland gewonnen haben würde, also die Grenzen des Kremls heute nicht in Mitteldeutschland lägen – würde Spengler keinen Moment daran zweifeln, daß *kulturell* das Abendland in der Ausgangsphase sei; Spengler hat das, was Rußland im 19. Jahrhundert der Welt an großer Kunst geschenkt hat, seine Epiker also und Tschaikowski, als Importe, als nichtrussische, als westeuropäische Kunst gewertet; nicht ganz die Romane Dostojewskis…

Spengler hat in seiner Schrift ›Pessimismus?‹ – nie darf, wer sie zitiert, das Fragezeichen hinter dem Titelwort vergessen, Spengler behauptete, *kein* Pessimist zu sein – geleugnet, daß Untergang, wie er das Wort verstehe, vergleichbar sei mit dem Untergang eines Ozeandampfers – »das Wort Katastrophe ist darin nicht enthalten«, sagte er. Er spreche, wenn er Untergang sage, von Vollendung – mit Ausnahme der altmexikanischen Kultur, deren Vernichtung durch »eine Handvoll spanischer Banditen« allerdings eine Katastrophe gewesen sei, »sinnlos, wie wenn man einer Sonnenblume den Kopf abschlägt«. Aber obwohl Spengler meint: kulturell stillgelegte, vollendete, passive Völker könnten durchaus als Zivilisationen weiterblühen, jahrhundertelang in Wohlstand, doch geistig total uninteressant, »negerhaft«, wie er das nannte – obwohl er angeblich »nur« vom Verlöschen der Kulturen spreche, nicht von ihrer Katastrophe, hat er doch das Lebensgefühl der Europäer vollständig verwandelt: umstürzender als vermutlich *jedes* andere Buch.

Und das ist Aufklärungsarbeit gewesen, keineswegs nur lähmend, sondern auch erhellend, wenn wir bereit sind einzusehen, daß Europa nicht der Nabel der Welt ist, wie wir allzu lange geglaubt haben. Womit er seine Zeitgenossen auf eine heute nicht mehr vorstellbare Weise entsetzt, ja mit Haß erfüllt hat: Spengler schlachtete brutal die allen heilige Kuh, die den Namen trug: »Ewigkeit der abendländischen Kultur«. Noch der Weltkrieg war ja als europäisches Phänomen erlebt worden; Spenglers Buch dagegen zeigte erstmals, daß Europa nicht nur in der Weltgeschichte – dieser Gedanke war noch erträglich –, sondern sogar *kulturell* nur *vorübergehend* das Zentrum des Planeten gewesen war. Und *das* war die eigentlich schockierende Röntgenaufnahme, die Spengler den Europäern 1918 höhnisch hinhielt! Wie schwärmend hatte ein Klassiker das Wort »Asia« noch im Gedicht angehimmelt – statt in Asien auch die *Bedrohung* zu sehen, die seine Land- und Menschenmasse darstellt für die an Land und Menschen geopolitisch so unbedeutende Landzunge namens Europa:

> Doch bald, in frischem Glanze,
> Geheimnisvoll
> Im goldnen Rauche, blühte
> Schnellaufgewachsen,
> Mit Schritten der Sonne,
> Mit tausend Gipfeln duftend,
> Mir Asia auf.

So Hölderlin in ›Patmos‹. Wir heute im Fernsehzeitalter, die täglich außereuropäische Städte und Länder zu sehen bekommen, können uns schlechterdings gar keine Vorstellung mehr vom Isoliertsein des Europäers innerhalb seiner eigenen Welt noch vor 60, ja vor 30 Jahren machen; Amerika, obgleich es soeben den europäischen ersten Weltkrieg mitentschieden hatte, war wieder sehr weit weg – so weit wie Japan. Noch immer war London die Welthauptstadt schlechthin, war Lloyd George der eigentliche Sieger von 1918. Kein Sterblicher, das darf man sagen, ohne zu übertreiben, hatte vor Wilamowitz und Spengler das Wissen um die den Europäern ebenso wie allen vorangegangenen »Weltperioden« oder »Kulturkreisen« auferlegte Befristung ihrer Hegemonie...

Dazu entdeckte Spengler, wie Weltmächte sich an ihre Eroberungen *verausgaben*! Keiner hat 1919 geahnt, daß die dem Deutschen Reich in Versailles geraubten Kolonien Danaergeschenke waren für die neuen Besitzer: Franzosen und Briten, für die Sieger von 1918. Spengler, obgleich Nationalist und Todfeind der Diktatoren von Versailles, sah aber und schrieb, daß Weltherrschaft wie einst die römische, dann die spanische, jetzt die britische, nicht Überschuß, sondern Mangel an Kraft war: eben weil Weltreiche sich entleeren, verzetteln an ihre Eroberungen!

Ich fand bei Spengler nicht – vermutlich habe ich es übersehen, doch möglicherweise hat er diesen Gedanken auch nicht ausgeführt – die Begründung, warum Völkerschaften, die sich *kulturell* verausgabt haben, auch machtpolitisch welken, stillgelegt werden, sterben. Warum sie dann zwar als Zivilisationen noch weiterleben, aber nur befristet. Nun, die »Undauer« (Flake) der Dinge ist *allem* Lebenden mitgegeben, von Geburt ... Nach allem, was Spengler an Untergängen in den sieben, uns Europäern vorangegangenen Kulturkreisen aufzeigt, muß das so sein. Auch Spengler, wie eine Notiz aus dem Nachlaß belegt, hat sich viel zu lange »aufgehalten« durch seine Liebe zur Antike und erst, während er bereits schrieb, sich eingestanden, ja es gesehen, daß er wie wir alle, wie wir alle *noch heute!*, der griechisch-römischen Welt aus Liebe zu ihrer Kunst einen Stellenwert gegeben hat, der ebenso groß ist wie der, den wir Europa zuerkennen – was beides zwar aus Familiensinn und Heimatliebe verständlich, jedoch historisch natürlich völlig unhaltbar, weil ohne weltgeschichtliches Augenmaß ist. Maßstablos.

Spengler notierte: »Es wird mir immer deutlicher, daß eines der tiefsten Rätsel der abendländischen Seele, ihr Schlüssel vielleicht, diese ungerechte Liebe zur Antike ist. Ich teile sie mehr, als die meisten andren nur ahnen können. Wie oft stand ich bis zum Weinen erschüttert vor einer unbedeutenden Ruine! Und trotzdem, welch ein Unsinn ist diese Liebe! Welche andere Kultur hat je etwas Ähnliches durchlebt? Und es ist nur die Antike, nicht Ägypten, nicht Indien, was wir lieben. Und um gerecht zu sein, es ist nicht einmal die Antike, sondern ein Wahnbild, das wir aus allem zusammengestellt haben, was uns fehlt.« Kein Buch vor ›Untergang des Abendlandes‹ hat je so radikal der »Eurozentrik« abgesagt und für die sieben vor-abendländischen Hochkulturen: Ägypten, Babylon, Indien, China, Arabien, Mexiko und Athen-Rom die »Gleichberechtigung« gefordert. Nur der Essay von 1897, von Wilamowitz...

Exakter zusammenfassen läßt Spenglers revolutionär neue Weltansicht sich nicht, die ganze Tonnen historischer Literatur makuliert, nämlich alle jene Werke – also die weitaus meisten historischen –, denen das uns Abendländern so schmeichelhaft gewesene, aber doch ganz willkürliche Schema zugrunde liegt: Altertum, Mittelalter, Neuzeit, als in den drei Seiten herrlicher Prosa, auf denen Spengler seine Berufung nach Göttingen ablehnte: Tabu-Zertrümmerung, elementarer als auf dem Schlachtfeld. Aus diesem Absagebrief an den Göttinger Philosophen Georg Misch, dem der Ruhm zukommt, bereits ein halbes Jahr nach Erscheinen des ›Untergang‹, schon am 8. November 1918, dem letzten Tag des Ersten Weltkrieges, Spengler einen Lehrstuhl für Philosophie angeboten zu haben, zitieren wir:

»Daß Hegel ... vor seinem Bilde der Weltgeschichte den Eindruck hatte, daß hier ein Schatz von höchsten menschlichen Möglichkeiten sich ständig vermehre, eine einheitliche Aufgabe mehr und mehr erfüllt werde, ist natürlich ... er stützte sich noch ganz auf ein traditionelles Geschichtsbild (Altertum – Mittelalter – Neuzeit). Gerade das unermeßlich historische Wissen führt endlich (jedoch) mit Notwendigkeit zur Einsicht in das Nichts, goethisch-künstlerisch gesagt, in das schöne zwecklose Spiel der lebendigen Natur. Dies ist der unvermeidliche Ausgang. Der Stand des Wissens um 1820 rechtfertigte noch den Glauben an etwas Absolutes ›hinter‹ den einmaligen individuellen historischen Ereignissen. Indessen sehen wir heute Indien und China und Mexiko mit ihren erstorbenen Kulturen. Was ist von den Schöpfungen der *ägyptischen* in die *antike* als *lebendiger* Geist übergegangen? Was hat von den höchsten Gütern der Antike zur

Zeit der islamischen Herrschaft noch *gewirkt?* Es ist ein *rein faustisches* Bedürfnis, ein überindividuelles Element anzunehmen, das sich trotz aller historischen Niedergänge einem Ziel zu bewegt. Weder der antike noch der indische Mensch hat es gekannt. Und nur aus diesem Bedürfnis heraus sind alle die Geschichtsbilder und Systeme konstruiert, die seit 1000 n. Chr. mit steigender Gewalt diese Idee als in den Tatsachen verwirklicht nachweisen möchten. Dem erst verdanken wir das Schema Altertum – Mittelalter – Neuzeit und die Vorstellung einer *Reihe* von Kulturen, die einander in einer bestimmten Richtung des Vollendens ablösen. Und doch widerspricht gerade die Tatsache, daß alle diese Kulturen an einem zufälligen Ort der Erdoberfläche und zu einer zufälligen Zeit entstanden sind, unserem Ideal von Geschichte laut genug. Ein großer Teil meines Buches weist auf allen Einzelgebieten diese Illusion als solche nach. Denn welches war die Weltlage um 700 n. Chr. etwa? Die erstarrten Welten von Indien und China standen für sich da. Ägypten und Babylon waren verschollen. Von der Antike haben sich winzige Reste, ein paar Bauten und Manuskripte erhalten … Hier ist es der ungeheure Zufall, daß auf dem Boden Westeuropas eine Kultur entsteht, völlig selbständig, zu deren innersten seelischen Bedürfnissen die Macht über die *Zeit,* in bezug auf die Vergangenheit in Form des *Wissens* gehört. Was wäre ohne diesen Zufall aus der ›fortschreitenden Kultur der Menschheit‹ geworden? … Daß *innerhalb* jeder Kultur für sich und also im Abendland seit 1000 eine fortschreitende Entwickelung vorhanden ist, gehört für mich zum Sinn und Wesen einer Kultur. Aber es ist eine Verwechslung, diese Entwickelung rückwärts über eine vermeintlich geschlossene Reihe von Kulturen hinweg zu verlängern und also auch vorwärts in eine vermeintlich geradlinig weitergehende Geschichte erstrecken zu wollen. Der Relativismus bezieht sich nicht auf eine Einzelkultur, sondern auf das in unserem Seelentum tief begründete Phantom einer Gesamtkultur…«

Es gehört zum Generaltick Spenglers, der selber diesen – und andere – herrliche Briefe schrieb, Ende-fixiert, in seinem Essay ›Gedicht und Brief‹ zu behaupten: »Die Reihe der großen

deutschen Briefschreiber ist mit Nietzsche zu Ende, unwiderruf-
lich«: absurd, wenn man daran denkt, daß gerade Weltkriegszei-
ten und Zeiten der Guillotine, wie hunderte großer Briefe aus
Plötzensee und Stadelheim belegen, sogar Menschen zu bedeutenden Briefschreibern gemacht haben, die in normalen Zeiten
überhaupt keine geschrieben hätten. So sehr war Spengler von
der fixen Idee, Kultur sei nicht mehr möglich, besessen, daß sich
nicht immer der Verdacht abwehren läßt: *Erst* war diese Idee,
weil er selber der Künstler nicht werden konnte, der er werden
wollte, *dann* suchte er in der historischen Wirklichkeit die Belege
für diese Idee.

III.

Wilamowitz spricht nicht von Organismen und Kulturkreisen,
sondern von Perioden oder Weltperioden – doch von Kreislauf
auch schon. Sind die Worte oft nicht identisch, das *Bild* von
Wilamowitz hat Spengler exakt übernommen und zur Grundlage seines ganzen Buches gemacht. Wilamowitz: »Wir sehen
nun in anderthalb Jahrtausenden eine Kultur den ganzen Kreislauf der Entwickelung durchmachen, wir sehen einen Ring an
der Kette der Ewigkeit sich runden und schließen.«

Wilamowitz spricht auch 1897 bereits von Cäsarismus,
(Spenglers weltberühmt gewordene Bezeichnung für das, was
uns Abendländer politisch bevorsteht), versagt es sich allerdings,
das Bild der kriegerischen oder auch fellachenhaft-kulturlos vor
sich hindämmernden Zivilisation – Spenglers Absurdität, diese
Behauptung: kulturell nicht mehr schöpferische Völker oder
Weltteile hätten auch gar keine Geschichte mehr – im einzelnen
auszumalen. Auch versagt Wilamowitz sich jeden Hinweis auf
jenen »Ring« und wie und wo der sich bilden könnte, der einmal
an der Ring-Kette der Geschichte den abendländisch-christlichen
ablösen werde. Nichts *davon*, doch in nuce *alles* sonst, was an
Spengler revolutionär schien. Ja, Spengler scheut sich nicht,
genau an *dem* Historiker und genau an *dessen* Buch, an dem
auch Wilamowitz das in seinem Vortrag aufzeigt, zu demonstrie-

ren, wie absurd es sei, wenn abendländische Autoren noch als Weltgeschichte anbieten, was nur die Geschichte der romanisch-germanischen Völker samt einer, in einer »Vorhalle« rasch abgehandelten, Antike ist.

Spengler: »Hier war noch einmal eine Tat wie die des Kopernikus zu vollbringen, eine Befreiung vom Augenschein im Namen des unendlichen Raumes, wie sie der abendländische Geist der Natur gegenüber längst vollzogen hatte, als er vom ptolomäischen Weltsystem abging und damit den zufälligen Standort des Betrachters auf einem einzelnen Planeten als formbestimmend ausschaltete. Die Weltgeschichte ist derselben Ablösung von einem zufälligen Beobachtungsorte – der jeweiligen ›Neuzeit‹ – fähig und bedürftig.«

Ebenso wahr, wie es verstimmend ist, daß Spengler auch hier wieder Wilamowitz unterschlägt, der, wie gesagt, nicht nur zuerst das damals noch absolut herrschende Schema: Antike, Mittelalter, Neuzeit verworfen, sondern dies sogar anhand des gleichen Beispiels und Autors getan hat: bei der Einleitung des 86jährigen Ranke zu seiner sogenannten Weltgeschichte, die natürlich überhaupt keine war, sondern nur eine Geschichte der christlichen Perioden.

Höflich sagte Wilamowitz:

»... es war subjektiv vollauf berechtigt, wenn er als Greis der Gesamtdarstellung dieser Geschichte ... eine Skizze der älteren Zeiten vorausschickte, und seiner zwei Menschenalter früher erworbenen Anschauung mochte es anstehen, das eine Weltgeschichte zu nennen. Aber es wäre ein schwerer Irrtum, und sowohl die Trägheit wie das nationale Banausentum würden üblen Gebrauch davon machen, wenn man der Ehrfurcht vor einem großen Namen zu Liebe den Tempel der Geschichte erst mit der Bildung der romanischen und germanischen Nationen beginnen und die frühere Zeit nur als Vorhalle gelten lassen wollte. Das Verständnis unserer gesamten Kultur würde dadurch geradezu entwurzelt. Freilich liegt dieser Irrtum nahe, solange der Glaube an den kontinuierlichen Fortschritt der Kultur gilt; er ist sofort beseitigt, wenn wir anerkennen, daß sich ihr Leben in Perioden abspielt.«

Wenn nahezu einstimmig auch alle jene, die durchaus von Spengler fasziniert sind – Thomas Mann, Jaspers, Jünger – ihm dorthin nicht folgen, wo er behauptet, die Kulturkreise seien einander derart fremd, weil schottendicht in sich abgeschlossen und geographisch an ganz zufälligen Orten entstanden und aufgewachsen und abgestorben, daß sie nicht einmal voneinander wissen; wenn Spengler die zweite heilige Kuh: »Einheit des Menschengeschlechts« schlachtet, weil er weiß, Einheit war nie, sondern Abbruch und Neubeginn von Grund auf (man bedenke, wie das Christentum jahrhundertelang alle Spuren der Antike mit Haß vernichtet hat, *jahrhundertelang*) –, wenn genau dies immer wieder Spengler als absurd vorgehalten wird, da doch angeblich das christliche Europa der Antike entsprungen sei: so hat durchaus Wilamowitz, der mit Eduard Meyer beste deutsche Kenner der Antike in seiner Zeit, genauso geurteilt wie Spengler. Wilamowitz, 1897: Nur *Wissenschaft* könne »die Einheit für die Geschichte der verschiedenen Kulturperioden« herstellen – in Wahrheit also habe es sie nie gegeben –, indem sie sich nämlich auf eine »gemeinsame Methode« der Betrachtung einige, »ganz wie es zwar eine einzige philologische Methode gibt, aber genauso viele verschiedene Philologien wie selbständige Literaturen... So ist ja auch der Glaube an den kontinuierlichen Fortschritt der Kultur in Wahrheit nicht minder ein Erzeugnis philosophischer Abstraktion...« Fast entschuldigt sich Wilamowitz für das grandios erhellende Bild, das er fand, die Geschichtsabläufe so faßbar wie einleuchtend zu machen. Er habe zur »Erläuterung der Weltperioden ... das nicht ganz genügende Bild von den Ringen einer Kette nur deshalb suchen (müssen), weil es uns nicht mehr gegenwärtig ist, daß eigentlich die Rückkehr zum Ausgangspunkte mit bezeichnet wird, wenn wir den Hellenen das Wort Periode nachbrauchen ... Platon, der zwar die Geschichtswissenschaft mißachtet, aber die Philosophie der Geschichte begründet hat, ist gerade durch die Jugend und Enge der eigenen Kultur zu der tiefsinnigen Anerkennung getrieben worden, daß vor ihr andere Perioden liegen müßten, in denen die Kultur ihren Kreis durchlaufen hätte...«

Also auch der zweitstrittigste Punkt in allen Spengler-Diskussionen: ob tatsächlich die Kulturen einander so gleichgültig oder feindselig seien, wie im ›Untergang‹ behauptet – wird von Wilamowitz zu Spenglers Gunsten beurteilt. Der strittigste ist: Darf man Kulturen Organismen nennen?

Wieso – da man sich doch einig ist, der Mensch sei das Maß aller Dinge – sollte der Ablauf eines Menschenlebens: Kindheit, Reife, Absterben nicht auch das Maß des Menschlichsten sein, was dem Menschen zuweilen glückt: seiner Kultur? Spengler zitiert nirgendwo jenes Wort Goethes, den er doch ebensooft den einzigen Lehrer seiner Methode nennt, wie er mit dieser Behauptung tarnen will, daß Wilamowitz sein Lehrer war, jenes Wort, das mit größerem Nachdruck als jedes andere ihn legitimiert, die Zwecklosigkeit der Kulturen, ihr »schönes Spiel«, das sie mit der Zwecklosigkeit der Natur gemeinsam haben, zu feiern: »Es ist ein grenzenloses Verdienst unseres alten Kant um die Welt, und ich darf auch sagen, um mich, daß er in seiner Kritik der Urteilskraft Kunst und Natur nebeneinanderstellte und beiden das Recht zugesteht, zwecklos zu handeln. Natur und Kunst sind zu groß, um auf Zwecke auszugehen, und haben's auch nicht nötig, denn Bezüge gibt's überall, und Bezüge sind das Leben.«

Daß auch kein Ziel hat, was keinen Zweck hat, sondern »nur« ein Sein, nur *da ist:* leuchtet ein! Und wie könnte Kontinuität ohne Richtung sein? Wohin – ohne Zielvorstellung? Es finden sich in den nur dreizehn Seiten, die Wilamowitz seiner Jahrhundert-Entdeckung widmet – der Rest ist Kaisergeburtstagsrede –, auch die Anregungen für Spenglers zwei Aussagen, die besonders provozierend wirkten: Nur ein Dichter könne Weltgeschichte großen Stils schreiben, also sei er einer: So sagte Spengler zu Max Weber und dessen Studenten, und auch schriftlich gab er, Geschichtsschreibung sei Dichtung. Und zweitens, er sei nicht Historiker, sondern Philosoph.

Das hatte aber auch Mommsen schon in seiner Rektoratsrede 1874 gesagt: »Daß Zeugen nur so viel gelten, wie der Gewährsmann des Hörenden gilt, ist so ziemlich der einzige Lehrsatz, den die Quellenforschung aufzuweisen hat; und die divinatorische Sicherheit des Urteils, die den eminenten Historiker bezeichnet, ist in neun Fällen unter zehn nichts als eine unbewußte Anwendung dieses Lehrsatzes auf komplizierte Probleme. Der Schlag aber, der tausend Verbindungen schlägt, der Blick in die Individualität der Menschen und der Völker spotten in ihrer hohen Genialität alles Lehrens und Lernens. Der Geschichtschreiber gehört vielleicht mehr zu den Künstlern als zu den Gelehrten.«

Bei Mommsens Schwiegersohn Wilamowitz hieß das, erstens: »Wenn die Weltgeschichte das Weltgericht sein soll, so ... kann nur der der Welthistoriker sein, der zugleich der Dichter dieser Tragödie ist ... so sollen wir uns eingestehen, daß es uns nicht zusteht, die Bilanz zu ziehen, ob 1797 oder 1897 die Rechnung unseres Volkes günstiger stünde ... Denn was ist ein Jahrhundert mehr als eine Welle auf dem Meere der Ewigkeit; und Wellenberg und Wellenthal sind gleichwertig vor dem, dessen Hauch die Lebensfluten der Äonen bewegt.«

Und dichterisch schrieb er nun selbst:
»Es bedarf gar keiner Spekulation: die Welt hat die Erfahrung gemacht, daß ... auch, was als unverlierbarer Gewinn der Menschenarbeit geborgen scheint, verloren gehen kann. Die Kultur kann sterben, denn sie ist mindestens einmal gestorben. Der Schakal heult in Ephesos, wo Heraklit und Paulus gepredigt hatten; in den Marmorhallen von hundert kleinasiatischen Städten wuchern die Dornen und kauern nur vereinzelt verkümmerte Barbaren; Wüstensand wirbelt über dem Göttergarten Kyrenes. Doch wozu Bilder aus der Ferne? Wer einmal mit Nachdenken über das Forum Roms gewandert ist, muß inne geworden sein, daß der Glaube an den ewigen kontinuierlichen Fortschritt ein Wahn ist.«

IV.

Spengler ist *dann* ganz auf seiner Höhe als tragischer Epiker, wenn er so schreibt wie hier sein Lehrer; nicht selten glückt ihm das. Bedenkt man die imperiale Stellung, die Wilamowitz nicht nur als Schwiegersohn Mommsens, sondern auch als – einst – Seiner Majestät bevorzugter Ordinarius der Friedrich Wilhelms-Universität einnahm, aufs höchste respektiert im deutschsprechenden Europa (kam er nach Basel, um 1925 oder 1930 in der Aula des Alten Museums über Griechen oder Marc Aurel zu sprechen, so stand sozusagen Spalier, wer im Kanton geistig etwas auf sich hielt); bedenkt man weiter, was damals »seine« Reichshauptstadt in der Welt noch für einen Stellenwert hatte – und wer dann dort nur fünfzehn Jahre später herrschte und Schlüters Hohenzollern-Schloß schleifte, ebenso wie die Braunschweiger Sozialdemokraten das Barockschloß der Herzöge, in dem Lessing aus- und eingegangen war und das ebensogut den Krieg überstanden hatte wie das Berliner Schloß, geschleift haben, um an seiner Stelle zu einem Drittel Park, zum zweiten Drittel ein Pissoir, zum dritten Drittel ein Kaufhaus zu errichten: Wenn man all das bedenkt, so kann man der Frage von Wilamowitz nicht mehr ausweichen: »Doch wozu Bilder aus der Ferne?« Und muß antworten: Wir müssen seit 1945 nicht einmal mehr bis zum Forum Romanum reisen, um verbrannte Erde zu studieren – es genügt, wenn wir in Berlin die Wilhelmstraße aufsuchen. Oder in Braunschweig die städtische Bedürfnis-Anstalt, die Antje Fuchs errichtet hat, als sie dort Bürgermeisterin war und »das Sagen« hatte und anordnete, das Schloß zu schleifen, in dem die Schwester Friedrichs des Großen mit Lessing als Begleiter ihre Italienreise vorbereitet hat.

Und wenn beide, Wilamowitz wie Spengler, feststellten, wie sehr das Lebensgefühl derer in der Spätantike durchdrungen gewesen sei von Untergangs-Stimmung und Einsicht ins Absterben ihrer Kultur, so seien hier nur zwei Belege geliefert, wie sehr auch Abendländer schon so empfinden; sogar in einer kriegsverschonten Stadt, Beispiel Salzburg. Max Rychner schreibt 1929:

»... Fahrt durch jean-paulisch-mozartische Landschaft und ihre geistige Verdichtung in Salzburg! ... Wie stark muß dieses Lebensgefühl gewesen sein, da es die Kathedralen und Dome emportrieb, um darin Beschwichtigung zu suchen und den Frieden zu finden, der nicht von dieser Welt ist. Durch die dunklen Gassen wandelnd war ich betroffen von soviel Zauber und Schönheit und zeitloser Verwunschenheit. Die zarte Geometrie der Fassaden und Portale, in welche sich jenes entrückende Drängen hier verwandelt hat, gewann mich dieser schön geformten Welt wieder. Die Heiterkeit gehört zu den Ursubstanzen der Welt wie der Schmerz und will ihr Recht wie dieser, und der Mensch oszilliert zwischen tausend Polen hin und her; jede Nacht enthält schon ihren ihr eigenen Tag, und zu jeder Wüste gibt es irgendwo einen Garten der Seligen, der ihre metaphysische Ergänzung ausmacht...«

Und Benn schreibt 1939: »Salzburg, Hotel Bristol, Blick auf den Makart Platz, links eine Kirche von Fischer Erlach, eine kleine, sanfte; oben der Kapuzinerberg. Äußerst überraschend die Wirkung des Doms innen, ich war jahrelang nicht in einer Kirche dieser Art, überwältigt von dem Eindruck dessen, was dahinter stand einst, das geistig u. menschlich dies wollte, wollen konnte, groß u. sicher genug war, es zu wollen, es zu bauen, es zu fügen, dieser langanhaltende, während, sich bewährende Druck des Glaubens gegen Stein u. Erde u. engen Erdenraum; dieses Zusammenrücken u. Bearbeiten des Einzelnen in dem von Geschlechtern getragenen Plan, aus einem bestimmten Gefühl heraus sich zu bezeugen, sich, dem Volk, den Salzburgern, den umliegenden Gauen, den Fürsten u. der Stadt Größe u. Heimat u. Sünde u. Erlösungsfähigkeit der Seele zu bezeugen. Was für ein Weg bis in dieses Jahrhundert, wo sie Boxhallen u. Pissoirs bauen, um sich zu bezeugen u. zu bewähren.«

Und der Philosoph, als der Spengler sich bezeichnete? Wilamowitz hat auch das zwanzig Jahre vor Spengler schon gesagt, als er anzweifelte, ob Philologie und Geschichte begrifflich zu trennen seien: Die *Philosophie* nur könne »das Gesamtleben der Menschheit überschauen«. Deren Amt sei es, »die allgemeinen Gesetze oder Ideen, das bleibende Sein im Strudel des Werdens aufzuzeigen ...«

Diesen denkbar substantiellsten Essay lesen heißt immer neu *vor*finden, als Kernsatz, als Stichwort, was dann zwanzig Jahre *später* Spengler in seinem ›Untergang‹ erst ausführlich behandelt. Nur dort, wo Spengler als Politiker spricht, ist er ganz er selber: Wo er als Cäsarist deshalb predigt, weil seine Maxime lautet – diese besonders hat Thomas und Golo Mann so tief verstimmt, wurde von ihnen als »Verrat« am Geist, am freien Willen bekämpft –, man könne »nur das Notwendige wollen«, und die historische Stunde heute bringe eben den Cäsarismus, und folglich könne keiner mehr Dramen dichten, sondern »nur« Romane, doch besser sei's, er dichte überhaupt nicht, sondern werde Marineoffizier oder Turbinenkonstrukteur. Auch dort spricht unabhängig von Wilamowitz Spengler, wo er nach einer Feststellung Adornos »Goebbels prophezeite«; wo er den Städter beschrieb, dessen Vorfahre auf dem Dorf geschichtslos vor sich hingedämmert hat, der dann als Weltstädter homo politicus oder Architekt oder Arbeiter wurde, um wieder geschichtslos wie eine Pflanze erneut vor sich hinzudämmern, sobald seine Weltstadt nicht mehr Geschichte macht oder erlebt, und »folglich« – sehr verrückt, aber auch das ist Spengler – ihre Bewohner zu »Fellachen« verkümmern läßt. Fellachen sind auch wir Europäer heute, die seit Richard Wagner und Manet schon gar keine Kultur mehr zu machen fähig sind, aber auch Geschichte nicht, denn wir stehen – schneller kam das, als Spengler ahnte – unter der Kuratel der Vormundschaftsbehörden in Moskau und Washington. Folglich wird mit uns, die keine Geschichte mehr *machen können*, Geschichte *gemacht werden!* Und was Spengler *dazu* sagt, ist in der Tat aufschreckend: wie Rom mit Unterworfenen, die nur friedlich ihrem Hellenismus hatten leben wollen, aufs erbarmungsloseste »Geschichte machte« …

Ein Buch, das – wie eine Lawinendrohung alle Jahre erneut über den Talbewohnern hängt – seit 1945 nur noch zu ertragen ist, indem man es wegstellt, wie Thomas Mann es 1922 gemacht hat.

V.

Wilamowitz hat die schnöde Unterschlagung seiner Vaterschaft durch Spengler mit dreiundsiebzig achselzuckend, auch ein wenig sarkastisch heimgezahlt, indem er 1921 anläßlich seiner Betrachtung der ›Geltung des klassischen Altertums im Wandel der Zeiten‹ Spengler fast Zeile für Zeile *bestätigt* – denn Wilamowitz war als souveräner Meister historischer Analogien dem dreißig Jahre Jüngeren in der Kenntnis der Details natürlich enorm überlegen –, ihn dabei aber mehr übersieht als ansieht …

Es war das Jahr der heftigsten Spengler-Diskussion, doch Wilamowitz verzieht keine Miene anläßlich des ›Untergangs‹, als wolle er sagen: Wußtet ihr das nicht längst? Das hättet ihr doch bei mir schon vor zwanzig Jahren lesen können! Und für weite Strecken in Spenglers ›Untergang‹ traf das auch zu. Mit keiner Silbe kritisiert Wilamowitz denn auch Spenglers Kulturkreis-Vision, da die ja exakt den von Wilamowitz entdeckten Weltperioden entspricht – wenn auch der Ältere seinen »Ringen« potentiell fünfhundert Jahre mehr Zeit zugesteht, sich zu »ründen«, als Spengler seinen Kreisen. Vielmehr sagt Wilamowitz nur abfällig, sich stets bewußt, an Detailkenntnis Spengler zwar überlegen zu sein, doch die Analogien als Fachmann auch nicht derartig zu überziehen wie Spengler, der Autodidakt. (»Autodidakten übertreiben immer«, steht im ›Stechlin‹. Und Fontane läßt seine Figur autobiographisch hinzusetzen: »Ich bin nämlich selber einer.«) Fachmann Wilamowitz läßt den Autodidakten Spengler wissen: »Nur völlige Unkenntnis von dem, was jetzt Altertumswissenschaft ist, kann noch von der Antike als einer Einheit reden, wie es das berufene Buch von O. Spengler tut, dessen schematische Konstruktionen genau so geistreich und genau so unhistorisch sind, wie die von Fritz Schlegel. Bringt er es doch fertig, Themistokles und Tiberius in eine Familie zu rücken, die so viel und so wenig miteinander gemein haben wie etwa Gustav Wasa und Friedrich der Große.«

Das aber hatte Spengler *nicht* getan: der alte Herr zitierte schon etwas sorglos. Spengler hatte nur behauptet, der »seelische Habitus« der antiken und jener der christlich-abendländischen Persönlichkeiten samt deren Großstädten unterscheide sich so sehr, daß Heraklit, Plato, Themistokles, Tiberus im Vergleich etwa mit Goethe und Raffael »sofort zu einer einzigen Familie zusammenrücken«: sicher ist das plausibel. Denn wie sollten durchs Christentum seelisch geprägte (oder verkrüppelte) Menschen den gleichen »seelischen Habitus« haben wie davon verschont gebliebene? Wilamowitz sagt über den ungeistig-religiösen Totalitarismus der Kirche einmal: »In Byzanz war sie engherziger als in Rom. Als sie die Slawen des Ostens sich unterwarf, hat sie ihnen keinen Hauch des hellenischen Wesens übermittelt«. Was wiederum Spengler bestätigt – ohne ihn zu nennen.

Nichts sagt Wilamowitz auch hier über Spengler; kein Wort zu der Aufregung, daß da einer Weltperioden mit Organismen oder Biographien gleichgesetzt hat. Doch sagt Wilamowitz auch in diesem Essay, ein Vierteljahrhundert nach seinem aufregenden über die Weltperioden, unendlich viel, was den von ihm dann nicht mehr genannten ausbeuterischen Schüler nur ermutigen und dessen Gegner abschmettern konnte. Zum Beispiel bringt er ungezählte Analogien, die erstens Spenglers morphologische *Methode* der Analogie-Suche aufs schlagendste legitimieren und die ihn zweitens glänzend rechtfertigen genau in derjenigen Grundanschauung, die ihm von anderen als besonders verfehlt vorgehalten worden war: nämlich in der Antike, in ihrem Auf und Ab – sei es politisch, kulturell, philosophisch, soziologisch, militärisch – unsere abendländische Geschichte vorabgebildet zu sehen.

Wilamowitz: »Je tiefer die Einzelforschung dringt, um so klarer wird sie erkennen, daß die antike Welt der modernen … durchaus vergleichbar ist. Auf die klassische Kunst ist auch damals Barock, Rokoko und Klassizismus gefolgt; auch Impressionismus hat es gegeben … Als die Germanen das römische Westreich erobern, beginnt eine neue Weltperiode. Abgelebt ist der alte Staat und die alte Gesellschaft. Die Eroberer stehen noch in der Kindheit, und die römische Kirche, der sie sich unterwerfen, übernimmt ihre Erziehung.«

Wenn dann Wilamowitz auch darauf beharrt, die Bibel sei ein Erzeugnis der Antike und die Kirche als die Lehrerin der Weltsprache Latein habe »die Schule so …« übernommen, »wie sie in den letzten Zeiten des Römertums war«, so muß er doch Spengler – doch er nennt ihn nicht – wieder bestätigen durch die resignierenden Zeilen, daß außer dieser Sprache Latein *nichts* vom Geist der Antike durch das Christentum übernommen wurde: »Keinen Hauch von Wissenschaft. Insbesondere war jedes Streben, die Natur zu beobachten und zu verstehen … ganz verloren. Was von technischen Fertigkeiten blieb, erhielt sich nur durch die Tradition in der Praxis. Selbstverständlich wirkte vieles unmittelbar, was die Eroberer trotz allen Zerstörungen noch vorfanden, in der Lokalverwaltung, im städtischen Leben, in Tracht und Hausrat.« Doch Kunst, Kultur der Antike waren tot oder wurden totgeschlagen, zertrümmert jahrhundertelang, bis zur Renaissance, als man endlich nicht mehr kaputtschlug, was man an Plastiken ausgrub. Zuweilen aber war es zu schön, was die Antike hinterlassen hatte – konnte man es doch nicht ertragen – und trug es ab. Noch 1589 hat Sixtus V. deshalb das Septizonium schleifen lassen, weil soeben – Michelangelo war schon fünfundzwanzig Jahre tot – die Peterskirche ihr Portal erhalten hatte. Das Septizonium – je sechsunddreißig Marmorsäulen auf drei Geschossen, *das* Wahrzeichen der alten Welt – war aber höher als dieses Portal: also wurde es vernichtet. Und Siciliano, Hofmaler des barbarischen Ikonoklasten, mußte auch noch *malen* – heute im Vatikan zu sehen, wenn man in die Sixtinische Kapelle hinabgeht –, wie sein Papst antike Kunst kaputtschlug: Das idiotische Gemälde verewigt, wie der Terrorist eine antike Statue vom Sockel in Scherben geworfen und ein Kruzifix statt dessen auf das Piedestal gestellt hat!

Wenn auch einzelne, wie Karl der Große, lateinische Texte der Antike ebenso sammelten wie »heidnische« Dichtungen der Germanenzeit: es fand sich immer ein Ludwig der Fromme, der diese Sammlung dann doch verfeuerte. So wird, was Spengler stets als seine größte »Narretei« vorgeworfen worden ist: zu leugnen, es gebe eine Einheit der Kultur, Kontinuität, ja Verständnis des einen Kulturkreises für den anderen – zu seiner unantastbarsten und deprimierendsten Wahrheit. Wilamowitz zuerst hat sie konstatiert.

Einige der faszinierendsten Fakten, die sich 1897 schon bei Wilamowitz – als Stichworte für Spengler – finden, seien hier noch festgehalten, weil der Jüngere sie benutzt und behandelt hat, als habe er sie aus dem Souffleurkasten; denn auch der Souffleur wird ja in den Schlußapplaus nicht einbezogen. Wilamowitz schreibt 1897, daß tatsächlich die Untergangsstimmung in Rom, Hellas, dem Orient so allgemein war, daß *deshalb* das Christentum so erhebliche Chancen hatte. »Diese Empfindung ... daß die Welt, in der sie lebten, dem Untergange verfallen war«: Woher käme sie, wäre nicht jede Kultur ein Organismus, der, wie ein Mensch im Alter, *auch* spürt, daß sein Ende naht? Warum beschimpft man Spengler gerade dafür am lautesten, daß er Kulturen wie Lebewesen ansieht, die – im Wortsinn – »natürlich« ein Ende haben? Interessant auch und durchaus an unsere Gegenwart erinnernd die Aussage von Wilamowitz, daß Krämer wie Handwerker und wie der Hof des Augustus zwar im hundertjährigen Bürgerkrieg eine fast tödliche Krise gesehen, dann aber doch sich eingeredet haben, der Friede des Imperiums wende den Untergang ab, weil die Kaiserzeit mit so viel Wohlstand (wie wir heute!) gesegnet war – der natürlich allerorts blind macht für Krisen. Lustig ist, daß Wilamowitz zwar selber »die Herrlichkeit des Weltreiches und die Ewigkeit der Weltkultur« als Wahn bezeichnet – dann aber die wenigen, die das auch in Rom damals als Wahn schon durchschaut haben, die Christen, so charakterisiert: »... sahen freilich nur die Christen, die Vaterland und Staat, Wissenschaft und Kunst lästerten, weil sie sie nicht begriffen.«

Wilamowitz ist deshalb so überzeugend, weil er – genau wie Spengler – im Gegensatz zu allen anderen Untergangsdarstellern vermeidet, *moralische Bewertungen* ins Spiel zu bringen oder gar Mangel an Moral (wüßte wer, was moralisch *ist*) für den Untergang haftbar zu machen. Weil Wilamowitz, dieser passionierte Liebhaber der Antike, nur sehr erschüttert an ihrem Sterbebett steht, ohne aber moralische Reden zu halten, die sonst bei keinem Historiker fehlen, muß man annehmen, daß auch er dieses Sterben ansah wie das eines altgewordenen Menschen oder Tieres, denen man ja auch nicht nachsagt, sie stürben, weil sie nicht moralisch gelebt haben: Es ist diese Haltung eine unendlich viel *humanere* als die Arnold Toynbees, der immer auf der Suche nach Fehlverhalten ist und genau wissen will, welche seiner einundzwanzig Zivilisationen an diesem oder jenem taktischen oder moralischen Versäumnis verendete. (Übrigens sagte Toynbee im Hamburger Fernsehen 1969: Immer, wenn er zähle, komme er auf eine andere Gesamtzahl von Zivilisationen.)

Sieht man Spenglers Kulturen wie Menschen-Biographien: so ist tatsächlich nur Vollendung – nicht Fatalismus, nicht Katastrophen, nicht Schuld mit seinem Titelwort »Untergang« gemeint. Und hier, wo Wilamowitz so klar sieht – der erstaunliche Denkfehler der Manns, Vater und Sohn: Vermutlich hat kein anderer Satz Spenglers Thomas und auch Golo Mann derart erbittert, wie Spenglers Diktum, daß man »das Notwendige wollen müsse – oder nichts«: Das sei Fatalismus, sei gar keine Alternative, sei unmoralisch; denn *müsse* einer das Notwendige oder *könne* gar nichts tun, das lasse ihm keine Wahl, schrieb 1922 Thomas Mann gegen Spengler und wiederholte 1949 sein Sohn, als er Toynbee untersuchte: »Daß wir aber das ›Notwendige wollen müssen oder nichts‹ – dies wäre für Toynbee ein gottloser und dummer Satz. Er weiß nichts von ›Notwendigem‹. Die Zukunft ist ihm frei...«

Eben deshalb, weil er, anders als Spengler, Kulturen nicht als Organismen ansieht, nicht als Biographien, also nicht *befristet!* Da aber Spengler durchaus seine Kulturen zuweilen auch Biographien nannte – konnte, ja *mußte* er auch darauf beharren, was Mann Vater und Sohn so erbitterte, aus einem Denkfehler heraus erbittert hat. Denn es ist keineswegs fatalistisch zu denken, ein Lebewesen – und Kulturen *sind* für Spengler Lebewesen – müsse auch *sterben,* habe wie alles Natürliche und Naturgebundene seine Zeit und folglich ein Ende. Wieso fatalistisch? Soll ein Sechzigjähriger willenlos genannt werden, weil er die Gewißheit hat, daß er nicht *sehr lange* mehr handeln kann, da er doch sterben muß in absehbarer Zeit? Handelt er nicht klüger *in* dieser Gewißheit als – ohne sie? Ein erstaunlicher Denkfehler der so scharfsinnigen Mann's! Denn Spengler – logisch – sagt doch nur, daß nicht alles sich für jeden schickt: daß also in der Spätphase einer Kultur eine *andere* Tätigkeit innerhalb eines Kulturkreises an der Zeit sei wie in früheren Phasen. Was hat die Mann's so aufgebracht gegen Spenglers Satz, der doch nur lautet: Zu Zeiten Hindemiths könne keiner mehr komponieren wie zu denen Glucks oder: Baue man Ozeandampfer – baue man Segelschiffe nicht mehr? Ein Riesenmißverständnis, solche Selbstverständlichkeiten als »Fatalismus« zu denunzieren; ist auch fatal, daß wir sterben müssen – und mit uns unsere Kultur, *wieso nicht! –,* so bin ich doch noch kein Fatalist, weil ich das einkalkuliere und mich danach richte, daß mir mit Siebzig nicht mehr zukommt, was ich noch mit Dreißig gedurft habe; daß ich aber auch weiß, daß ich mit Dreißig nicht unbedingt schon erreichen konnte, was mir mit Siebzig gewährt war ... Kein dummer, vielleicht ein gottloser Satz: der vom Notwendigen, dem ich mich zu fügen habe, will ich mich nicht auflehnen gegen die Forderung des Tages, *meines* Tages...

Adorno, der sich zwar 1950 lustig macht – also »nach dem Untergang«, wie er in der Überschrift sagt – über das Versagen des deutschen Geistes »gegenüber einem Widersacher«, den er nur mit »pedantischer Kleinlichkeit im Konkreten, phrasenhaft konformistischem Optimismus in der Idee ... oder mit dem sophistischen Trick, durch Überspannung des Relativismus Spenglers relativistische Position selber aufzulösen«, abzuwürgen versucht habe –, Adorno selber kann es auch nicht lassen, sich denen zuzugesellen, die sich am Sterbebett der Antike gegen die Einsicht sperren, sie sei an Altersschwäche ebenso verendet wie jedes Lebewesen, das nicht gewaltsam oder durch die Gewalt einer Krankheit umkommt. Auch Adorno sucht eine Schuld, ein Versagen, und da er selber keine Kenntnis der Geschichte hatte, zitiert er James Shotwell, der gesagt habe, die antike Kultur sei an dem von ihr nicht gelösten Problem der Ausbeutung kaputtgegangen, »weil von der Menschheit noch kein Mittel zur Erhaltung der Kultur gefunden worden war, das sie nicht ... von denen abhängig gemacht hätte, die keinen Anteil an ihren materiellen Segnungen hatten«! Das ist Kindergarten-Marxismus: alle Kulturen seien deshalb gestorben, weil »auf falschen wirtschaftlichen Grundlagen aufgebaut gewesen«; erloschen durch ihre »Ungerechtigkeiten der Ausbeutung«. Mit einem Optimismus, der keine andere Funktion hat als die, seinen ganz und gar im Banne des Pessimisten Spengler geschriebenen ausgezeichneten Essay dennoch zu einem so optimistischen Ende zu bringen, daß 1950 sogar ›Der Monat‹ ihn drucken konnte, der damals bestimmt keinen Spengler *bestätigenden* Artikel angenommen hätte, fügt Adorno diesem Zitat noch den kindlichen Satz von Shotwell hinzu: »Es gibt keinen Grund zu der Annahme, daß die moderne Kultur ... dies zwangsläufig wiederholen müsse.« Und

Adorno beruhigt sich damit, daß eines »Spenglers spähendem Jägerblick, der erbarmungslos die Städte der Menschheit durchstreift, als wären sie die Wildnis, die sie sind«, doch entgangen sei: die Kräfte, die im Verfall frei werden. Oder wie Georg Trakl dichtet: »Wie scheint doch alles Werdende so krank.«

Gartenlauben – Tröstungen gegen die historischen Diagnosen von Wilamowitz: Wie bestätigen sie uns doch, da diese Kinderei sogar Adorno zustieß, die Tatsache, daß wir nicht glauben, was wir denken, sondern »denken«, was wir glauben möchten ...! Auch Adorno weist der Antike, da er sich sträubt, einen lebenden Organismus, »Natur« in ihr zu sehen, eine Schuld zu, an der sie gestorben sei: Sie habe das Problem der Ausbeutung nicht gelöst ... Grotesk!

VI.

Doch Wilamowitz sah, ohne es auszusprechen, auch Lebewesen in »Ringen«, so wenn er schreibt: »Um 300 kam der Tod, nicht gewaltsam, nicht plötzlich, nur mit den Krämpfen und Zuckungen des natürlichen Sterbens. Die Generation, die dieses Ende erlebte, wurde seiner kaum gewahr; sie begrub die alten Ideale nicht wie die Leiche des Erblassers, sie warf sie von sich wie ein verschlissenes Kleid. Wohl mochte sich die siegreiche neue Religion eines frischen Lebens freuen, an dem wenigstens im Oriente das vierte Jahrhundert reich genug ist; aber es war ein neues Leben, und wie köstliches war nun ab und tot. Ein jeder weiß, daß es nun keinen freien Staat und keinen freien Mann und keinen freien Gedanken mehr giebt. Der Absolutismus, der auf einem Stande von Berufsbeamten und einem der Nation entfremdeten Heere ruht, tritt gleichzeitig mit der analog organisierten Kirche die Herrschaft an. Mit der Einheit des Reiches ist die Einheit der Kultur preisgegeben; damit fällt der Occident, der bisher immer von Osten befruchtet war, zunächst in Barbarei zurück, und als er nach tausend und mehr Jahren sich eine Kultur selbst errungen hat, gelingt es ihm doch nicht, bis heute nicht, die Kluft zu füllen, die ihn von dem mittlerweile barbarisierten

Oriente scheidet. Minder augenfällig als diese äußeren Gegensätze und in Wahrheit doch noch viel bezeichnender ist eine andere Veränderung, die trotz der zäh festgehaltenen Schrift die Trägerin aller Kultur, die Sprache, von Grund umgestaltet. Die Betonung wechselt, indem die Tonstärke statt der Tonhöhe eintritt und so die alte Unterscheidung von Länge und Kürze schwindet. Damit fallen die alten Kunstformen in Poesie und Prosa, ja auch die Musik muß sich einen neuen Grund suchen. Wohl hat die Elastizität des hellenischen Geistes vermocht, ebenso wie sie die neue Kirchenlehre ausgestaltete, auch die accentuierende Prosa und Poesie, den Reim und den Kirchengesang zu erschaffen und uns Occidentalen noch zu übermitteln: aber das ist alles neu. Wenn die alten Götter tot waren, die Verse Homers und die Lieder Anakreons und die Rhythmen des Demosthenes nicht mehr klangen, so war's mit der alten Kultur zu Ende. Wer wollte das leugnen, so rätselhaft uns auch die Wandelung der Volksseele erscheinen mag, die alle diese Veränderungen allein hervorrufen konnte.«

»Rätselhaft ... Wandelung der Volksseele«: Wie hat man Spengler – *hier sein Fundort* – verhöhnt, weil er darauf beharrte, die Seele einer Kultur wisse von der anderen nichts, und niemand wisse, woher sie komme, doch sie schaffe die Eigenart, das Eigentum einer jeden Kultur so und nur hier und nur für einmal und nicht wieder. Wenn Wilamowitz die Völkerbewegung beschreibt, fast besingt, die »alle Länder um das ägeische und ionische Meer überflutet ...«, dann schließt er, und man vermeint, das alles schon genauso bei Spengler gelesen zu haben, der es doch hier geholt hat, daß es »Jahrhunderte gedauert, bis diese neue Nation zu dem Bewußtsein ihrer Eigenart gelangte ... es sind die Jahrhunderte, die auf fast allen Gebieten überraschende Analogien zu dem Mittelalter der christlichen Periode bieten«.

Neu, wie gesagt, war Spengler nur als Politiker, der uns den Cäsarismus ankündigte. Aber auch dies steht schon bei Wilamowitz: »Gleichwohl hat die Kunstgeschichte diese Parallele: Thales bis Platon, Solon bis Perikles – und Renaissance mit Recht gezogen.« Auch habe die Kunstgeschichte in den hellenistischen Jahrhunderten Barocco, Rococo, Classicismus entdeckt wie in

den entsprechenden Jahrhunderten im Abendland. Und Wilamowitz ergänzt:

»Die Geschichte der Sitten wird das höfische und das städtische Leben derselben Zeit am deutlichsten durch die Analogie
von Versailles und Venedig, Dresden und Holland erläutern; die
Geschichte der Philosophie sieht Stoa, Epikur und Skepsis in
Holland, Frankreich und England wieder mächtig werden, und
dem politischen Historiker drängt sich die Ähnlichkeit in dem
Antagonismus und der Gleichgewichtspolitik vieler nebeneinander stehender Staaten hier und dort oft ganz frappant auf.

Im zweiten Jahrhundert v. Chr. beginnt der Flutstrom des
hellenischen Lebens zu ebben. Die Wissenschaft kommt mählich
zum Stillstande, die von der Natur zuerst, dann die vom Menschen. Das Leben hat keine Ideale und verlernt fast, sie zu
suchen. Der geistige Elan der Volksseele erlahmt, weil der sittliche Elan geschwunden ist. So verfällt die Welt der Herrschaft der
Römer, als verdienter Preis für die Kraft des nationalen Willens,
durch die sie Italien wider Hannibal behauptet und so den
Westen für die hellenische Kultur gerettet haben.«

Wie bald wird der Historiker oder Philosoph kommen, der einst
von uns sagt, Westeuropa sei deshalb mit Recht eine Beute der
USA geworden, weil das »der verdiente Preis« dafür sei, daß sie
im Hitlerkrieg den Westen vor den Russen gerettet haben – wie
einst, um Wilamowitz zu wiederholen, »die Römer Italien wider
Hannibal behauptet und so den Westen für die hellenische Kultur gerettet haben«? Und wie bald werden die Historiker – die
Politiker noch früher – des Ostens behaupten, »mit Recht« seien
die Leute bis zur Werra sowjetisiert worden, weil sie durch die
Rote Armee vor dem Auschwitzer gerettet worden sind?

Aufregend, Absatz nach Absatz zu sehen, wie Spengler den
genialen Mann beerbt hat: gerade auch dort, wo der Philologe
und Kenner der französisch-deutschen wie der antiken Klassik
redet, was Spengler, der Mathematiker, sicher hier zuerst erfahren hat: »Schillers Unterscheidung von naiver und sentimentalischer Dichtung läßt sich nur mit der Modifikation halten, daß
derselbe Gegensatz sich auch durch die griechische Poesie ziehe.

Klassisch ist das Gesunde, romantisch das Kranke, sagt Goethe. Er wird Recht haben; nur hat dann auch das klassische Altertum überwiegend romantisch Krankes hervorgebracht. Ja selbst die Mißgeburten der ›Moderne‹ würden ohne Zweifel in Hellas ihres Gleichen finden, wenn die Zeit nicht gar so wenig für die Konservierung von Eintagsfliegen sorgte.«

Wenn der Geheimrat so ekelhaft wird wie sein Schüler und von den »Mißgeburten der Moderne« spricht – selbst hier berührt einen noch schmerzlich die Parallele –: Es ist Spenglers kleinstkarierte Seite, daß er sich nicht geniert, die blödesten Schmähungen zeitgenössischer Künstler hinzuschreiben. Denn Spengler war ohne ein Gran Selbstironie. Sonst müßte man sich fragen, wie es ihm zustoßen konnte, überhaupt nicht zu merken, daß einer seiner Kernsätze, so oder anders formuliert immer wiederkehrend: »Allgemeingültigkeit ist immer der Fehlschluß von sich auf andere« – wie es ihm also zustoßen konnte, nicht zu merken, daß dieser zutreffende Satz auch zutraf auf *ihn*! Nicht zu merken, daß sein niveauloser Hohn über *alle* zeitgenössische Kunst nicht zu trennen ist von seiner, bis zum dreißigsten Jahr, nicht nur als Jüngling, innigsten Sehnsucht, selbst *Künstler zu werden!* Nicht zu trennen von seinem marternden Ungenügen an sich selber, nichts beenden zu können, kein Gedicht, nicht eines seiner vielen Dramen und deshalb so lange gar nicht zu wissen, wofür er zur Welt gekommen sei! Einmal, mit achtzehn, beendete er ein Montezuma-Drama, sonst nie mehr eines ... Nur die kurze erzählerische Skizze aus dem russisch-japanischen Krieg: ›Der Sieger‹, imperiale Prosa, machte er druckfertig. Und schrieb doch einen Stil, den sogar Thomas Mann und Ernst Jünger als vorbildlich priesen! Und den Heuss den bedeutendsten deutschen Prosa-Stil der Epoche nannte ...

Und dieser geborene Künstler – *kann* bis zu seinem 38. Jahr *nicht einen* Text publizieren! So wird er blind und blöd gegenüber jedem Zeitgenossen, der Künstler wurde, ja *mörderisch* verfolgungssüchtig: sieht nicht einmal Mahler, der in jenem Jahr 1911 stirbt, in dem Spengler seine politischen Schriften zu den historischen, zum ›Untergang‹ erweitert. In jenem Jahr erscheinen Hauptmanns und Schnitzlers Meisterwerke: ›Die Ratten‹,

›Das weite Land‹. Es erscheint der ›Rosenkavalier‹ ... und es erscheint ›Der Tod in Venedig‹! Doch für Spengler sind »Leute wie Thomas Mann« – als gäbe es deren ein Dutzend – nichtssagende »Manieristen«. Manet, Leibl, Menzel waren angeblich die letzten, die malen konnten, Wagner, um dessentwillen allein Spengler Klavierstunden genommen hatte, war der letzte, von dem Melodien kamen, Architekten waren ohnehin seit dem Empire nicht mehr ernst zu nehmen. Den Jugendstil haßt Spengler derart, daß er fragt, ob man überhaupt in München leben könne! Der Expressionismus ist ihm nichts als eine freche Farce ... Dies alles nur, weil er selber noch die Kunstform nicht finden kann, für die er zur Welt kam.

Endlich entdeckt er – dank Wilamowitz und Seeck – seine Bestimmung, ohne als wahres Monstrum an Undankbarkeit diese beiden als seine existenz-rechtfertigenden Initialzünder je zu nennen! Spengler hat endlich entdeckt, daß die Historiker der Deutschen *ihre* Epiker sind, denn Fontane nimmt er nicht für voll. In Ranke, Mommsen, Eduard Meyer sieht er jene Deutschen, die Franzosen, Briten, Russen im 19. Jahrhundert in ihren Balzac und Hugo, Dickens, Tolstoi und Dostojewski gehabt hatten. *Sie* weisen Spengler den ihm gangbaren Weg zu sich selber, zur *ihm* möglichen Kunst, die er dann, weil allein *sie* ihm noch möglich ist, zur letztmöglichen überhaupt erklärt: »Und so erweitert sich die Aufgabe ... zu *der* Philosophie der Zukunft, soweit aus dem metaphysisch erschöpften Boden des Abendlandes noch eine solche hervorgehen kann, der einzigen, die wenigstens zu den *Möglichkeiten* des westeuropäischen Geistes in seinen nächsten Stadien gehört: zur Idee einer *Morphologie der Weltgeschichte*«. Mündlich sagte Spengler, *er* sei der letzte Philosophe überhaupt: »Nach mir wird keiner mehr kommen« ... Und drucken läßt er: Der Roman, immerhin, sei noch möglich, doch Deutsche hätten bisher als Romancier keinen außer Goethe – und wohnt nur tausend Meter Luftlinie »entfernt« vom Dichter der ›Buddenbrooks‹, der Spenglers leidenschaftlicher Verehrer ist, bis er ihn wegen seines Hasses auf alle zeitgenössischen Künstler öffentlich – sehr treffend – als den Snob bezeichnet, der Spengler ist ...

106

Auf der einen Seite immer erneut Spenglers Beteuerungen, kein Pessimist zu sein, sondern gerade auch für die Menschen einer Spätzeit wie der unsrigen eine Fülle von ungelösten Aufgaben ersten Ranges vorweisen zu können, wenn nur die Intelligenten einsähen, daß sie Techniker oder Historiker zu werden hätten, anstatt etwa Philosophie oder Baukunst betreiben zu wollen – auf der anderen Seite seine Denunziation, wir alle seien Fellachen, zur Geschichte zählten Ereignisse und Gestalten nur, die im Rahmen der kulturell produktiven Jahrhunderte eines Kulturkreises lebten, nicht auch die späteren. Spengler verachtet außer sich selber jedermann, der in der Zivilisation, anstatt in der Kultur zur Welt kam; er scheut sich nicht, Menschen als »Abfall«, als »minderwertig« zu bezeichnen, weil sie Repräsentanten einer Ausgangszeit sind: so im Kapitel ›Urvölker, Kulturvölker, Fellachenvölker‹. Die sind wir noch nicht, Spenglers Meinung nach, da wir ja noch *das* haben, dem er das Wort »Geschichte«, also Schicksal zugesteht. Fellachen werden erst unsere Urenkel sein, mit denen die neuen Herren Geschichte machen werden, da diese Urenkel selber keine mehr machen *können*. (Wie ja tatsächlich wir heute schon: Hitlers Krieg verschob Spenglers Terminkalender, beschleunigte vehement den Ablauf der Ereignisse, unleugbar.)

Vermutlich sind keinem Buch so viele unhaltbare Behauptungen aufgrund überstrapazierter Analogien von zahllosen gekränkten Gelehrten »angekreidet« worden wie Spenglers ›Umrissen einer Morphologie der Weltgeschichte‹, so sein Untertitel. Dennoch dürfte ›Der Untergang des Abendlandes‹ das Lebensgefühl der Europäer im 20. Jahrhundert erdbeben-ähnlicher erschüttert haben als jedes andere Werk. Und ihren Blick geweitet. Als André Malraux 1974 von seinem Besuch bei Mao Tse-tung nach Paris zurückkehrte, antwortete er auf die Frage: »Glauben Sie, daß wir am Ende einer Zivilisation stehen?« – mit Spengler! Der Franzose sagte: »Zweifellos. Spenglers enormer Beitrag zur Geistesgeschichte war, daß er – eine Idee Goethes wiederaufnehmend – die Zivilisationen wie Pflanzen oder Tierarten betrachtete. Sie waren das, was er Organismen nannte. Demzufolge besitzt jede Zivilisation ihre Jugend, ihre Reife und ihren Untergang, besitzt also ein Schicksal. Jede Kultur endet auf analoge Weise ...«

Malraux hatte vergessen, daß Spengler, wir erinnerten daran, von *einer* der abgeschlossenen sieben Kulturen sagt, daß sie *nicht* organisch und sterbensmüde erlosch wie die anderen, sondern so gewaltsam »durch eine Handvoll Banditen«, die Spanier, vernichtet wurde, wie man »einer Sonnenblume den Kopf abschlägt«: die mexikanische! Aus deren entsetzlichem Ende leitet Spengler ab, die Weltgeschichte sei völlig sinnlos. Was hätte er dem achten, unserem europäischen Kulturkreis für ein Ende vorausgesagt, wäre Spengler nicht 1936 gestorben, sondern erst neun Jahre später, nach Erfindung der Atombombe?

Lassen wir wie die Alten der Tragödie das Satyrspiel folgen:

Auf den Tag genau neun Jahre vor der totalen Kapitulation des Deutschen Reiches, am 8. Mai 1936, wurde in München Oswald Spengler von seiner Nichte tot in seinem Bett gefunden, ein Herzschlag hatte ihn in der Nacht getroffen, offenbar ohne Vorankündigung, nicht einmal die Steppdecke zeigte eine Spur, daß der Schlafende sich gegen den Tod aufgelehnt habe. Münchener flüsterten, Nazis hätten ihn »dodg'macht«, doch in der Wohnung der Schwester wären sie nicht unbemerkt an »Signor« herangekommen, wie Spengler in der Widenmeyerstraße 26 genannt wurde. Vier Tage zuvor hatte Spengler in seinem letzten Brief geschrieben: »Die russische Gefahr hätte ich noch stärker herausgearbeitet, denn schließlich ist das Gebiet zwischen Weichsel und Amur dasjenige, auf dem die Weltgeschichte der nächsten Generation wahrscheinlich gemacht wird.« Diese Meinung, die ja Spengler in ›Der Untergang des Abendlandes‹ begründet, hatte ganz besonders einen Ordinarius für Geschichte *amüsiert,* als er 1921 wie alle Welt seinen vehementen Verriß von Spenglers erstem Band schrieb. Nicht *irgendein* Ordinarius kommentierte ganz besonders sarkastisch diese letzte Aussage Spenglers, als er sie in dessen ›Untergang‹ las, sondern jener Kurt Breysig (1866–1940), dem sein Schüler Ludwig Marcuse nachrühmt – Marcuse wurde erst nach dem Zweiten Weltkrieg zum Spenglerianer –, sein »hochverehrter Lehrer (habe) die Ideen

Spenglers und Toynbees vorweggenommen.« Breysig – er hat als Georgianer Nietzsche die Grabrede gehalten – hatte aber, was Marcuse 1921 entgangen war, seine Verwerfung von Spenglers Wahngebilde und Frevel mit folgenden Sätzen gekrönt: »Und dabei ist die äußerlichste und gröbste, aber für die geschichtliche Wirklichkeit Ausschlag gebende Frage noch ganz unangerührt geblieben, welche Völkergruppe denn unserem an Zahl so überstarken Kulturkreise den Tod bringen soll; denn selbst das Ende der wahrlich übergreisen Römerwelt war kein autogenes, sondern ein gewaltsames von außen her bereitetes, war nicht Tod, sondern Mord. Will Spengler etwa dem dünnen und schmalbrüstigen Volkstum der Japaner, und sei es auch an der Spitze der gesamten Mongolen, diese Siegerrolle zuweisen? Oder trennt er die heute fast völlig europäisierten Slaven willkürlich von der Gesamtgruppe der europäischen Indogermanen ab und traut er der weiblich-weichen, so gänzlich unzeugerischen Art der Russen die Fähigkeiten für dieses Herrscheramt zu?«

Fünf Jahre nach dem Tode dieses von alldeutscher Hochnasigkeit noch immer, noch nach Verlust des Ersten Weltkrieges entstellten »Historikers«, der da dekretierte, weder Japaner noch Russen könnten kämpfen, zog die Rote Armee in Berlin ein. Im letzten Lebensjahr dieses komischen Diagnostikers, 1939, notierte Hitlers Staatssekretär des Auswärtigen, von Weizsäcker, nach der Besetzung Polens durch die Deutschen und die Russen, während die Front zwischen Deutschen und Westmächten noch »stillhielt« und der Überfall der Deutschen auf die Russen noch nicht geplant war: »Auch heute noch ist nicht jeder Weg zu einem Ausgleichsfrieden versperrt, wenn nicht offensive Handlungen eingeleitet werden, mit denen ein zweites Kriegsstadium der Erbitterung käme; aus diesem gäbe es dann keinen Ausgleich mehr, sondern wahrscheinlich nur Erschöpfung und lachende Dritte. Dann behält Spengler, der verpönte, doch recht mit seinem Untergang des Abendlandes.«

Bemerkenswert ist auch, daß Hitlers Armeearzt Gottfried Benn Spengler als *den* Kronzeugen für seinen strategischen Weitblick zitiert, wo er, und übrigens ganz erstaunlich früh, seinem Freund Oelze Hitlers Untergang in Rußland vorankündigt, nur dreieinhalb Monate nach Beginn des Feldzugs, schon im Oktober 1941: »... Wenn die Russen 12 Millionen Soldaten hatten, so haben sie, selbst wenn unsere Zahlen stimmen, noch immer etwa 7 Millionen. Von unseren 3 Millionen vom 22. VI. 41 wird *eine* außer Gefecht gebracht sein ... 1942: das Jahr der Entscheidung. Ich vermute im Sinne Spenglers. Der 3. Band seines Hauptwerks wird nicht in Papier erscheinen, sondern als Schlachtfeld und Generalstabskarte.« Ruhm eines Buches: noch zwanzig Jahre nach Erscheinen, von einem existentiell Bedrohten so orientierungssuchend in sein Leben hineingenommen und weitergedacht zu werden!

Sikorski und Churchill

»Das habe ich getan«, sagt mein
Gedächtnis; »das kann ich nicht getan
haben«, sagt mein Stolz. Endlich
gibt mein Gedächtnis nach.

NIETZSCHE

»Nichts ist bedeutender in jedem
Zustande, als die Dazwischenkunft
eines Dritten.«

GOETHE

Tragödien setzen bekanntlich voraus, erstens, daß jeder ihrer
Kontrahenten recht hat; zweitens, daß er sein Recht nicht preis-
geben kann. Der Konflikt ist nur gewaltsam zu beenden, einer
der Rechtsinhaber muß zur Strecke gebracht werden – nicht
»verbessert«, um eine Vokabel zu benutzen, die mehrfach in den
Erörterungen zwischen Churchill und Stalin auftauchte, als diskutiert wurde, wie »Großbritannien, die UdSSR und die USA
Maßnahmen zur Verbesserung der Zusammensetzung der
gegenwärtigen polnischen (Exil-)Regierung« ergreifen könnten.

Zwei Monate nachdem dieser und deutlichere Sätze geschrieben waren, hatte der letzte der Flugzeug-»Abstürze« des polnischen Ministerpräsidenten Sikorski in Sondermaschinen von
Whitehall eines der zwei Probleme beseitigt, an denen im Sommer 1943 die Große Koalition zu zerbrechen drohte, die Churchill zur Rettung der Zivilisation vor Hitler mühsam geschaffen
hatte und mühsamer noch zusammenhielt: das Problem der polnischen Ostgrenzen und die von Stalin geforderte Invasion in
Frankreich. Sie war Stalin verbindlich für das Jahr 1942 zugesagt
worden, dann ebenso verbindlich für 1943 versprochen – und
erfolgte endlich am 6. Juni 1944 in der Normandie... Lösbare

111

Probleme – lösbar, ohne daß der Tod zupackt – sind keine tragischen. Golo Mann kommentiert das Werk eines sonst von ihm geschätzten angelsächsischen Liberalen: »Solche Unlösbarkeiten, solche eigentlich tragischen Situationen sind unserem Historiker fremd. Er sieht Torheit und Verbrechen, er sieht Güte und Tapferkeit. Aber verschuldete – unverschuldete Ausweglosigkeit, den *Zwang* zu irren, da wo es den rechten Weg nicht gibt – das sieht er nicht ... er kann viel wissen und viel erkennen, nur das Tragische in der Geschichte nicht.«

Wo aber *jeder* der Beteiligten *Recht* hat – kann Hitler nicht im Spiel sein. Dies zu dem Vorwurf, warum man keine Dramen über den Braunauer oder seinen grotesken Himmler oder den Bilderdieb Göring schreibe: Wer Auschwitz erfunden hat, der kann wie der Hannoveraner Jünglings-Metzger Haarmann einen prominenten Platz in der Kriminalstatistik oder in einer Krankengeschichte beanspruchen, aber keinen in einer Tragödie:

> Nicht gedacht soll seiner werden!
> Nicht im Liede, nicht im Buche...

Denn mit Monstren hat das Drama nichts zu schaffen – daher König Richard III. das schwächste seines Autors ist, das erste ja auch. Die Tragödie stellt Menschen, die nicht jeden Pakt mit dem Sittengesetz aufgekündigt haben, in die Zerreißprobe politischer oder gesellschaftlicher Grenzsituationen. Nicht der Zusammenstoß von Gut und Böse, wobei das Böse siegt, ergibt den tragischen Konflikt, sondern die verhängte – oder unpathetisch: die unvermeidbare – Kollision moralisch gleichwertiger Existenzen, wobei eine zerstört werden *muß* – die schwächere oder auch nur die weniger schlaue.

Im Dreiecksverhältnis Stalin – Sikorski – Churchill hatte zunächst jeder das Recht auf Anerkennung, daß er seinem Volk kein Opfer ersparte, um den deutschen Agressor niederzuzwingen. Der hatte – nachweisbar bereits im Frühjahr 1943 – Verbrechen begangen, zu denen es in der überlieferten Geschichte Europas keine Parallele gab. Allein am 29. und 30. September 1941 hatte das Sonderkommando 4a (SK 4a) in der Schlucht von

Babij Jar bei Kiew 33 771 Juden in einem einzigen Grab – viele noch lebend – mit gesprengten Erd- und Felsmassen zugeschüttet. Allein dieses Sonderkommando Blobel, das im Gefolge der sechsten Armee eintausendzweihundert Kilometer weit durch Südrußland zog – aber *jeder* deutschen Armee folgte in Rußland ein solches Mordkommando von ungefähr einhundertfünfzig SS-Verbrechern –, konnte auf eine »Strecke« von rund achtzigtausend Ermordeten zurückblicken, als es bei Kalasch in der Don-Steppe ein Jahr später – vergeblich – darauf wartete, demnächst in Stalingrad einziehen zu können, um dort die »Arbeit« von Kiew zu wiederholen...

Und drei Wochen vor Sikorskis Tod war ein Leutnant Jan Karski, einer der Partisanen der von Sikorski mitgeschaffenen Warschauer Untergrundarmee, über Gibraltar nach Washington gelangt und von Roosevelt empfangen worden. Karski berichtete dem Präsidenten von Oswiecim, Majdanek, Dachau, Oranienburg, Ravensbrück, Treblinca und Belsec: »Unsere unterirdischen Behörden sind völlig überzeugt davon, daß die deutschen die gesamte jüdische Bevölkerung ausrotten wollen. Zuverlässige Berichte ... besagen, daß bis zu dem Tage, an dem ich Polen verließ, allein in Polen 1 800 000 Juden ermordet worden sind.« Leutnant Karski sprach aber auch seine Gewißheit aus, er und seine Mitkämpfer würden ›liquidiert‹, sobald die Rote Armee die Deutschen aus Polen verjagt habe. Denn keiner dieser Polen hegte Zweifel, daß der Täter von Katyn Stalin sei. Wenn hier dennoch von dessen *Rechten* die Rede ist, so ist gemeint sein Anspruch auf jene russisch-zaristischen Territorien, die erst in den Kämpfen an der Weichsel 1920 von den Reitergeneralen Pilsudski und Sikorski den Russen abgekämpft worden waren.

Churchill hatte seit Herbst 1941 nie aufgehört – aber er predigte vergebens –, den Polen in London verständlich zu machen, daß England nicht für Polens *Grenzen,* sondern für Polens *Freiheit* den Krieg an Deutschland erklärt habe. Und daß niemand »die Hunnen« aus Polen vertreiben könne außer der Roten Armee. Und daß die Rote Armee, die täglich zehntausend Mann opfere, nicht heimkehren *könne,* ohne für Rußland wenigstens Königsberg erobert und jene Landstriche wiedergewonnen zu haben, die ihm in seiner Wehrlosigkeit nach 1917 abgefetzt worden waren.

Sikorski jedoch beharrte in London darauf, sogar noch für ein freies Litauen eintreten zu müssen. Und er hatte zwei mächtige Verbündete: Roosevelt, der bis 1944 auf fast acht Millionen Wähler polnischer und baltischer Herkunft Rücksicht zu nehmen hatte; und Pius XII., der sich zur Stärkung der Londoner polnischen Regierung zum einzigen mutigen Schritt ermannte, den er während des ganzen Krieges getan hat: Er anerkannte die Regierung Sikorski. Und sie allein, keine andere Exilregierung. (General de Gaulle erreichte in London niemals die Anerkennung durch den Vatikan, der Vichy-Frankreich diplomatisch anerkannte.)

Churchill, der als genialer Bündnispolitiker seinem eingefleischten Kommunistenhaß seit 1938 niemals mehr auf Kosten der politischen Zweckmäßigkeit nachgegeben hatte, war noch Marineminister, als er bereits im Oktober 1939 im Rundfunk dem Kreml ein Kompliment für dessen Schläue machte, in Ostpolen einmarschiert zu sein. Denn dadurch werde, prophezeite Churchill in dieser Rede, den Deutschen wenigstens noch um diese Strecke Landes der in Berlin schon geplante Marsch auf Moskau länger werden... Wer diese Rede heute liest, erhält wieder einmal die Bestätigung, daß es einfach die Intelligenteren gewesen sind, die den Zweiten Weltkrieg gewonnen haben. Zwar auch die Stärkeren – aber zu Stärkeren wurden die anfangs so schwachen Alliierten eben kraft ihrer überlegenen Intelligenz.

Wenn es Churchills entscheidende persönliche Leistung neben dem Sieg in der Battle of Britain war, die Große Koalition geschaffen zu haben und sie jahrelang zusammenzuhalten – so war er gewiß der letzte, der dulden konnte, daß dieses Bündnis durch Sikorski zerrissen wurde.

Und diese Gefahr war da! Sie wuchs parallel neben jener anderen zu einer Lawine an, die das Bündnis London–Moskau zu zermalmen drohte, bevor Hitler eingestampft war: Die Westmächte brachten die den Russen zugesagte Front in Frankreich nicht zustande.

Sikorski verstand sich mit Churchill, dem *Krieger*: Die Verschrottung der deutschen Aggressionsmaschine mit Hilfe der Roten Armee war das aktuellste aller Ziele. Aber Sikorski verstand sich keinen Moment mit Churchill, dem *Staatsmann*: Er begriff zwar, daß alles seinen Preis hat, auch die Vertreibung der Deutschen aus Warschau durch russische Soldaten – aber er konnte nicht zustimmen, daß allein Polen diesen Preis zahlen sollte.

Sikorski warb um Stalins Freundschaft. Bereits am 30. Juli 1941 trat sein Außenminister Zaleski unter Protest gegen ein Bündnis zurück, das Sikorski mit Stalin geschlossen hatte. Sikorski bewunderte die Leistungen der Roten Armee, er bot Stalin an, 96 000 Polen, die seit 1939 in russischer Gefangenschaft schufteten, durch General Anders neu formieren und Seite an Seite mit den Russen zur Befreiung Polens antreten zu lassen. Aber der Pole hatte bereits am 21. Juni 1941 bei Churchill beklagt, daß der Brite soeben, an jenem Sonntag, dem 21. Juni, an dem Hitler Rußland überfallen hatte, in seiner bündnisschaffenden Rede, mit der er dem Kreml die Freundschaft Englands anbot, nicht als Bedingung dieser Freundschaft die Respektierung der Grenze des Friedens von Riga (18. März 1921) genannt hatte.

Sikorski hatte damit *seinen* Preis genannt, auf dem er kompromißfeindlich beharrte – bis zu seiner Ermordung. Churchill hatte nach seiner historischen Werbe-Rede um die Gunst des Kremls vielleicht zum erstenmal seit zwei fürchterlichen Kriegsjahren wieder unbeschwert atmen können – es war deshalb instinktlos von Sikorski, bereits am Tag dieser Rede mit gänzlich irrealen Forderungen über Churchill herzufallen. Der konnte, da er Stalin noch lange nichts zu bieten hatte, diese polnische Forderung an den Kreml überhaupt nicht weitergeben. Stalin war, sofern er die Front gegen Hitler hielt – was freilich noch niemand voraussehen konnte–, in diesem Moment unfreiwillig als Retter auch Großbritanniens auf dem Kriegstheater erschienen; keineswegs aber Churchill als Retter Rußlands. Als in London Stalins Botschafter schon wenige Tage später eine sofortige Landung der Briten in Frankreich forderte, mußte Churchill ihn vertrösten mit nichts als Worten. Im September endlich bot er durch Lord Beaverbrook, den Roosevelts Sondergesandte Harriman begleitete, im Kreml Waffenlieferungen an. Harriman, nach Washington heimgekehrt, mußte dort dem Gesandten Sikorskis umständlich erklären, warum weder er noch der Brite für dieses Angebot von Kriegsmaterial Stalin die Respektierung der polnischen Ostgrenze hatte abfordern können. Denn Stalin hatte sie feindselig empfangen, da ihm britische Bemerkungen zugetragen worden waren, man solle doch gelassen abwarten, bis das deutsche Schwein und der russische Bär sich gegenseitig aufgefressen hätten.

Churchill hatte so zynisch nie kalkuliert. Er nannte es ehrenrührig, dem Kreml nicht beistehen zu können – und er wußte, daß es hier um mehr ging als um Ehre: Bis zur Invasion in Frankreich, drei Jahre später, fürchteten Churchill und Eden nichts so sehr wie einen Separatfrieden der zu Tode ausgebluteten Russen mit den Deutschen. Allein Waffenlieferungen und die Anerkennung der Curzon-Linie durch die Polen in London, so glaubten die Briten, könnten Stalin im Bündnis halten. Sikorski begriff durchaus diese Angst der Engländer. Aber gerade deshalb mußte er Churchill schroff verweigern, dem Kreml territoriale Zugeständnisse zu machen. Sikorski selber war wie Zehntausende seiner Soldaten in jener östlichen Hälfte seines Vaterlandes beheimatet, die der Führer aller Deutschen 1939 durch seinen Lakai des Auswärtigen an Molotow hatte verschenken lassen. Sollte Sikorski noch während des Krieges Land abtreten, ohne eine Garantie zu haben, daß Polen später – wie es dann tatsächlich geschah – durch deutsche Provinzen entschädigt werde? Eine Tragödienkonstellation von klassischer Ausweglosigkeit: je überzeugender die Briten Churchill, Eden und Halifax den Polen deutlich machten, Stalin könne durchaus – wie Kutusow es 1812 gewollt hatte – den Kampf abbrechen, sobald der Aggressor aus Rußland hinausgeworfen sei oder sich nach Absprache auf Polen zurückgezogen habe – desto härter mußte Sikorski auf seinem Standpunkt beharren, über Grenzen erst nach dem Sieg zu reden. Wie hätte Sikorski damals auch glauben sollen, Breslau könne, als Entschädigung für Lemberg, künftig Polen gehören? (Übrigens hielt Sikorski es niemals für vernünftig, Breslau polnisch zu machen. Er verlangte Ostpreußen, von dem er den Russen nicht einmal Königsberg abgeben wollte; und von Schlesien sollte Polen jene Gebiete annektieren, deren Bevölkerung vorwiegend polnischer Abkunft war.)

Zum Grenzkonflikt kam ein neuer. Bereits am 15. Oktober 1941 vermißte Sikorski etwa neuntausend Offiziere, die nachweislich nach der Zerreißung Polens zwischen Deutschen und Russen in russischen Lagern vegetiert hatten. Sikorski alarmierte Churchill.

Der konnte nicht helfen. Der konnte nur angstvoll beobachten, wie hier ein Kriegsbeil zum Vorschein kam, das *sofort* begraben werden mußte, wenn es nicht – aufgegriffen von polnischer oder russischer Hand, und diese beiden Partner *konnten* es nicht einfach liegenlassen – das mühsam geknüpfte Bündnis durchhacken sollte. Wie aber *konnte* Churchill dieses Beil begraben?

Ob er überhaupt noch hoffte, da bereits General Anders in Rußland fast 46 000 polnische Soldaten aufgefunden hatte, die für diese Regimenter fehlenden Offiziere würden sich auch noch einstellen? Sikorski wollte nun selbst im Kreml nach seinen Offizieren forschen und Stalin deutlich machen, daß er die Curzon-Linie – nicht einmal *die!* – für Polen niemals akzeptieren könne. Er startete am 30. Oktober, landete auch am 2. Dezember bei Moskau –, aber doch nach einer Notlandung: erster von mindestens *sechs* Flug-»Zwischenfällen«, die ihm auf vier hintereinander erfolgten Reisen in Maschinen, die ihm, von der Downingstreet gestellt, gewartet, bemannt wurden als VIP-Flugzeug, noch zustoßen sollten, bis er endlich zum Schweigen und zum Staatsakt in die Westminster Abbey gebracht worden war ... der lästige Mahner.

(Vier Wochen nach seinem Tode machten Churchill und Eden, ohne Sikorskis unbeträchtlichen Nachfolger, den international kein Mensch kannte, auch nur darüber zu informieren, dem Kreml jedes von ihm geforderte territoriale Zugeständnis in Polen und Ostpreußen!) Daß Sikorski auch deshalb zu Stalin reiste – bevor noch Churchill ihn treffen und ihn der Treue des

Westens hatte versichern können –, um ihm zu sagen, er akzeptiere für Polen nicht einmal mehr die 1919 den Russen zugestandene Curzon-Linie, war das Ausdruck jenes Größenwahns, der laut Talleyrand erblich ist in Warschau. Nur hätte Fürst Talleyrand hinzusetzen sollen, daß Größenwahn keine auf Polen begrenzte nationale Eigenschaft ist, sondern eine Seuche, die heute in dieser, morgen in einer anderen Nation das Hirn lähmt: Sikorski hatte offenbar kein Gefühl dafür, daß es immerhin *allein* die Russen waren – und noch *zwei Jahre* lang allein die Russen, bis nämlich einen Tag nach Sikorskis Tod, Juli 1943, endlich Briten und Amerikaner wenigstens in Sizilien den Kontinent betraten –, die auf dem europäischen Festland die Front gegen Hitler hielten! Und daß allein Russen es sein würden, die ihm – eventuell – ermöglichen könnten, jemals seine polnische Heimat wiederzusehen.

Sikorski verließ England am 30. Oktober, besichtigte mittelmeerische polnische Regimenter, landete am 2. Dezember bei Moskau – und hätte bereits auf dieser ersten Reise im Hochgebirge vermutlich sein Ende gefunden, würde nicht sein Pilot noch rechtzeitig über Persien gemerkt haben, daß der Tank leck war. Dies war, wie gesagt, die erste der vier Reisen, die der Pole in sogenannten VIP-Maschinen, die ihm Downingstreet stellte und bemannte – VIP hieß: Very important Person –, noch machte und bei denen er sechsmal völlig irregulären, jeder Unfallstatistik hohnsprechenden »Zufällen« ausgesetzt war, deren letzter endlich am 5. Juli 1943 mit ihm *das* Kriegsbeil schlechthin zwischen den westlichen und östlichen Alliierten begraben hat…

Irving erwähnt in seinem Sikorski-Buch diese Reise noch gar nicht. Doch während des Krieges schon hat Ciechanowsky, Sikorskis Botschafter beim Weißen Haus, und Sikorski selber wie viele andere diesen Zwischenfall so wenig für normal gehalten, wie es »normal« ist, daß der ausgesucht tüchtige Pilot eines Ministerpräsidenten erst unmittelbar vor Überfliegen einer langen Gebirgskette, auf der eine Notlandung nicht möglich ist, einen so todbringenden Defekt entdeckt: einen ausrinnenden Tank!

Botschafter Ciechanowski spricht von *drei* Anschlägen, die Sikorski vor seinem tödlichen schon zugestoßen seien: Die verschollenen Memoiren dieses Polen sind ein bedeutendes Buch: ›Vergeblicher Sieg‹ – sein Titel entspricht dem Brief der Witwe Sikorskis an Churchill, als dieser sie einlud, der Londoner Siegesparade auf seiner Tribüne beizuwohnen: Nein, dies sei ja nicht der Sieg Polens, schrieb Madame Sikorska. Ob nun diese Notlandung »normal« war oder nicht, man hat sie hinzuzuzählen zu den dann noch folgenden »Pannen« auf den Flugreisen Sikorskis, deren keine – *deren keine!* – ohne Panne mehr verlaufen ist. Denn dieser ersten »ganz normalen Notlandung«, wie Briten, aber nicht Polen sagen, folgten noch diese: Einmal Auffindung einer schon brennenden Zündschnur über dem Atlantik. Einmal noch zu löschendes Feuer im Cockpit über dem Atlantik. Einmal Absturz unmittelbar nach dem Start in Montreal bei total zertrümmerter Maschine, in der keiner umkam. Ein Flugzeugwechsel wegen Motorschadens, der sich bei einem Atlantikflug herausstellte. Endlich eine Wasserung unweit der Küste, bei der sämtliche Insassen umkamen, nicht aber die zwei Piloten, die über die Tragflächen aussteigen konnten bei minutenlang treibender Maschine, ehe sie in unbewegter See, die dort nur acht Meter tief ist, absinkt – währenddessen keiner der polnischen Insassen einen der sechs Ausstiege zu öffnen versucht. Bei vier Dienstreisen mindestens sechs – mindestens – »Unregelmäßigkeiten«, deren keine – so wenig wie der Tod des polnischen Ministerpräsidenten – auch nur erwähnt wird, abgesehen von Brookes Tagebuch, in einem der zahllosen Memoirenwerke aus Whitehall. Obgleich Whitehall alle diese Flugzeuge stellte und bemannte ... (General Brooke, das muß für Kontinentale klargestellt werden, war Churchills Empire-Generalstabschef, hieß Sir Alan Brooke ab 1941 und wurde Lord Alanbrooke und Feldmarschall nach dem Endsieg in Nordafrika, als Vorgesetzter auch Montgomerys.)

Gäste ermorden – ist schon eine spezielle Kategorie des Verbrechens. Churchill erzählt, als er sich darüber lustig macht, wie eine russische Delegation mit Molotow, die in Chequers schläft, Pistolen unter den Kopfkissen hat und Dienstmädchen beim Bettenmachen nicht aus den Augen läßt, er selber habe sich niemals im Kreml gefürchtet, weil er wußte, so viel wie die Russen den Briten nutzten – so viel auch die Briten den Russen. Und viel haben die sehr tapferen Polen als Piloten schon in der Battle of Britain, dann über Deutschland und haben sie – gefürchtet von deutschen Soldaten – in Afrika und Italien den Briten genutzt, so bei Monte Casino! Aber die polnische Diplomatie in England war verheerend für die Große Koalition, ja ruinös. Und wenn Bismarck das Gastrecht überhaupt als das *heiligste* erklärte: er hat nie auch nur annähernd einen derart fürchterlichen Existenzkampf zu bestehen gehabt wie Churchill! *Deshalb* konnte er sagen (zu Gittermann): »Ich kenne kein Gesetz, das mir so heilig ist, wie das Gastrecht! Einst gab es einen Markgrafen Gero ... soll auch ein tapferer Mann gewesen sein, aber ich habe ihn immer verabscheut, denn er lud die wendischen Fürsten zu einem Gastmahl, um sie dann in seinem eigenen Hause zu erschlagen ...« Doch Churchill hatte Sikorski nicht eingeladen, der Pole hat sich nach Dünkirchen aus Frankreich zu ihm flüchten müssen. Und hat ständig die Gast*pflicht* in England verletzt, verletzen *müssen*, weil er Briten und Russen, die einander zum Retter geworden waren, *gegen*einander hetzte auf eine mindestens für England lebensgefährliche Weise.

Solche VIP-Flugzeuge, deren es nur wenige für wenige gab – Sikorski kam dann in Edens Maschine um (aber nicht mit Edens Pilot) –, wurden von ausgesuchtestem Personal unter strengster Bewachung bei größtmöglicher Geheimhaltung geflogen. Übrigens mit dem Ergebnis, daß während des ganzen Krieges kein einziger prominenter Alliierter im Flugzeug umkam, außer dem Herzog von Kent. Und ob der eine dieser VIP-Maschinen flog, ist ungeklärt. Es ist auch nicht bekannt, daß anderen Benutzern dieser VIP-Maschinen solche Zwischenfälle begegneten. Mit einer Ausnahme: Als General de Gaulle auf dem Höhepunkt seiner Auseinandersetzung mit Churchill und Roosevelt Truppen in Glasgow besichtigen wollte, trat Whitehall mit der Aufforderung an ihn heran, diesmal – entgegen seiner Gewohnheit – ein Flugzeug zu benutzen, statt wie sonst immer die Eisenbahn. Der General willigte ein – und konnte, genau wie Sikorski beim Start in Montreal, nur dank der Geistesgegenwart seines Piloten gerettet werden, der die Maschine, die keine Höhe gewann, wieder heil zur Erde brachte. Dies alles ist dokumentiert und von Franzosen als wahr bestätigt in Irvings Sikorski-Buch. De Gaulle ist danach nie mehr in England geflogen.

Es sind über neunhundert Polen im britischen Bomberkommando über Deutschland gefallen; viele tausend haben in ihm gekämpft. Warum gab Downingstreet dem polnischen Oberbefehlshaber zur Besichtigungsreise polnischer Regimenter als Piloten keine Polen, sondern einen tschechischen Hauptmann, der dann – offiziell – als einziger überlebte, während Lord Chandos, im Krieg als Oliver Lyttelton Minister im Kabinett Churchills, an Irving schrieb, auch Co-Pilot Herring sei damals ausgestiegen und lebe in Rhodesien? Seinen Ausstieg haben mindestens drei britische Zeugen, Angehörige der Armee, bestätigt.

Die weltweit ausposaunte Blamage, nur ein Tscheche habe sich gerettet, dem die Maschine der Polen anvertraut gewesen sei, hat Präsident Benesch gerächt: Er vertraute Stalin an, der das zur Warnung Tito sagen ließ, bevor der sich zum erstenmal mit Churchill in Italien traf, daß Churchill Sikorski umgebracht habe. Verständlicherweise war es für den Tschechen unerträglich, daß die Briten diese widerliche Lord Jim-Moritat erfunden hatten: nämlich daß nur ein tschechischer Hauptmann lebend von Bord der von ihm gesteuerten Maschine gekommen sei, als die – aufs Wasser gesetzt, unweit der Küste und bei ruhiger See und dort zehn Minuten lang schwimmend – den polnischen Generalstab und die Tochter des Ministerpräsidenten mit sich hinabgezogen habe. Nichts von allen diesen Angaben – kein einziger Pole war zugelassen als Mitglied der Untersuchungskommission – ist von den Polen als wahr akzeptiert worden. Als sie ihren Chefingenieur Businski nach Amerika sandten, damit der dort in der Liberator-Fabrik die britischen Unfallangaben mit amerikanischen Flugzeugbauern bespreche – kam er um: Mit dem Flugzeug und mit allen seinen Unterlagen stürzte er ab in Montreal, wo schon Sikorski auf einem der Flüge ins Weiße Haus abgestürzt war. Augenzeuge des Absturzes war »zufällig«

wieder jener Geheimdienst-Pilot Prchal, der schon Sikorski in Gibraltar aufs Wasser gesetzt hatte. Genug, schon zu viel von diesen Krimis, die von geradezu hamletischer Bösartigkeit zeugen.

Milovan Djilas, Titos Militärattaché 1944 im Kreml, wurde später von Stalin gebeten, seinen Marschall vor Churchill zu warnen, damit nicht der Intelligence Service den Jugoslawen ebenso umbringe wie im Vorjahr den Polen Sikorski. Tito nahm wie Djilas diese Warnung ernst und richtete sich danach. Djilas hat in einem Brief an den Autor erklärt, daß Stalin damals den tschechoslowakischen Exil-Premier Benesch als seinen Gewährsmann genannt habe.

Daß Benesch die Wahrheit gesagt hat und Stalin in diesem Falle auch, dafür sprechen folgende Fakten:

Erstens: Würde Stalin gelogen haben, so hätte er den Jugoslawen nicht ausgerechnet einen Mann als Zeugen nominiert, den diese Jugoslawen jederzeit fragen konnten und zweifellos auch gefragt haben, ob er wirklich gesagt habe, daß Churchill Sikorski umgebracht hat.

Zweitens: Stalin hatte 1944 ehrliche Sorge um Tito, seinen damals ihm noch treuergebenen Statthalter auf dem Balkan.

Für die Sicherheit, daß Benesch tatsächlich wenigstens einer der Informanten Stalins war, und ein ernst zu nehmender, möge endlich noch folgende Geschichte bürgen:

Erst als im April 1967 der ehemalige Handelsminister im Kriegskabinett Churchills, Mr. Oliver Lyttelton, heute Lord Chandos und Vorsitzender des Aufsichtsrats des britischen Nationaltheaters, Sir Laurence Olivier, dem Direktor des Hauses, die Genehmigung verweigerte, das Drama ›Soldaten‹ uraufzuführen, wurde dessen Autor durch die Zeitschrift ›Encounter‹ darauf aufmerksam gemacht, daß Stalin durch den Jugoslawen Djilas 1944 Tito vor den Mördern Sikorski gewarnt hat, wie aus dem Djilas-Buch ›Gespräche mit Stalin‹ hervorgehe.

Mein Drama war nicht nur in völliger Unkenntnis dieses Buches von Djilas geschrieben worden – ich hätte diese »Quelle« als solche auch gar nicht akzeptiert, denn so integer zweifellos Djilas ist: *Stalin* war der Erzähler gewesen, und wer hätte sagen können, ob der 1944 nicht nur dem Briten etwas hatte anhängen wollen, vielleicht aus Eifersucht wegen der betont guten Beziehungen zwischen Churchill und Tito. Immerhin, einen Brief nach Belgrad an den augenblicklich einmal nicht im Gefängnis sitzenden Djilas sandte ich doch ab mit der Frage, ob er mehr über Sikorski wisse, als das, was er in seinen ›Gesprächen mit Stalin‹ hatte drucken lassen. Die Antwort von Milovan Djilas vom 19. Juli war ihr Porto wert: Er habe feststellen müssen, offenbar erst aufgrund meines Briefes, daß aus diesem Gespräch mit Stalin über Sikorski ein Satz entfernt worden sei. Von wem, wisse er nicht. Dieser Satz Stalins aus dem von Djilas via Italien nach New York geschmuggelten Manuskript hatte gelautet: »Das über Sikorski, das stammt nicht von mir, das hat mir Benesch erzählt.«

Djilas hatte bekanntlich sein Buch, für das er Gefängnis erhielt, in seiner Heimat nie publizieren dürfen. So wurde sein Originalverleger der amerikanische Staatsbürger und gebürtige Landsmann von Djilas, Jovanovich. Der hat mir bestätigt, daß er keinerlei Erklärung dafür hat, wieso aus dem serbokroatischen Manuskript ausgerechnet dieser Satz – und offenbar dieser als einziger – entfernt worden ist.

Aber das erklärt sich leicht: Als 1961 Djilas sein Manuskript aus dem Ostblock über Italien in den Westen schmuggeln ließ, da war Triest noch – vielleicht auch noch heute – ein bedeutendes Zentrum des britischen und amerikanischen Geheimdienstes. Der Kalte Krieg war noch weit unter dem Gefrierpunkt, jeder Flüchtling oder Überläufer aus dem Osten wurde sorgsam gefilzt – und ohne Frage gründlicher als gewöhnliche Koffer auch dieses mit Spannung erwartete bedeutende Manuskript. Gerade weil nur diese wenigen Worte aus dem Djilas-Manuskript entfernt wurden, fiel es niemandem auf. Aber natürlich ist ohne den Hinweis auf Benesch die Äußerung Stalins historisch wertlos. Sie wußten, warum die Zeugenschaft jenes Mannes eskamotiert werden mußte, der Vorgesetzter des tschechischen Offiziers in London war.

Djilas schrieb in seinem Brief an mich außerdem: »Stalin sprach damals überzeugend und beharrlich. Das war auch sonst seine Art. Ich halte es für höchst wahrscheinlich, daß Benesch dies zu Stalin gesagt hat, aber Stalin wollte durch diesen Hinweis – auf jeden Fall – seine anderen Informationsquellen verschweigen.« Wer aber hätten die anderen Informationsquellen sein können? Heute wissen wir, was Djilas damals noch nicht wußte: daß einer der Meisterspione Stalins, Kim Philby, zur Tatzeit einer der führenden britischen Geheimdienst-Beamten auf der iberischen Halbinsel war.

Der Schluß der polnischen Tragödie kommt so termingerecht, wie bestellt von jenem Satyr, der offensichtlich die Welt regiert, daß jeder Bühnenautor, der diesen Schluß für seinen letzten Akt ausdächte, der unerlaubt plumpen Benutzung des »deus ex machina« bezichtigt würde – zu Recht: Im April 1943 fanden die Deutschen in Katyn bei Smolensk 4000 der vermißten neuntausend polnischen Offiziere, gefesselte Leichen in einem Massengrab. Goebbels hatte die effektvollste seiner Nachrichten. Als sein Mitarbeiter Werner Stephan ihn fragte, ob er auch ganz sicher sei, daß nicht wir Deutschen …, da doch deutsche Munition in den Leichen gefunden worden sei, sagte der Minister, nein, diesmal könnten wir sicher sein. Hitlers Generalkommissar von Minsk, Kube, schrieb alsbald an Lohse in Riga, seinen Vorgesetzten in Rosenbergs Ostministerium: »Was ist dagegen Katyn« – nämlich gegen das, was wir Deutschen in Rußland mit Juden machten. Kube selber hatte nämlich gemeldet, allein im Bezirk Minsk seien 55 000 Juden erschossen worden, fühlte aber nun Hemmungen, da er bei einem Gang durch das Ghetto in Minsk blonde Mädchen, aus Berlin dorthin deportiert, entdeckt hatte, die vergast werden sollten: blonden Juden und jenen, die aus dem Ersten Weltkrieg Tapferkeitsmedaillen vorweisen konnten, wollte Herr Kube nämlich das Leben »schenken«. Aber auch im alliierten Lager war man erschüttert über Katyn, obgleich Londoner Karikaturisten die Polen als Panikmacher verspotteten und Churchill und Eden Sikorski dazu zwangen, seine Forderung an Genf zurückzuziehen, die Schweizer sollten Katyn untersuchen. Sikorski beharrte aber auf seiner Weigerung gegenüber Eden, auch noch öffentlich zu behaupten, die Russen *könnten* nicht – sondern die *Deutschen* müßten sein Offizierkorps ermordet haben. Am 26. April brach daraufhin Stalin die diplomatischen Beziehungen zur Londoner polnischen Regierung ab, am 5. Juli lag Sikorskis zerfetzter Leichnam in Gibraltar bereit zum Staatsbegräbnis in Westminster...

In jenem dunkelsten Kriegsmonat, den England erlebte mit dem Fall von Singapur und dem – bis dahin unerhörten – Verlust von 679 000 Tonnen Schiffsraum, der höchsten Monatsrate seit Kriegsbeginn, in jenem Februar 1942, als Roosevelt und Hopkins den Sturz Churchills für möglich hielten, weil die britische Nation sich seit Jahrhunderten nicht mehr so sehr gedemütigt gefühlt hatte wie durch die Heimreise der beiden deutschen Schlachtschiffe aus Brest durch die Straße von Dover, wobei die Engländer nicht bemerkten, daß eines der Schiffe auf eine Mine gelaufen war – und immerhin war es der *Rückzug* dieser Schiffe, ihre Resignation, nie mehr in den Atlantik auslaufen zu können, und die ›Gneisenau‹ wurde alsbald durch Fliegerbomben ausgeschaltet für immer –, in diesem Monat notierte Thomas Mann in sein kalifornisches Tagebuch: »Prachtvolles Bild Churchills in ›Life‹.« Und er ließ es rahmen – es war eine der Meisterfotografien von Karsh, Ottawa, über die auch Heinrich Mann schrieb, obgleich er doch als Linker beträchtliche Vorbehalte gegen Churchill, den Tory, hatte zurückstellen müssen, bevor er ihn mit Bismarck verglich, den er »die konservative Wohltat des Erdkreises« genannt hat. Aber nun schrieb Heinrich Mann anläßlich dieses Fotos, das sein Bruder sich hatte rahmen lassen, Churchill sei »ein Held von Corneille unter der Maske des Zeitalters«.

Stalin, wenig geneigt zu Schmeicheleien, toastete zu einem Zeitpunkt, als er keineswegs mehr auf Churchill angewiesen war, nämlich in Jalta, auf die »unerschrockenste Persönlichkeit unter den Regierenden«. Und seine Begründung ist eine sachliche Zusammenfassung der Kardinaltugenden des Briten: »...ich kenne nur wenige Beispiele in der Geschichte, wo der Mut eines einzigen Mannes von so großer Bedeutung für die Zukunft der ganzen Welt gewesen ist.« Jacob Burckhardt hat in seinen Betrachtungen den Eindruck Stalins, daß an *einem* das Geschick der Welt hängen kann, vorweggenommen: »Schicksale von Völkern und Staaten, Richtungen von ganzen Zivilisationen können daran hangen, daß ein außerordentlicher Mensch gewisse Seelenspannungen und Anstrengungen ersten Ranges in gewissen Zeiten aushalten könne ... Alles Zusammenaddieren gewöhnlicher Köpfe und Gemüter nach der Zahl kann dies nicht ersetzen.«

Warum bekam der polnische Oberbefehlshaber zur Besichtigung polnischer Truppen nicht polnische Flugzeugbesatzung, sondern Tschechen und Briten? Der Russe Maiski in England hatte in englischen Flugzeugen russische Besatzung ... obwohl er nicht wie Sikorski unter zehntausend fliegenden Landsleuten auf der Insel sich seine Piloten hätte auswählen können. Sikorski drückte Stalin persönlich am 3. Dezember 1941 eine erste Liste mit viertausend Namen verschwundener Offiziere in die Hand. Stalin meinte, die seien womöglich in die Mandschurei entlaufen, und er versprach, jeden russischen Lagerkommandanten zu »zerbrechen«, der etwa aus Mangel an Holzfällern diese Offiziere noch zurückhalte. Am nächsten Abend gab Stalin dem Polen ein Bankett. Er mochte Sikorski, den Soldaten und Demokraten, den einst Pilsudski in die Pariser Emigration abgeschoben hatte, so daß er für Polens militärischen Zusammenbruch 1939 keine Mithaftung trug, und Sikorski war von allen Londoner Polen noch bei weitem der russenfreundlichste, allerdings auch der einzig namhafte.

Als er tot war, gab es keine störende polnische Autorität mehr, niemand in der Welt kannte Sikorskis Nachfolger.

Stalin begann bald ohne Nachdruck ein freundliches Gespräch – sehr gut dargestellt von Ciechanowsky, Sikorskis Botschafter in Washington – über die strittige Grenzfrage: »Schließlich sind die Änderungen, die ich vorschlagen möchte, sehr geringfügig ... wirklich nur ein kleines ›tschut, tschut‹, was in Rußland ein kaum wahrnehmbares Verändern bedeutet!«

Stalin sprach die Wahrheit. Doch Sikorski entgegnete brüsk, »es bestünde keine Veranlassung zur Diskussion einer Angelegenheit, die schon seit 1921 endgültig geregelt sei...«

Das muß man zweimal lesen: Sikorski selber war es gewesen, der mit dem Reitergeneral und Rivalen Pilsudski den Russen

1921 diese Gebiete entrissen hatte, die den Russen durch Lord Curzon zugestanden worden waren, zwei Jahre zuvor. Nunmehr verteidigte Rußland – und, wie gesagt: Rußland kämpfte ja zwei volle Jahre lang *allein* zu Lande in Europa gegen Hitler – zwar sich selber. Aber kämpfte doch auch dafür, daß diese Polen je wieder einmal ihr Vaterland sähen. Doch so versuchte Sikorski Stalin abzufertigen. Unbegreiflich!

Wie schon Churchill gegenüber, so verwechselte auch vor Stalin der Pole Instinktlosigkeit mit Charakterstärke. Schlimmer noch: er verbat sich eine Erörterung von Grenzfragen, während er selber noch immer den – wie Roosevelt ihn mit tiefgefrorener Ironie nannte – »großen Gedanken« eines osteuropäischen Staatenbundes hegte! Der sollte selbst noch ein freies Baltikum einschließen. Unablässig baute Sikorski in London, damals sehr mit Benesch verbunden, an diesem ›cordon sanitaire‹, der auch Ungarn, die Tschechei und Jugoslawien einbeziehen sollte – und den im Januar 1943 (Sikorski war soeben in einer Sondermaschine von Downingstreet zum erstenmal abgestürzt) Sumner Walles den »Hauptgrund für die Erbitterung der Sowjets« nannte.

Der Ton der Londoner Polen war provokativ, aber sie merkten das nicht – bis heute nicht. Am 16. Februar 1942 frühstückte Sikorskis Außenminister mit Stalins Botschafter Litwinow in Washington. Der Russe war bedrückt: »Was würde Hitlers Offensive im Frühjahr und Sommer wieder für neue, ungeheure Belastungen bringen! Dann erkundigte sich Litwinow nach den tschechisch-polnischen Verhandlungen über eine Föderation: Ob Sikorski Stalin konsultiert habe? Graf Raczynski erwiderte, er sähe die Notwendigkeit einer Konsultation nicht ein. Er benahm sich so dumm wie ein Deutscher.

Er fertigte als Pole in diesem Ton den Vertreter jenes Staates ab, dessen Soldaten allein in ganz Europa die Front gegen Hitler hielten und eine vage Hoffnung boten, daß die Polen je wieder ihren Fuß auf polnische Erde setzen dürften. Als Sikorski in Downingstreet von seiner Reise in den Kreml berichtete, Januar und März 1942, muß Churchill zutiefst erschrocken gewesen sein, daß nicht er selber, sondern der Pole als erstes Staatsoberhaupt aus dem Westen im Kreml einen Besuch gemacht hatte.

Welchen Eindruck mußte Stalin von seinen Waffenbrüdern in England erhalten! Stalin war der erste, der seit Churchills Sieg über Hitlers Flugzeuge 1940 »der teutonischen Bestie« einen furchtbaren Schlag versetzt hatte – gerade eben, vor Moskau. Eden und Hopkins hatten sich durch einen Besuch der Front vor Moskau im Gespräch mit gefangenen Deutschen davon überzeugt, daß in der Eishölle den Soldaten Hitlers durchaus der Glaube an den Führer abhanden gekommen war – aber Sikorski war weit davon entfernt, mit den Briten diesen ersten Hoffnungsschimmer zum Anlaß zu nehmen, die russischen Forderungen wenigstens zu diskutieren. Hitler war Herr des Kontinents, England kämpfte um fast nichts als seine Ernährung, die durch U-Boot-Rudel Monat für Monat geschmälert wurde. Nicht einmal die Bomberoffensive hatte schon eingesetzt; die USA konnten wenig helfen, denn aus dem Pazifik gingen nichts als Katastrophenbotschaften ein. Man *lebte* im Westen von der Hoffnung auf Rußland! Dennoch Sikorski »warned Churchill against Russian imperialism and the danger of Europe turning Communist«.

Wer immer Churchill verurteilen will, weil er die Polen »fallen« ließ, nie darf vergessen werden, daß ihm zu dieser Zeit – und wie lange noch! – Stalin als Kämpfer auch für Großbritannien unantastbar sein *mußte*.

Aber Sikorski schloß diese Unterhaltung mit einer unerhörten, in charakteristischer Weise von ihm selber gar nicht bemerkten Provokation der Briten. Er kündigte seinen Flug ins Weiße Haus an, um sich von Roosevelt garantieren zu lassen, was die Briten den Polen durchaus nicht zu garantieren schienen: den Russen im Krieg weder das Baltikum noch Bessarabien, noch die Bukowina, noch Diskussionen über polnisches Gebiet zuzugestehen. Mit welchem Recht machte Sikorski sich zum Sprecher des Baltikums, das bis zum Diktat von Versailles russisch gewesen und seit 1940 von den Russen wieder genommen worden war?

Zehn Tage nach dieser Auseinandersetzung mit Churchill trat Sikorski seine drittletzte Reise aus Großbritannien an – und er sollte noch fünfmal auf diesen drei Reisen »Zwischenfälle« erleben, bei denen entweder die Maschine in letzter Minute davor bewahrt wurde, in der Luft zu verbrennen (zweimal); oder bei denen sie tatsächlich zu Bruch ging (zweimal); zusätzlich mußte er sie (einmal) wegen Motorschadens wechseln.

Als Sikorski aber diesmal lebend wiederkam, da bescherte er Churchill als Mitbringsel, was er versprochen hatte: die erste harte Auseinandersetzung im Krieg zwischen Downingstreet und Weißem Haus. Denn Roosevelt *untersagte* den Briten, das Versprechen einzuhalten, das Eden bei seinem Winterbesuch im Kreml gemacht hatte – den Sowjets nämlich den Besitz des Baltikums, Bessarabiens und der Bukowina zu garantieren! Lord Halifax (den Churchill Holyfox nannte und vorsichtshalber als Botschafter über den Atlantik abgeschoben hatte, ein potentieller Nachfolger wie Cripps, den er deshalb nach Moskau abschob) – Halifax also drängte im Weißen Haus, Edens Versprechen an den Kreml zu erfüllen; sonst riskiere man, daß Rußland »aus dem Krieg austrete«. Von allen Memoirenschreibern ist Halifax am genügsamsten im Zwiegespräch mit seinem Gedächtnis. Nicht ein Buchstabe erinnert an seine zähen und erfolgreichen Auseinandersetzungen, die er jahrelang mit den Polen in Washington hatte – und die dort zuweilen sein Hauptgeschäft gewesen waren.

Sikorski dagegen zeichnete leidenschaftlich bei Roosevelt das reale Gespenst der totalen Einkreisung Polens durch Rußland auf die Karte. Und Roosevelt erhörte ihn. Er ließ Churchill wissen, daß, falls die Briten auf dem Abschluß eines solchen Vertrags mit den Sowjets bestehen würden, er nicht dulden könne, daß man sein Schweigen später als nachträgliche Billigung solch eines Abkommens auslegte. Churchill versuchte, mit einem »Mißverständnis« zu arbeiten, als schlösse doch wohl die augenblickliche Warnung des Präsidenten ein späteres Einverständnis der USA nicht aus. Doch dieses britische »Mißverständnis« räumte der US-Botschafter Winant wie mit der Sense aus: Er fuhr nach Chequers, um zu sagen, Roosevelt werde sich sofort und *öffentlich* distanzieren, falls die Briten den Russen nachgeben. »Solch eine Verlautbarung aber würde ... für den Feind eine Ermutigung bedeuten, wie man sie sich nicht unerwünschter denken könnte.« Der polnische Diplomat, der dies erzählt –

denn »natürlich« erzählt kein Brite, kein *einziger,* ein Wort davon in seinen Memoiren –, zitiert dann mit blöder Genugtuung den US-Staatssekretär Cordell Hull: »Wir haben ihnen (den Briten) die Hölle heiß machen müssen, bevor wir sie zur Einsicht bringen konnten.«

Nun durfte ein Pole 1942 in London gewiß forsch auftreten. Jedoch einem Churchill (»Er stand außerhalb der Gesetze«, bemerkte sein Leibarzt) die Hölle heiß gemacht zu haben: das hätte jeden mit Entsetzen erfüllen sollen anstatt mit Genugtuung. Und fürchtete Churchill auch kaum die Hölle: blamiert hatten ihn die Polen! Denn Molotow wartete bereits in London auf Churchills versprochene Unterschrift – die er jetzt in tiefster Verlegenheit den Russen abschlagen mußte. Abschlagen wie auch noch die zweite, schon ultimativ vorgetragene Bitte Molotows: noch in diesem Jahr 1942 in Frankreich eine Front zu errichten! Die Grenzrevision war von Eden im Kreml zugesagt worden, die zweite Front noch 1942 vage in Aussicht gestellt – und beides konnte Churchill jetzt nicht erfüllen. Dabei war Molotows Forderung nach einer sofortigen Landung ein Notschrei: Die Russen konnten nicht wissen, ob sie noch lange allein durchhalten würden. Denn soeben hatten sie vergebens versucht, die erwartete deutsche Offensive in Mittelrußland im Keim totzutreten; sie waren bei Charkow zum Angriff übergegangen und vernichtet worden, sechs deutsche Armeen stießen nach, unter Bock, und im Süden marschierte Manstein mit drei weiteren nach Sewastopol, das als die uneinnehmbar stärkste Festung der Welt galt – aber von Manstein dennoch genommen wurde: von Seeseite, völlig überraschend.

Durfte Churchill zugunsten der irrealen und anmaßenden Forderungen Sikorskis – denn mit welchem Recht machte der sich zum Sprecher des Baltikums und Bessarabiens? –, durfte Churchill zugunsten dieses Verbündeten, der ihm damals noch keine hunderttausend Soldaten stellen konnte, den ausblutenden Russen, da er ihnen schon mit einer Invasion nicht helfen konnte, die Grenzrevision abschlagen? So kam es immerhin zu einer stillschweigenden Anerkennung der Annexionen, »indem der Vertrag jegliche Erwähnung der Nachkriegsgrenzen vermied«. Die

Briten wahrten ihr Gesicht. Der Empire-Stabschef Alan Brooke, hinzugerufen, erinnert sich: »Offenbar war ich noch nicht genügend abgebrüht gegen die Unaufrichtigkeit von Erklärungen, die Staatsmänner ... bei solchen Gelegenheiten abgeben.« Wie lange noch war das vor Sikorski zu verbergen?

Aber Churchill handelte nur, wie er *mußte*. Denn isoliert von den Kriegsereignissen, die ihn, Sikorskis Gastgeber – »Fische und Gäste stinken am dritten Tag« –, im ersten Halbjahr 1942 heimgesucht haben, ist die Sikorski-Churchill-Tragödie gar nicht zu verstehen. Der Pole hatte am 11. März wieder Anklage gegen Stalin erhoben, am 6. April war er aus Washington zurückgekehrt, Roosevelts Machtwort auf seiner Seite. Wie aber war es um diese Zeit, Frühjahr 1942, den Briten an der Front ergangen? Die Briten hatten – zum Beispiel – mit dem Fall von Singapur »die größte Katastrophe für die englischen Waffen, die unsere Geschichte kennt« erlebt, wie Churchill sagte. Oder: »Seit van Tromps Sieg über die englische Flotte (1652) hatte sich das englische Volk nicht so gedemütigt gefühlt« – wie durch den im Februar erfolgten Durchbruch der Schlachtschiffe ›Gneisenau‹ und ›Scharnhorst‹ durch die Straße von Dover, während einen ganzen Tag lang Home Fleet und RAF vergebens versuchten, diese Schiffe Hitlers zu vernichten. Im gleichen Monat verloren die Alliierten 679 000 Tonnen Schiffsraum, Burma und Rangun gingen verloren, Gandhi triumphierte, das Empire breche zusammen, Cripps drohte, Churchill zu stürzen. Am letzten Märztag vertraute Britanniens höchster Soldat, Alan Brooke, dessen Journal das vielleicht ehrlichste Buch über den Zweiten Weltkrieg ist und jedenfalls eines der faszinierendsten, dem Tagebuch an: »Letzter Tag des ersten Quartals 1942, dieses Schicksalsjahrs, in dem wir bereits einen großen Teil des Empire verloren haben ... In den zurückliegenden vierzehn Tagen bin ich zum erstenmal seit Kriegsbeginn in meiner Hoffnung wankend geworden, wir könnten den Krieg gewinnen ... Manchmal wünschte ich, ich stünde nicht auf der Kommandobrücke eines Schiffes, das unentrinnbar den Riffen zuzusteuern scheint ...«

Und diese Fahrt ging weiter. Wenn auch am nächsten Tag Eisenhower dem Präsidenten seinen Plan zur Landung in Nordafrika vorlegen ließ: Es sollte November werden, bis diese »Wende des Krieges«, wie sogar Stalin zugab, Realität wurde. Bis dahin rang England um seinen Hals. Sikorski stand daneben und wies unermüdlich darauf hin, daß der russische Wolfshund, der dem deutschen Würger am Halse Britanniens den Rücken zerfetzte, auch ein böses Raubtier sei: ein unerträglicher Gast!

Molotow erschien drohend in London. Churchill bot seine umwerfende Überredungskunst auf, ihn zu vertrösten: Er versprach die zweite Front in Frankreich für 1943.

Inzwischen häuften sich die Katastrophen – die überraschendste war der Verlust von Tobruk. »Weder Winston noch ich hatten an solch eine Möglichkeit gedacht, und so war es ein furchtbarer Schlag«, schreibt Alanbrooke. Und Churchill: »In Singapur hatten 85 000 Mann sich einer kleineren Anzahl Japanern ergeben, und jetzt legten in Tobruk ... 33 000 kampferfahrene Soldaten ihre Waffen vor einem vielleicht halb so starken Gegner nieder ... Ich versuchte gar nicht erst, mein Entsetzen vor dem Präsidenten zu verbergen ... Niederlage ist eines, Schande ein anderes ...«

Man denkt hier erneut an das oben zitiere Wort aus Burckhardts ›Betrachtungen‹: »Schicksale von Völkern ... Richtungen von ganzen Zivilisationen können daran hängen, daß *ein* außerordentlicher Mensch gewisse Seelenspannungen und Anstrengungen ersten Ranges in gewissen Zeiten aushalten könne.« Churchill war dieser eine. Und keine Frage, daß *auch ihm* Burckhardt die »Dispensation von dem gewöhnlichen Sittengesetz« zuerkannt hätte, eine Nachsicht, die er etwa Richard III. ausdrücklich verweigert, denn wenn der einen Mord beging, so war das nur eine Vereinfachung »seiner individuellen Situation«. Churchill aber wurde, da sein Gegner der Installateur von Auschwitz war, zum Mann »nach dem Herzen Gottes ... welchem alle Ruchlosigkeit nachgesehen wird«. So wird auch Dresdens Wegbrennung ein familiär-deutscher Trauertag bleiben; die Welt, die Geschichte aber interessieren sich nicht im geringsten für die dort Eingeäscherten. Denn Churchill, der das anordnete, schaffte den Hitler von der Erde, und dies allein wird die Zukunft noch beschäftigen.

Wenige Tage nach der Kapitulation von Tobruk zerrissen die Deutschen mit fast dreihundert Divisionen die russischen Linien – und der ironische Regisseur des Welttheaters richtete es so ein, daß er Hitler eigens den Schicksalsort Karls XII. aufsuchen ließ, Poltawa, um den Befehl zu erteilen, auf Stalingrad zu marschieren. Aber noch sah das nach Sieg aus. Die Russen wurden um weitere sechshundert Kilometer zurückgeworfen.

Churchill hielt es für denkbar, daß Hitlers Panzer bis zum persischen Öl, ja bis zur Grenze Indiens vorkeilen könnten. Indien wartete, wenn auch mit Entsetzen, auf die Japaner und bereitete die Revolution vor. Anfang Juli, schreibt der Kommentator der Tagebücher Alanbrookes, verloren die Briten und Amerikaner binnen *einer Woche* im Atlantik 400 000 Tonnen Schiffsraum, und der Geleitzug nach Murmansk wurde zu zwei Dritteln versenkt – eine Hiobsnachricht, die die Admiralität dazu zwang, den Premierminister vor Stalin in die Verlegenheit zu bringen, ihm grundsätzlich Geleitzüge bis September absagen zu müssen. Stalin reagierte bedrohlich: »Aus Ihrer Botschaft ist erstens ersichtlich, daß sich die Regierung Großbritanniens weigert, die Versorgung der Sowjetunion mit Kriegsmaterial auf der nördlichen Route fortzusetzen, und zweitens, daß die Regierung Großbritanniens ungeachtet des vereinbarten englisch-sowjetischen Kommuniqués über die zu treffenden dringenden Maßnahmen für die Errichtung einer zweiten Front im Jahre 1942 dieses Unternehmen auf das Jahr 1943 verschiebt.«

Hätte er gewußt, daß London insgeheim längst die Amerikaner überredet hatte, *auch 1943 noch nicht in Frankreich zu landen,* sondern erst *noch* ein Jahr später! Churchill hielt es für geboten, in den Kreml zu reisen. Denn Stalin hatte hinzugefügt: »Ausgehend von der Situation an der sowjetisch-deutschen Front, muß ich ganz kategorisch erklären, daß sich die Sowjetregierung nicht damit abfinden kann, die Errichtung der zweiten Front in Europa auf das Jahr 1943 hinauszuschieben.«

Den Polen widmete Stalin in diesem Brief keinen Buchstaben, obwohl Churchill in seinem vorangegangenen Kabel, das den

Zorn Stalins erregt hatte, mit seiner ganzen Humanität für die Interessen der polnischen Soldaten in der Sowjetunion eingetreten war und deren Abtransport nach Persien verlangt hatte, wo die Polen sich mit ihren Kameraden vereinen sollten, die bereits in Afrika gegen Rommel kämpften. Denn der Kreml erschwerte noch immer die Bemühungen von General Anders, aus polnischen Gefangenen neue Divisionen aufzustellen – jeder Tag erinnerte ihn daran, daß Anders und Sikorski nach den verschwundenen Offizieren Ausschau hielten. Churchill empfand die Tatsache, dem Kreml nichts als die wachsende Bomberoffensive bieten zu können, als so schwerwiegend, daß er sich entschloß, den Russen wenigstens zu zeigen, daß eine Landung in Frankreich undurchführbar sei. Montgomery sagte wie Brooke voraus, man werde bei Dieppe »dünkirched« werden. Tatsächlich verloren die Kanadier, die acht Stunden an Land blieben, drei Viertel ihrer Gesamtstärke.

Der Kreml *sah* nun, daß er vorläufig auf Errichtung einer Front in Frankreich nicht hoffen könne; psychologisch war das Scheitern dieses von der Öffentlichkeit nicht als Experiment durchschauten, sondern als ernsthafter Landungsversuch gewerteten Dieppe-Unternehmens ein brutaler Schlag – aber das hinderte den Unglücksmenschen Sikorski keineswegs, bereits *einen* Tag nach Dieppe Herrn Eden aufzusuchen und sich über den Premierminister zu beschweren: Churchill habe »a great mistake« begangen, daß er im Kreml soeben versäumt habe, auf die Lebensinteressen Polens hinzuweisen. Churchill war noch nicht einmal aus Rußland heimgekehrt. Als er wieder in London war, wenige Tage nur, erneuerte Sikorski seine Beschwerde bei ihm. Und erreichte immerhin, daß Churchill einen engeren Gedankenaustausch unter den alliierten Regierungen in London versprach.

Das war nicht viel. Während der klassische Querulant unter den Emigranten, de Gaulle, nur Scherereien machte, aber zufriedenzustellen war, wenn man ihn als Reinkarnation der Jeanne d'Arc respektierte, brachte Sikorski keine »Scherereien« vor, sondern brachte schon damals geballt – und ohne das vermeiden zu *können!* – den ganzen Zündstoff mit, der später den Kalten

Krieg auslöste und nährte. Und gerade weil Polen den Briten Soldaten von hoher Qualität stellte; weil Polen unter den Deutschen mehr gequält wurde als jedes andere Land Europas; weil es schon durch britische Garantie dazu gebracht worden war, Hitler jede Konzession zu verweigern; weil Sikorski so viel Bereitschaft zeigte, Stalin entgegenzukommen, daß ihm sogar sein erster Außenminister davongelaufen war – mit einem Wort: weil Sikorski *recht* hatte, war keine Aussicht, die beiden Probleme zu lösen, die er – im Wortsinne – verkörperte.

Churchill resümierte nach den zwei weiteren Flugreisen Sikorskis, das heißt: nach den zwei hintereinander erfolgten Abstürzen dieser Flugzeuge: »Bis zum Augenblick seines Todes lebte er der Überzeugung, alles müsse den Notwendigkeiten des gemeinsamen Kampfes untergeordnet werden« – und diese Worte sind die einzigen in den Trauerbotschaften Churchills an das Unterhaus und an die Soldaten Sikorskis, die durchaus unwahr sind. Wahr ist vielmehr, daß *Churchill* der Ansicht war und sein *mußte*, »alles müsse den Notwendigkeiten des gemeinsamen Kampfes untergeordnet werden«. Aber Sikorski? Er hätte sich selber aufgegeben, den ganzen Zweck seiner Existenz, würde er dem Krieg gegen Hitler »alles« untergeordnet haben – nämlich das speziell *polnische* Ziel des Krieges: das Vaterland von Hitler *und* von Stalin freizukämpfen.

Doch Sikorskis Stellung wurde im zweiten Halbjahr 1942 im gleichen Maße geschwächt, wie der britische Standpunkt nun auch in Washington zum Axiom wurde: alles den Notwendigkeiten des gemeinsamen Kampfes unterzuordnen. Cordell Hull erhob in einer Rede vom 23. Juli »die Einigkeit der Alliierten« zum obersten Gesetz – eine melancholisch stimmende Antwort auf die in diesen Tagen im State Department wiederholt vorgebrachten Beschwerden des polnischen Botschafters über Terrormaßnahmen des Kremls wie die Aberkennung des polnischen Bürgerrechts für die seit 1939 in die Sowjetunion verschleppten Polen, die nun buchstäblich zu Geiseln wurden, während man den Männern dieser Familien, soweit sie noch lebten, zeitweise gestattete, mit General Anders Rußland in Richtung Persien zu verlassen.

Stalin hatte ohne Begründung seinen Vertrag mit Sikorski zerrissen, der vorgesehen hatte, 96 000 Polen in Rußland zu einer neuen Armee zu formieren. Unter dem Vorwand, so viele seien nicht zu ernähren, wurde den Polen mitgeteilt, mehr als 44 000 Soldaten dürften sie nicht aufstellen; andere polnische Armeeangehörige wurden russischen Arbeitsbataillonen zugeteilt. Von einem Tag auf den anderen wurde die Verteilung der aus England und den USA eingehenden Hilfssendungen an Polen in Rußland verboten. Polnische Vertreter in den einzelnen Lagern, die bisher mit der Verteilung betraut gewesen waren, wurden als »Spione« abtransportiert. Alle diese Schikanen, ja Morde, sind auf weniger als einer Seite der Memoiren des polnischen Botschafters Ciechanowski zusammengefaßt – aber er hatte viele Seiten damit zu füllen, die wachsende Ohnmacht Sikorskis zwischen den großen Freunden deutlich zu machen. Roosevelt war als Mensch erschüttert – und als Staatsmann hilflos. Es ist eine der am wenigsten begründeten Nachkriegslegenden, daß er *nicht* durchschaut hätte, »wie meisterhaft Onkel Joe (Stalin) sein Spiel spiele«. Er durchschaute es genauer und früher als Churchill – nur hatten er und Harry Hopkins keine Zeit mehr, Memoiren für sich als Verteidigung sprechen zu lassen. Und konnten Stalins Spiel, selber im Pazifik gebunden, damals nicht durchkreuzen. Zu Hopkins sagte Roosevelt einmal, die Russen würden »die Worte nicht zu dem gleichen Zweck benutzen wie wir«. Aber Stalin ließ sich nicht einmal von Roosevelt sprechen – warum sollte er über Polen mit dem Präsidenten reden, da ja kein einziger Amerikaner in Europa kämpfte?

In London suchte und fand Sikorski Unterstützung beim Vatikan, bei Botschafter Harriman, beklagte das Los der Polen bei Bevin, suchte Zusammenarbeit mit Benesch, der aber weder um seine Ostgrenze noch um seine Landsleute damals zu fürchten Anlaß hatte; und auch jener Mann, den fast allein Churchill im englischen Lager noch respektierte, der alte General Smuts, mußte sich Sikorskis Klagerede gegen Stalin und seinen Plan einer osteuropäischen Föderation anhören.

Übrigens hat Sikorski entschiedener und früher als jedes andere Staatsoberhaupt eine Invasion des Westens auf dem

Balkan gefordert, und immer wieder, einmal sogar in der Albert Hall, wies er auf die spezifisch neuen Greueltaten der Deutschen an den Juden hin. Auch das ist ihm niemals gedankt worden. Öffentlich hat kein anderes Staatsoberhaupt dies damals getan: Sie verurteilten nur deutsche Kriegsverbrechen allgemein, nicht speziell die neuartigen fabrikmethodisch durchgeführten Auslöschungs-Aktionen an einem ganzen Volk. Sikorski aber hob expressis verbis die Morde an den *Juden* hervor. Er brauchte als Staatsoberhaupt nicht – wie etwa Roosevelt – auf alle jene Wähler Rücksicht zu nehmen, die sich freuen, wenn Juden umgebracht werden. Da aber in Polen der Antisemitismus ebenso fest verwurzelt ist wie die römische Kirche, so sind Sikorskis Anklagen gegen die deutschen Judenmörder ihm moralisch besonders hoch anzurechnen.

Zweifellos sah Sikorski im Herbst 1942 voraus, daß die Stunde, da Churchill dem Kreml enthüllen mußte, die fürs nächste Jahr nunmehr fest versprochene zweite Front in Frankreich könne doch nicht errichtet werden, ein bedeutendes Beschwichtigungsgeschenk erforderte. Das aber konnte nur ein territoriales, konnte nur ein polnisches Land sein. Wie lange würde Churchill dem Polen noch verheimlichen können, daß er praktisch sein Bündnis mit ihm während seiner Geheimabsprache mit Molotow in London schon gebrochen hatte? Und wie lange konnte ein Vernünftiger noch hoffen, die »in die Mandschurei« entlaufenen polnischen Offiziere würden lebend wieder auftauchen? Schon in jenem Monat, in dem Sikorski zum erstenmal diese Offiziere als vermißt gemeldet hatte, im Oktober 1941, hatte Sir John Colville, einer der sechs Privatsekretäre Churchills, festgehalten, daß der Premierminister fest entschlossen sei, alle Streitpunkte mit dem Kreml auszuräumen, »so lebendig der Molotow-Ribbentrop-Pakt vom August 1939 und Rußlands nackte Aggression zuerst gegen Polen und dann gegen Finnland auch noch in unserer Erinnerung verhaftet waren«. Nicht *obwohl* – sondern *weil* Churchill nie vergessen konnte, daß Stalin noch bis neulich Hitlers stets vertragstreuer Verbündeter gewesen war; und Molotow zur Invasion Norwegens ein Glückwunschtelegramm nach Berlin geschickt hatte...

Selbstverständlich aber konnte Churchill Konflikte *entweder* mit Stalin vermeiden *oder* mit Sikorski. Niemals mehr mit beiden. Kann seine Entscheidung verurteilt werden?

Nicht von uns. Bismarck resümiert in seinem Dreibundkapitel: »Schon im vorigen Jahrhundert war es gefährlich, auf die zwingende Gewalt eines Bündnistextes zu rechnen, wenn die Verhältnisse, unter denen er geschrieben war, sich geändert hatten... Die Haltbarkeit aller Verträge zwischen Großstaaten ist eine bedingte, sobald sie in dem ›Kampf ums Dasein‹ auf die Probe gestellt wird. Keine große Nation wird je zu bewegen sein, ihr Bestehen auf dem Altar der Vertragstreue zu opfern, wenn sie gezwungen ist, zwischen beiden zu wählen.«

Wie Churchill solche Bündnispartner sogar abhalfterte, die keineswegs – wie Sikorskis Keiltreiberei ins Bündnis Moskau–London – die Existenz Großbritanniens gefährdeten, schon das ist erschreckend: Sir Fitzroy Maclean wurde, als Churchill ihn zum zweiten Mal als Kurier zu Tito entsandte, vor seinem Abflug gefragt: »Haben Sie vor, sich nach dem Krieg in Jugoslawien niederzulassen?«

Maclean: »Nein, Sir.«

Churchill: »Ich auch nicht. Je weniger wir uns deshalb über die Form der Regierung, die sie einsetzen, Sorge machen, desto besser. Was uns interessiert, ist, wer den Deutschen am meisten Schaden zufügt.«

Ohne Frage war das Tito – und so warf Churchill seinen Verbündeten Mihailovich über Bord. Dieser seiner Verbündeten endete durch Hinrichtung.

Und General de Gaulle, von Präsident Kennedy nach Churchill befragt, charakterisiert: »Ein Kämpfer von wechselndem Temperament... Seine Politik sei immer nur auf das Nächstliegende aus gewesen, nicht auf langfristige Ziele. Wie alle Engländer sei er ein Kaufmann. Im Feilschen mit Rußland zum Beispiel sei er bereit gewesen, im Osten Konzessionen zu machen, um dafür woanders freie Hand zu bekommen.«

Noch 1944 hatte Churchill den Franzosen »angeschrien: ›Damit Sie es wissen: Jedesmal, wenn wir zwischen Europa und einem Größeren zu wählen haben, wählen wir stets den Größeren. Jedesmal, wenn ich zwischen Ihnen und Roosevelt zu wählen habe, wähle ich Roosevelt.‹«

Stalin anstelle von Roosevelt gesetzt: dieser Satz hätte auch Sikorski an den Kopf geworfen werden können – jahrelang. Nur – mit Sikorski wagte Churchill niemals in diesem Ton zu »schreien«. Dessen Nachfolger hat er dann ebenso »angeschrien« wie de Gaulle, ja hat ihn dann über ein Jahr lang regelrecht betrogen, denn inoffiziell wurde nur vier Wochen nach Sikorskis Tod, offiziell jedoch – aber geheimgehalten vor den Polen und der Welt – schon alsbald in Teheran der russische Gebietsanspruch auf Ostpolen von den Briten zugestanden. Sikorski, im Gegensatz zu Mikolajzyk, hatte Churchills Hochachtung, denn er war eine durchaus romantische Erscheinung: der letzte Europäer, der noch als Reitergeneral eine bedeutende Eroberung gemacht hat. Nur war es ausgerechnet der *russische* Bündnispartner Churchills, derjenige, von dem auch Großbritannien *lebte* in den Jahren 1942/43, der in der Person Sikorskis an seine erste große Niederlage auf dem Schlachtfeld erinnert wurde, an die Kämpfe an der Weichsel 1920. Und es war Sikorski, der Eroberer dieses Landes, der als letzter von allen Polen bereit sein konnte, es den Russen wiederzugeben. Auch trug dann Mikolajzyk nicht die Hypothek, beim Schweizer Roten Kreuz die Untersuchung der Gräber von Katyn beantragt zu haben. Die Witwe Sikorskis sagte im einzigen Presseinterview, das sie je gab: »My husband and Churchill were good friends. Often Churchill would want to discuss matters with him. Sometimes they argued, but it was always all right in the end... Churchill and Roosevelt betrayed Poland. Before Sikorski died Churchill promised everything to Sikorski but afterwards did nothing. Churchill used to take notice of what my husband said, and listened to his advice, but afterwards he forgot his promises.«

Wer könnte ihr widersprechen. Doch gerechter sind die Worte ihres Schwiegersohnes, dessen Gattin – ihr einziges Kind – mit Sikorski ermordet wurde: »Das ist eine griechische Tragödie zwischen den beiden Männern, denn sie waren Freunde, aber schließlich mußte Churchill die Interessen Englands vertreten, nicht unsere polnischen. Es ist normal, daß man von seinen Feinden vernichtet wird, da ist nur die Frage, wer ist der Stärkere. Aber wenn einen der Freund fallenläßt – wir sind alle geopfert worden, wir Polen, auch wenn meine Freunde und ich noch leben.«

Die Erfahrungen, die Sikorskis Botschafter im zweiten Halbjahr 1942 in Washington machte, waren nun schon fast so alarmierend wie Sikorskis Londoner Gespräche mit den Briten. Denn Lord Halifax hatte es mehr und mehr verstanden, nicht nur das Weiße Haus, sondern auch die amerikanische Öffentlichkeit für Rußlands Vorgehen und Forderungen umzustimmen – Polen wurde allmählich auch im State Department abgehängt. Doch Sikorski zögerte, noch einmal bei Roosevelt Halt zu suchen. Denn jetzt mied er die Flugzeuge, er sagte, er werde in einem umkommen. Ihn befriedigte nicht, wie in diesen Monaten nach seiner Rückkehr aus Washington und während seiner angestrengten Bemühungen, die Briten gegen Stalin wachzuhalten, der Untersuchungsausschuß Duff Coopers, dem selbstverständlich kein Pole angehörte, die »Spinngeschichte« überprüfte, die sich im März unterwegs nach Washington in Sikorskis Maschine zugetragen hatte. Daß Mr. Duff Cooper in seinen geräumigen Memoiren weder diesen seinen Untersuchungsausschuß noch überhaupt Sikorski erwähnt – so wenig Lord Halifax den Polen erwähnt–, ist fast schon überflüssig zu sagen. Memoiren sind ein Synonym für Gedächtnisschwund – zuweilen auch der Triumph der Willenskraft über das Gedächtnis.

Ästhetisch ist es zwar ein Glück, daß Bett und Schlachtfeld, die zwei wesentlichen Aktionszentren vitaler Entladung, sich der Gestaltung, der Überlieferung entziehen – doch ist das keine Äußerlichkeit. Vielmehr ist an dieser Grenze abzulesen, wie sehr überhaupt die lebenbestimmenden Erfahrungen sich der Kunst entziehen – den Historikern auch. Vielleicht wissen manche Ärzte, was sich so wenig aufschreiben oder zeigen läßt wie eine Seele, ein Baum oder wie die innere Bereitstellung, Taten zu stiften, die erneut einem ganzen Zeitalter die Warnung des Menschen vor dem Menschen an alle Wände menetekeln. Was dokumentierbar ist, Schutt gewisser Tatsachen – mag er noch so brettergerecht aufbereitet werden – führt nicht nur Historiker zu einer »Arbeitsamkeit als Zerstörerin der religiösen Instinkte« (Burckhardt). Ranke, faktenversessen wie keiner vor ihm und noch, allerdings mit neunundzwanzig, überzeugt, er könne »bloß zeigen wie es eigentlich gewesen«, sprach trotz dieser Zuversicht später seinen Vorbehalt aus: »Es ist auch hier Theologie.« Geheimnis zu sagen, muß uns genügen.

Doch wo die Vergangenheit schweigt, nicht wo sie spricht, läßt sie hoffen. Nichts, was der Mensch kann – daß er einiges noch nicht kann, macht ihn erträglich. Seit die Atomphysik entdeckte, daß Materie nicht Substanz ist, sondern Energie und Strahlung (Hermann Weyl: »Materie ist nicht, Materie geschieht«), läßt die exakteste der Wissenschaften erahnen, daß noch die einfachste chemische Verbindung irrationale Impulse hat.

Dombrowski faßt diese Einsicht zusammen: »Materie erhält ihre Charakteristiken von einer nicht mehr begreifbaren Größe ... die belebten Organismen ihrerseits von einer Größe, die wir ›Leben‹ nennen.« Und wenn er Eddington zitiert, so könnten dessen Worte auch die letzten einer jeden geschichtlichen Betrachtung sein. »Der Hintergrund wirkt, doch wir wissen nicht wie. Was wir beobachten, ist ein Geschehen aus einem für uns nicht erfaßbaren Hintergrund.« Halten wir es mit Goethes Mahnung aus seinem einzigen Zeitstück, der ›Natürlichen Tochter‹: »Sprich vom Geheimnis nicht geheimnisvoll!«

Geheimnis – jetzt aber in der tristesten Bedeutung des Wortes – nötigt uns zu diesem Abstieg in die Unterwelt, zur Offenlegung, soweit möglich, einer Geheimdienst-›Maßnahme‹, von der vielleicht deshalb bei keinem einzigen Historiker auch nur die Spur zu finden ist, weil sie erschreckender als andere der neuen Zeit bestätigt, daß der Trieb zum Bösen ein Wesenselement auch des Guten sein muß, wenn es stark sein will. Der Earl of Attlee hätte den Hitler so wenig aus der Welt schaffen können wie der deutsche Generalstabschef Beck. Churchill vermochte es, aber nicht schon deshalb, weil »das Genie wie ein Elefantenbulle alles niedertrampelte, was ihm in den Weg trat« (Moran) – sondern weil er veranlagt war, außerdem einiges niederzutrampeln, was ihm *nicht* in den Weg trat.

Größe hat einen komplizierten Preis. Denn nicht solche Ruchlosigkeiten von nahezu hitlerischem Niveau wie die Serienveraschung industrieloser Kleinstädte machten Churchill zum Sieger. Keinen Schritt, das bleibt denkwürdig, nicht einen Schritt näher zum Sieg brachten ihn Tobsuchtsanfälle wie sogar jener von Dresden. Aber Sieger wurde er doch, weil sein Daimon auch den Wahnmut zu blindverübten, strategisch nicht nur zwecklosen, sondern den Sieg *verzögernden* und über fünfzigtausend britische Piloten ›verheizenden‹ Rasereien einschloß. Zu fürchten ist, auch sie bedingen einander: die Eigenschaften Noahs (Mann der Ruhe, heißt das hebräisch), die Churchill 1940 befähigten, auf scheinbar sinkendem Schiff das Rettungswerk des Kriegers und Staatsmannes zu tun; und die nur alkibiadeske Ehrsucht des mit achtunddreißig Jahren Chef der riesigsten Armada aller Zeiten gewordenen Marineministers, 1914 Großbritannien in den Krieg zu ziehen.

Böses tun, nur um Gutes zu erzwingen – daß dies zu simpel ist, sollte eine Banalität sein. Indessen wird sie ebenso professionell verdrängt oder eingefärbt wie jene, daß die politische Geschichte, wie noch jede Liebesgeschichte, das eigentlich Aufschreibenswerte für sich behält. Von Liebesbriefen sagte Fontane, man solle keine drucken, denn »die besten kriegt ohnehin keiner zu sehen«. Wie groß indessen ist noch nach der Niederlage, die bei der Erforschung des Reichstagsbrandes – um nur dieses Beispiel zu nennen – seit 1933 die Fachleute hinnehmen mußten, deren Dokumentierungs-Optimismus! Allenfalls vorhandene, dennoch nichts verratende Fernsehfilme über die Ermordung sowohl des Präsidenten Kennedy wie des Mannes, der möglicherweise *auch* auf ihn geschossen hat, könnten der Skepsis zum Sieg über eifernde Quellengläubigkeit verhelfen – vorübergehend. Welchen Wert haben Zeugen – gemessen an der Übereinstimmung, daß nicht nur Oswald, der Kennedy erschossen haben soll, sondern daß auch Booth, der angeblich Lincoln erschossen hat, ihrerseits erschossen wurden – *vor* der Gerichtsverhandlung?

Verdienen Dokumente intensivere Beachtung als – Lücken? Zum Faktum verhält sich das Dokument, sofern es nicht nur zur Irreführung zurückgelassen wurde, wie zur Vase die Scherbe. Vertrauen erweckt, wer von vornherein seine Geschichte als ›Erzählung‹ ausgibt. Träumen sei die eigentliche Substanz der historischen Wissenschaft, sagte Lytton Strachey. Aber hier ist nicht Wissenschaft, hier ist – Geschichte.

Sikorskis Luftwaffen-Attaché Kleczynski in Washington, dekoriert in der RAF während der Battle of Britain, der im Flugzeug Sikorskis seine Matratze neben der des polnischen Informationsministers hatte, eines Priesters – und dieser Zeuge hat die Angaben des Kameraden Kleczynski rückhaltlos als wahr bestätigt –, der Attaché roch brennendes Gummi und fand in seinem Flugzeugbett eine der Brandgranaten, wie jeder Bomber sie mitbekam zu seinen Flügen nach Deutschland, damit er bei Notlandung rasch von der Besatzung vernichtet werden könne. Auch der Pole besaß solche Zünder, wie jeder Offizier der RAF – so daß Duff Coopers Untersuchungsausschuß zu dem »Resultat« kam, der Wing Commander selber habe, um sich wichtig zu machen, diesen Zünder in seine Matratze gesteckt und dann »entdeckt«, um als Retter Sikorskis zu posieren. Das würde freilich zweierlei voraussetzen – was vielleicht nur deshalb in diesen von Sikorski niemals ernstgenommenen britischen Untersuchungsbericht hatte hineingeschrieben werden können, weil kein Pole dem Untersuchungsausschuß angehörte: daß nämlich der polnische Wichtigtuer selber bereit gewesen wäre zu verbrennen – als er die schon riechende Zeitzünder-Leitung fand und seinen Kameraden vorwies, da war ja schon Feuergefahr –, und hätte zweitens vorausgesetzt, daß er selber die technische Fähigkeit gehabt hätte, diesen Zünder so umzubauen, daß er von selber, eben wie ein Zeitzünder, zur Explosion käme.

Die Briten haben übrigens beanstandet, daß die Polen den Amerikanern das in einer Celluloidhülle entdeckte Brandgerät gezeigt hatten – was leicht zu erklären ist: Sie hörten zweifellos, daß auch Sumner Welles und Präsident Roosevelt nicht im geringsten daran zweifelten, daß Sikorski dadurch hatte über dem Atlantik brennend abstürzen sollen. Die Engländer begriffen nicht, was für ein Aufhebens gemacht wurde um dieses Standardgerät – ein Standardgerät, das allerdings, was selten hervorgehoben wurde, nicht ganz dem Standard entsprach: war es doch versehen mit einem Zusatz, der es ohne Menschenhand zünden konnte, im Gegensatz zu den Standardgeräten, die von Menschenhand gezündet werden sollten, sobald britische Bomber in Feindesland hatten notlanden müssen. Die Geräte hatten sich dabei oft bewährt, in kürzester Minutenfrist war ein Flugzeug mit ihnen in Brand zu setzen. Amerikaner vom Geheimdienst, denen die Polen sofort bei der Zwischenlandung in Montreal den aufgefundenen Brandsatz zeigten, waren beeindruckt und sagten, hier liege Sabotage vor.

Die Untersuchung zog sich lange hin, denn der Mann, den Sikorski immerhin für fähig gehalten hatte, die polnische Luftwaffe beim Weißen Haus zu vertreten, entpuppte sich in den Verhören durch den Intelligence Service – bei denen ein Pole nicht zugegen war – als ein Wirrkopf, Phantast und Morphinist.

Auch die Briten vermuteten gleich, der Pole selber habe, um sich wichtig zu machen, die Brandgranate in Sikorskis Flugzeug eingeschleppt – und schließlich gab es der Attaché auch zu. Offenbar hatten die Luftkämpfe in der Battle of Britain, in denen dieser Pole dekoriert worden war, seinen Geist verwirrt, obwohl seine Reisebegleiter empört waren über diese Version.

Duff Coopers Ausschuß nahm den Polen immer wieder ins Verhör. Lange blieb er, obwohl »closely grilled«, bei seinen Angaben, endlich aber schrieb er ein Geständnis in verwüsteter Handschrift – der Historiker David Irving hat es gesehen, das Geständnis. Nicht aber gesehen, ob der Pole es selber geschrieben hat: Das hat auch kein Pole gesehen. Duff Cooper aber konnte Sikorski nun mitteilen, die Untersuchung habe das ganze Malheur als dummen Streich und gefährlichen Blödsinn entlarvt.

Der amerikanische Geheimdienst gab dann die Untersuchung an die »Zuständigen« ab – an die Engländer, nicht an die Polen, denn es war ja ein englisches Flugzeug, ein englischer Zünder, und die Engländer waren für die Sicherheit des polnischen Ministerpräsidenten haftbar gewesen.

Wahrhaftig hatten die Briten die alberne Geschichte derart ernst genommen, daß sie sogar Churchill persönlich damit behelligten. Aber Sikorski war wieder einmal unzufrieden. Er kündigte eine Untersuchung durch Polen an, zu der es jedoch nicht mehr kommen konnte; denn derart närrisch war der Narr und Wing Commander, daß er – wie man im Sikorski Institut heute glaubt – vor Beginn dieser Untersuchung in Edinburgh auf der Straße totgefahren wurde. Irving aber belegt, daß man den »an einer Lungenentzündung« verstorbenen Polen vergiftet hat.

Erwiesen ist lediglich, daß Kleczynski, nachdem Duff Coopers Untersuchungsausschuß ihn entlassen hatte, in der Furcht lebte, ermordet zu werden, und deshalb Aufzeichnungen machte, die – verschwunden sind, wie nahezu alle persönlichen Papiere verschwunden sind von jenen Leuten, die mit Sikorski starben oder Beobachtungen über diese Incidents oder Accidents anstellten.

Es verdient Beachtung, daß Kleczynski seiner »Lungenentzündung« (oder seinem Verkehrsunfall) erst dann erlag, als endlich die Polen auf die Idee kamen, Sikorskis Tod nun auch einmal im Zusammenhang mit den vorangegangenen »Zwischenfällen« in seinen Flugzeugen zu untersuchen – was jedoch niemals, bis heute nicht, zustande kam, da ein neuer Flugzeugabsturz in Montreal den Chef-Untersucher der Polen ums Leben brachte. Prchal – welcher Zufall – war in Montreal Augenzeuge, als Sikorskis Kronzeuge durch Absturz umkam.

Nur widerwillig trat Sikorski am 29. November 1942 seine letzte Reise zu Roosevelt an – den er aber doch noch lebend erreichte, obwohl diese Maschine, die »ihm von Churchill zur Verfügung gestellt worden ... und mit der während des Krieges üblichen Geheimhaltung umgeben war«, beim Start nach der Zwischenlandung in Montreal »über einem Feld außerhalb des Flugplatzes abstürzte und zu Bruch ging«. Die Briten schlossen Sabotage aus, denn ihre Sicherheitsbehörden waren haftbar gewesen – vermutlich Vereisung. Aber Roosevelt erhielt sehr rasch von Sumner Welles die Bestätigung seines Verdachts, es sei ein Anschlag gewesen – und endlich stimmten auch die Briten zu: In der Tat hätten die Deutschen versucht, Sikorski umzubringen!

Hitler muß also daran interessiert gewesen sein, den Mann zu töten, der wie kein anderer im Lager der Alliierten in seiner Person den Keil verkörperte, der das Bündnis Moskau – London zu spalten drohte.

Den Briten selber scheint ihre Behauptung sehr abenteuerlich vorgekommen zu sein – sie erließen nämlich ein Verbot, diesen Mordanschlag Hitlers auf Sikorski der Presse bekanntzugeben! Und Sikorski? Warum bestand der nicht auf einer Publizierung dieses Mordanschlags? Das hat zwei Gründe: Erstens hatte er schon die Geschichte mit der Brandgranate beim vorhergehenden Atlantik-Flug in Warschau geheimzuhalten versucht, weil er fürchtete, seine Autorität auch daheim in Polen werde untergraben, wenn seine Landsleute erführen, wie schlecht es um sein Ansehen in London bestellt sei.

Zweitens: bis endlich die Briten die Untersuchung in Montreal abgeschlossen und Sabotage zugegeben hatten, war so viel Zeit verflossen, daß inzwischen Sikorski das Rote Kreuz gebeten hatte, die aufgefundenen Mordstätten von Katyn zu untersuchen – und dieses sein Begehren hatte bei Churchill, der die Untersuchung abwürgte, und bei Eden eine solche Wut gegen Sikorski entfesselt, daß der Pole allen Ernstes glaubte, er könne die Briten damit versöhnen, daß er das »Vorkommnis« von Montreal *nicht* der Presse mitteilte. Wobei unbegreiflich bleibt, daß Sikorski, ohnehin mißtrauisch gegenüber den Briten, sich nicht fragte, warum es den Briten unerwünscht sei, den gemeinsamen Gegner Hitler eines mißglückten Meuchelmord-Versuchs am polnischen Ministerpräsidenten anzuklagen. Was sprach denn dafür, Hitler diese Pressemeldung zu ersparen?

Sikorski bat also Roosevelt noch einmal um Hilfe und kündigte ihm seinen zweiten Besuch bei Stalin an – zu dem es nie mehr kam. Churchill hintertrieb alsbald sogar eine ohnehin gänzlich aussichtslos gewordene Begegnung zwischen Sikorski und Stalins Londoner Botschafter, obwohl diese am Todestag Sikorskis mehrere Stunden unterm gleichen Dach verbrachten, in Gibraltar.

Sikorski sagte zu Roosevelt, sein vorgesehener Besuch bei Stalin habe nur dann Sinn, wenn er die »vorbehaltlose Unterstützung« des Präsidenten mitbringe. Das war viel verlangt. Roosevelt entgegnete, er dürfe diese Untersützung nicht allzu klar formulieren, zum Beispiel könne er in einem Brief an Sikorski nicht den territorialen Besitz Polens garantieren. Sikorski begriff.

Als sich sein Botschafter bei ihm verabschiedete, dachte der wieder an Montreal. »Dies war Sikorskis dritter Unfall ... Ich gewahrte einen Ausdruck tiefer Sorge auf seinem feinen, männlichen und noch immer jugendlichen Gesicht ... Mich erfüllte eine bange Ahnung, daß dieser polnische Soldat ... schweren Gefahren für seine Person ausgesetzt war und ich ihn heute vielleicht zum letztenmal gesehen hatte.«

Drei Tage war Sikorski wieder in England, als der Kreml, der zweifellos erfahren hatte, daß Washington Sikorski nun fast nicht anders mehr behandelte als London, den letzten Zweifel beseitigte, daß er Ostpolen nie wieder herausrücken werde: Die Russen erklärten alle aus diesen Gebieten in die Sowjetunion Verschleppten für russische Bürger, da deren Heimat »jetzt zu den UdSSR gehörte«.

Am 26. Januar erhob Sikorski bei Stalin schärfsten Protest, mit dem Zusatz, ein Kompromiß in dieser Frage sei gar nicht denkbar. Sikorskis Botschafter in Washington kommentiert: »Stalin hatte den Augenblick, um mehr als anderthalb Millionen ... Polen die Sowjetbürgerschaft aufzuzwingen, sehr geschickt gewählt ... Mit dem Sieg von Stalingrad ... konnte er bei seiner Weigerung bleiben, Roosevelt zu treffen ... Die öffentliche Meinung in Amerika und Großbritannien war der Ansicht, Deutschland würde bald schwach genug sein, um Stalin zu ermöglichen, seinen letzten Trumpf: den Sonderfrieden, auszuspielen und als entscheidendes Druckmittel anzuwenden.«

Zwar war Eisenhower in Nordafrika gelandet, aber er kam nur langsam voran: Stalin ließ diese Landung als Errichtung der zweiten Front nicht gelten. Roosevelt ließ Sikorski bitten, nicht auf sofortiger Intervention zu bestehen, die Lage sei »zu delikat und schwierig«. Stalin verschärfte seinen Druck, indem er der – zweifellos unvernünftigen – Weigerung Sikorskis, ihm die Curzon-Linie zuzugestehen, mit der Ausrufung einer »Union polnischer Patrioten« begegnete: Was sich schon am 2. Dezember 1941 als Gegenregierung zu Sikorski in Rußland gebildet hatte, manifestierte sich nun.

Als Eden am 11. März 1943 in Washington eintraf, vermied er es mit Fleiß, den Botschafter Sikorskis auch nur zu sprechen, so zäh dieser sich darum bemühte. Lord Halifax hatte nämlich bei dem Polen in vielen Unterhaltungen vergebens versucht, Verständnis für Grenzrevisionen zu wecken. Churchill wußte, daß Stalin ihm bei der nächsten Begegnung die Curzon-Linie abtrotzen würde. Und wie hätte Churchill sie ihm verweigern können, sie *auch*, da er doch im beginnenden Jahr 1943 dem Kreml schon das verweigern mußte, was er ihm im vorigen Jahr verbindlich zugesagt hatte: die Errichtung einer Front in Frankreich? Eden erweckte aufs neue bei den Amerikanern die Befürchtung, Stalin könne sich mit Hitler abermals verbünden. Als er abreiste, resümierte Sikorskis Botschafter in Washington: »Polen ... wurde von seinen Verbündeten aufgegeben.«

Der Schluß der Tragödie kam termingerecht: Vierzehn Tage nach Edens Heimflug fanden sich viertausend ermordete Offiziere in Katyn, die Hälfte der vermißten. Himmler schrieb seinem Duzfeind Ribbentrop, zwar werde Sikorski niemals erscheinen, dennoch sollte man die Alliierten in die Verlegenheit bringen, dem polnischen Ministerpräsidenten unter Zusicherung freien Geleits Zugang zur Mordstätte zu gewähren. Ribbentrop, wie üblich, begriff auch diesmal nicht das geringste.

Die Briten waren erbittert, die Amerikaner befremdet, daß Sikorski den Mord durch Genf untersuchen lassen wollte. Churchill mahnte: »Wenn sie gestorben sind, dann werden sie nicht auferstehen, was immer Sie tun.«

Er setzte Genf unter Druck – und das Rote Kreuz gab nach: Die Untersuchung wurde ohne Genf unter deutscher Regie durchgeführt. Eden ging am 24. April einen Schritt weiter, es war seine letzte Bitte an Sikorski: Sikorski solle doch öffentlich erklären, die Russen *könnten* die polnischen Offiziere nicht umgebracht haben. Wer heute dieses Verhalten der Briten mißbilligt, der sei erneut erinnert an den Ausruf von Hitlers Statthalter Kube, angesichts der deutschen Morde in der Ukraine: »Was ist dagegen Katyn!«

Wollte Sikorski jetzt nicht als polnischer Regierungschef hinweggefegt werden, so mußte er versuchen, die Ermordung seiner Offiziere wenigstens indirekt als moralisches Druckmittel im Kreml anzuwenden: Würde jetzt Stalin nicht durch besonders humane Behandlung jener Polen, die noch lebend in seinem Besitz waren, vor der Welt beweisen wollen, daß er Polen von jeher so human behandelt hatte? Daß demnach die Erschießung der Offiziere auf Konto Berlins gebucht werden *mußte*?

Wie aber war denn überhaupt Sikorski dazu verlockt worden, noch einmal eine britische Maschine zu besteigen, obwohl seine Minister, teilweise schriftlich, wie erhaltene Briefe zeigen, ihn bestürmten, sich dieser Gefahr nicht auszusetzen?

Es war Eden persönlich, der den Polen drängte, nach Persien zu fliegen, um seine dort rebellierenden Regimenter unter General Anders zur Räson zu bringen. David Irving erwähnt diese persische Verschwörung nicht, weil sie – wie Sikorski dann dort erfuhr – überhaupt niemals stattgefunden hat. Aber genau *dies* macht so erwähnenswert, daß etwa Sikorskis Außenminister schrieb: »In den letzten Wochen gab mir Minister Eden zweimal Warnungen für General Sikorski. Das erstemal im Februar durch die Vermittlung von Cadogan und vor einigen Tagen durch den Unterstaatssekretär W. Strang. Sie kamen von General Wilson aus dem Mittleren Osten und Herrn Casey … Sie sprachen von Unruhen, von Versuchen, General Anders in die Aktion gegen General Sikorski miteinzubeziehen, und schlossen mit der Meinung, daß General Sikorski sich bald in den Mittleren Osten begeben müßte, um die Stimmung zu beruhigen.«

Dieser Aufstand der Polen – das bestätigt jeder Pole, der damals in Persien stand – war eine freie Erfindung. Aber sie erfüllte ihre historische Bestimmung: Sikorski verließ noch einmal London, wo er nicht umzubringen gewesen wäre.

In den drei dicken Bänden seiner Memoiren, selbstverständlich, erwähnt Eden diesen Aufstand nicht, möglicherweise deshalb nicht, weil es ihn nie gegeben hat.

Als polnische Offiziere, unter ihnen der Chef der Luftwaffe, in Angst um Sikorski diesem gekränkt vorhielten, warum er in Whitehall nicht polnische Besatzung für sein Flugzeug verlange, da erhielten sie eine Antwort, die der Menschlichkeit – Don Quichotes – das edelste Zeugnis ausstellt: Gerade weil man den Briten mißtraue, dürfe man ihnen nicht die Verantwortung für ihn abnehmen, das verpflichte sie! Die gleiche erschütternde Geste: siehe, ich gebe mich wehrlos in deine Hand, also *mußt* du mich schonen, spricht aus seinem Abschiedsbrief an Churchill, geschrieben am Tage des Starts: »I am sure you will like to know that all Poles ... put an almost mystic trust in Great Britain and in your leadership. Believe me.«

Mystisches Vertrauen – da irdisches nicht mehr angebracht war. Zwar erzählt Irving den schauerlichen Witz, der sich am nächsten Tag ereignete, aber die Pointe erzählt er nicht: Drei hohe Mitarbeiter Sikorskis wurden anonym angerufen, soeben sei der Ministerpräsident in Gibraltar abgestürzt. Der Anrufer muß einer jener Männer gewesen sein, die aufgrund der zwei vorangegangen Incidents, die sich jeweils am *ersten* Reisetag ereignet hatten, der Meinung waren, auch diesmal werde »es« auf dem Hinflug passieren. Er irrte – aber er nannte exakt den Tatort voraus: Gibraltar – nur daß »es« dort nicht am ersten, sondern am letzten Reisetag geschah, sechs Wochen später. So weit auch Irving.

Nun die Pointe: Die Angerufenen waren entsetzt – aber sie konnten nichts tun, als den für die Sicherheit ihres Ministerpräsidenten »zuständigen« Briten anzurufen. Der beruhigte sie: Alles Quatsch, soeben sei der General glatt in Gibraltar gelandet. Wer war nun der Brite, den die Polen als den für die Sicherheit ihres Ministerpräsidenten »Zuständigen« hatten anrufen müssen?

Als die Buchausgabe von »Soldaten« im Spätsommer 1968 in London in Satz ging, bestürmten mich die Juristen meines britischen Verlegers, ich solle doch um Gottes willen den Namen dieses Zuständigen herausstreichen, denn was ich da schriebe, das sei doch schlechterdings unmöglich – da ja der von mir genannte hohe Offizier *gar nichts zu tun gehabt haben könne* mit der Sicherheitsüberwachung der Maschine Sikorskis!

Und warum nicht?

Weil dieser Offizier nicht ein Mann der Abwehr gewesen sei, sondern – um es mit den Worten beispielsweise Sefton Delmers zu sagen, dessen Gattin der Abteilung Generals Sir Collin Gubbins angehört hat – der Chef der SOE, die zuständig war »für die Organisation von Widerstands- und Sabotageakten, Ermordungen und ähnlichen Unternehmungen«. Eben, antwortete ich den Juristen meines Verlegers.

Churchills Sohn Randolph sagte am 5. April 1968, kurz vor seinem Tod, zu dem Amerikaner Leonard Lyons, der dieses Gespräch in New York veröffentlicht hat, sein Vater habe, wenn nötig, andere Mittel gehabt als Flugzeuge – er selber, Randolph, sei ja mit Sikorski in dessen Maschine nach Gibraltar geflogen. Nie mehr wird herauszufinden sein, warum Randolph Churchill das behauptet hat – denn *wahr* ist es nicht: Es ist belegt, wer an Bord der Maschine war.

Was Irving auch nicht erwähnt – und was bis heute kein einziger Historiker auf der Welt auch nur bemerkt hat: Wie hoch verdächtig es ist, daß Sikorskis Warschauer General Grot-Rowecki, der Chef der polnischen Untergrundarmee, nur vier Tage vor Sikorskis Tod von den Deutschen, an sie verraten, gekidnapped wurde. Der General hatte seit 1939 diese beachtliche, schlagkräfte Partisanenarmee gegen die Nazis aufgebaut, hatte selber vier *Jahre* in dem von Deutschen besetzten Polen gegen sie gekämpft – und nun, nur vier *Tage,* bevor Sikorski starb, fiel er, als er zufällig einmal ohne seine Leibwache ging, den Deutschen in die Hände, die ihn ein Jahr lang im KZ als Handelsobjekt aufbewahrten, ihn dann aber, da die Engländer nicht bereit waren, Rudolf Hess für den Polen herauszurücken, ermordeten: auf Befehl Hitlers, erschossen nach Beginn des Warschauer Aufstands.

Binnen vier Tagen war damit Polens Armee geköpft. Zufall? Es ist aufschlußreich, daß niemals der Tod dieser zwei Polen bis heute gemeinsam behandelt wurde, obwohl Grot-Rowecki sich bei den Alliierten sozusagen des Hochverrats schuldig gemacht hatte, als er – nach Auffindung der Gräber in Katyn – Sikorski bat, künftig in Polen nicht mehr nur gegen die Deutschen, sondern auch noch gegen die Russen Front machen zu dürfen. Sikorski hat Grot-Rowecki das verboten, hat aber doch versäumt, diesen General abzulösen. Es ist belegt, daß die Briten den gesamten Funkverkehr und die Diplomatenpost der Londoner Polen mithörten und lasen. Gibt es ein britisches Memoirenwerk, in dem Grot-Rowecki erwähnt wird? Denn sein Nachfolger Bor-Komorowski wird fast um so viel öfter in britischen Memoiren erwähnt, wie auch Mikolajcyk in ihnen öfter erwähnt wird als Sikorski.

Wie sah, als Katyn gefunden wurde und die Briten Sikorski zur Reise nach Persien drängten, das Kriegstheater aus?

Stalin mußte durch Churchill und Roosevelt noch Mitte Februar in der Illusion belassen werden, »die Errichtung der zweiten Front in Europa, speziell in Frankreich«, sei erst für »August/September vorgesehen«. Er beantwortete diese Falschmeldung, während London längst und Washington noch nicht ganz entschlossen waren, erst 1944 in Frankreich zu landen, als Sieger von Stalingrad mit wachsendem Verdruß: »...ist es meiner Meinung nach äußerst wichtig, den Schlag im Westen noch im Frühjahr oder zu Beginn des Sommers zu führen und nicht erst in der zweiten Hälfte des Jahres.« Churchill gab laufend die Ergebnisse der Bomberoffensive an den Kreml durch und verwies — noch Monate vor der Vernichtung des deutschen Afrikakorps — auf Vorbereitungen zu Landeoperationen im Mittelmeer. Er deutete Mitte März dem Kreml an, Mangel an Schiffsraum mache es unmöglich, die britischen Divisionen aus dem Mittelmeer nach Großbritannien zurückzuführen: eine vorsichtige Einleitung des Eingeständnisses, daß auch 1943 die Invasion in Frankreich noch undurchführbar sei. Stalin antwortete so prompt wie selten: »...erachte ich es für notwendig..., vor der großen Gefahr zu warnen, die eine weitere Verzögerung der zweiten Front in Frankreich in sich birgt.«

Der März war noch nicht überstanden, als Churchill das zweite jener Hiobskabel an Stalin senden mußte, die im Kreml das Gefühl verstärkten, die Rote Armee werde vom Westen ausgebeutet in ihrem Kampf gegen Hitler. Churchill schrieb: »Die Deutschen haben in Narvik eine mächtige Schlachtflotte konzentriert.« Und: »...brauchen wir jedes einzelne Geleitschiff zur Unterstützung unserer Angriffsoperationen im Mittelmeer...« Ergebnis: bis September könne der Westen den Russen keinen einzigen der – ihnen zugesagten – Geleitzüge nach Murmansk mehr zukommen lassen.

Stalin entgegnete, Lieferungen von Kriegsmaterial auf der Mittelmeer-Route könnten bei weitem nicht den Ausfall durch die Einstellung der Eismeer-Geleitzüge wettmachen. An Hitlers vierundfünfzigstem Geburtstag konnte Churchill dem Kreml wieder einmal eine siegverheißende Botschaft zukommen lassen: Montgomerys 8. Armee hatte in Tunesien »die größte Schlacht« eröffnet, »die wir bis jetzt geschlagen haben«. Sie sollte mit der Vertreibung aller Deutschen und Italiener aus Afrika enden. England hatte damit den Nazis ein zweites Stalingrad bereitet – aber bis zu diesem Londoner Glockenläuten waren noch die riskantesten Monate des ganzen Krieges seit dem Sieg in der Battle of Britain zu überstehen, denn »Stalin berief seine Botschafter ... aus Washington und London zurück. Es herrschte nun eine Stimmung«, schreibt der Mitarbeiter Roosevelts und Hopkins' und Herausgeber von dessen Nachlaß, Sherwood, »die bedenklich an die Zeit vor dem Abschluß der Molotow-Ribbentrop-Paktes im August 1939 erinnerte, und Befürchtungen wegen eines russisch-deutschen Separatwaffenstillstands lebten wieder auf ... Zum Glück wußte Hitler nicht, wie schlecht es um die Beziehungen zwischen den Alliierten in diesem Augenblick stand, wie nahe sie vor dem endgültigen Bruch standen, der einzig und allein ihn hätte retten können.«

Denn zur Nachricht, daß sämtliche Geleitzüge über Murmansk aus London und Washington eingestellt würden, kam am 15. April die Botschaft hinzu, daß die Polen das Schweizerische Rote Kreuz ersucht hatten, Katyn zu untersuchen. Und kam hinzu, daß man Stalin nicht länger mehr weismachen konnte, die westlichen Alliierten würden noch 1943 in Frankreich die schon im Vorjahr von ihm verlangte Landeoperation durchführen.

Stalin schlug zurück in Sätzen folgender Tonart – und die Reaktion Churchills und Roosevelts macht deutlich, daß beide sich die unangenehme Wahrheit eingestanden, Stalin sei im

Recht: »Die Sowjetregierung betrachtet das Verhalten der polnischen Regierung in der letzten Zeit gegenüber der UdSSR, das allen Regeln ... in den gegenseitigen Beziehungen zwischen zwei verbündeten Staaten widerspricht, als absolut anomal... Die von den deutschen Faschisten gegen die Sowjetunion gerichtete Verleumdungskampagne ... ist sofort von der Regierung des Herrn Sikorski aufgegriffen worden und wird von der offiziellen polnischen Presse in jeder erdenklichen Weise geschürt... Der Umstand, daß die sowjetische Kampagne gleichzeitig in der deutschen und in der polnischen Presse gestartet wurde..., läßt keinen Zweifel, daß zwischen ... Hitler und der Regierung Sikorski ... heimliches Einverständnis ... besteht. Zu einer Zeit, da die Völker der Sowjetunion im schweren Kampf gegen Hitlerdeutschland ihr Blut vergießen und alle ihre Kräfte für die Vernichtung des gemeinsamen Feindes ... einsetzen, führt die Regierung des Herrn Sikorski zum Nutzen der Tyrannei Hitlers einen verräterischen Schlag gegen die Sowjetunion.«

Roosevelt antwortete, er könne nicht glauben, »daß Sikorski in irgendeiner Weise mit den hitlerfaschistischen Gangstern gemeinsame Sache gemacht hat. Meiner Meinung nach hat er jedoch einen Fehler begangen, als er gerade diese Frage vor das Internationale Rote Kreuz brachte.«

Churchills Antwort war härter – hinsichtlich Sikorskis: »Wir werden uns gewiß jeglicher ›Untersuchung‹ durch das Internationale Rote Kreuz ... widersetzen. Eine solche Untersuchung wäre ein Betrug, und ihre Ergebnisse würden durch Terror zustande kommen. Herr Eden wird heute mit Sikorski zusammentreffen und ihn so energisch wie nur möglich drängen, jeder Untersuchung unter dem Schutz der Nazis die Unterstützung zu entziehen... Sikorskis Lage ist sehr schwierig. Weit davon entfernt, deutschfreundlich oder mit den Deutschen im Bunde zu sein, läuft er Gefahr, von den Polen gestürzt zu werden, die der Meinung sind, daß er nicht genügend für sein Volk gegen die Sowjetunion eingetreten sei. Wenn er abtreten sollte, dann würde nur jemand an seine Stelle treten, mit dem wir noch weniger zufrieden wären. Ich hoffe deshalb, daß Ihr Entschluß, die Beziehungen ›abzubrechen‹, eher im Sinne einer letztmaligen Warnung als eines Bruchs aufzufassen ist... Die öffentliche Bekanntgabe eines Bruchs würde in den Vereinigten Staaten den allergrößten Schaden anrichten, denn dort sind die Polen zahlreich und haben großen Einfluß.«

Stalin beantwortete Churchills Bitte mit dem Abbruch der Beziehungen, »da die polnische offizielle Presse die feindliche Kampagne nicht für eine Minute unterbricht, sondern sie mit jedem Tag verstärkt..., und die öffentliche Meinung der Sowjetunion ... durch die Undankbarkeit und den Verrat der polnischen Regierung zutiefst empört ist.« Gegenüber dem amerikanischen Präsidenten drückte Stalin immerhin seine Hoffnung aus, »daß Churchill einen Weg finden wird, um die polnische Regierung zur Vernunft zu bringen...«

Der Brite antwortete am gleichen Tag, an dem Stalin offiziell mit den Polen brach: »Auf Herrn Edens ernste Vorhaltungen hin hat sich Sikorski verpflichtet, nicht auf einer Untersuchung durch das Rote Kreuz zu bestehen... Er will auch die polnische Presse an Polemiken hindern. In diesem Zusammenhang prüfe ich die Möglichkeit, jene polnischen Zeitungen in unserem Land zum Schweigen zu bringen, die die Sowjetregierung und auch Sikorski wegen seines Versuchs, mit der Sowjetregierung zusammenzuarbeiten, angegriffen haben... Ich kenne General Sikorski gut, und ich bin überzeugt, daß es keinerlei Kontakte ... zwischen ihm ... und unserem gemeinsamen Feind geben kann.«

Fünf Tage später – der ganze Briefwechsel ging jetzt fast nur noch um den Polenstreit – ergänzte Churchill: »Das britische Kabinett ist fest entschlossen, in der polnischen Presse in Großbritannien für die notwendige Disziplin zu sorgen. Die erbärmlichen Schmierblätter, die Sikorski angreifen, können Dinge sagen, die der deutsche Rundfunksender zu unser aller Schaden ... lauthals wiederholt. Das muß unterbunden werden und wird unterbunden werden.«

Und wie noch oft in diesen Wochen – und das war keine Lüge – folgt die schriftliche Fixierung seiner Überzeugung, von allen Polen überhaupt sei Sikorski noch der brauchbarste. Nur: die Polen konnten im Moment überhaupt nicht gebraucht werden, sie konnten nur stören. Am meisten jener einzige, der internationale Autorität genoß, wie auch Ciechanowski festhält – denn dieser einzige, Sikorski, war eben seiner Autorität wegen auch von allen Polen jener, der niemals einer von den Sowjets in Polen einzusetzenden Marionetten-Regierung zu unterstellen war – solange er lebte. Churchill wußte, daß Stalin das sogenannte Lubliner Komitee als künftige Regierung für Warschau hochzog, und da er keine Zeile diktierte, die nicht auch an uns, seine Nachwelt, gerichtet war, so versicherte er noch einmal, an Sikorski festhalten zu wollen: »Goebbels ... ist jetzt eifrig dabei zu verbreiten, daß die UdSSR auf russischem Boden eine polnische Regierung einsetzen will ... Wir könnten natürlich eine solche Regierung nicht anerkennen und würden unsere Beziehungen zu Sikorski aufrechterhalten...« Als dann Sikorski allerdings tot war, konnte Churchill beim besten Willen nicht mehr an ihm »festhalten«. Und konnte so nun endlich Stalins Wunsch erfüllen.

Das sollte bereits nach acht Wochen geschehen. Solche »Zufälle« wie der Tod von Sikorski gibt es in der Geschichte. Stalin hatte in seinem vorhergehenden Brief auf »Verbesserung der Zusammensetzung« der gegenwärtigen polnischen Regierung gedrängt, und Churchill hatte geantwortet: »Ich gebe zu, daß die polnische Regierung verbessert werden könnte« – und es war dann einigermaßen merkwürdig, daß er *wieder* beteuerte, an Sikorski aber wolle er festhalten. Denn genau Sikorski war der Mann, den Stalin ständig als den Urheber der »Hetzkampagne« von Katyn beim Namen nannte, *der einzige Pole,* den er überhaupt namentlich erwähnte. Und nur einmal noch sagte Stalin etwas halbwegs Gemäßigtes über Sikorski: »...daß es keinen Grund zu der Annahme gibt, Sikorski könnte in den Beziehungen zur Sowjetunion Loyalität bewahren, vorausgesetzt sogar, daß er tatsächlich loyal sein will.«

Stalin fuhr fort: »Herr Eden hat nach seiner Rückkehr aus den USA ... Maiski mitgeteilt, daß die Anhänger ... Roosevelts bezweifelten, daß die polnische Regierung Aussichten hätte, nach Polen zurückzukehren und an die Macht zu gelangen.«

Es versteht sich von selbst, daß auch Herr Eden sofort hinzugesetzt hatte: Aber an Sikorski wolle man festhalten. Nur, wie gesagt und leider, der war ja dann acht Wochen später aus Edens Maschine gefallen, so daß man auch beim allerbesten Willen an ihm nicht mehr festhalten konnte. Statt dessen aber konnte Churchill bereits im August, nur einen Monat nach Sikorskis Tod, den Russen, was polnisches Territorium betraf, so weit entgegenkommen wie nie bisher: Und das war nötig, denn nun war die Beichte, daß in diesem Jahr die Invasion in Frankreich wieder nicht erfolge, unaufschiebbar geworden. Zu Lebzeiten Sikorskis – der, wie Irving festhält, den Briten einmal gedroht hatte, russische Verbrechen in Polen an die Weltöffentlichkeit zu bringen – wäre das undenkbar gewesen; in den USA hörten annähernd zehn Millionen Bürger polnischer und baltischer Herkunft auf diesen Mann. Nun aber konnte man rasch die Russen befriedigen: Während drei Monate nach Sikorskis Tod Stalin in Teheran drohte, die Rote Armee sei kriegsmüde, und er wisse nicht, wie er zu Hause erklären könne, daß die Briten wieder nicht in Frankreich landeten, reichte ihm hier auf dieser Konferenz Churchill Ostpolen hin. Nur kam man überein, den Londoner Polen dieses kleine »tschut, tschut« vorläufig nicht auf die Nase zu binden. Und wiederum drei Monate später sprach Churchill sogar schon schriftlich – was undenkbar gewesen wäre, solange Sikorski lebte – über »eine Reorganisation der polnischen Regierung bei der Befreiung von Warschau«.

Sikorskis Autorität im Westen hätte es verboten, mit ihm umzuspringen wie alsbald mit dem Jugoslawen Mihailowitsch, den Churchill nun schlicht als »Mühlstein am Halse König Peters« bezeichnete. Und dieser Jugoslawe hatte nicht einmal ein Kriegsbeil wie Sikorski unter die Alliierten geworfen, denn weder hatte er Grenzstreitigkeiten mit dem Kreml, noch war er dort aufgetaucht, um neuntausend vermißte Offiziere zu suchen.

Noch aber war Sikorski nicht völlig tot – und so beschimpfte Stalin in ihm auf das brutalste den britischen Premier, dem er unterstellte, die Engländer hätten nicht nur geduldet – auch das war eine Lüge –, daß die Polen das Rote Kreuz befragten, sondern die Engländer seien von diesem Ansinnen Sikorskis an Genf zuvor unterrichtet gewesen. Stalin: »Ich denke, daß es entsprechend dem Geist unseres Vertrages nur natürlich wäre, einen Verbündeten davon abzuhalten, einem anderen Verbündeten einen Schlag zu versetzen, besonders dann, wenn dieser Schlag eine direkte Hilfe für unseren gemeinsamen Feind bedeutet. Auf jeden Fall verstehe ich so die Verpflichtungen eines Verbündeten.« Er beklagte grimmig, daß die Polen die Sowjetunion verleumden dürften, »ohne dabei in London auf Widerstand zu stoßen«.

Mit diesem Brief hatte Stalin die Briten beschimpft, als lasse er schon keinen Unterschied zwischen Sikorski und Churchill mehr gelten. Und daraufhin geschah etwas Bedenkenswertes: Niemals mehr wurde von Stalin – und wurde von Churchill nur einmal noch, beiläufig und neunzehn Monate später – dieser Pole erwähnt in den fast dreihundertsechzig Briefen, die zwischen Kreml und Downing Street während des Krieges noch gewechselt werden sollten. Der soeben wochenlang Mittelpunkt des Interesses und des Kampfes beider Briefsteller gewesen war, Sikorski: Schlagartig nun, acht Wochen vor seinem Tod scheint er schon tot zu sein. Der Name Sikorski ist bereits ausgetilgt aus dem Wortschatz der zwei Verfügungsgewaltigen, obwohl doch die Streitaxt, die er zwischen sie hatte werfen *müssen,* erst jetzt ihr volles beängstigendes Ausmaß zeigte. Daß jetzt *beide* Partner den Namen Sikorski meiden, obwohl jeder Blick in die Presse an ihn erinnert: Spricht es für eine Vereinbarung? Und wenn ja: worüber? Zu Harry Hopkins vermochte Stalin bald listig und sanft zu sprechen, die Engländer sollten sich doch nicht mit Polen befassen, er sei ja doch bereit, »alles zu tun, um Churchill den Weg aus der unangenehmen Situation heraus zu ebnen, denn es würde sehr schlecht für die Briten aussehen, wenn alle Einzelheiten herauskämen...«

Welche »Einzelheiten«, von Kim Philby und Benesch detailliert unterrichtet, meinte Stalin? Ich faßte einige im ›Züricher Tagesanzeiger‹ vom 14. November 1967 zusammen, unter dem Titel:

WURDE SIKORSKI SCHON VOR DEM START GETÖTET?

1.) Der einzige Pole, den die Briten als Mitglied in ihre Untersuchungskommission aufnahmen, war ein Mann, der niemals

Flugzeuge, *sondern nur Ballone* (!) gesteuert hatte. Als endlich die Polen den britischen Bericht zum zweitenmal verwarfen und eine eigene Untersuchung ankündigten, ereignete sich ein Parallelfall zum Unfalltod in Edinburgh, dem ein Jahr zuvor jener polnische Oberstleutnant zum Opfer gefallen war, den General Sikorski zum Kronzeugen in der von ihm angekündigten Untersuchung der *Brandgranaten-Affäre* ausersehen hatte, die sich anläßlich seines zweiten Flugs zu Roosevelt in einem britischen Sonderflugzeug über dem Atlantik ereignet hatte. Der Oberstleutnant war totgefahren oder vergiftet worden, die Untersuchung konnte nicht mehr stattfinden. Jener Pole nun, ein Ingenieur und Offizier, Businski, der die von den Briten als abgeschlossen erklärte Untersuchung der Tragödie von Gibraltar auf Geheiß seiner polnischen Regierung wieder aufnehmen sollte, stürzte in Montreal tödlich ab, als er unterwegs war, seine Untersuchungsergebnisse mit der amerikanischen Liberator-Fabrik auszutauschen. Wenn dieser Absturz ein Zufall war – war es auch Zufall, daß diesem Unglück in Kanada der Tscheche Prchal als Augenzeuge »beiwohnte«, der Sikorskis von Whitehall gestellter Steuermann in den Tod gewesen war? Das ist »Zeugenschwund« wie im Fall Kennedy, eine historische Krankheit.

2.) Es gab Hunderte von polnischen Soldaten und Offizieren in Gibraltar. Aber kein einziger wurde vom Untersuchungsausschuß vernommen, nicht einmal Graf Lubienski, der Sikorski mit dem Gouverneur – der auch nicht vernommen wurde – an die Maschine gebracht hatte und der den Liberator zuerst Richtung See abgleiten sah.

3.) Kein polnischer Arzt sah eine der Leichen oder die Verwundungen, die angeblich Prchal zu einem »Schwerverletzten« gemacht hatten, so daß man vier Tage lang nicht einmal Sikorskis Missionsoffizier Lubienski bei ihm vorließ; vielleicht deshalb, weil einer der Matrosen im Rettungsboot später zu Irving sagte, Prchal sei *nicht* bewußtlos gewesen, sondern nur stumm. Für einen Bewußtlosen allerdings hatte er seine Schwimmweste – und er beharrt noch heute darauf, sie nicht bereits am Ende der Piste angelegt zu haben – erstaunlich exakt verschnürt.

4.) *Präsident Benesch* war zweifellos peinlich genug davon berührt, daß ausgerechnet einer seiner tschechischen Offiziere der letzte Pilot des Polen Sikorski hatte sein müssen. Daß er trotzdem *nicht* die Unfall-These stützte, sondern zu Stalin sagte, Churchill sei der Täter, ist so glaubhaft wie seine Erbitterung und Furcht, daß man mit einem unpassenden Alliierten so verfahren war. Warum sollte Benesch auf Kosten eines seiner Offiziere gelogen haben? Warum wäre ausgerechnet diese Aussage aus dem Manuskript von Djilas ohne Kenntnis des Autors und des Verlegers entfernt worden? Warum hat man bis heute in der englischen Presse vermieden, in den zahlreichen Sikorski-Berichten auf diese Äußerung von Benesch einzugehen, obwohl der ›Spiegel‹ sie bereits am 9. Oktober bekanntgab?

5.) Am 22. Oktober hat der ehemalige britische Funkoffizier Douglas Martin, der zur Stunde des Ereignisses Dienst auf dem Felsen von Gibraltar versah, im Sheffielder ›Morning Telegraph‹ eine Aussage gemacht, die dem offiziellen Untersuchungsbericht der englischen Regierung aus dem Jahr 1943 entscheidend widerspricht. Während damals schon der Kontrolloffizier des Flugplatzes beobachtet hatte, daß die Maschine des polnischen Ministerpräsidenten nicht abgestürzt war, sondern im Gleitflug zur Bauchlandung unweit der Küste angesetzt hatte, basierte der Untersuchungsbericht trotzdem auf den Behauptungen des tschechischen Piloten, erstens sei der Liberator »abgestürzt«; zweitens habe er, Prchal, beim »Aufprall« das Bewußtsein verloren und sei mit zwei gebrochenen Beinen und schweren inneren Verletzungen erst nach vier Tagen im Krankenhaus aufgewacht. Die Untersuchungskommission hatte behauptet, Prchal sei als *einziger* der siebzehn Insassen der Maschine deshalb am Leben geblieben, weil er beim »Absturz herausgeschleudert« worden sei.

Martin dagegen bestätigt nun die Beobachtung des britischen Kontrolloffiziers, daß die Maschine nicht abgestürzt sei; sie sei so ruhig zur *Bauchlandung* gebracht worden, daß bei ihrer Berührung mit dem Wasser nicht einmal der Bug der Maschine in die See getaucht sei. Martin sah weiter, daß die Maschine so lange an der Oberfläche trieb, bis aus der Pilotenkanzel ein

Mann mit Schwimmweste ausstieg und über die Tragfläche ins Wasser ging. Dies ist um so bemerkenswerter, als keiner der im Flugzeug befindlichen Polen sich ins Freie retten konnte, obwohl der Liberator sechs Ausstiege hat.

6.) Durch Douglas Martin erhält die Beobachtung eines britischen Matrosen, Derek Qualtrough, ein großes Gewicht: Qualtrough war einer der Insassen des ersten Rettungsbootes, das den Tatort erreichte – und war überrascht, dort bereits einen Mann in einem Boot vorzufinden, der offenbar auf die Bauchlandung gewartet hatte und sofort verschwand, als die Matrosen ihre Bergungsarbeiten aufnahmen. Weder Martin noch Qualtrough wurden vom Untersuchungsausschuß vernommen. Auch der Mann im Boot wurde nie erwähnt.

Bis zu seinem Tod pflegte Sikorski die Illusion, durch ein zweites Gespräch mit Stalin die Schlucht überbrücken zu können, und bat Churchill, eine Begegnung zu vermitteln. Aber Churchill, der besonders in der Not wahrhaft hellsichtig war, wußte lange vor Abbruch der Beziehungen des Kremls zu Sikorski, daß es hier nicht um eine schwere diplomatische Erkältung ging, sondern daß Sikorski *in seiner Person* polnische Ansprüche darstellte, deren Rechtmäßigkeit vor aller Welt offenlag – und zu denen offiziell auch die Regierung seiner Majestät stehen mußte, auch gegen den Kreml, solange Sikorski lebte. Der hatte in einer Rede am 26. Januar 1943 – also schon vor Katyn – noch einmal ausdrücklich dem Kreml kundgetan, daß es nicht einmal hinsichtlich der Curzon-Linie einen Kompromiß geben könne. Würde nun Churchill Sikorski auch nur mit Stalins Londoner Botschafter, vor dessen spektakulärer Rückberufung in den Kreml, noch einmal zusammengebracht haben, so hätte das nur enthüllen können, wie weit die Briten hinter Sikorskis Rücken in diesen Monaten schon mit Zugeständnissen an Rußland hatten gehen müssen, da Stalin seine drängendsten und absolut verständlichen Anklagen an die Westmächte wegen der neuerlichen Verschiebung der Invasion um ein volles Jahr erhob.

Man muß das in der Korrespondenz nachlesen, wie Stalin gegenüber dem Premier Formulierungen benutzt, die nahezu einem Abbruch der Beziehungen gleichkommen und jedenfalls in London potentiell als Begründung für einen Separatfrieden des Kremls mit Berlin eintaxiert werden mußten: »Es bedarf keiner Worte, daß sich die Sowjetregierung mit einer solchen Mißachtung der lebenswichtigen Interessen der Sowjetunion im Krieg gegen den gemeinsamen Feind nicht abfinden kann. Sie schreiben mir, daß Sie meine Enttäuschung (über die Verschiebung der Invasion) durchaus verstehen. Ich muß ihnen erklären, daß es hier nicht nur um die Enttäuschung der Sowjetregierung geht, sondern um die Erhaltung ihres Vertrauens zu den Verbündeten, das auf eine schwere Probe gestellt wird. Man darf nicht vergessen, daß es darum geht, Millionen von Menschenleben in den besetzten Gebieten Westeuropas und Rußlands zu retten und die gewaltigen Opfer der sowjetischen Armeen zu verringern, im Vergleich zu denen die Opfer der anglo-amerikanischen Truppen unbedeutend sind.«

Dies die letzten Sätze des grußlos abgebrochenen Kabels, das Stalin zehn Tage vor Sikorskis Tod nach London sandte – kein Mensch, der auch nur des geringsten Gerechtigkeitsgefühls fähig ist, kann Churchill verurteilen, daß er in dieser Krise nicht nur ablehnte, Stalins Wut durch eine neue Intervention zugunsten Sikorskis zum Amoklauf zu steigern, sondern daß er das Foreign Office sogar anwies zu verhindern, daß der russische Botschafter und Sikorski sich noch einmal »zufällig« begegneten ... obwohl beider Flugzeuge mehrere Stunden in Gibraltar nebeneinander parkten. Mit größtem komischen Umstand und Aufwand wurde verhindert, daß Pole und Russe sich in Gibraltar auch nur begegnen konnten.

Churchill handelte, wie er handeln mußte! Im Ernst hat Stalin schwerlich den Verdacht gehegt, Sikorski »sei eine Art Agent von Churchill«. Aber das hinderte ihn nicht, diesen Verdacht auszuspielen. Würde Churchill zugelassen haben, daß Sikorski am Tag vor seinem Tod den aus London zurückgepfiffenen Maiski noch einmal anredete, so hätte der womöglich dem Polen bereits ins Gesicht gesagt, was die Briten noch ein volles Jahr nach Teheran dem Nachfolger Sikorskis nicht ins Gesicht zu sagen wagten, so daß es ihm endlich wie mit dem Holzhammer durch Molotow beigebracht wurde: daß die Curzon-Linie zwischen Russen und Briten längst ausgehandelt sei. Molotow selber war überrascht, daß der zu London residierende Mikolajcyk das noch nicht wußte. Churchill saß am Tisch, als endlich der Pole die Wahrheit sah. Churchill blickte nicht auf, er sagte nur: »Das muß ich bestätigen.« Aber Churchill hatte keine Schuld, denn er hatte nie die Macht gehabt, diese Tragödie Polens zu verhindern – Macht hatte er nur zu verhindern, daß Großbritannien mit hineingezerrt wurde in den Untergang jenes Polens, das Sikorski verkörpert hatte.

Churchill hatte Sikorskis einziges Kind, Ordonnanzoffizier ihres Vaters, gewarnt, den General nach Persien zu begleiten – was nichts weiter besagt, als daß Churchill ein anständiger Mensch war. Denn auch seine Töchter nahm er nicht oder nur ungern in seine Maschine. Daß Madame Lesniowska jedoch am Tage ihres Todes in Gibraltar die Warnungen des Gouverneurs ausschlug, wird heute von ihrem Gatten so ausgelegt, daß General Mason MacFarlane eben auch nur einen Verdacht gehabt habe, aber keine Kenntnis, denn, argumentierte Herr Lesniowski: sonst würde dieser alte ehrenhafte Schottengeneral *verboten* haben, dieses Flugzeug zu besteigen.

Ich zitiere diese Bemerkung, weil sie verdeutlicht, wie sehr die Polen in London den menschlichen Selbstschutz kultivieren. Der Witwer bringt es noch dreiundzwanzig Jahre nach dem Tode seiner Frau und seines Schwiegervaters fertig – denn es gibt bekanntlich Wahrheiten, deren Anerkennung einen um den Verstand bringt, oder man hat keinen Verstand–, die Frage, warum denn wohl kein Pole die Liberator-Maschine des polnischen Oberbefehlshaber geflogen habe, mit der Gegenfrage zu beantworten: »Ob vielleicht keiner der Polen in der RAF Liberators fliegen konnte?« 1943 waren schon unzählige Polen als Liberator-Piloten gefallen!

Auch der so ehrenhafte Historiker General Kukiel beginnt mit der *moralischen* Wertung der Fakten schon vor der Sammlung der Fakten: der sicherste Weg, alles das auszuschließen, was nicht sein kann, weil es nicht sein darf. Als ich dem heute zweiundachtzigjährigen Herrn nach langen Gesprächen die noch höchst vorsichtige Frage stellte, denn wir unterhielten uns im Sikorski-Institut und das – und nicht nur das – lebt von einer Gnadenrente der Downing Street: »Exzellenz ... spricht das nicht alles dafür, daß es die Briten getan haben«, da war die Antwort: »Ja – aber die waren es nicht, denn das entspricht nicht britischen Usancen.« Nun könnte gewiß nur ein Narr behaupten, Meuchelmord sei eine *britische* Usance. Ob er aber nicht *eine* Usance *jeder* Macht in der Not ist?

Um auf die Warnungen des Gouverneurs von Gibraltar zurückzukommen, der übrigens dem General Kukiel und anderen alsbald versichert hat: »Die Russen können es nicht getan haben« – so sagte der zu Sikorski gewiß nicht: wenn Sie da einsteigen, dann werden Sie auf der Piste erschlagen! Merkwürdigerweise habe ich bei keinem der Londoner Polen, die von den Warnungen MacFarlanes berichteten, im geringsten ein Verständnis für das gefunden, was dieser Gouverneur mit einem auch nur vorsichtigen Hinweis riskiert hat: MacFarlane kleidete ihn zunächst in einen Stoßseufzer, der so irreal war, daß der Pole aufmerksam werden mußte. Der Brite wies auf die Maschine des russischen Botschafters, der nach Kairo fliegen sollte, während Sikorski aus Kairo kam: »Könnten Sie doch in Maiskis Maschine einsteigen.« Wie konnte der Schotte etwas derart Verrücktes sagen, da Polen und Russen nicht einmal mehr Beziehungen unterhielten?

Später wurde MacFarlane deutlicher, nachdem offensichtlich sein Versuch, ohne allzu deutliche Warnung auszukommen, nichts gefruchtet hatte. Dieser Versuch bestand in einem Bankett, das er mit Dudelsackmusik und vielen Getränken den Polen bis nachts um elf gegeben hatte, wahrscheinlich in der Hoffnung, daß Sikorski dann, wie am Vorabend dieses Banketts, bereit sein würde, noch einen weiteren Ruhetag einzulegen. Was hätte dies geändert?

Es hätte bedeutet, daß eine unheimliche Begleitung – britische Geheimdienstfachleute Middle-East, die in Kairo den Polen gebeten hatten, er möge sie rasch mit nach London nehmen – in einer anderen Maschine weitergeflogen wären, anstatt auch in Gibraltar wieder in Sikorskis Maschine zu steigen.

Sikorski sollte, in Gibraltar am Spätnachmittag des 3. Juli aus Kairo zurückerwartet, noch in der gleichen Nacht nach London weiterfliegen – nach mehreren Stunden Ruhe und Wartung der Maschine. Aber der General war von den Strapazen seiner Inspektion des Nahen Ostens nicht weniger erschöpft als Wallenstein, der sich in Eger zu Bett begab – auch kaum weniger beunruhigt: Noch auf dem Flug von Kairo, sagte die Tochter am nächsten Tag, hätten sie wieder Angst gehabt.

Sikorski fühlte sich unterwegs von Kairo nach Gibraltar derart erschöpft, daß er per Funk den Gouverneur, mit dem er befreundet war, seit MacFarlane als britischer Militär-Attaché in Moskau polnische Soldaten aus russischen Kerkern befreit hatte, bat, doch in Gibraltar 24 Stunden länger als vorgesehen bleiben zu dürfen, um sich zu erholen.

Diese Bitte brachte den Gouverneur in Verlegenheit, denn ihm war aus London mitgeteilt worden, Botschafter Maiski treffe mit einer VIP-Maschine, wie sie auch Sikorski flog, in Gibraltar ein (auf seiner Rückreise nach Moskau, wohin Stalin ihn abberufen hatte). Und keinesfalls dürfe der Russe mit dem Polen zusammentreffen. So mußte MacFarlane in London rückfragen. Der Aufenthalt Sikorskis wurde genehmigt, und es wurde arrangiert, daß nicht der Russe zur Übernachtung in den Palast gebeten wurde, sondern die Polen.

Nunmehr verließ der Russe London erst so spät in der Nacht, daß er im frühen Tagesgrauen des 4. Juli in Gibraltar ankam, dort nur wenige Stunden blieb und nach einem Frühstück, das ihm der Gouverneur im Palast gab, weiterflog – während die Polen ausdrücklich gebeten wurden, keinesfalls ihre Zimmer zu verlassen, ehe der Russe verschwunden sei. Was man amüsant fand. (Immerhin war damit erreicht, daß zwar nicht, wie vorgesehen, am Abend des 3. Juli, wohl aber noch im Morgengrauen des 4. die Maschine des Russen einige Stunden deutlich sichtbar neben der des Polen geparkt war – so daß die Nachwelt, wie jetzt immer in London, wenn von Sikorskis Tod gesprochen wird, Anlaß hat, von der Frage bewegt zu sein, ob nicht vielleicht die Russen sich an der Maschine des Polen vergriffen hätten...)

Nun geschah etwas Bemerkenswertes: Jene britischen

Geheimdienstleute, die um Mitnahme in Sikorskis ohnehin gut besetztem Flugzeug gebeten hatten, angeblich, weil sie auf diese Weise schnell aus Kairo nach London kommen sollten, waren nun gar nicht mehr in Eile. Sie hatten Zeit, ebenfalls wie der Pole volle 24 Stunden Ruhe einzulegen. Das ist merkwürdig. Denn nur einen Tag später sollte unmittelbar vor dem Aufgabenbereich dieser Geheimdienstler die bis dahin größte Landeoperation der Weltgeschichte, die Invasion Siziliens mit 2590 Schiffen einsetzen, weshalb man ja auch, wie es dann 24 Stunden später hieß, keine Taucher in Gibraltar zur Verfügung hatte, die sofort nach dem Absturz hätten versuchen können, Sikorskis Maschine, die nur wenige Meter vom Ufer in nur acht Meter Tiefe lag, zu bergen: Die Taucherequipe war angeblich zur Vorbereitung der Sizilien-Operation abkommandiert worden, weil diese mit kompliziertesten Sicherheitsvorkehrungen umgeben war. Doch diese Fachleute – und die Polen sagten, es seien die führenden Leute des britischen Geheimdienstes in diesem Gebiet, die um Mitnahme nach London gebeten hatten – mußten nicht nur ausgerechnet in diesen Tagen ihr Aufgabengebiet verlassen, sondern sie hatten ganz plötzlich, da Sikorski einen Ruhetag einlegen wollte, auch Zeit genug, sich in Gibraltar zu sonnen.

Ob General Sikorski diese Geheimdienstler-Gesellschaft im Heck seines Liberators, direkt über dem Ausstieg des diesmal nicht mitfliegenden Heckschützen, als sehr angenehm empfand, darüber ist nichts bekannt – vielleicht wollte er sie loswerden und legte deshalb so plötzlich den Ruhetag ein, aber vergebens. Merkwürdig bleibt, daß die Aussage der Tochter, noch auf dem Weg nach Gibraltar Angst gehabt zu haben, nicht dafür spricht, daß die Fachleute des Geheimdienstes beruhigend auf die Polen gewirkt hätten – wie es das doch eigentlich sein sollte.

Sikorski forderte dann im Lauf des 4. Juli in Gibraltar den Grafen Lubienski, seinen polnischen Missionsoffizier, und einen soeben aus Warschau eingetroffenen Partisanen-Kurieroffizier auf, mit ihm nach London zu fliegen. Für den Kurier war gerade noch Platz, für Lubienski nicht – denn die Briten im Heck räumten ihre Plätze durchaus nicht, um in eine der vielen anderen Maschinen umzusteigen, die nach London gingen, sondern sie blieben dabei, mit dem polnischen Ministerpräsidenten zu fliegen, obwohl dieser Wunsch sie 24 Stunden Zeit kostete.

Wenn nun der Gouverneur von Gibraltar, MacFarlane, am Ende des Banketts nachts gegen elf am 4. Juli den Polen bat, doch nicht diese Maschine zu nehmen, so hatte er vermutlich den sehr richtigen Gedanken, daß diese Geheimdienstleute nicht noch einen weiteren Ruhetag in Gibraltar mit den Polen verweilen konnten. Daß sie dann vorausfliegen müßten. Aber welcher General darf zeigen, daß er Angst hat! Und Sikorski hatte zudem von Churchill ein Telegramm bekommen, er werde in London erwartet. MacFarlane war besonders erschüttert, daß auch sein Versuch mißglückte, wenigstens Sikorskis Tochter zum Bleiben zu bewegen.

Sicherlich war die Warnung MacFarlanes – ohnehin lebensgefährlich für den Gouverneur – etwas zu verschlüsselt: Jedenfalls war er ein gebrochener, *weinender* Mann, als er der Witwe Sikorskis dann berichtete, er habe keine Schuld, er habe Sikorski gebeten, nicht mit dieser Maschine zu fliegen. Daß Madame Sikorskis und andere Polen sagten, sie hätten, solange sie in England lebten, niemals einen Briten gesehen, der so um seine Contenance gebracht war wie dieser tiefbeschämte, betagte General: das läßt die Vermutung zu, daß MacFarlane sich Vorwürfe gemacht hat, nicht deutlicher geworden zu sein.

Doch hat neulich ein ehemaliger Offizier, ein Brite, erhärtet, daß MacFarlane tatsächlich der Witwe Sikorskis die Wahrheit sagte, als er sie wissen ließ, er habe versucht, den Polen zum Verzicht auf diese Maschine zu bewegen.

Die Herren des Geheimdienstes legten übrigens bei ihrer Landung in Sikorskis Maschine eine ungewöhnliche Scheu, gesehen zu werden, an den Tag: Sie stiegen nicht mit aus, obwohl nur die oberste britische Prominenz, der Gouverneur, der Chef der Luftwaffe und der Marine und der polnische Missionsoffizier Graf Lubienski die Maschine aus Kairo auf dem Rollfeld erwarteten. Die Geheimdienstler wurden vom Chef ihrer Branche in Gibraltar erwartet – aber sie ließen sich durchaus nicht blicken, bevor die Polen und sogar deren Gepäck ausgeladen und abgefahren worden waren; erst dann stiegen sie in das Geheimdienstauto und fuhren davon.

Am nächsten Abend war es ebenso: Niemand sollte sie sehen, sie hatten in Sikorskis Maschine ihre Heckplätze – über dem Ausstieg des Heckschützen – schon wieder eingenommen, ehe Sikorski und seine Suite auf dem Rollfeld eintrafen, wieder nur mit den Herren, die sie am Vorabend empfangen hatten.

Auch der Co-Pilot zeigte sich nicht, überhaupt niemand von der Besatzung ist beim Einstieg in die Maschine gesehen worden – und der Co-Pilot, eigens in Gibraltar hinzugekommen, ein anderer als jener, der von Kairo mitflog, soll dann ja den falschen Hebel gezogen, kurzum: den Absturz verschuldet haben.

Daran kann niemand zweifeln, denn Prchal hat es selbst gesagt, der glänzende tschechische Pilot, der auch gesagt hat, er sei der einzige, der lebend aus der Maschine kam – aber das weiß er vielleicht nicht so genau, weil er sich überhaupt ein bißchen irrte.

Allerdings nur in nebensächlichen Details, zum Beispiel, was die Schwimmweste betrifft: Er hatte keine an, sagt er – dabei hatten nur die Leichen keine an. Er aber doch, allerdings nicht, bevor er in die Maschine stieg. Da hatte er so wenig eine an wie alle anderen. Sie anzuziehen, hatte er dann reichlich Zeit, ganz hinten auf der nachtschwarzen Piste, und er hatte sie ja auch gut verschnürt, das muß man ihm lassen... Die Polen hatte er nicht beunruhigt durch die Aufforderung, ihre Schwimmwesten anzuziehen. Die saßen aber auch nicht wie er in der Kanzel und wurden deshalb nicht »herausgeschleudert«. Wo die saßen, da waren nicht einmal Fenster. Nur der Tscheche also stand salutierend, wie es sich gehört, vor der Maschine, als Sikorski im Wagen des Gouverneurs vorfuhr. Die Geheimdienstler dagegen, und übrigens auch der Co-Pilot, benahmen sich versteckter als in Feindesland. Was mag sie veranlaßt haben, im britischen Gibraltar nicht einmal dem Gouverneur begegnen zu wollen?

Dieser Liberator, mit dem Sikorski flog, hatte hinter der Pilotenkanzel drei abgeteilte Räume: der erste große für die Passagiere; dahinter, über den Bombenschächten, eine Sonderkabine nur für Sikorski, den Generalstabschef und einen dritten Prominenten, ein britischer Offizier, der in allerletzter Minute sich gar nicht hatte zurückhalten lassen, schnell mit nach London zu fliegen. Und hinter dieser Sonderkabine, die, wie gesagt, getrennt war von der Mehrzahl der Passagiere – da war Gepäck, Post und zufällig an diesem Tag eben noch die Herren des Geheimdienstes, deren Leichen leider niemals gefunden werden konnten. Vielleicht weil sie heute noch leben. Denn ihre berufsmäßige Scheu, sich zu zeigen – wir haben davon gehört –, die hält vielleicht noch heute an.

Sonnenuntergang war am Todestag Sikorskis um 21 Uhr 57. Die Nacht war mondlos. Als die Maschine davonrollte, war sie für den Gouverneur und seine Begleiter schon absolut unsichtbar, bevor sie das äußerste Ende der Piste erreicht hatte, wo sie lange hielt, sehr lange, auffallend lange. Denn Prchal war ein höchst zuverlässiger Pilot: so daß er dort, wo er auch die Schwimmweste verschnürt haben muß – in der Luft war er ja nur wenige Sekunden, dann fiel die Maschine aufs Wasser –, immer wieder die Motoren ausprobierte.

Endlich – endlich brauste die startende Maschine aus der großen Entfernung am Ende der Piste wieder heran und vorbei am Gouverneur und seiner Suite. »Glänzender Start«, sagte der Luftwaffenchef zu dem neben ihm stehenden Piloten; die Herren wandten sich ihrem Wagen zu – bevor sie den aber bestiegen hatten, war die Maschine »abgestürzt«, so laut, so nahe, daß die in die Nacht auf sie zurennenden Herren in der Schwärze nicht gleich ausmachen konnten, ob sie noch auf Land oder ob sie schon auf Wasser gefallen war.

Am anderen Morgen fand sich dort, wo die Maschine in der Finsternis so lange bei laufenden Motoren am Rande der Piste verweilt hatte, ein Postsack, der aus ihr herausgefallen war. Welche Tür war dort aufgegangen? Die des Heckschützen? – Aber es war ja keiner an Bord. Dort saßen ja – sofern sie nicht vielleicht noch mit General Sikorski und den zwei anderen in der Generalskabine beschäftigt waren – die Herren des Geheimdienstes. Ob die nun vielleicht, unmittelbar bevor der Bomber losbrauste zum Start, auch herausgepurzelt sind wie der Postsack: Wer könnte da etwas gesehen haben?

Auch für den Kontrolloffizier war die Nacht zu dunkel. Trotzdem: In dessen Logbuch – bis vor kurzem waren alle Logbücher des Jahres 1943 erhalten – wurde ausgerechnet jene Seite herausgerissen, die Eintragungen über die Maschine Sikorskis enthielt. Ein guter Brauch ist das nicht, und der wird auch selten geübt.

In einem Punkt – wenigstens als er tot war – hatte Whitehall übrigens auch einmal Glück mit Sikorski: Es gab gar keine Schwierigkeit, seinen Leichnam aufzufischen.

Ob das mit der Beobachtung jenes Matrosen Qualtrough zusammenhängt – für die sich selbstverständlich der Untersuchungsausschuß so wenig interessiert hat wie für eine der obengenannten Beobachtungen –, der geglaubt hatte, er sei im ersten Boot, das zum gewasserten Flugzeug hinausfahre, und der auch – laut Untersuchungsbericht – in jenem »ersten« Boot saß, dann aber entdeckte, daß *schon* ein Boot dort war, als seines, das »erste«, draußen ankam? Doch dieses Boot, anstatt nun bei der Bergung behilflich zu sein – machte sich rasch davon in der Nacht. Qualtrough hat das am 3. Juni 1967 Irving berichtet.

Die drei Männer, die unmittelbar vor den Herren des Geheimdienstes – und abgetrennt von den anderen – in der Generalskabine damit beschäftigt gewesen waren, sich für die Nacht auszuziehen, dort hinten auf der Piste, wo im Dunkeln die Maschine so sehr lange hielt, waren beim Auskleiden vom Tod überrascht worden: Sikorski trug schon die Pyjamajacke, aber noch einen Stiefel, die Uniformjacke seiner Tochter war um seine Beine verwickelt. Obwohl also die Maschine fast zwanzig Minuten dort hinten stand – lag der General nicht auf seinem Bett, als die Maschine startete, sondern zog sich *während* des Starts um – was man außer von General Sikorski noch von keinem Menschen gehört hat. Warum hatte er sich nicht *vor* dem Start, da er zwanzig Minuten Zeit dazu hatte, ausgekleidet und lag auf seinem Eisenbett?

Jedenfalls – diese drei prominenten Leichen bereiteten gar keine Scherereien mehr, sondern wurden schon eine Viertelstunde nach der Katastrophe vom ersten ausgelaufenen Schnellboot aufgefunden, und zwar auf dem Wasser treibend *in erheblicher Entfernung von der Maschine!*

Das ging wie geplant. Das ging so prompt, als hätten die zwei

Taucher des Geheimdienstes, Crabb und Bailey, schon gewartet auf das, was da vom Himmel fiel. (Daß der Liberator ausgerechnet dort auseinanderbrach, wo die Generalskabine war, mag damit zusammenhängen, daß in deren Boden die Bombenschächte saßen – und daß man in dieser Kabine am Tage noch einiges zu schaffen hatte, weil dem erschöpften Sikorski dort eigens ein anderes Lager, ein Eisenbett, eingebaut wurde.)

Jedenfalls schlugen diese drei so hart auf, daß ihre Uhren stehenblieben und daß der Körper von Sikorskis Generalstabschef keinen einzigen heilen Knochen mehr zu haben schien, als Lubienski ihn dann vom Boot aufs Land trug, sondern sich anfaßte »wie ein Sack Kartoffeln«. Dagegen war der Beobachter der Notwasserung, Kanonier Hughes, der Ansicht gewesen, in dieser so sanft gewasserten Maschine könnte unmöglich auch nur *einer* ums Leben gekommen sein.

Aber der Taucher Bailey hat selber gesagt, man habe ihn nicht nur erst am nächsten Tag hinzugezogen, sondern er habe früher als am nächsten Tag von diesem Absturz auch gar nichts erfahren! Ob auch Leutnant Crabb in dieser Nacht so tief geschlafen hat, das ist nicht zu erfahren, solange er noch, gekidnappt von den Russen, bei denen als Ausbilder arbeiten muß.

Sonst waren die beiden nachts in Gibraltar recht wachsam, denn Bailey sagt, er sei deshalb dort gewesen, um italienische Schwimmer unschädlich zu machen, die nachts die Schiffe der Alliierten zu beschädigen drohten.

Noch weniger erzählen kann leider Mr. Sweet-Escott, der ein Abteilungsleiter in jener Sparte des Geheimdienstes war, die man »Old Firm« nannte. Und die verantwortlich war für die – wie, schon zitiert, Sefton Delmer schrieb – »Organisation von Sabotageakten, Ermordungen und ähnlichen Unternehmungen«.

Aber Sweet-Escott war nicht in Gibraltar – obwohl Irving den Namen von Sweet-Escott auf dem zufällig erhalten gebliebenen Terminkalender des Gouverneurs für morgens 11 Uhr 45 am 4. Juli, dem Unglücksonntag, eingetragen fand. Als Irving ihn deshalb zum Zeugen aussersah, da erhielt er sofort zwei Briefe, die das Ehrenwort – so genau hatte Irving es gar nicht wissen wollen – von zwei ehemaligen Mitarbeitern dieses Herrn enthielten. Die Ehrenworte, daß ihr Chef vor dreiundzwanzig Jahren um 11 Uhr 45 am 4. Juli bei ihnen war – und folglich der Gouverneur von Gibraltar den Namen Sweet-Escott nur aus Spaß am Kritzeln auf seinem Terminkalender eingetragen haben konnte.

Nun, wenn auch weder die Geheimdienst-Taucher Crabb und Bailey dabei helfen konnten, noch einer der Fachleute für Ermordung, Herr Sweet-Escott, überhaupt in Gibraltar war: Sikorski wurde jedenfalls gefunden, und zwar völlig tot und so schnell, daß es keine zwölf Minuten ungewiß blieb, ob seine Leiche zum Staatsakt in Westminster auch verfügbar sei.

Als im Weißen Haus die Todesnachricht einging, sagte Roosevelt zu seinem Unterstaatssekretär, der später auch öffentlich von der »Ermordung« Sikorskis zu sprechen pflegte: »This time they didn't miss.«

Unser Gefühl wird ewig einen Unterschied machen in der moralischen Wertung zwischen – sagen wir: der Anordnung, Sikorski in einem Bomber zu töten, dann die Maschine aufs Wasser zu werfen, und der Redigierung etwa der Emser Depesche, wenige Bleistiftstriche, mit denen Bismarck endlich den Franzosen den gewünschten Krieg ermöglichte. Aber urteilt hier unser Gefühl nicht gefühlig?

Wenn man die Beseitigung Sikorskis zur Rettung der großen Koalition für nötig hielt, mußte oder durfte man dann einen anderen Maßstab gelten lassen als die Menge des vergossenen oder geretteten Menschenblutes? In Sikorskis Liberator kamen nicht mehr Menschen um als in jeder Nacht in nur zwei abgeschossenen britischen Bombern – während vielleicht die redigierte Depesche von Ems (es war keine Fälschung) den Krieg von 1870/71 überhaupt erst entfesselt hat. Daß sie ihn nur deshalb entfesseln konnte, weil Napoleons Grammont ihn sehnlichst herbeiwünschte, das ist eine andere Sache...

Es war Churchills Pflicht als Steuermann Großbritanniens, dem Waffenbruder im Kreml – auf den er nicht hätte verzichten können, ohne wahrscheinlich den Krieg zu verlieren – zu beweisen, daß dessen Gegner auch der seine sei. Es war dies das allerwenigste, was Churchill dem Kreml in den furchtbaren Krisen der Jahre 1942/43 beweisen konnte, da Churchill wie Roosevelt noch zu ohnmächtig waren, um den Russen durch Errichtung einer entscheidenden zweiten Front ihre unbedingte Opferbereitschaft und Bündnistreue zu beweisen; und daß er nicht heimlich, wie er nach Sikorskis Tod einmal diktierte, Polen aufspare »zur Verteidigung polnischer Rechte gegen die Russen«.

Churchill hat vor dem Zweiten Weltkrieg in meisterlichen Porträts, die er über bedeutende Politiker schrieb, nie verhehlt, daß der Staatsmann ersten Ranges – und mindestens als Krieger war im kriegerischen 20. Jahrhundert Churchill der Größte – vor der Salus Publica das eigene Seelenheil als durchaus sekundär zurückzustellen habe.

Auch daß der Staatsmann mit seinen weißen Kragen und Papieren seine Geschäfte nicht nur im Tageslicht abwickeln kann, sondern mindestens während der bedrohlichsten Krisen der Unterstützung aus der Kanalratten-Sphäre durch eine wie immer benannte »Old Firm« bedarf: Churchill selber hat das anläßlich des Ersten Weltkriegs exakt beschrieben, bei Betrachtung des britischen Geheimdienstes, der »tüchtiger war und größere Triumphe erzielte als der aller anderen Länder, der feindlichen, der verbündeten und der neutralen«.

Churchill: »In den höheren Sphären... glichen die Tatsachen in vielen Fällen in jeglicher Hinsicht den phantastischen Erfindungen der Romantik und der Sensationslust. Verwirrung innerhalb der Verwirrung, Anschlag und Gegenanschlag, List und Verrat, Betrug und Gegenbetrug, echter Agent, falscher Agent, für zwei Seiten arbeitender Agent, Gold und Stahl, Bombe, Dolch und Exekutionspeloton: alles war oft unentwirrbar ineinander verwoben, daß es unglaublich und doch wahr war. Der Chef und die höheren Beamten... tobten sich in diesen unterirdischen Labyrinthen aus und gingen inmitten des Kriegsgetöses in kalter, stummer Leidenschaft ihren Aufgaben nach«.

Da Churchill ab 10. Mai 1940 in seiner Eigenschaft als Verteidigungs- und Premierminister selber auch der Letztverantwortliche für die Maßnahmen des Geheimdienstes wurde, so erzählt er über dessen Tätigkeit im Zweiten Weltkrieg überhaupt nichts in seinen sechs gewaltigen Bänden. Churchills Arzt, der selber auf fast neunhundert Seiten seiner Gespräche mit dem Premier kein einziges Mal Sikorski erwähnt, wohl aber dessen Nachfolger und überhaupt ausführlich die Polentragödie, erzählt einmal, daß etwa Feldmarschall Sir Alan Brooke fast niemals mehr von dem Premierminister erwähnt wurde – unangenehme Erinnerungen an unangenehme Streitereien im Krieg veranlaßten Churchill, diesen ranghöchsten Soldaten Großbritanniens einfach in seinen Nachkriegsgesprächen auszulassen.

So strich »dies Genie, das wie ein Elefantenbulle alles niedertrampelte, was ihm in den Weg trat«, selbstverständlich auch den, der ihm wie kein anderer im Lager der Alliierten in den Weg getreten war: Sikorskis Name wurde ausgetilgt in der Ausgabe letzter Hand der Churchillschen Chronik des Zweiten Weltkriegs wie die anderthalb Zeilen über Dresden, die der sonst so unersättliche Epiker wenigstens in der ersten Fassung seiner Geschichte dem bisher unmäßigsten Städtebombardement der Geschichte noch gewidmet hatte. Mehr noch als geniale Zeichner erreichen zuweilen die Historiker ihre schlagendsten Effekte durch Weglassen.

Denn Churchills königlicher Stolz verwehrte ihm zu heucheln. Er log nicht, er schwieg – schwieg sowohl über seine Auseinandersetzungen mit dem Polen wie über dessen Tod. Nie würde er sich erniedrigt haben zu sagen – selbst frontal darauf angesprochen –, Sikorski sei durch Motorenschaden oder durch Deutsche umgekommen. Sikorski war »verstorben« – Punkt.

Er sprach den Polen sein Mitgefühl aus, und das war tief, ja ihn aufwühlend. Rührend zu beobachten, wie der alte General Ismay, vielleicht neben Bracken und Cherwell der intimste Mitarbeiter und Freund in und nach dem Krieg, seine Memoiren dazu benutzt, dem Leser deutlich zu machen, daß es gefährlich war, in Gibraltar zu starten – so umständlich wie nichts anderes erzählt er in seinen sonst nicht breiten Memoiren, wie ein dort gestartetes Flugzeug abstürzte. Aber selbst er, dem wir auch die Mitteilung verdanken, daß Churchill persönlich um buchstäblich jede Geheimdienstaktion gefragt werden mußte – selbst dieser Freund treibt seine Freundschaft nicht bis zu dem Punkt, etwa Sikorskis Tod irgendwem anzulasten, sei es auch nur einem defekten Motor. Er erwähnt ihn nicht. Auch er schweigt.

Schweigt wie die sechs Privatsekretäre des Kriegspremiers, die ebenso wie Ismay Sikorskis Namen nicht einmal im Register nennen, obwohl einer von ihnen sogar eine Aufzählung von Flugzeugabstürzen namhafter Soldaten und Beamten in seinem Bericht untergebracht hat. Da dieser Bericht *nach* Irvings Buch in England erschien, so ist es möglich, daß eigens mit dieser Aufzählung eine indirekte Antwort seitens eines Churchill-Getreuen gegeben werden sollte: »Seht, auch andere als Sikorski kamen im Flugzeug um!« Natürlich hat dieser Sekretär nicht angefügt, daß diese anderen keine VIP-Maschinen flogen; hat auch nicht angefügt, diese Maschinen, in denen sie umkamen, seien wenige Meter von einer Küste glatt aufs Wasser gesetzt worden; nicht angefügt, daß die Piloten wie jener Sikorskis lebend entkamen – aber keiner ihrer Passagiere. Und tatsächlich weiß die gesamte Geschichte der Luftfahrt keinen Parallelfall dazu – wohl aber die Seefahrt. Doch auch dort ist diese Geschichte so einmalig, so unerhört, daß Josef Conrad einen Roman daraus machte, den er ›Lord Jim‹ nannte…

Churchills Sekretär Sir John Martin geht so weit, dieses Schweigen als moralischen Treueakt hinzustellen – was es sicherlich ist. Doch spricht daraus die zeitlos souveräne Verachtung jener, die Geschichte *machen* oder wenigstens einem bedeutenden Täter dabei helfen – gegenüber jenen, die Geschichte nur *schreiben*. Sir John sagt: »Privatsekretäre gehörten zur Familie… Diese Aufnahme in die private Sphäre des Hauses… war es gerade, die es schwierig erscheinen ließ, jene Art Tagebuch zu führen, die später die Quelle von ›Enthüllungen‹ und Memoiren werden konnten. Es wurde einem oft deutlich, daß vieles, was die Nachfahren faszinieren und die Geschichte erhellen würde, nun unaufgezeichnet bliebe, und doch schien es unmöglich, sich solcher Intimität zu erfreuen und gleichzeitig die Rolle des versteckten Tonbandgeräts zu spielen.«

Ganz Whitehall schweigt. Sikorski ist entweder niemals auf dieser Erde gewesen oder lebt heute noch – denn über seinen Tod, immerhin der des amtierenden Ministerpräsidenten und

Gastfreundes – findet sich nirgendwo in den Aufzeichnungen der Prominenz irgendeine Erwähnung oder gar Erklärung.

Nur Brooke spricht über den Staatsakt in Westminster und daß Churchill anschließend zu ihm gesagt habe: »Fliegen Sie nicht so häufig herum.« Aber Brooke war vollständig ahnungslos – anders ist nicht zu erklären, warum er als Kommentar nach dem Kriege einige Zeilen anfügt, die der erste beste Brief Stalins über Sikorski ihm hätte widerlegen können: »Sikorski... hatte einen wertvollen Kontakt zu Stalin gefunden...« Erstaunlich, daß Bryant, der Herausgeber, Historiker von Beruf, der Brookes Aufzeichnungen kürzte für den Druck, ausgerechnet diese allen Tatsachen Hohn sprechende Fußnote stehen ließ...

Whitehall schweigt – weil der Stolz allen jenen, die wissen und die voneinander wissen, daß sie wissen, verbietet, in ihren Lebenschroniken zu lügen.

Winston Churchill selber wußte, daß kein Mensch das Recht hat, um der Geschichtsschreibung willen einen Menschen preiszugeben, der Informationen zur Wahrheitsfindung geliefert hat. Er selber deckte selbstverständlich jene, die ihm einmal geholfen hatten, so nach seiner Flucht aus burischer Gefangenschaft, die auch er nur lückenhaft erzählen konnte: »Damals durfte ich nicht mehr sagen. Denn damit hätte ich die Freiheit und vielleicht sogar das Leben derer, die mir geholfen haben, in Gefahr gebracht.«

Und in seiner Geschichte des Zweiten Weltkrieges sagt Churchill einmal: »Ich ersetzte die Summe von einer Milliarde Pfund« – das war die tatsächlich stimmende Zahl, die ihm über Hitlers geheime Aufrüstung genannt worden war – »durch diejenige von achthundert Millionen Pfund, um meine geheimen Informatoren zu decken«...

Die bekannteste aller Moritaten enthält nur einen Priester, der nichts zu sagen hat, ja der sogar am Grabe der Ophelia nur sagt: »Ihr Tod war zweifelhaft.« Aber während schon die Moritat zu Eger endgültig nur aufgeklärt wurde, weil sich, ein Vierteljahrtausend nach der Tat in einem Kloster das Protokoll eines Ordensgenerals auffand, dem des Kaisers Beichtvater Lamormaini, ein Mönch seines Ordens, verraten hatte, daß – ganz anders als der Ranke das vermutet hatte – der Kaiser zu Wien selbst die Tötung Wallensteins angeordnet, keineswegs sie nur nachträglich gebilligt habe: hat auch in England bald nach dem Krieg ein Priester das Beichtgeheimnis gebrochen. Er suchte Verwandte Sikorskis auf, die David Irving kennt, um denen mitzuteilen, ihm sei gebeichtet worden, wie Sikorski ermordet worden ist. Dieser Priester verriet nicht den Namen seines Beichtkindes, aber dessen Tat. Zweifellos hat Rom ihn zu Beginn des Kalten Krieges dazu ermächtigt. Denn Bruch des Beichtgeheimnisses ist ein ungeheures Verbrechen. Aber Rom war mit Grund erbittert, daß sein treuester Sohn unter den Staatschefs, die Gegner Hitlers gewesen waren – und der einzige im Exil, den Rom diplomatisch anerkannt hatte –, ausgerechnet zur Beschwichtigung des Kremls »stillgelegt« worden war!

Als Irving das halbe Dutzend Hamletischer Hintertreppen-Vorfälle auf den Reisen Sikorskis untersucht hatte, Untersuchungen, die er nie abschließen konnte, weil das Londoner Luftfahrtministerium alle Zeugen, vom Matrosen bis zum Vize-Airmarschall, an ihre lebenslängliche Schweigepflicht als ehemalige Militärpersonen erinnerte: da blätterte er, um einen Titel für sein Buch zu finden, natürlich in ›Hamlet‹. Denn ebenso wie Ranke, der dubiose Quellen zum ›Wallenstein‹ als »untergeordnete Hervorbringungen, die kaum noch zur Literatur gehören«, bezeichnet hat, um jedoch hinzuzusetzen, »aber auch aus denen läßt sich zuweilen noch etwas lernen«, so machte auch Irving diese Erfahrung. Alle Quellen *scheinen* dubios, wo der Staat der Täter ist. Wie im ›Hamlet‹. Er blätterte also auf Titelsuche in dieser Moritat und fand in der siebten Szene des vierten Aktes die Aufforderung des Königs an Laertes, bevor der seine abgestumpfte Klinge mit einer spitzen vertauscht und diese noch vergiftet: »Call it accident.« Irving ließ sich das gesagt sein, er nannte sein Buch: ›Accident‹. Unfall. Schlegel war noch feiner als der König, er übersetzte: ›Incident‹. Zufall.

Goebbels in seinen Tagebüchern

> »Hegel, Darwin, Nietzsche: sie wurden
> die tatsächliche Todesursache von vielen
> Millionen. Gedanken töten, Worte sind
> verbrecherischer als irgendein Mord,
> Gedanken rächen sich an Helden und
> Herden.«
>
> GOTTFRIED BENN, ZUM THEMA
> GESCHICHTE, 1943

I.

Frauenbataillone in Berlin aufzustellen, redete Goebbels seinem
Führer Adolf Hitler am 5. März 1945 ein; auf Standgerichte
glaubte er noch am 14. März verzichten zu können, solange der
Volksgerichtshof in Berlin bleibe. Er hatte gerade diktiert: »Der
Führer erklärt mir, daß nunmehr die fliegenden Standgerichte
unter General Hübner ihre Tätigkeit aufgenommen haben. Als
erster ist der kommandierende General, der für die Nichtspren-
gung der Remagener Brücke verantwortlich war, zum Tode verurteilt und gleich zwei Stunden später erschossen worden. Das
ist wenigstens ein Lichtzeichen.« Als er am 9. März in Schlesien
den von ihm außerordentlich bewunderten Feldmarschall Schörner besucht, lobt er, wie viele deutsche Soldaten Schörner hängen lasse: »Eine große Hilfe leistet Schörner bei all dieser Arbeit
mein Mitarbeiter Todenhöfer.« Und am 1. April hofft er auf eine
Wende im Bombenkrieg durch den Einsatz deutscher »Rammjä-
ger«: Die Piloten sollten sich samt ihrem Flugzeug in die englischen und amerikanischen Bomber hineinrammen, um sie – und
sich – damit zum Absturz zu bringen: »Man verspricht sich
davon einen außerordentlichen Erfolg.« Jedoch für die »beste
Meldung der letzten Zeit hält der Führer die, daß Roosevelt auf
der Jaltaer Konferenz Stalin das Zugeständnis gemacht hat, die

deutschen Gefangenen aus dem Westen als Arbeitssklaven in die Sowjetunion überführen zu lassen. Solche und ähnliche Meldungen würden sicherlich dazu beitragen, die Kampfmoral unserer Truppen zu heben, denn wir müssen ja irgendwo im Westen stehen bleiben«.

Die Echtheit dieses Tagebuchs wird verbürgt von jenen beiden Beamten seines Ministeriums, die es nach dem Diktat des Ministers stenographiert haben und die heute noch leben. Ihre Expertise allein kann verhindern, daß man in solchen Zitaten eine bösartige Parodie vermutet. Tatsächlich hätte ein aus London gespeister antinazistischer Propagandasender, selbst von abgebrühten Zynikern bedient, nicht witziger die Furcht vor dem Selbstmord ausmalen können, die Goebbels und Hitler auf immer neue Einfälle brachte, den Termin ihres Abtretens aus der Geschichte um Wochen und zuletzt nur noch um Tage hinauszuzögern. Es ist mehr als ein Zufall, es ist ein Symbol, das die ganze überquellende Liebe Hitlers zu »seinem« Volke veranschaulicht, daß die letzten Photos, die überhaupt von ihm existieren, dreizehn-, vierzehn- oder sechzehnjährige Jungen zeigen, denen er Orden anheftet oder die Wangen tätschelt, weil sie für ihn gekämpft haben – allein dafür gekämpft, daß er und die Familie Goebbels im Bunker unter der zerbombten Reichskanzlei einige wenige Tage länger vegetieren konnten, bevor sie mit sich und deshalb endlich auch mit dem Morden droben in den Straßen Schluß machten.

Am 14. März gratulierte wie jedes Jahr Frau Magda Goebbels mit ihren Kindern Helga, Hilde, Helmut, Holde, Hedda und Heide, von denen er sie entbunden hatte, dem Gynäkologen Stoeckel zum Geburtstag. Sie sagte: »Heute, mein lieber Herr Geheimrat, können wir nicht richtig feiern. Wenn aber der Herr Stalin bald genug haben wird, und wenn Hitler an der Spitze des geeinten Europas Rußland besiegt hat, dann feiern wir Ihren Geburtstag wieder so schön wie früher.« Vom Fenster des vierundsiebzigjährigen Stoeckel sah man auf Barrikaden. Frau Goebbels fragte Frau Stoeckel, was das zu bedeuten habe, und »hörte« – was sie selbstverständlich wußte –, es seien Barrikaden für den Straßenkampf. Stoeckel: »Und Frau Magda darauf im schönsten Optimismus: ›Ach, das ist nur zur Beruhigung für das Volk gemacht, praktisch hat das nichts zu bedeuten.‹«

Sie schauspielerte noch vollendeter als ihr Mann, dem Stoeckel zu diesem Zeitpunkt längst nichts mehr geglaubt hätte; Stoeckel jedoch hielt es für möglich, daß Frau Goebbels noch immer politisch ahnungslos sei. Der Arzt wußte nicht, was Frau Goebbels schon zwei Monate zuvor zu Wilfred von Oven, einem Pressereferenten ihres Mannes, gesagt hatte und was dieser am 21. Januar in sein Tagebuch schrieb: »Mein Mann und ich haben schon längst mit dem Leben abgeschlossen... Worüber ich aber jetzt noch nicht hinwegkann, das ist das Schicksal der Kinder. Gewiß sagt mir die Vernunft, daß ich sie nicht einer Zukunft überlassen darf, in der sie als unsere Kinder der jüdischen Rachsucht schutz- und rechtlos ausgeliefert wären.« Goebbels erinnerte sie an Friedrich den Großen, dessen Leben in der glorifizierten Gestaltung Carlyles er kürzlich Hitler zu lesen gebracht hatte. Frau Goebbels antwortete: »...aber Friedrich der Große hatte keine Kinder.« Und am 29. Januar notiert von Oven: »Frau Goebbels weint jetzt hemmungslos. Sie ist noch immer zu keinem Entschluß über das Schicksal ihrer Kinder gekommen...«

Von den »kleinen Leuten« Berlins verabschiedete sich nach neunzehn Jahren ihr Gauleiter Goebbels, dem es als Sohn des Kleinbürgertums in höherem Maß als jedem anderen Nationalsozialisten geglückt war, auch viele von denen, die, wie es im Volksmund hieß, »bereits hinter der roten Fahne hermarschiert sind, als noch gar kein Hakenkreuz draufgenäht war«, zu Mitläufern und Mitkämpfern Hitlers zu überreden – durch eine »Maßnahme«, die er im vorletzten seiner erhaltenen Tagebuch-Diktate am 8. April so verbucht: »In Berlin-Rahnsdorf haben zum ersten Male seit Beginn des Krieges kleinere Volksaufläufe stattgefunden. 200 Männer und Frauen haben zwei Bäckerläden gestürmt und sich dort die Brote genommen ... Auch wenn die Lebensmittelversorgung augenblicklich nicht gerade vom besten ist, so ist es auf der anderen Seite ganz unmöglich, solche Vorgänge stillschweigend hinzunehmen ... Die Rädelsführer werden im Laufe des Nachmittags schon vom Volksgericht zum … Tode verurteilt, ein Mann und zwei Frauen. Bei einer Frau liegt der Fall wesentlich milder, so daß ich mich hier zu einer Begnadigung entschließe. Die beiden anderen … lasse ich noch in der Nacht enthaupten.«

Sonst hatte Goebbels, seit dem 24. Juli 1944 auch »Generalbevollmächtigter für den totalen Kriegseinsatz«, längst nichts mehr zu tun. Die Amerikaner hatten an diesem 8. April 1945 bereits Erfurt in Thüringen besetzt, die Russen den Wiener Ostbahnhof und das Westufer der Oder. Und da Goebbels jetzt nur noch Tagebuch diktieren oder seine deutschen »Volksgenossen und -genossinnen« exekutieren lassen konnte, war er – außer Hitler der energiegeladenste aller Nazis – jetzt ganz und gar jener Krankheit erlegen, deren Ausbruch vom 9. Juli 1941 datiert, seit er nicht länger selber sein Tagebuch schrieb, sondern es seinem Stenographen Richard Otte oder dessen Vertreter Otto Jacobs zu diktieren begann: der Logorrhöe. Er diktierte durchschnittlich dreißig Maschinenseiten pro Tag – das umfangreichste der erhaltenen Diktate ist ganze hundert Seiten länger –, allerdings getippt mit einer speziell großen Type, auf der sogenannten »Führer-Maschine«, deshalb so genannt, weil Hitler nie mit Brille in der Öffentlichkeit auftreten wollte und seine Reden, auch seine Erlasse, nur auf einer solchen Maschine schreiben ließ.

Goebbels diktierte tagtäglich bis zu seiner Übersiedlung in den Bunker der Reichskanzlei, und schon damals galt sein Blick weit mehr der Nachwelt als der Gegenwart. So allein ist auch seine letzte Tat, die Vergiftung seiner sechs Kinder, zu begreifen – er nahm sie mit in seinen und seiner Frau Tod: Die beiden baten SS-Männer, sie gemeinsam zu erschießen, nachdem ihre Kinder den vergifteten Pudding gegessen hatten. Goebbels hatte sich auf seinen Tod nachweislich – laut einem Gespräch mit von Oven – schon seit dem 27. August 1943 gefaßt gemacht hatte, wobei »seine Gedanken nur noch auf dieses eine Ziel gerichtet waren: auf den Effekt in der Geschichte«. Sein Mitarbeiter Werner Stephan beobachtete übereinstimmend mit anderen: »Wer den Goebbelsschen Nachruhm zu gefährden drohte, den suchte er zu vernichten, so Männer seines persönlichen Stabes, die unter Vorwänden das Weite suchten. Durch Polizeifunk befahl er, sie festzunehmen und sofort zu exekutieren.« Stephan bestätigt auch, daß die Hauptsorge von Goebbels jetzt die Erhaltung seines Tagebuches war; er betraute damit den »Reichsgeheimniskrämer« Otte und befahl ihm, von einer Schreibmaschinenkopie Mikrofilme anzufertigen und die Kopie dann zu verbrennen. Das Original wurde vermutlich zu großen Teilen von den Russen im Bunker der Reichskanzlei erbeutet. Aus anderen, in den Trümmern der Wilhelmstraße von einem Altwarenhändler aufgelesenen Teilen wurde später die erste, von Louis P. Lochner 1948 veranstaltete Auswahl publiziert.

Goebbels lebte zuletzt nur noch für sein Tagebuch. Daher also – und wegen zunehmender Wirkungslosigkeit in Amt und Organisation des totalen Krieges – seine Logorrhöe: eine unermüdliche Rede- und Diktiersucht, die sich übrigens schon ankündigte in überlangen Tisch- und Nachtischgesprächen, wie von Oven sie auszugsweise ab Juni 1943 notiert hat. Je weniger Goebbels auf den Tisch brachte, auch im übertragenen Sinne, desto länger redete er bei Tisch. Da denkt man an die Mahnung der schon hoffnungslos den Sohn betrachtenden Frau Alving in Ibsens ›Gespenster‹ an Oswald: »Sitz' nicht so lange bei Tische, Junge!«

Unter der Fülle dieses redseligsten Tagebuchs, das je verfaßt wurde – 1987 erschienen fast dreitausend Seiten und reichten nur bis zum 8. Juli 1941! –, stöhnte schon der Amerikaner Louis P. Lochner, der seine Auswahl aus nicht weniger als siebentausendeinhundert Maschinenseiten herausgekürzt hatte.

Goebbels' krankhafte Redesucht bestimmte auch seinen Stil. Sie brachte Blüten zu Papier, um die der von ihm verbotene Komiker Werner Finck ihn beneidet hätte. Nach der Besetzung Kassels durch Pattons dritte Armee heißt es da: »Die Bevölkerung glaubte erwarten zu können, daß unsere Gauleiter in ihrem Gau kämpfen und, wenn nötig, in ihm fallen. Das ist in keinem Falle der Fall gewesen.« Am 13. März 1945 soll irgendwo im Osten »der Versuch gemacht werden, den Feind endgültig ins Laufen zu bringen«. Am 12. März hatte er beschlossen, im

Westen alle deutschen Pfarrer ermorden zu lassen – »hier werden wir für unsere Terrorgruppen ein reiches Betätigungsfeld finden« –, die mit den Angloamerikanern zusammenarbeiteten. Der Führer habe die Absicht, »an diesen Pfarrern ein Standgericht vollziehen zu lassen, das ihnen unvergeßlich bleiben wird«.

Und noch ein wenig später, als die Amerikaner bereits in Gotha sind, nennt er Deutschlands Agonie einen Schweißausbruch: »Wir stehen in der kritischsten Gefahr dieses Krieges, und man hat manchmal den Eindruck, als erlebte das kämpfende deutsche Volk einen Schweißausbruch auf dem Höhepunkt der Kriegskrise, von dem der Nichtkenner nicht weiß, ob dieser Schweißausbruch zum Tode oder zur Gesundheit führen wird.« Auf der gleichen Seite macht er sich vor, der Führer werde eine »kriegsentscheidende Tat vollbracht« haben, wenn es ihm nur gelinge, »die Situation im Westen wieder halbwegs zu bereinigen« – als ob die Mitte Thüringens überhaupt noch »Westen« genannt werden könnte! »Der Feind ist hier bis Gotha vorgedrungen. Wir haben ihm augenblicklich nichts entgegenzusetzen, da wir unsere Offensivkräfte vorläufig noch nicht verschleißen wollen.« Ohne Frage glaubte er, was er diktierte; denn diese Sätze galten seinem Journal – und nicht etwa der Irreführung der Öffentlichkeit.

Fast im gleichen Maß wie sein Führer war Goebbels längst nicht mehr »von dieser Welt«. Das bestätigt auch die Fahrlässigkeit, mit der er, der jahrelang mit Sorgfalt im Tagebuch die Ermordung der Juden mehr verschleiert als offenbart hatte, obwohl er am 27. März 1942 die Ausrottungs-Verfahren fast detailliert beschrieb, jetzt, am 14. März 1945, und gleichsam unbesorgt um seinen Nachruhm, zugab, Juden müsse man »wie die Ratten totschlagen. In Deutschland haben wir das ja Gott sei Dank schon redlich besorgt. Ich hoffe, daß die Welt sich daran ein Beispiel nehmen wird.«

Aufschlußreich ist seine hysterische Reaktion auf eine Banalität, nämlich auf die Nachricht vom 18. März aus Washington, daß der Feind beabsichtige, das ganze Reichsgebiet zu besetzen – nichts Überraschendes, da er ja weite Teile Deutschlands bereits besetzt hatte. Goebbels aber kommentiert: »Darüber hinausgehende Forderungen stellt er *[der Feind]* vorläufig noch nicht. Vielleicht kommt noch die, daß wir uns alle zuvor aufhängen oder erschießen müssen.«

Das freilich hatten nicht die Amerikaner gesagt, sondern *er* sagte sich das ganz natürlich seit Wochen und Monaten jeden Tag. Und er fügte hinzu: »Der Vernichtungswille des Feindes treibt heute die sonderbarsten Blüten. Die Racheexzesse, die in der englischen und amerikanischen Judenpresse zu verzeichnen sind, spotten jeden Vergleiches.«

Hatte er vergessen, wie viele — meist sogar neutrale — Länder die Wehrmacht Hitlers unter seinem, des Propagandaministers, sich überschlagenden Jubelgeheul besetzt hatte? Und daß er selber — nur ein Beispiel — schon am Vortage der Besetzung Norwegens und Dänemarks in sein Tagebuch geschrieben hatte: »Der Führer ... entwickelt mir seine Pläne: heute früh um 5.15 h werden Dänemark und Norwegen militärisch besetzt... Verhalten die Könige sich honett, können sie bleiben. Aber die beiden Länder geben wir nie wieder heraus«? Die toten Juden, deren Ermordung er gegen seine Überzeugung propagiert hatte, belasteten jetzt vielleicht doch sein Gewissen.

Goebbels war bis zu seiner Ernennung zum Gauleiter von Berlin jahrelang mit einer Halbjüdin verlobt gewesen. Und Magda Goebbels verdankte es einem Juden namens Friedländer, nicht als uneheliche Tochter eines Dienstmädchens aufgewachsen zu sein, sondern in behaglichen Verhältnissen bei einem jüdischen Kaufmann, der Magdas Mutter geheiratet hatte und Magda ein wohlhabendes Elternhaus, die sorgfältigste Erziehung und eine Ausbildung in mehreren Fremdsprachen und teuren ausländischen Internaten zukommen ließ. Das Verhalten von Magda und Joseph Goebbels gegenüber ihren jüdischen Wohltätern und Mentoren wie seinem Heidelberger Doktor-Vater, wie Friedrich Gundolf oder auch Onkel Cohnen, von dem er in der tiefsten Not seiner Studentenjahre manchmal Geld geschenkt bekam, ist ekelhaft. Juden hatten ihnen so viel Gutes getan wie sonst nur noch Adolf Hitler und Josephs Eltern: Man hüte sich vor jedem, der einem dankbar sein muß!

Goebbels, im Gegensatz zu Himmler und Hitler, *wußte,* wie auch Hermann Göring, was er tat; auch was er den Juden antat, die er, wie Göring, genauer kannte als die beiden anderen Hauptschuldigen an Auschwitz. Gehaßt hat er sie nicht – mit Ausnahme einiger »Presse-Juden«, die seine Mitarbeit in ihrer »Rotations-Synagoge«, um die er sich zäh bemühte, abgewiesen hatten. Am 4. April 1945 diktierte Goebbels über die Konferenz von San Francisco, auf der die Juden den Antisemitismus in der ganzen Welt ächten lassen wollten: »Das würde den Juden so in den Kram passen, daß, nachdem sie die schauderhaftesten Verbrechen gegen die Menschheit begangen haben, nun der Menschheit verboten werden sollte, darüber überhaupt nachzudenken.« Welche Verbrechen der Juden er hier im Sinn hatte, sagte er nicht. Vermutlich dachte er jetzt doch zuweilen an seine Aufsätze im ›Reich‹, in denen etwa gestanden hatte: »In dieser geschichtlichen Auseinandersetzung ist jeder Jude unser Feind, gleichgültig ob er im polnischen Ghetto vegetiert, in Berlin oder Hamburg sein Dasein fristet oder in New York in die Kriegstrompete bläst. Die Juden sind doch auch Menschen? Dasselbe trifft auf Raubmörder, Kindesvergewaltiger, Zuhälter auch zu. Die Juden sind eine parasitäre Rasse, die sich wie faulender Schimmel auf die Kulturen gesunder Völker legt. Dagegen gibt es nur ein Mittel: einen Schnitt machen und abstoßen. Unerbittlich kalte Härte! Die Tatsache, daß der Jude noch unter uns lebt, ist kein Beweis, daß er auch zu uns gehört. Genau so wie der Floh nicht dadurch zum Haustier wird, daß er sich im Hause aufhält.«

»Floh« – er meinte jenen weniger als ein Prozent betragenden Teil der Deutschen, aus deren Mitte die hervorgegangen waren, die 25 Prozent der Nobelpreise für Deutschland gewonnen hatten; er wußte auch, daß 1914–1918 auf deutscher Seite mehr als zwölftausend Juden gefallen waren: die Juden, die für Österreich-Ungarn gefallen sind, noch nicht mitgezählt...

Wer Goebbels für herausragend intelligent gehalten hat – ein Ruf, den er noch heute bei nahezu allen genießt, die nie einen Blick in seine Tagebücher getan haben –, dem erteilt auch der Goebbels-Biograph Werner Stephan, der 1949 ein höchst informatives Buch über seinen ehemaligen Chef veröffentlichte, eine Belehrung: »Goebbels äußerte sich sehr erstaunt, daß der [oben zitierte] Hetzartikel fast im gesamten Ausland, ›sogar in England‹, groß abgedruckt worden sei. Ob man denn dort nicht erkenne, daß das für die Juden in der ganzen Welt gefährlich sei? Er begriff nicht, daß er nicht den gehaßten ›Fremdrassigen‹, wohl aber dem deutschen Volk durch derartige Veröffentlichungen den furchtbarsten Schlag versetzte.«

Niemand wird je so enthüllend und vernichtend über Goebbels schreiben können wie er selber in seinem Journal. Er wurde durch dieses Tagebuch zum George Grosz seiner selbst.

II.

Als der Biograph Sieburg es auf sich nahm, Robespierre zu zeichnen, konnte er nicht umhin, eine Frage zu erörtern, die sich auch dem aufdrängt, der anhand der Tagebücher von Joseph Goebbels dessen Gestalt zu skizzieren oder ihn wenigstens zu verstehen versucht: »Ist es möglich, die Erscheinung eines Sterblichen ohne Zuneigung zu beschreiben? Bedarf man nicht wenigstens eines Hauches von Sympathie für sein Wesen?« In der Tat, Sympathie ist der Schlüssel zum Verständnis eines Charakters – weshalb auch so viele Psychologen ihre Patienten nicht verstehen, sondern nur verdächtigen: Sie haben eine nur finanzielle Beziehung zu ihnen, während Erkenntnis ohne Eros nicht denkbar ist. Wo die Sympathie aber ausbleibt, wo man nicht einmal mit Sieburg sagen kann: »Achtung ist das wärmste Gefühl, das dieser Mann uns abzuringen vermag« (denn wie könnte man einen Menschen achten, der wie nur sehr wenige andere Adolf Hitler geholfen hat, Europa zwischen zwei Weltmächten aufzuteilen), da muß man weitersuchen, bis doch noch das Wohlwollen sich einstellt, auf das jeder Mensch, über den wir nicht schweigen, mindestens für die Zeit *vor* seinen Verbrechen Anspruch hat.

Joseph Goebbels erweckt viel Verständnis für sich, sogar Sympathie auf Zeit, wenn man jenes Tagebuch liest – noch ist es nicht publiziert –, das er mit sechsundzwanzig Jahren begann

186

und in das er vier Monate später eintragen konnte, heute sei das erste Exemplar der ersten Zeitung in sein Elternhaus gelangt, die er als Redakteur betreut und zum größten Teil selber geschrieben habe. Auch Mitgefühl für die Tatsache, daß er an Hitler geraten ist, empfindet man, wenn man seine noch ungedruckten Notizen zu einer Autobiographie liest: ›Erinnerungsblätter‹, die er im Juli und August 1924 schrieb, also vor seinem Eintritt in die Nachfolge-Partei der seit dem Münchner Putsch vom 9. November 1923 verbotenen NSDAP. (Daß er der Partei bereits 1922 beigetreten sei, als er sich nicht für Politik, sondern für Erlösungsliteratur interessierte, ist eine seiner frühen Lügen.)

Verständnis für seine Anfälligkeit für die Nazis erweckt jenes frühe Tagebuch, das er noch nicht in der Zuversicht verfaßte, eine politische Karriere vor sich zu haben, auch deshalb, weil es das vergleichsweise ehrlichste ist. Damals fühlte er sich noch nicht »verpflichtet«, Mitmenschen und Dinge und vor allen sich selber so darzustellen, wie die Nachwelt sie sehen sollte.

Begonnen am 27. Juni 1924 mit dem Vorsatz, »...einfacher im Denken, größer in der Liebe, vertrauender in der Hoffnung, glühender im Glauben und bescheidener im Reden« zu werden, endet das mir vorliegende Bruchstück, abgeschlossen am 6. Oktober des gleichen Jahres, mit der Versicherung: »Wir müssen Gott suchen, dazu sind wir auf der Welt.« Goebbels ist als Literat ein ausgeprägt spätpubertäres, lyrisch-subjektives Talent, mit nichts und niemandem beschäftigt als mit sich selber und mit Gott, aber mit keinem einzigen überpersönlichen Problem der Epoche, etwa dem Klassenkampf, den Kriegsfolgen, den Wirtschaftsproblemen, der Geschichte, der Natur oder auch mit der Liebe eines *anderen,* Frau oder Mann.

»Glühender im Glauben«: ein nichtkirchlicher Akademiker, der als schon Erwachsener den Ersten Weltkrieg und die Besetzung des Rheinlandes durch die Sieger erlebt hat; der sich als Schüler nicht bereit erklärt, Priester zu werden, obgleich die Eltern dann die Mühsal losgewesen wären, sein Studium mit monatlich fünfzig Mark mitzufinanzieren (im wesentlichen finanzierte es dann doch die Kirche durch ein zinsloses Darlehen); ein Dr. phil., der seinen jüdischen Professor Gundolf von allen akademischen Lehrern am höchsten bewunderte und auch bei einem Juden mit adligem Namen promoviert hat; ein geborener Demagoge, der noch in Hitlers Weltkrieg belustigt den von ihm verbotenen jüdischen Satiriker Robert Neumann und den Aufklärer Erich Kästner im engsten Kreis zitierte; ein Journalist, der Witz hatte, wenn auch keinen Funken Selbstironie – wie kann ein solcher Mensch mit siebenundzwanzig Jahren in einem intimen Journal geloben, »glühender im Glauben« zu werden? An wen oder was will er glauben?

Jesus Christus, der Mann, den sich die Kirche – nach Meinung von Goebbels – unbefugterweise als Galionsfigur angeeignet hat, stand damals dem einst so eifrigen Meßdiener, der im Abitur eine Eins in Religion gehabt hat, durchaus noch als Vorbild vor Augen. Allerdings nicht jener Jesus, von dem die Priester sprachen, überhaupt nicht der, der angeblich aufgefahren war in den Himmel, sondern ein Jesus dieser Erde, dieser Zeit – ein Ausgestoßener, ein Freund der Entrechteten, also: der Deutschen, die Goebbels damals, dem deutschnationalen und völkischen Klischee der Jahre nach Compiègne verhaftet, für jene hielt, die von den Alliierten, den Marxisten und den Juden um den Sieg auf den Schlachtfeldern 1914–1918 betrogen worden seien.

Goebbels hatte nicht mitkämpfen dürfen. Er hatte sich 1914 einen Tag lang weinend in sein Zimmer eingeschlossen, als der Militärarzt ihn kaum angesehen hatte, diesen Kriegsfreiwilligen, der in einem wahrhaft erstaunlichen Besessensein von Wunschdenken die Illusion gehegt hatte, das von Natur Unmögliche möglich machen und seinen Eintritt in die Armee erzwingen zu können – trotz seines Klumpfußes. Tragischer Anfang: vom Militär ebenso ignoriert zu werden wie einst von den Mädchen auf dem Tanzboden, wohin auch der Schüler Goebbels mit seinen Klassenkameraden gegangen war. Das erklärt viel. Zum Beispiel seinen »Glauben« an den Dolchstoß, der angeblich ein siegreiches deutsches Heer daran gehindert hatte, in Paris einzuziehen. Goebbels hatte kein Schlachtfeld gesehen, keine Kugel zu fürchten gehabt: Wer hätte ihn darüber aufklären sollen, daß Deutschland schon diesen ersten der beiden Weltkriege nicht mehr hatte gewinnen können, nachdem die Proklamierung des uneingeschränkten U-Boot-Kriegs den fast unerklärlichen Sieg der kaiserlichen Armee über Rußland verjuxt und die USA in den Krieg hineingezerrt hatte? Wenn Hindenburg später eingestand: »Es ging über unsere Kraft«, so hatte er das niemals öffentlich jenen Demagogen ins Gesicht gesagt, die ihn, »im Felde unbesiegt«, als ungeschlagenen Feldherrn priesen.

Der nicht mehr junge, politisch gleichwohl noch pubertierende Goebbels, der sich gerade damals Woche für Woche ohne jeden Erfolg beim ›Berliner Tageblatt‹ bewarb und – das bleibt typisch für ihn – diese Niederlagen sogar im Tagebuch verschweigt, dieser Goebbels setzt das Wort »Jude« allmählich als Synonym für Kapitalist ein und für Republik und für Parlamentarismus. Tatsächlich sind die von ihm am meisten bewunderten Publizisten jene Liberalen, die erstens glänzend schreiben, zweitens seine Mitarbeit abweisen und drittens oft Juden sind.

Daß es auch ausgesprochen deutschnational-bornierte Juden in der Presse gibt, die mit dem gleichen chauvinistischen Elan wie einst von 1908 bis 1915 der Jude Maximilian Harden Hetzreden gegen Homosexuelle und gegen die Alliierten drucken lassen, etwa der in Theresienstadt umgekommene frühere Herausgeber der ›Süddeutschen Monatshefte‹ Paul Nikolaus Cossmann: das *weiß* Goebbels gewiß. Aber er erwähnt es nicht, weil er – ob es nun um Juden geht oder nicht – grundsätzlich Schriftsteller und Politiker als Juden bezeichnet, wenn sie ihn ablehnen oder sein Mißfallen dadurch erregen, daß sie eine andere politische Meinung haben: dann sind sie Juden. Sonst kann er sie durchaus bewundern, so den Romancier Jakob Wassermann, den er von allen Autoren zuerst in seinem Tagebuch erwähnt, ohne auch nur anzudeuten, daß Wassermann Jude ist. Offenbar sind Elend und Enttäuschungen viel leichter zu ertragen, wenn man weiß, wen man dafür verantwortlich machen will. Hier lernt Goebbels, was er dann zu beispielloser Meisterschaft weiterentwickeln wird: ein Feindbild zu projizieren. Und das Ziel zu finden für seine elementare Demagogie, die nie so bis auf den Grund zu analysieren sein wird, daß sich die Frage beantworten ließe, ob später Wut und Enthusiasmus seine Reden aufluden oder ob umgekehrt das Reden die Wut und den Enthusiasmus des Redners auf den Siedepunkt und seine Hörer zum Orgasmus brachten.

Aber so weit ist es noch lange nicht – noch werden Jahre vergehen, bis Goebbels seine erste Rede halten darf. Doch dieses notgedrungen ganz private Tagebuch – privat, weil sein Schreiber noch immer ohne Beruf ist, obwohl er schon seit über zwei Jahren, seit dem 21. April 1922, den Dr. phil. hat – beantwortet auch die entscheidende Frage im Werdegang seines Verfassers: Wie konnte der Siebenundzwanzigjährige so bald alle Bedenken, die zweifellos sehr stark in ihm gewesen waren, gegen Hitlers zentralen »Programm«-Punkt zurückstellen: gegen dessen Antisemitismus? Proletarier und Kleinbürger, zu denen Goebbels von Herkunft und Einkommen durchaus zu rechnen war, waren in Westeuropa zwar häufig Antisemiten, weil sie vom jüdischen Proletariat Osteuropas so gut wie nichts wußten und meistens nur jene Juden kannten, denen der wirtschaftliche Aufstieg ins Besitzbürgertum geglückt war. Die nichtjüdischen Besitzlosen verabscheuten im wohlhabenden Juden – doch kaum anders als im wohlhabenden Nichtjuden – den Bürger, dem es besser ging als ihnen; rassische Urteile oder Vorurteile fällten sie schon deshalb nicht, weil »Reinheit des Blutes« für sie noch nicht einmal ein Begriff war. Auch Hitler und seine »Endlöser« haben stets so argumentiert, daß selbst sehr große Deutsche wie Bismarck oder Friedrich II. ihr ausgeprägtes Wohlwollen gegenüber den Juden nur mit ihrer völligen Ahnungslosigkeit gegenüber den »rassischen Gefahren«, die angeblich dem »deutschen Volkskörper« durch Juden drohten, entschuldigen könnten. Es war bekannt, daß Bismarck sich vor seiner Tafelrunde in Versailles dafür ausgesprochen hat, Junker-Familien durch Ehen mit Jüdinnen »aufzuforsten«, und es für vorteilhaft hielt, daß man »einen christlichen Hengst von deutscher Zucht mit einer jüdischen Stute zusammenbringt ... es gibt auch keine üble Rasse. Ich weiß nicht, was ich meinen Söhnen einmal raten werde.«

Für Goebbels, der in seiner Jugend nicht einmal die vom Katholizismus gepflegte Abart des Antisemitismus, die religiöse, ernst nahm, der sich als wegweisenden geistigen Mentor einen Juden »hielt« und der seinem meistgeliebten Mädchen, als er

190

schon die ganze klassische Literatur kannte, ausgerechnet Heines ›Buch der Lieder‹ widmete, waren rassische Irrlehren bedeutungslos, solange er noch – bei jedem Blick in den Spiegel – Selbstironie aufgebracht haben kann und sein geistiges Selbstbestimmungsrecht gegenüber den wissenschaftlich absurden Nazi-Lehren bewahrte; doch hat er diese eigene Meinung bald und für den Rest seines Lebens völlig aufgegeben.

Dem heranwachsenden und dann längst erwachsenen, aber politisch bis zu seinem siebenundzwanzigsten Jahr noch immer richtungslosen Goebbels braucht der Antisemitismus seines künftigen Führers nicht ein Greuel gewesen zu sein – niemand außer Hitler hielt zu dieser Zeit die späteren Greuel-Taten an den Juden für durchführbar oder auch nur wünschenswert–, sondern nur lächerlich. Ob nun der in Not Geld schickende Onkel Cohnen der autobiographischen Skizze von 1924 jener geistige Wegbereiter außerhalb der Schule war, dem der Schüler Goebbels vermutlich verdankte, daß er – nach den Märchenbüchern – ›Buddenbrooks‹ als erstes einschlagendes Lektüre-Erlebnis notieren konnte (im Elternhaus kann niemand ihn auf Thomas Mann hingewiesen haben), oder ob Goebbels seine jüdischen Universitätslehrer oder seine sehr geliebte halbjüdische Verlobte oder auch nur sich selber ansah, der er weder hervorragend »arisch« wirkte noch der Idealgestalt von Nietzsches »blonder Bestie« entsprach: Hitlers Rassenlehre kann er nicht ernst genommen haben. Und doch wurde er 1941/42 als Gauleiter von Berlin einer der eifrigsten Ausrotter der Epoche, vehement bemüht, dem Führer die Freude zu machen, ihm Berlin als »judenfrei« melden zu können – und zwar so rasch, daß selbst die Rüstungsindustrie sich gegen die Deportation jüdischer Arbeiter auflehnte. Bei seiner ersten Begegnung mit dem Volksschullehrer Julius Streicher – dem 1946 in Nürnberg gehängten Herausgeber des antisemitischen Hetzblattes ›Der Stürmer‹ – notierte Goebbels am 19. August 1924: »Er redet direkt von der antisemitischen Frage. Der Fanatiker mit den eingekniffenen Lippen. Berserker. Vielleicht etwas pathologisch. Aber er ist gut so. Auch die haben wir nötig. Für die Massen zu packen. Hitler soll ja auch etwas davon haben.«

Bemerkenswert schon hier, wie plötzlich der Stil des stilistisch immer bemühten Philologen Goebbels nicht nur verkommt, sondern sogar gegen die Grammatik verstößt: »Für« – statt: »Um« die Massen zu packen! Das wird später, je hemmungsloser er schimpft, in den Tagebüchern epidemisch werden. Ebenso bemerkenswert aber auch, daß schon der Siebenundzwanzigjährige, der noch instinktsicher angewidert ist von dem pathologischen Streicher, dann sofort umfällt. Goebbels war der hörigste aller Hitler-Diener, und zwar – was dieses Zitat belegt – schon zu einer Zeit, als er Hitler noch nie gesehen hatte und noch keineswegs, wie später nach seiner ehewidrigen Eskapade von 1938, völlig auf das Wohlwollen Hitlers angewiesen war, der allein ihn gegen alle anderen hochgestellten Nazis hielt, über die Goebbels wörtlich das gleiche hätte schreiben können wie in der frühen Autobiographie über seine Mitschüler: »Meine Kameraden liebten mich nicht. Kameraden haben mich nie geliebt, außer Richard Flisges.«

Wieweit eigentlich hat die Tatsache, daß nicht nur alle Karikaturisten außerhalb Deutschlands nach 1933 ihre besten Späße aus dem Mißverhältnis zwischen den »arischen« Lehren der Nationalsozialisten und der körperlichen Gestalt des NS-Werbeleiters zogen, sondern daß höchstgestellte Nazis selber schon 1927 die »Rassereinheit« des Gauleiters von Berlin bespöttelten, den kleinen Jupp aus der Dahlener Straße in Rheydt dazu gezwungen, durch Hetze gegen die Juden zu »beweisen«, daß er »Voll-Arier« sei? Helmut Heiber, der eine unersetzliche Goebbels-Biographie schrieb, hat als Nachtrag eines von ihm herausgegebenen Goebbels-Tagebuchs von 1925/26 das Anti-Goebbels-Pamphlet abgedruckt, das der spätere Gauleiter von Ostpreußen, der in Hitlers Krieg dann zum Ukrainer-Schlächter gewordene Erich Koch, vermutlich auf Betreiben von Gregor Strasser 1927 in seiner Zeitschrift ›Der nationale Sozialist‹ unter dem Titel ›Folgen der Rassenmischung‹ veröffentlichte. Goebbels verlangte nicht nur – unter Rücktrittsdrohungen – eine einstimmige Loyalitätserklärung der Berliner Unterführer seines Gaues, sondern auch den persönlichen Schutz Hitlers gegen Erich Kochs Unterstellungen. Der hatte zwar Goebbels in seinem alle Vorurteile der Nazis zusammenballenden Hetz-Erguß nicht genannt, dennoch war jedem führenden Partei-Mitglied klar, daß Koch Goebbels gemeint hatte, als er schrieb: »Die körperliche Harmonie wird gestört ... durch Mißgestaltungen, Unförmigkeiten einzelner Körperteile. Ich möchte in diesem Zusammenhang nur auf das niedersächsische Wort hinweisen: Hüte dich vor einem Gezeichneten!... König Richard III. von England aus dem Hause York war ein Mustertyp der Verworfenheit. Er ließ seine beiden Neffen im Tower ermorden ... seine Frau ließ er im Wochenbett erdrosseln. Und siehe da: er war bucklig und hinkte. Gleich ihm hinkte auch der Hofnarr von Franz I. von Frankreich, der bekannt, berüchtigt und verrufen war durch seine Gehässigkeiten, seine Intrigen und Verleumdungen ... Talleyrand besaß einen Klumpfuß. Sein Charakter ist bekannt. Man kann kaum das Wort ›Charakter‹ für ihn anwenden.« Erich Koch wußte nicht – sonst hätte er es ohne Zweifel händereibend auch noch angebracht –, daß es nach einer deutschen Kaiserwahl-Ordnung des frühen Mittelalters verboten war, einen Krüppel zum Kaiser zu wählen; was bekanntlich dazu führte, daß die Gefolgsleute eines Kandidaten für die Wahl zum Kaiser dessen Konkurrenten einfach eine Hand abhauen oder ein Auge ausstechen mußten, um ihn zur Kandidatur untauglich zu machen. Dieser »Rassismus« der Alten, einem körperlich Lädierten den Zugang zur Spitze der Macht kategorisch zu verlegen, mag auf der Erfahrung beruht haben, daß tatsächlich »Einarmige« – auch im übertragenen Sinne, wie im zwanzigsten Jahrhundert auf so folgenreiche Weise Wilhelm II. und Stalin – unberechenbarer sind als körperlich Normale. Wer kann wissen, ob die infernalische Grausamkeit Friedrichs des Großen (»Kerls, wollt ihr denn ewig leben?«, was Fontane bestätigt, sonst zitierte ich es nicht), Robespierres und Hitlers nicht zusammenhängt mit dem, was ihre Zeitgenossen vermuten ließ, keiner dieser drei – außer in seiner Jugend Friedrich von Preußen – habe befreiende sexuelle Beziehungen zu Frauen oder Freunden?

Wer kann *den* für normal halten, der sich Auschwitz einfallen ließ und die Energie hatte, Abertausende von Normalen abzurichten, Ausschwitz zu »machen«? Im Berliner Siedler-Verlag

193

erschienen Dietrich Güstrows (ein Pseudonym) Memoiren eines Verteidigers aus der Hitlerzeit. Güstrow verteidigte auch einen Soldaten, der als Kind ein Spielgefährte Hitlers gewesen war und an der Front »Kameraden« erzählt hatte, Hitler habe durch den Biß eines Ziegenbocks mit zwölf Jahren einen Teil seines Penis eingebüßt, als er, der Augenzeuge, mit Hitler und einigen Schulkameraden diesem Tier ins Maul gepinkelt hätten. Dietrich Güstrow war von der absoluten Ehrlichkeit seines Mandanten, der enthauptet wurde, überzeugt ... Vor der Papstkrönung greift ein Kardinal durch einen »durchbrochenen« Stuhl (sedes perforata), auf dem der Gewählte Platz zu nehmen hat, um festzustellen, ob noch »alles dran ist«, weil die zu Hofkastraten abgerichteten Sänger, wenn sie sich ausgesungen hatten, später oft Priester wurden, um versorgt zu sein – aber nicht Papst werden durften, weil man offenbar »dort« Inkomplette zu fürchten gelernt hat ... Erwiesen ist, daß Hitler sich weder seinem langjährigen Kammerdiener Linge noch seinem Arzt Morell jemals ohne Hose zeigte.

Goebbels, dem seit seinem neunzehnten Lebensjahr – als er noch keinerlei Macht hatte, mit großen Filmrollen zu winken – schöne Frauen entscheidend geholfen haben, seinen quälenden Minderwertigkeitskomplex abzubauen, hat dennoch entsetzlich wegen des (nach von Oven) zeitweilig bis zur Hüfte hinauf geschienten Beines gelitten. Auf Erich Kochs niederträchtigen Aufsatz antwortete er deshalb – statt einfach zu schweigen, zumal eine solche Schmiererei in einem obskuren Winkelblatt keinerlei Antwort erforderte –, »daß ich den Klumpfuß durch einen Unglücksfall als 13- bis 14jähriger Gymnasiast erhalten habe, so daß vom Rassenstandpunkt aus keinerlei ungünstige Schlüsse daran geknüpft werden können, was sonst berechtigt wäre«. Tatsächlich werden körperlich Lädierte, die es *nicht von Geburt* sind, zum Beispiel Franklin Roosevelt, der als einziger viermal Präsident wurde, sogar bewundert!

Ob Goebbels hier die Wahrheit sagte, ist unüberprüfbar. Goebbels war auch der kürzeste und schmächtigste unter seinen Klassenkameraden und hatte einen im Verhältnis zu seinem Körper übergroßen Kopf; nur er, er allein, konnte auf die groteske Vermutung

kommen, Schiller ähnlich zu sehen, obwohl seine sehr eindrucks-
vollen, immer leidenschaftlich »aufgeheizten«, großen dunkel-
braunen Augen ebenso wie sein Aggressions-Gehabe an Savona-
rola erinnerten und das Volk ihn den »Schrumpfgermanen«
nannte. Doch der Fuß war sein Trauma. Noch anderthalb Jahre
vor seinem Selbstmord sagte er zu von Oven: »Die schlimmste
Strafe, die sich jemand für mich ausdenken kann, ist das
Abschreiten einer Ehrenkompanie. Und doch läßt sich das nicht
immer vermeiden. Aber wenn das Frontabschreiten auf dem Programm irgendeiner Veranstaltung steht, dann habe ich schon
nächtelang vorher Alpträume.«

Doch nicht nur die Gemeinheit des Schicksals, ihn zum einzigen unter Abermillionen von Hinterhermarschierern zu machen,
der nicht wie alle anderen Stiefel dazu anziehen konnte, sondern
auch die parteiwidrige Mitgift, in einer Meute von vorwiegend
kinnlastigen Mikrozephalen Intellekt zu haben, hat ihn mehr
belastet als erfreut. Er hat denn auch die Intellektuellen nahezu
ebenso emsig bespuckt wie die Juden, sofern Intellektueller und
Jude für ihn nicht einfach ein und dasselbe war. In den Augen
der führenden Nazis, und vermutlich auch in seinen eigenen,
haben ihn denn auch sein Verstand, seine Formulierungskraft,
sein Stilgefühl – die übrigens alle sehr nachließen mit den fortschreitenden Kriegsereignissen – viel nachhaltiger »verkrüppelt«
als sein Fuß. Die größte Genugtuung seines Lebens erfuhr er
durch die Äußerung Hitlers, Goebbels sei der einzige Redner,
den er anhören könne, ohne einzuschlafen: Diese Bemerkung
»rehabilitierte« ihn im Kreise derer – und das waren fast alle –,
die Geist schlechthin als »jüdischen Geist« in dem Maß verachte-
ten, in dem er ihnen selber fehlte.

Aber diese frühe Autobiographie und das Tagebuch von 1924
schlüsseln nicht nur seinen Charakter auf, sondern zwingen den
Leser, obgleich der doch nun weiß, welches »Produkt« später die
Macht aus dem zerquälten, bettelarmen Doktor der Philosophie
werden ließ, dennoch zum Mitgefühl. Normale Zeiten – das
heißt, nicht von entwürdigender Massenarbeitslosigkeit zerrüt-
tete – hätten aus Paul Joseph Goebbels einen normalen Mitbürger werden lassen, gleichviel, ob er nun zwei gradegewachsene

Füße gehabt hätte oder nicht. Pathologisch ließ nicht der kranke Fuß ihn werden – sondern die Macht. Pathologisch wie jeden, dem Macht zufällt und die Illusion, nicht auch ihr zugefallen zu sein. Und das deutsche Volk – außer jenem einzigen tragischen Landsmann, dem noch heute fast unbekannten Ingenieur Dr. Hans Kummerow, der enthauptet wurde, weil er 1942 versucht hatte, Goebbels mit der Brücke nach Schwanenwerder in die Luft zu sprengen –, dieses Volk, das er wie keiner außer Hitler mitverdorben hat, hat auch ihn verdorben durch seine orgiastische Zustimmung zu den Reden des »literarischen Feuerbestatters«, wie Erich Kästner Goebbels nach der Bücherverbrennung von 1934 auf dem Platz vor der Berliner Universität nannte.

III.

Als der seit Jahren erwerbslose Dr. Paul Joseph Goebbels – durchaus noch kein Nationalsozialist – 1924 Hitlers Partei beitrat, weil man ihm als Gegenleistung für das nicht allzu geringe Gehalt von monatlich hundert Mark stabilisierten Geldes die Redaktion der Elberfelder Samstagszeitung ›Völkische Freiheit‹ anbot, schrieb zu Landsberg in komfortabler Festungshaft – so gut hatte er noch nie gewohnt – Adolf Hitler gerade ›Mein Kampf‹. Pharisäer müßte sein und wohlstandsverdummt, wer es heute dem damals siebenundzwanzigjährigen Dr. phil. verübelte, die erste beste Redaktions-Stelle gierig ergriffen zu haben, die ihm endlich, sein Traum seit Jahren, hingehalten wurde. Sich nur dies vorzustellen: daß er noch immer, sogar noch ein Jahr später, obgleich er in Latein Nachhilfestunden gab und ein wenig heimbuchhalterte, seinem stets vorbildlich für ihn sorgenden Vater, der selbst nur dreihundert Mark im Monat für sechs Esser heimbrachte, auf der Tasche liegen mußte! Wie ihn das täglich demütigte und zuweilen mit Haß auflud gegen diesen schon kaum mehr Vater, schon Wohltäter zu nennenden Erzeuger!

Nach einer guten Dissertation über einen Berliner Dramatiker der Romantik noch das Oberlehrer-Examen abzulegen, was ihn vielleicht, aber nicht sicher vor Erwerbslosigkeit bewahrt hätte, dazu konnte Goebbels sich nie entschließen: vermutlich aus dem sehr verständlichen Grund, daß ein klumpfüßiger Schulmeister noch erbarmungsloser von den Kindern gehänselt, ja im Wortsinne ver-»teufelt« würde als ein hinkender Mitschüler. Seine Braut hatte ihn in Köln bei der Dresdner Bank als Börsenausrufer untergebracht.

Lange hielt Goebbels dort nicht aus: auch dies kann einem Germanisten, der sich zum *homme de lettres* berufen fühlt, kaum verdacht werden. Sein Haß auf den Kapitalismus, den er auch noch verachtete, als er längst von Hitler zum reichen Mann und Besitzer eleganter Landhäuser gemacht worden war, und der ihm noch in den letzten Kriegsjahren einen Separatfrieden mit Rußland viel verlockender erscheinen ließ als einen Frieden mit den Westmächten, dürfte bei der Dresdner Bank noch heftiger entwickelt worden sein als im kümmerlichen Elternhaus, in dem die Familie abends zusammensaß, um für die kleine Lampendochtfabrik, in der Vater Goebbels es zuletzt zum Prokuristen gebracht hatte, noch Heimarbeit zu leisten – natürlich in der Küche, denn die gute Stube durfte von allen Kindern nur Joseph betreten, um Klavier zu üben. Für einen ganzen Monatslohn hatte Friedrich Goebbels seinem Sohn ein Klavier, ein gebrauchtes, gekauft.

Einen Dr. phil., der noch mit siebenundzwanzig Jahren im Tagebuch die Frage begrübelt, ob er die zwanzig Mark aufbringen kann, die er braucht, um seine Braut in einem Kölner Hotelzimmer zu treffen; und der *jahrelang* ohne Verdienst herumsitzt, aber vor unabreagiertem Betätigungsdrang geradezu kocht, weil er nicht einmal wie seine Klassenkameraden in den Krieg hatte ziehen dürfen: Kann man einen solchen Mann verachten, weil er endlich zu Hitler ging?

Hier liegt auch die Erklärung, warum Goebbels nie in das Klischee der Marxisten paßte, die Nazis insgesamt seien »nur« getarnte Vertreter des »Monopolkapitalismus«: Goebbels *haßte* die Bürger als Klasse, haßte die Kapitalisten, als er längst selber – Besitzer einer Wannsee-Insel – einer geworden war: Er war und blieb von Herzen links; ja noch ab 1944, als er so behutsam wie möglich versuchte, Hitler den Gedanken eines Separatfriedens schmackhaft zu machen, wollte er mit Stalin – nicht mit den Westmächten Frieden! Sehr richtig folgert R. H. S. Crossmann aus der Tatsache, daß Goebbels nach der Vernichtung aller Juden das Bürgertum als nächste Menschengruppe ausrotten wollte – denn auch der Haß des Ministers auf Juden, *sofern er überhaupt welche haßte,* war Haß auf Bürger, nicht auf Fremde:

»In seiner Entschlossenheit, die Industriellen, die Richter, die Aristokratie und das Offizierskorps auszumerzen, war Goebbels ein echter Revolutionär. Außerhalb Deutschlands galt sein besonderer Haß England. Die bürgerliche Zivilisation lag im Sterben, Amerika war nur die prahlerische Verkörperung des dekadenten Kapitalismus, und der russische Bolschewismus war eine Perversion. England allein war in der Lage, eine neue soziale Ordnung auf arischer Grundlage zu errichten, die dem Dritten Reich gefährlich werden konnte.

Goebbels' Haß gegen England hatte seine Wurzeln in einem tiefen Respekt. Er erinnert sich beständig selbst daran, daß die Engländer, im Gegensatz zu den Amerikanern, gegen den Propagandakrieg unempfindlich seien:

›Ein moralischer Zusammenbruch, wie wir ihn im November 1918 erlebten, kann in England, wenn überhaupt, nur mit großen Schwierigkeiten herbeigeführt werden. Wir sollten uns in dieser Beziehung keinen Illusionen hingeben und nicht Hoffnungen auf eine Kriegführung setzen, die früher einmal beim deutschen Volk zum Ziele führte, aber aller Wahrscheinlichkeit nach bei den Engländern niemals Erfolg haben wird.‹

Über die Vergeltungsangriffe der Luftwaffe schreibt er:

›Es gibt kein anderes Mittel, die Engländer zu Verstand zu bringen. Sie gehören zu der Sorte Menschen, mit denen man erst sprechen kann, wenn man ihnen die Zähne ausgeschlagen hat.‹

Im Zeitalter des totalen Krieges kann man seinem Gegner kein größeres Kompliment machen.«

IV.

Wer in einem vergleichsweise geordneten Staat wie der Bundesrepublik, die aber auch schon bei mehr als zwei Millionen Arbeitslosen »angekommen« ist, mit jenen Abiturienten spricht, die aufgrund eines ungesetzlichen Numerus clausus jahrelang vom Studium ausgeschlossen werden, der bekommt inmitten des heutigen Klassenfriedens ein Gefühl dafür, um wieviel staatsverdrossener jene Bürger der jungen Weimarer Republik gewesen sein müssen, die jahrelang von Verdienst oder Studium ausgesperrt waren. Viel Liebe kann dieser ersten deutschen Republik – obwohl ihre schwachen Machthaber weniger schuld daran hatten als der Versailler Vertrag und später die Weltwirtschaftskrise – von den Nachkriegsopfern zwischen 1925 und dem Einzug Hitlers in die Reichskanzlei nicht entgegengebracht worden sein. Wer wirft den ersten Stein? Wenn Stresemann auch ein bedeutender Politiker war, der unendlich viel erreichte und *dafür* von Goebbels unermüdlich verleumdet wurde: wer Goebbels beurteilen will, darf nie übersehen, was für furchtbare Jahre in schmachvoller Armut dieser Akademiker unverschuldet in dieser Republik hatte absitzen müssen. Auch heute muß man sich fragen, wieso ein Staat, dessen Parlamentarier in Bund, Ländern und Gemeinden sich persönlich auf Kosten dieses Staates glänzend bezahlen und altersversorgen lassen, von jungen Menschen Loyalität verlangt, wenn er nicht einmal fähig ist, ihnen eine Lehrstelle oder einen Studienplatz zu beschaffen. Terrorismus geht ja nicht nur von Jungen aus, sondern auch von Behörden, die junge Menschen zur Arbeitslosigkeit verdammen. Warum hätten die Altersgenossen von Dr. Joseph Goebbels nach vierjährigem Kriegerdasein und entbehrungsreichem Studium gegenüber der Weimarer Republik Loyalität üben sollen, wenn diese Republik sie arbeitslos herumvegetieren ließ? Auch Goebbels kam nachweislich nur deshalb zu Hitler, weil er sonst nirgendwo unterkommen konnte, so zäh er es auch immer wieder versucht hat. Die Sache mit dem Bein – aus der oft zu viel gemacht wird – hatte er längst einigermaßen kompensiert dank seiner Erfolge an der Universität und bei Frauen; sein Minderwertigkeitskomplex hatte vorwiegend keine körperliche Ursache mehr, sondern eine soziale: Er war bettelarm und ohne Hoffnung, das ändern zu können.

Dies, und dies allein, machte ihn, der vor 1925 nicht einmal politisch interessiert, geschweige denn *engagiert* war, zu einem

Radikalen. *Das* allein vertrieb ihn aus dem Lager der Demokratie: Sie gab ihm nichts zu fressen! Selbst Brecht und Weill sangen drei Jahre später, erst komme das Fressen, dann die Moral...

Goebbels hatte sich noch nicht einmal als Redner entdeckt. Er wollte dichten, was er nicht konnte, und wollte Artikel schreiben, was er nicht schlechter gemacht hätte als jene, die ihre Erzeugnisse tatsächlich – im Gegensatz zu Goebbels – zum Druck brachten. Mit einem Wort: seine ebenso legitime wie unbändige und noch richtungslose Sehnsucht, tätig zu sein, trieb Goebbels zunächst nicht zu Adolf Hitler, sondern zu Theodor Wolff. Als Chefredakteur einer der einflußreichsten Zeitungen des Reiches – vor und nach 1914 – war Wolff seit langem eine Institution; er war schon 1898 zum ›Berliner Tageblatt‹ gekommen, nachdem er in noch jüngeren Jahren die ›Freie Bühne‹ mitgegründet hatte, eine Zeitschrift, die zum Sammelbecken nicht des – wie der Kaiser argwöhnte – linken, sondern nur des neuen kulturellen Lebens geworden war, als dessen führender Repräsentant Gerhart Hauptmann in die Geschichte einging. Goebbels hat Wolff umworben wie keinen anderen.

Wolff war das Leitbild des ehrgeizigen Goebbels, weil auch Goebbels einmal eine erste Rolle spielen wollte und würde. Eine erste – das war klar. Wo – das war nicht klar. Goebbels war nicht der Mann, seine Artikel irgendwem zuzusenden. Er sandte sie »natürlich« an den feinsten Journalisten der Nation, an Theodor Wolff. Der Biograph Heiber nennt die schier unglaubliche Zahl: fünfzig Artikel habe Goebbels vergebens eingesandt. Fünfzig. Daß nicht *einer* gedruckt wurde, obgleich zweifellos mancher fürs ›Tageblatt‹ gut genug gewesen wäre; daß sich Goebbels dennoch bei demselben allmächtigen Wolff – und wieder vergeblich – um eine Stellung als Redakteur bewarb: das spricht einmal für die wahnwitzige Zähigkeit des Abgewiesenen; es spricht aber auch für die Tatsache, daß Macht einen Juden nicht weniger verdirbt als einen Christen. Muß man annehmen, der Schriftsteller Theodor Wolff sei nie auf den Gedanken gekommen, dieser namenlose Doktor aus Rheydt, der ihm so hartnäckig – und gewiß oft mit Begleitbriefen, die seine qualvollen Lebensumstände beleuchteten – seine Mitarbeit antrug, habe ein freundliches, aufmunterndes Wort und vielleicht sogar die Annahme des einen oder anderen seiner Aufsätze verdient?

Der Weltgeist, was immer das sein mag, ließ es noch dazu kommen, daß der fünfundsiebzigjährige Wolff, beizeiten vor den Nazis emigriert, aus Frankreich ins Reich zurückdeportiert wurde, wo er in Sachsenhausen umkam. Rachsucht aus verschmähter Liebe war stets der stärkste und widerlichste Motor, der je Geschichten wie Geschichte gemacht hat: und dem entspricht die Qualität der »Geschichte«.

Goebbels stellte alle persönlichen und überpersönlichen Bedenken gegen Hitler und dessen »Ziele« zurück, weil er mehr noch durch Not als durch Charakter zu einem geradezu elementaren Karrieristen geworden war – wie übrigens Hitler selber, der in ›Mein Kampf‹ zugab: »Das Niederdrückende lag nur in der vollständigen Nichtbeachtung, unter der ich damals am meisten litt.« Wenn aber einer – wie so sehr viele andere – durch Not zum Karrieristen wird: ist er dann nicht schon halb entschuldigt? Entschuldigt wie Millionen Arbeitslose, die auf einen Mann hereinfielen, der ihnen nicht nur Arbeit und Brot *versprach,* sondern ihnen auch beides *gab?*

Den ruchlosen Elan dieser durchweg, was bürgerliche Reputation, sprich: Einkommen, betrifft, Zukurzgekommenen oder aber – waren sie Prinzen wie des Kronprinzen Bruder August – Heruntergekommenen hat neulich Michael Stürmer auf eine Weise gedeutet, die ebenso simpel wie hellsichtig ist: Der Historiker entdeckte, wie *jung* sie alle waren, die als Nazis den Reichstag besetzten, übrigens auch viele Kommunisten: Sie waren, weitaus die meisten, nur halb so alt wie die Abgeordneten der schon etablierten Parteien.

Jugend *und* das Ziel, den Parlamentarismus zu vernichten, ist schier unwiderstehlich, jedenfalls dann, wenn diese Jugend – im Gegensatz zu der von 1968 – intelligent genug ist, die Spielregeln der parlamentarischen Demokratie so lange halbwegs zu achten, bis sie Macht genug hat, sie abzuschaffen. So lange warteten die Nazis, nachdem sie auf dem Marsch zur Feldherrnhalle gespürt hatten, auch Demokraten könnten schießen...Michael Stürmer schreibt: »Am Ende von Weimar ging es zwischen Demokraten und Antidemokraten nicht nur um die Republik, sondern es trennte sie auch die Erfahrung einer ganzen Generation: die Verteidiger der Demokratie im Reichstag um die 60, die Angreifer um die 30, zornige Söhne gegen müde Väter. Welt-Rassenkampf und Welt-Klassenkampf, deren Vorkämpfer einander auszutilgen suchten, haßten doch am meisten und gemeinsam die liberale Demokratie.«

Goebbels, um keine Illusion über ihn aufkommen zu lassen, hat alle Verbrechen Hitlers mitverschuldet. Er hat sie großmächtig angepriesen, selbst dann, wenn er aus Klugheit, Instinkt, Berechnung dagegen war; selbst dann, wenn er vorher versucht hatte, Hitler durch eine Unterredung von seinen Vorhaben abzubringen – wie etwa von der Entfesselung des Zweiten Weltkrieges und wie (vermutlich) von der »Endlösung«. Doch da Goebbels immerhin intelligenter und schlauer war als nahezu alle anderen Mitmacher des engsten Kreises, zwar nicht in der Wehrmacht, aber in der Partei, wiegt natürlich auch seine Mitschuld schwerer und die Charakterlosigkeit, gegen die eigene Vernunft propagandistisch verkauft zu haben, was Hitler befahl. Gegen den Krieg war Goebbels schon aus eingefleischtem Widerwillen gegen das Militär, speziell gegen das preußische. Er wußte und sagte es auch: Wenn selbst der Führer seinen braunen Partei-Rock mit dem feldgrauen der Armee vertauscht habe, würde automatisch nicht mehr die Partei, deren Exponent Goebbels war, sondern die Wehrmacht die erste Rolle im Staate spielen.

Die Tötung der Juden hätte Goebbels, bis Hitler sie durch die Wannsee-Konferenz endgültig auch für Westeuropa in die Wege leiten ließ, gewiß gern ebenso bis zum »Endsieg« verschoben wie die Niederknüppelung der christlichen Kirchen. (Goebbels wollte wie Hitler – und er war ja *immer* Hitlers Meinung, sobald der sich einmal festgelegt hatte – die Kirchen durch Entzug aller wirtschaftlichen Mittel nach dem Kriege abwürgen.)

Einmal aber scheint er doch mit Hitler sanft gerungen zu haben, um ihm die »Endlösung« wenigstens für die Dauer des Krieges auszureden. Am 7. März 1942 las er – wie dem Tagebuch zu entnehmen ist – das Protokoll der unter Heydrichs Vorsitz und im Beisein Eichmanns zusammengetretenen Wannsee-

Konferenz, bei der die Ausrottung der Juden Westeuropas im Detail abgesprochen worden war. Nachdem er dieses, wie ich glaube, monströseste Dokument der Weltgeschichte durchgearbeitet hatte, diktierte Goebbels: »Das ergibt eine Unmenge von außerordentlich delikaten Fragen. Was geschieht mit den Halbjuden, was geschieht mit den jüdisch Versippten, Verschwägerten, Verheirateten? Wir werden also hier noch einiges zu tun bekommen, und im Rahmen der Lösung dieses Problems werden sich gewiß auch noch eine ganze Menge von persönlichen Tragödien abspielen. Aber das ist unvermeidlich. Jetzt ist die Situation reif, die Judenfrage einer endgültigen Lösung zuzuführen. Spätere Generationen werden nicht mehr die Tatkraft und auch nicht mehr die Wachheit des Instinkts besitzen. Darum tun wir gut daran, hier radikal und konsequent vorzugehen. Was wir uns heute als Last aufbürden, wird für unsere Nachkommen ein Vorteil und ein Glück sein.«

Eine Woche später war Goebbels wieder einmal im Hauptquartier – zu jenen stundenlangen Gesprächen binnen eines oder zweier Tage, die Hitler ihm (und sich) zuweilen gewährte und die Goebbels stets wie ein Gottesdienst »aufluden«. Hitler hatte den schwersten Winter seines Lebens hinter sich. Er sagte Goebbels (und später haben Jodl und Keitel als Angeklagte in Nürnberg das bestätigt): »Wäre er [Hitler] nur einen Augenblick schwach geworden, so wäre die Front [vor Moskau] ins Rutschen gekommen, und es hätte sich eine Katastrophe vorbereitet, die die napoleonische noch weit in den Schatten gestellt hätte. Dann wären Millionen braver Soldaten dem Tod des Hungers und des Erfrierens preisgegeben gewesen... Im übrigen hat der Führer für die sowjetische Kriegsführung eine ziemliche Hochachtung. Das brutale Durchgreifen Stalins hat die russische Front gerettet...«

Hitler klagte ihm stundenlang bewegt, wie furchtbar dieser Winter für *ihn* gewesen sei, an der Seite seiner feigen und dummen Generale, die natürlich allein die Katastrophe der (nicht einmal mit Pelzen und Handschuhen versorgten) Armee im russischen Winter verschuldet hätten.

So kam Goebbels erst – und kläglich kurz und sanft – »zum Schluß« noch dazu, dem strapazierten Diktator wegen der

»Judenfrage« (vermutlich) seine Vorbehalte zu machen. Doch muß er schreiben: »...hier bleibt der Führer nach wie vor unerbittlich, die Juden müssen aus Europa heraus, wenn nötig unter Anwendung der brutalsten Mittel. In der Kirchenfrage will der Führer im Augenblick noch nicht aktiv werden. Das möchte er sich am liebsten für Kriegsende aufsparen...«

Und gleich darauf sprechen beide von Hitlers kleinem Hund, den man dem Führer zum Geschenk gemacht hat und an dem sein ganzes Herz hängt. »Dieser Hund darf sich in seinem Bunker alles erlauben. Er ist im Augenblick derjenige, der ihm am nächsten steht.«

Ein Satz also über jene Untat der überlieferten Geschichte, der mehr Millionen als *jeder* anderen zum Opfer fielen, und dann sofort von Hitlers Liebling, dem Hund – wie zuvor von den Kindern des Besuchers: »Der Führer erkundigt sich eingehend nach allen zu Hause, wie es Helga, Hilde und vor allem Holde geht, wie es der ganzen Familie geht, was sie macht und treibt... Ich nehme mir ernsthaft vor, nach dem Kriege mich mit meiner Familie noch mehr um ihn zu kümmern, vor allem im Hinblick darauf, daß das jetzt während des Krieges ja überhaupt nicht möglich ist.«

Möglicherweise hat Goebbels beim nächsten Treffen am 27. April noch einmal einen zaghaften Vorstoß gegen die radikalste Lösung unternommen; mehr versteckt als aufschlußreich diktiert er: »Ich spreche mit dem Führer noch einmal ausführlich die Judenfrage durch. Sein Standpunkt diesem Problem gegenüber ist unerbittlich. Er will die Juden absolut aus Europa herausdrängen. Das ist auch richtig so. Die Juden haben unserem Erdteil so viel Leid zugefügt, daß die härteste Strafe, die man über sie verhängen kann, immer noch zu milde ist...«

Wie die härteste, die Todesstrafe an den Juden vollstreckt wurde, das hatte Goebbels genau einen Monat früher so beschrieben: »Aus dem Generalgouvernement werden jetzt, bei Lublin beginnend, die Juden nach dem Osten abgeschoben. Es wird hier ein ziemlich barbarisches und nicht näher zu beschreibendes Verfahren angewandt, und von den Juden selbst bleibt nicht mehr viel übrig. Im großen kann man wohl feststellen, daß

60 Prozent davon liquidiert werden müssen, während nur noch 40 Prozent zur Arbeit eingesetzt werden können. Der ehemalige Gauleiter von Wien, der diese Aktion durchführt, tut das mit ziemlicher Umsicht und auch mit einem Verfahren, das nicht allzu auffällig wirkt. An den Juden wird ein Strafgericht vollzogen, das zwar barbarisch ist, das sie aber vollauf verdient haben. Die Prophezeiung, die der Führer ihnen für die Herbeiführung eines neuen Weltkrieges mit auf den Weg gegeben hat, beginnt sich in der furchtbarsten Weise zu verwirklichen...«

Welche Prophezeiung Hitlers war das? Es war sein »Versprechen« im Reichstag, Januar 1939, wenn es abermals zu einem Krieg in Europa komme, dann werde am Ende dieses Krieges »die Auslöschung der jüdischen Rasse« in Europa stehen. Das hatte jeder Erwachsene auf dieser Welt gehört. Er hat es dann abermals zu hören bekommen, als Hitler am 8. November 1942, wiederum in einer über alle Sender verbreiteten Münchner November-Putsch-Gedenkrede, mit direktem Bezug auf die seit Februar des gleichen Jahres angelaufene »Endlösung« durch Vergasung sagte: »Sie werden sich noch erinnern an die Reichstagssitzung, in der ich erklärte: Wenn das Judentum sich etwa einbildet, einen internationalen Weltkrieg zur Ausrottung der europäischen Rassen herbeiführen zu können, so wird das Ergebnis nicht die Ausrottung der europäischen Rassen, sondern die Ausrottung des Judentums in Europa sein. (Beifall). Sie haben mich immer als Propheten ausgelacht. Von denen, die damals lachten, lachen unzählige nicht mehr. (Vereinzeltes Lachen, Beifall). Die jetzt noch lachen, werden in einiger Zeit vielleicht auch nicht mehr lachen. (Gelächter, starker Beifall). Diese Welle wird sich über Europa hinaus über die ganze Welt verbreiten.«

Jedermann hörte das. Fast jedermann bestritt nach Hitlers Tod, von der Ermordung der Juden gewußt zu haben. Aber ihren eigentlichen Triumph erlebte die Geschichtsschreibung erst in unseren Tagen, 1977 – und seitdem hat man den Verdacht, daß Geschichtsschreibung die Fortsetzung des Krieges mit schlimmeren Mitteln ist –, als von einem bedeutenden Historiker, keinem Deutschen, ernsthaft bestritten wurde, daß es Hitler gewesen sei, der die Ausrottung der Juden angeordnet habe. Ja, mehr noch, selbst Hitler habe erst 1943 davon erfahren, daß die Juden in Europa vergast würden. Goebbels, der die Vergasung in Europa denn doch zu riskant fand, hat schon ein Jahr nach ihrem Beginn im März 1943 ängstlich ins Tagebuch geschrieben, er sei sich mit Göring darin einig, ihr beiderseitiger Wunsch nach einem Separatfrieden, sei es mit den Westmächten, sei es mit den Russen, scheitere an der »Judenfrage« – das war das beste Tarnwort für Vergasung. Und da Goebbels spätestens mit der Einsicht, daß der Krieg ohne einen Separatfrieden nicht mehr zu gewinnen sei – also vom Winter 1944/45 an –, überhaupt jedes Denken durch Wunschdenken ersetzt hatte, fügte er trotzig hinzu, es sei nur gut, daß man wegen der Juden längst »die Schiffe hinter sich« verbrannt habe.

VI.

Ob man dem Redner Goebbels – der Schreiber war mittelmäßig – das Prädikat *genial* zugestehen will, ist angesichts seiner Erfolge, die jedenfalls im Wortsinne »umwerfend« waren, eine überflüssige Erörterung. Der Redner Goebbels hat möglicherweise im gleichen Maß wie die Arbeitslosigkeit Berlin für Hitler »erobert«. Der Redner ließ als instinktsicherer Demagoge und Provokateur auf der Straße praktizieren, was verbal nicht immer völlig »hingehauen« hatte. Gab es wegen einer seiner Reden Ende der zwanziger Jahre in Berlin kein Geschrei und kein Polizeiverbot, so schickte er Schläger zum Kurfürstendamm, die, in SA-Uniform oder – war diese wieder einmal verboten – jedenfalls als Nazis erkennbar, Passanten ins Gesicht schlugen, die »jüdisch« aussahen und sich demnach zuschulden kommen ließen, daß sie am Leben waren – was zwölf, dreizehn Jahre später bekanntlich ausreichte, von Goebbels-Hörigen ermordet zu werden.

Als Hitler an der Macht war, hatte Goebbels im Grunde für ihn getan, was er leisten konnte; aus Angst, mehr aber noch aus Überzeugung parierte das Volk nun ohnehin. Erst der Griff nach

Ländern, die Hitler noch nicht um Verstand und Abwehrwillen gebracht hatte, ließ seinen Propaganda-Minister wieder unentbehrlich werden. Und als das Kriegsglück endlich die Seite gewechselt hatte, brauchte er ihn für die Bearbeitung des deutschen Volkes. Die triumphalste Rede hielt Goebbels am 18. Februar 1943, als er die Sportpalast-Berliner derartig um den Verstand brachte, daß sie – der Staatstheater-Intendant Heinrich George, Kommunist vor 1933 und nach 1945; ebenso wie die namenlose Rote-Kreuz-Schwester – suizidlüstern einstimmten in das Totale-Kriegs-Geschrei des Ministers. Der jedoch habe beim Verlassen des Redner-Pults »eiskalt« zu Vertrauten gesagt: »Das war die Stunde der Idiotie; hätte ich gerufen, springt aus dem Fenster, die hätten auch das getan.«

Ich habe längst aufgehört, das zu glauben. Es wäre absurd, auch nur für möglich zu halten, daß Goebbels so abfällig über seine wirkungsvollste Rede und über seine Hörer – denen er ja dankbar war für die Raserei, mit der sie ihn honorierten – geurteilt habe. Alle seine Tagebücher strafen dieses Zitat Lügen – selbst wenn er aus Eitelkeit, und er war neben Göring der eitelste aller Nationalsozialisten, dergleichen gesagt haben sollte. »Eiskalt« – das war eine der von ihm am häufigsten strapazierten Vokabeln, und immer positiv gemeint. Er liebte das Wort, weil es nicht eine Minute zutraf auf *ihn*. Goebbels war nie kalt, weil er ein »glühender Gläubiger« war und sein wollte; er haßte das Denken derart, daß er es der »Miesmacherei« gleichsetzte – und dies allein erkärt, warum er neben Speer der einzige Intellektuelle war, den Hitler ertrug: Er hatte seinen Intellekt seinem Glauben an den Führer völlig untergeordnet – wie so manche jener erzgescheiten Kirchenfürsten, die ihre Skepsis gegen jedermann richten, nur nie gegen die Dogmen ihrer alleinseligmachenden Kirche. Goebbels war nie erzgescheit, nicht nur, weil zu glauben ihm – das hat er oft betont – über alles ging (auch Kardinälen geht der Glaube über alles), sondern auch, weil er an Hitler glaubte. »Das deutsche Volk braucht nicht zu wissen, was der Führer plant; es wünscht es auch gar nicht zu wissen«, sagte er an Hitlers Geburtstag 1941. Er redete sich das auch selber ein; längst hatte er die Erfahrung machen müssen, daß Hitler sogar *ihm* nie sagte, was er plante. Vom Rußlandfeldzug abgesehen, vor dessen Ausbruch Hitler ihn zur Tarnung geräuschvoll russische Fahnen in großem Stil einkaufen ließ, um einen bevorstehenden Staatsbesuch Stalins in Berlin vorzutäuschen – von dieser *einen* »grandiosen« Unternehmung abgesehen, erfuhr Goebbels von allen anderen nie schon im Planungsstadium, sondern erst am Vortage: Das belegen seine Tagebücher.

Und Goebbels sagte noch 1941: »Hitler gehört uns. Er hat unser Volk zu dem gemacht, was es heute ist. Wo wären wir, wäre er nicht gekommen! Laßt uns zum Höchsten beten: Wir wünschen uns, was wir immer gewünscht haben, möge er uns bleiben, was er uns war und was er uns ist: unser Hitler.« Dem Führer war dieser Byzantinismus nicht nur nicht widerlich, sondern ein Bedürfnis; auch er sagte am 8. November 1943: »Wenn einmal in kommenden Jahrhunderten die Geschichtsschreibung, unbeeinflußt vom Für und Wider einer streitenden Zeit, diese Jahre der nationalsozialistischen Neugeburt kritisch überprüfen wird, dann kann sie wohl kaum an der Feststellung vorbeikommen, daß es sich hier um den wunderbarsten Sieg des Glaubens gegenüber den vermeintlichen Elementen des sachlich Möglichen gehandelt hat.«

Werner Stephan berichtet, daß Goebbels auch gegen Bismarcks Wort von der Politik als der »Kunst des Möglichen« offen polemisiert hat, nur um den Verstand und das Maß aus der Politik herauszueskamotieren – und *den* Weg zu finden, den Goebbels vermutlich gesucht hat, als er zu Hitler ging: den Weg des Glaubens, des Wunders. Goebbels schrieb: »Wir haben gelernt, daß Politik nicht mehr die Kunst des Möglichen ist, wir glauben an das Wunder, an das Unmögliche und Unerreichbare. Für uns ist die Politik das Wunder des Unmöglichen. Uns kümmert die Kunst der gegebenen Möglichkeiten einen Dreck!« Wunder, Glaube, Gott – noch am 7. Januar 1945 schrieb Goebbels im ›Reich‹: »Wer an der Führung dieses Volkes beteiligt zu sein die Ehre hat, kann seinen Dienst an ihm nur als Gottesdienst empfinden.«

Die kirchliche Erziehung hatte nicht verhindern können, daß Goebbels ein Intellektueller wurde, und das will die Kirche ja

208

auch niemals verhindern: Es genügt ihr, dafür zu sorgen – und das schaffte sie auch bei Goebbels und für dessen ganzes Leben –, daß der Intellekt sich nie verselbständigt, sondern immer Diener des Glaubens bleibt. So sehr blieb Goebbels ein Gläubiger, daß, als er Jesus verloren hatte, Hitler dessen Stellung im Herzen und Hirn seines Jüngers einnehmen konnte, ja daß Goebbels über seinem Glauben seinen Intellekt zuweilen nahezu einbüßte. Denn was immer ein Intellektueller sein mag: es kann nur Wahrheiten für ihn geben; sogenannte »Glaubens-Wahrheiten« – ein Worte-Gespann, das sich selbst aufhebt – müßten für ihn eine *contradictio in adiectu* bleiben. Dennoch ist belegt, daß Goebbels auch im Hinblick auf die »Ratschlüsse« seines Führers das Jesuiten-Bekenntnis »credo, quia absurdum est« oft wiederholt hat, mit tödlichem Ernst – tödlich für den, der das ablehnte. Der Religiöse denkt, was er glaubt; der Intellektuelle glaubt, was er denkt. Goebbels zählte immer zu jenen Religiösen, die nur die Uniform ändern, wenn sie sich heutzutage Ideologen nennen. Hierher gehört auch Goethes schreckliche Erkenntnis, daß der Verstand nichts vermag, wo das Gefühl dominiert; schlimmer noch: daß der Intellektuelle nur bessere »Begründungen« findet als andere, um zu rechtfertigen, daß er sich vom Glauben, vom Gefühl leiten läßt. Goebbels war sinnlich, war schönheits-versessen. So liebte er von früh auf – zumal angesichts der Armseligkeit seines Eltern-Reihenhäuschens – den Prunk seiner Kirche und ihrer Feste. Von ihren Regie-Künsten, denen er selber »verdankte«, im Glauben verankert und vom Denken »erlöst« zu sein, lernte er bei seinen Inszenierungen der Nazi-Feiern, an deren Glanz gemessen die Feiern des Kaiserreichs sparsames Provinz-Theater waren. Und auf jeder dritten Seite seiner Tagebücher ist zu lesen, daß er eine von stürmischen Ovationen »getragene« Rede einem Sieg auf dem Schlachtfeld für gleichwertig hielt.

Er war ohne Frage maßlos ich-versessen, realitätsblind, was die Einschätzung seiner persönlichen Beiträge zum Verlauf des Krieges – wenn auch nicht zu dessen Entstehung – betraf. Und er war das erste Opfer seiner Propaganda – eben weil er ein dem intellektuellen Rausch ergebener Irrationalist war. Schon erwachsen, gab er es schriftlich: »Es ist nicht so sehr von Belang, *woran* wir glauben; nur *daß* wir glauben.« Glaube hatte für ihn einen Wert an sich. Er definiert nicht, was Glaube meint, er meint wohl: ein Ziel haben oder einen Gott, den man sich auch selber machen muß, sofern er nicht da ist. In seinem 1929 erschienenen Roman ›Michael‹ schreibt er: »Je größer und ragender ich Gott mache, desto größer und ragender bin ich selbst.« Aufschlußreich, daß er Gott ausgerechnet jene zwei Eigenschaften zuschreiben, andichten will, die ihm selber, Joseph Goebbels, schon im Vergleich auch nur mit seinen Schulkameraden gefehlt haben wie sonst keine: groß und »ragend« zu sein!

Sein Biograph Heiber belegt, daß Goebbels gerade deshalb an Hitler zu »glauben« vermochte, weil er einen Führer, einen Halt, einen Gott, einen Ernährer brauchte – und nicht etwa wegen dessen »Richtung«, dessen Politik, die Goebbels bisher kaum interessiert hatte: »…wird Goebbels das Gneisenau-Drama von Wolfgang Goetz sehen und später bekennen, daß ihm ein Satz daraus, der so ähnlich ja auch im ›Michael‹ steht, ›auf immer unvergessen‹ geblieben sei: ›Gott gebe euch Ziele – gleichgültig, welche!‹« Denn darin wird er seine eigene Lage vom Herbst 1924 wiedererkennen, als *er* ein Ziel fand – gleichgültig, welches. Da alles andere schiefgegangen ist, hat nun also auch er beschlossen, Politiker zu werden.

Der Glaube, Politiker werden zu *müssen,* ist da, sobald er sich eingesteht, überhaupt endlich etwas werden zu müssen. Wagte er doch kaum noch, seinem Vater, der ihn mühsam ernährte, in die Augen zu sehen, was er oft anmerkt, um dann – gemäß der Tatsache, daß man den haßt, dem man viel verdankt – hämisch über seinen »spießigen« Ernährer herzuziehen, aber immer ungeheuchelt liebevoll über die Mutter zu schreiben. Auch später ist für ihn der Glaube an den Sieg nahezu identisch mit dem errungenen Sieg: Zwar war er selber angesichts des wachsenden Mißgeschicks der Deutschen auf dem Schlachtfeld immer häufiger depressiv, aber er war nie nüchtern. Wer dem Glauben an sich einen solchen Wert beilegt, der läßt auch Untertanen enthaupten, weil sie zweifeln. Nicht anders hat seine maßgebende Lehrmeisterin, die Kirche, jahrhundertelang Zweifler verbrannt.

»Den Menschen muß doch gesagt werden, was sie zu glauben haben«, dekretierte er kategorisch. Und er folgerte von sich auf andere: Er selber war eben in nichts so stark wie im Glauben, er war darin sogar *noch* stärker als im Reden. Die eigenen Reden und Artikel waren für ihn denn auch der Hauptquell seiner Stärke im Glauben.

Er glaubte sich selber jedes Wort – in einem Maß, das es fast verbietet, ihn einen Lügner zu nennen, obgleich er mehr Lügen werbewirksam unter die Leute gebracht haben dürfte als irgendein Mensch des 20. Jahrhunderts. Er riß mit, er überzeugte, weil er mitgerissen und überzeugt war. (Kleists berühmte Schrift über ›Die allmähliche Verfertigung der Gedanken beim Reden‹ muß seit der historischen Erfahrung Joseph Goebbels ergänzt werden durch eine Abhandlung über die Entstehung des Glaubens durch Reden.) Wenn er groteskerweise am 30. August 1924 im Weimarer Schiller-Haus notierte: »Da hängt ein Bild von Schiller. Ich meine, eine Ähnlichkeit im Schnitt mit mir feststellen zu können. Eine Dame steht vor dem Bild, betrachtet es aufmerksam, schaut mich einen Augenblick an und wird dann ganz verwundert... Ich merke es, sie hat auch diese Ähnlichkeit entdeckt« – er hatte wirklich *eine* Ähnlichkeit mit Schiller, dem Thomas Mann nachgesagt hat, der Dramatiker habe weniger die Sprache besessen, als daß vielmehr »die Sprache *ihn* besaß«. Frau Miller sagt zum Musikus: »Wie du doch den Augenblick in Feuer und Flamme siehst!« Und der Präsident zu Ferdinand: »Wo in aller Welt bringst du das Maul her, Junge?«

Sprache: dieses Wort weckt eine falsche Vorstellung dann, wenn man – wie bei Schiller – an den *Schreiber* Goebbels denkt oder an den Tagebuch-Diktierer: Dessen Prosa war ganz unkünstlerisch, verbraucht, parolendumm, leitartikelpathetisch, unwitzig, einschläfernd, unpointiert, in keiner Weise geschaffen, ihn oder Leser mitzureißen. Doch hier war der Redner Goebbels gemeint. Auf *den* trifft zu, daß die Rede *ihn,* nicht er die Rede machte. Zwar hat er sie pedantisch mehrmals niedergeschrieben, bevor er sie hielt; aber schon früh, am 18. September 1924, notierte er: »Man sagt, ich hätte glänzend geredet. Frei reden ist leichter als vom Blatt reden. Die Gedanken kommen mir wie von selbst.« Eben, das Reden und die Resonanz ejakulierten sie.

Die Rede und der »Empfängniskoller« seiner Hörerinnen und Hörer machten *ihn,* den Redner – und besonders der Beifall der Frauen. Joachim C. Fest hat analysiert, daß auch Hitler erst durch den Kontakt mit den Massen, nach dem ersten Zwischenruf auf volle Touren kam; es gab natürlich nur positive Zwischenrufe, auch bei Goebbels, als er Minister geworden war. Oppositionelle Zwischenrufer hätte man schon deshalb nicht mehr zur Enthauptung schleifen können, weil die Massen im Saale sie gelyncht hätten. Lange war das her – wenn es nicht überhaupt ein Witz gewesen ist–, daß Goebbels auf seine Behauptung, alle führenden Männner der »Bewegung« lebten auf das bescheidenste, von einem Berliner Arbeiter den Zuruf erhielt: »Du bist wohl lange nicht mehr zu Hause jewesen?«

Wie dann der erste Beifall die Redner rauschhaft steigerte! Fest beschreibt, wie Hitler zuweilen »im Furor der Beschwörung die geballten Fäuste vor das Gesicht zog und die Augen schloß, hingegeben den Exaltationen seiner versetzten Sexualität«. Und Heiber, der auch an Hitler beobachtete, daß dessen Reden »Ausflüsse der Sinnlichkeit waren, beinahe so etwas wie sexuelle Aktionen«, hält es für nötig, darauf hinzuweisen, daß Goebbels – anders als Hitler – »die Bedürfnisse seines Körpers auf dem normalen Wege abreagierte«. Das ist sicher. Doch Heibers Unterscheidung, die Reden des Doktors seien »Produkte der Intelligenz gewesen, jene Hitlers aber sexuelle Eruptionen«, übersieht, daß Goebbels, der sich unzählige Male selber als »Prediger« bezeichnet hat, nicht kraft seiner Intelligenz, sondern dank seines Glaubens ebenso die Massen hinriß wie ihn die Masse. Der größte Teil des deutschen Volkes hat ja im gleichen Unmaß an Hitler geglaubt, wie er das nach dem 8. Mai 1945 geleugnet hat.

Der von Fest so genannte »Empfängniskoller«, den auch der Gläubige Goebbels auslöste, hat beide gleichermaßen überwältigt, den Redner wie den Angesprochenen. Übereinstimmend wie in keinem einzigen anderen Punkt überliefern *alle* Mitarbeiter des Ministers, daß dessen Besuche bei Hitler ihn in eine Hochstimmung versetzt haben wie den Gläubigen, wenn er seinen Heiland traf. Auch in den dunkelsten Stunden des Krieges kam Goebbels optimistenstramm und strahlend von allen Audienzen bei Hitler ins Ministerium zurück, nur nicht von einer einzigen: am 18. Oktober 1944, als Hitler es abgelehnt hatte, die Denkschrift des Ministers über auswärtige Politik zu lesen und Goebbels zum Nachfolger Ribbentrops zu machen.

Und wie Hitler Goebbels im Glauben stärkte, schafften das außer Hitler nur noch die eigenen Reden, das Publikum, der Kontakt mit denen, die gekommen waren, seine Predigten mitzuerleben. Gewiß, auch von seinen Leitartikeln im ›Reich‹ war er dermaßen begeistert, daß er fast jede Woche im Tagebuch breit und schamlos die Anteilnahme angeblich der ganzen Welt, auch der Feinde, oder mindestens deren Angst und Bestürzung über seine ›Reich‹-Auslassungen festhielt – ein total würdeloser Schriftsteller, wenn man bedenkt, daß er doch selber gewußt hat: Wer es wagte, ihn offen zu kritisieren, würde in Deutschland aufs Schafott gebracht, zuweilen durch ihn, Goebbels, persönlich; doch der Beifall der Eingeschüchterten genügte ihm noch nicht.

Auch weniger Eingeschüchterte – also die aus Angst vor ihm auf Zehenspitzen gehenden Familienmitglieder und Ministeriums-Unterlinge – mußten ihm sagen, wie fabelhaft er wieder einmal in dieser Woche mit seinem Aufsatz den Kern der Dinge getroffen habe. Sein Pressereferent Wilfred von Oven, der ein Goebbels hochrühmendes Buch ›Finale Furioso‹ schrieb – überarbeitete Tagebücher –, beobachtete, wie Frau Magda am Mittagstisch die braunen Savonarola-Augen ihres ewig erfolgsgierigen Gatten aufleuchten machte, sooft sie vor dem leicht zu Begeisternden dessen ›Reich‹-Artikel pries, die er selber mehrmals noch enthusiastisch durchlas, wenn sie ihm gedruckt ins Haus kamen.

Doch alles, was er schrieb, konnte ihn – da der Kontakt zu Lesern nicht so unmittelbar gegeben ist wie beim Reden der zu Hörern – bei weitem nicht so in Rage, in »Glauben« versetzen wie Besuche bei Hitler und wie seine eigenen Ansprachen. Am 18. April 1940 notiert er, eine von Hunderten ähnlicher Eintragungen im Tagebuch: »Sportpalast überfüllt... Ich halte die

Rede. In guter Form. Bombenstimmung. Ich glaube, das gibt einen großen Erfolg. Unser Volk ist wunderbar. Das Englandlied klingt wie ein Schwur. Wie so eine Versammlung einen doch immer wieder auflädt.« Einen – das ist er selbst, der von Goebbels und dessen Glauben am meisten berauschte aller Anwesenden.

Goebbels schrieb, genau zu der Zeit, als er Hitler die Tötung der Juden (vielleicht) auszureden versucht hat, an dessen 53. Geburtstag 1942: »Wenn der Führer spricht, ist das wie ein Gottesdienst«. Und er schrieb: »Aus der Glut und Begeisterung, mit der sich die Millionenmassen Hitler und seiner Idee hingaben, meinte man den Schrei herauszuhören, der Deutschland zur Zeit der Kreuzzüge erbeben ließ: ›Gott will es!‹« Und Werner Stephan zitiert noch dieses predigerhafte Kirchendeutsch: »Adolf Hitler allein hat sich nie getäuscht. Die Dutzendweisen und Besserwisser pfuschten ihm ins Handwerk. Er aber erfüllte wie ein Diener Gottes das Gesetz.«

Diese Lobgesänge auf den einzigen Brotgeber, den er je hatte, stimmte Goebbels nicht als Heuchler an, sondern als mitreißender, weil mitgerissener Gläubiger, der endlich den von ihm gefürchteten und gehaßten Intellektualismus, der ihn in der Pubertät angefallen und verunsichert und ihn um seine geistige Heimat im Christentum geprellt hatte, überwunden und zu seinem Führer hingefunden hatte. Uralt in ihm war der Glaube, sein Halt, sein Ur-Verlangen. Störend in ihn eingebrochen war die Vernunft, war der »Liberalismus«, waren die »Juden« – sprich: der Geist des modernen Europa, der Hochschule, der Literatur, soweit sie nicht mehr Erbauungslektüre war. Und so gewährte er ihr, der Vernunft, nur soviel Hausrecht wie nötig, um die Universität zu bestehen; denn sie störte seinen Trieb zu glauben, seine Lust nach Anschluß im Absoluten, denen er – das belegen die frühen Schriften – sofort wieder erlag, als er, schon promoviert, aber ohne Studienkameraden, wieder allein saß im Stübchen seines Vater-Reihenhäuschens. Da schrieb er: »Ich bin ein deutscher Kommunist.« Und: »Ein Hungerpastor bin ich.« Er las Wassermanns ›Christian Wahnschaffe‹, die Christusnovelle ›St. Sebastian vom Wedding‹ von Franz Herwig, Hauptmanns ›Narr in Christo‹ und notierte: »Aber wie weit steht der ›Narr‹

noch hinter Dostojewskis ›Idiot‹! Rußland wird den neuen Christusglauben mit all der jungen Inbrunst...«

Dann nahm er sich die Vertreter des liberalen Geistes vor. Das waren, neben anderen, jene Juden, die ihm seine Manuskripte zurücksandten, so daß er – angeheizt durch den Haß auf Maximilian Harden, der jetzt so »international« war wie noch kürzlich »alldeutsch« – am 2. Juli 1924 bereits einige Juden namentlich aufzählt: »Herrn Warburg, Herrn Louis Hagen, Herrn Nathan«, die er »mit etlichen anderen gelben Lümmeln im Viehwagen über irgendeine Grenze geschoben« haben möchte. Und warum? Weil »der Geist eine Gefahr ist für uns. Wir müssen den Geist überwinden. Der Geist quält uns und treibt uns von Katastrophe zu Katastrophe. Nur im reinen Herzen findet der gepeinigte Mensch Erlösung von dem Elend. Über den Geist hinaus zum reinen Menschen!«

Wie aktuell: daß von abgerichteten Dogmatikern, Ideologen, Religiösen, von »Gläubigen«, von Fanatikern als »bürgerlich« und als liberal oder »scheißliberal«, wie das heute heißt, verketzert und für überwindenswert erklärt wird, was in Wahrheit der Geist der Aufklärung ist! Daß Goebbels möglich war in jenem Volk, das den Autor des ›Nathan‹ hervorgebracht hat, ist die Mahnung an uns, daß wir geistig ankämpfen müssen gegen die Tatsache, uns jedes Jahr um weitere 365 Tage zu entfernen von der Aufklärung.

Ich zeigte hier die allein negativen Aspekte eines »Glaubens«, ja seine mörderischen am Beispiel eines zum Antichristen übergelaufenen Meßdieners. Doch soll das nicht dem Verankertsein im Religiösen schlechthin den unschätzbaren Wert eines ethischen Regulativs absprechen – im Gegenteil. Gerade zur Hitler-Zeit haben christlich noch gebundene Soldaten und Zivilisten, allen voran die Italiener und die Dänen, nachweislich ihren jüdischen Mitbürgern bei weitem solches Unrecht nicht zugefügt wie die betont Unreligiösen. Ja mehr: Dieses Tagebuch, eine Quelle allerersten Ranges natürlich nur deshalb, weil Goebbels es *nicht* zur Veröffentlichung bestimmt, sondern nur als Materialsammlung für sich selber, den späteren Geschichte-Schreiber, gedacht hatte – dieses Tagebuch liest sich wie der negative Kommentar zu den ältesten Parabeln der Weltliteratur, zu Herodot, zum Alten Testament, zu den griechischen Tragikern. Denn alle Mahnrufe an den Menschen, die zuerst in diesen ewigen Gesetzbüchern der Gesittung ausgesprochen werden: daß der Herr mit Blindheit schlage, wen er verderben wolle; daß niemand sich vor dem Tode glücklich preisen dürfe; daß schon der Tag deines Sieges »dein Ende zeugt« (König Ödipus) – sie alle werden von Joseph Goebbels in seinem Journal, speziell jeweils am Vorabend der Überfälle auf Skandinavien, auf Jugoslawien und auf Rußland, in einer derart hohnlachend dummen, Gott und Mensch verachtenden Weise in den Wind geschlagen mit beinahe jeder einzelnen Eintragung, daß die entsetzliche Todesstunde des Verfassers mit seinen unschuldigen sechs Kindern und seiner sehr mitschuldigen Frau einen fast religiös stimmt: So furchtbar folgerichtig ist sie.

Lebensfreundlichkeit: Karl Jaspers

»Dies befahl mir mein Herz,
die Athener zu lehren.«
SOLON

Karl Jaspers war sechzig Jahre lang deutscher Schriftsteller: er publizierte von 1909 bis 1969. Ich will versuchen, wenigstens anzudeuten, warum ich – ein halbes Jahrhundert jünger als Jaspers – noch heute den Maßgebenden unter unseren Zeitgenossen in ihm sehen kann, den politischen wie menschlichen Leitbildner.

Karl Jaspers selber, und das charakterisiert ihn, fand verächtlich, wenn einer sich entzog. Als ich ihn 1965 fragte, ob ich den IG-Metall-Chef Otto Brenner aufsuchen und über ihn schreiben solle, anläßlich der Bundestagswahl, da drängte Jaspers: »Das müssen Sie tun, Außenstehende gibt es nicht mehr.«

Ich hatte Bedenken gehabt, fühlte mich damals – wie eben jetzt auch hier – nicht zuständig, ich bin kein Fachmann für Wirtschafts- und Sozialpolitik. Doch Jaspers – der das Wort »Wissenschaftsaberglauben« prägte – sah ja stets in der Kontrolle des sogenannten Fachmannes durch uns Normalverbrauchte die einzige Garantie, von den Herrschenden in Wissenschaft, Wirtschaft und Politik nicht überfahren zu werden; denn er wußte, wie sehr jeder Fachmann bis hinauf zu Freud, zu Marx dazu neigt, begrenzt gültige Erkenntnisse zu verallgemeinern als die *eine* bindende Wahrheit schlechthin. Eine empirische Wissenschaft, das wiederholte er oft, kann niemanden lehren, was er tun soll. Politik dagegen und Philosophie sind universal – es gibt nichts, das sie nicht angeht, und gibt niemanden, der sich ihnen entziehen kann. Schon mit der Kinderfrage: Warum? Wozu? – und schließlich sind dies auch die ersten und letzten Fragen von jedermann an den Politiker – sind wir »sogleich bei den großen Dingen und in der Philosophie selbst. Wenn es anders ist, dann

217

wird noch gar nicht philosophiert«. Jaspers war der erste, der im Fernsehen dreizehn halbe Stunden mit jedermann philosophierte – und er betonte: »Für die Gegenwart oder für mich selber schien es mir selbstverständlich, daß Philosophie sich letztlich dadurch bewährt, daß sie Impulse erzeugt, die sich in der Bevölkerung verbreiten können«. Hier liegt der Grund, warum Jaspers unseren Politikern so verhaßt war: Er blieb nicht im Hörsaal, er sprach zu jedem, zum Wähler – und sagte es so einfach, daß jedermann ihn verstehen konnte auf den zehntausend Seiten, die er drucken ließ.

Seine vielen Gegner – mindestens zeitweise ausnahmslos die gesamte deutsche Universitäts-Philosophie, die ihm den Weltruhm neidet: seine gesammelten Werke gibt es sogar japanisch – halten ihm auch vor, er übertrage entweder eigene Lieblingsbegriffe »bedenkenlos« auf frühere Philosophen – auf den ostasiatischen Begriff des Tao etwa klebe er seinen eigenen, das »Umgreifende«, wie ein Etikett auf – oder aber er usurpiere bei seinen Versuchen, das eigene Denken als natürliche und notwendige Konklusion des Überlieferten, als Schlüssel zu aller bisherigen Philosophie hinzustellen, theologische Begriffe, deute sie aber um, mache sie »willkürlich« passend. In diesen Höhenlagen kann ich nicht mitsprechen. Wenn aber jemand so überzeugende Porträts vieler maßgebenden Denker und Täter von Solon bis Julius Leber zu zeichnen vermag – das letzte Bildnis, das der fünfundachtzigjährige Jaspers entwarf, war das des hingerichteten Lübecker Arbeiterführers Julius Leber –, so kann ihm das nur glücken, weil er die menschliche und geistige Legitimation dazu hat, das heißt: den Gestalten wesensverwandt ist, deren Denken und Leben er in diesen Bildnissen nahebringt. Wenn Hannah Arendt hinter seinem Sprechen und Denken die staatsmännische Grundbegabung aufleuchten sah und bei seinem Tod den Basler Studenten sagte: »Hie und da taucht unter uns einer auf, der das Menschsein exemplarisch verwirklicht und etwas, was wir sonst nur als Begriff oder Ideal kennen würden, leibhaftig verkörpert« – so dürfte es tatsächlich schwer sein für jeden, der diesem königlichen Mann oft begegnet ist, sich Solon anders vorzustellen. Liest man seinen Solon-Essay, so vergißt man zuweilen nicht nur, wer da spricht: ob Jaspers, ob der, den er darstellt; man vergißt sogar, über wen von beiden gesprochen wird: »Er ist wie die alten Propheten, Erzieher eines Volkes, Künder der Wahrheit. Aber radikal ist er von ihnen vor allem durch eines unterschieden: Er beruft sich nicht auf die Gottheit, er beansprucht keine nähere Beziehung zu ihr, er gibt sich nicht Autorität durch sie, sondern: Dies befahl mir mein Herz, die Athener zu lehren.«

Solon war stets da, war schon »überliefert«, war seit langem »auszulegen«. Daß erst Jaspers ihn uns wieder verbindlich machte, fast zeitgenössisch, ist das Ergebnis der Wesensverwandtschaft zwischen dem athenischen und dem oldenburgischen Republikaner. Solche Bildnisse, solche Vorbilder kann kein Autor schaffen, der »bedenkenlos« oder »willkürlich« für die eigene Sorge und Sache – Jaspers schrieb über diesen Verfassungsgeber 1948, als man die Verfassung der Bundesrepublik erarbeitete – eine Gestalt der Vergangenheit herleiht – und ebensogut oder -schlecht eine andere hätte benutzen können. Reinkarnation ist kein Akt der Willkür – die enge Verwandtschaft zwischen dem Friesen und dem Griechen kam aus dem Gemeinsamen: aus der Sorge um die Polis.

Niemals zuvor war in Deutschland – selbst Hegel redete seinem Staatskanzler nicht drein – so lebenspraktisch und alltagsverbindlich philosophiert worden. Das macht Feinde! Man sagt, ein anderer Philosoph, der auch nicht im Garten des Akademos einzuschließen war, sondern sein Wissen zu Markte brachte, habe mit siebzig Gift trinken müssen. Jaspers mußte sich nur mit siebenundsiebzig »politisches Schwein«, »Nato-Philosoph«, »Handlanger des Kommunismus« und – natürlich – »Vaterlandsverräter« nennen lassen.

Was hatte er getan? Er hatte 1960 in jenem Fernsehinterview, welches Thilo Koch heute sein »folgenreichstes« nennt, genau *jene* Politik als die einzig mögliche und moralische proklamiert, die zwölf Jahre später Willy Brandt und Walter Scheel mit Osteuropa praktiziert haben. Ein volles Dutzend Jahre – und nichts ist in der deutschen Politik erreicht oder über Bord geworfen worden, was nicht damals Jaspers öffentlich gefordert hat: Man war derart entsetzt – auch die SPD –, daß man versuchte, Jaspers mit dem ganz großen Bundesverdienstkreuz (Schulterband und so weiter) zu zähmen; Jaspers nahm es nicht an.

Golo Mann, sein Schüler um 1930, sagt, damals habe Jaspers es sich noch streng verboten, den Politikern ins Handwerk dreinzureden. Und fügt hinzu: »Er hat sie lange an der Arbeit beobachten müssen, um zu entdecken, daß am Ende auch dies seine Aufgabe sei.« Und er hat ihr, dieser Aufgabe, im letzten Jahrzehnt die Vollendung des Buches, für das er lange gelebt hat, geopfert. Seine Weltgeschichte der Philosophie blieb Fragment – vielleicht kein Zufall.

Noch einmal Hannah Arendt: »Es hat seit Plato nicht viele Philosophen gegeben, für die das Handeln und die Politik eine ernste Versuchung waren. Aber Jaspers? Er hätte mit Kant sagen können, ›es ist so süß, sich Staatsverfassungen auszudenken‹; und wäre er nicht in einem Lande geboren worden, das seine großen politischen Begabungen auf eine geheimnisvolle Weise ruiniert oder nicht zum Zug kommen läßt, und wäre er nicht krank gewesen – man hätte ihn sich gut als Staatsmann vorstellen können. Und in gewissem Sinne ist diese Grundbegabung, gleich stark wie die philosophische, in ihm nach 1945 doch noch zu ihrem Recht gekommen. Für nahezu ein Vierteljahrhundert war er das Gewissen Deutschlands...«

Seinen Tod meldete ›New York Times‹ auf der Titelseite, auf der sonst Autoren niemals vorkommen...

Daß er, der damals älteste lebende Autor – ebenso wie der damals älteste Politiker, Adenauer – gleichwohl der aktivste wurde; daß kein jüngerer Schriftsteller – bis heute nicht – annähernd so mitreißend sich Gehör im politischen Raum zu verschaffen wußte wie Jaspers mit seinen drei Bestsellern: ›Die Atombombe und die Zukunft des Menschen‹, ›Kleine Schule des philosophischen Denkens‹ (seine dreizehn Fernsehkurse) und ›Wohin treibt die Bundesrepublik?‹ – woran liegt das? Diese Frage rührt an das Geheimnis seiner gewinnenden Persönlichkeit und ist kaum zu beantworten. Hatte man ihn gesprochen, so fühlte man auf dem Heimweg, was er in seinem Seminar in Heidelberg sagte, als die Nachricht kam, Friedrich Gundolf sei gestorben: »Sah man ihn nur, so war's, als würde man besser.«

Kam seine Wirkung aus seiner schon jahrgangsbedingten, schwer vergleichlichen Lebenskenntnis als Denker und als Deutscher, als Psychiater und als Politiker? Oder verdankte er sie seiner Herkunft aus einer politischen Familie? Sein Vater lehnte zwar die Wahl in den Reichstag ab, doch der Bruder seiner Mutter war jahrelang Ministerpräsident, vor und nach der Nazi-Zeit. Liegt sie in den schauerlichen Erlebnissen begründet, die er als hinausgeworfener Hochschullehrer und Mann einer jüdischen Gattin unter den Nazis verkraften mußte, im Krieg, als das Gift auf seinem Nachttisch stand, denn er war entschlossen, mit seiner Frau den Schergen Hitlers zuvorzukommen, wenn Frau Jaspers verhaftet werden sollte? Oder liegt seine politische Wirkung einfach in seiner Natur, seinem tiefsten Interesse, in der Wahl Kants zu seinem grundlegenden Lehrer? Mir sagte Jaspers, es genüge, sechs Denker zu lesen – und jeder einzelne von denen, die er als richtungsbestimmend empfahl, ist ein Politiker: Plato, Machiavelli, Hobbes, Kant, Tocqueville und Max Weber.

Dies alles mag mitsprechen, daß Jaspers zum einzigen überparteilichen Lehrer in der Politik werden konnte, den wir Deutschen heute haben, als Zeitgenossen. Doch ich glaube, zuerst verdankt Jaspers seine Wirkung und Weisheit seinem *Ethos,* das jede Zeile bestimmt, die er schrieb, seiner *Lebensfreundlichkeit.*

Er war lebensfreundlich – kein anderes Wort fällt mir ein, das ihn als Menschen wie als Autor so umfassend erklärt. Es ist ja keine Äußerlichkeit, daß es in seinem nicht medizinischen Werk keine Fremdworte gibt; daß er zur Philosophie die bescheidenste Einstellung hatte: Sie sei keine Wissenschaft, betonte er immer wieder, sondern das Gespräch der Vernunftwilligen aus allen Schichten. Nur der Engländer Bertrand Russel schrieb noch so einfach, »klar, hell und tief wie ein Bergsee«, sowohl über die letzten Fragen unserer Existenz wie über gesellschaftliches Zusammenleben. Lebensfreundlichkeit war es schon, die ihn nach drei Semestern bewog, von der Jurisprudenz zur Medizin überzugehen – er wollte den Menschen so nahe wie möglich kommen, also Arzt sein. Und obgleich er dann als Mediziner – und vielleicht ist dies ein einzigartiges Vorkommnis in der Geschichte der Medizin – ein Lehrbuch zu schreiben vermochte

– mit dreißig Jahren, die ›Allgemeine Psychopathologie‹, das heute, nach sechs Jahrzehnten, noch als Standardwerk gedruckt wird –, war es wieder diese noch umfassendere als nur die speziell medizinische Anteilnahme an allem Menschlichen, die ihn bewog, seine so glanzvoll begonnene Medizinerkarriere aufzugeben und Philosoph zu werden. Er erinnerte sich: »Ich hielt mich nicht daran, daß ein Medizin-Professor sagte: ›Philosophie ist das allgemeine Gerede über das Ganze‹ – und ich ließ mich nicht anfechten von der Verachtung, daß man nur ein Alleswisser, das heißt, Nichtskönner sei. Sondern ich sagte mir: Es muß in der Welt immer das Denken geben, das Menschen im Innersten verbindet über alle Spezialitäten hinaus – und Philosophie ist der Ort, wo das geschehen kann!«

Auch Politik – weshalb es ja so furchtbar billig ist, wenn Politiker, die schließlich auch nicht Fachleute sind, sondern sich bewährt haben müssen in anderen Berufen, ehe sie sich zutrauen können, für die Allgemeinheit im umfangendsten aller Jobs, dem des Politikers, zu wirken, wenn ausgerechnet diese Leute, wie es selbst einem Jaspers zustieß, alle »Außenstehenden« als die Nichtmaßgeblichen glauben überhören zu dürfen. (Wer steht schon »draußen«, da es doch stets auch *seine* Sache ist, über die der Staatsmann mit verhandelt!)

Lebensfreundlichkeit – ich will die Stärke dieses Gefühls, dieser Energien, die Jaspers noch mit fünfundachtzig lenkten und beherrschten, an einem späten Gespräch verdeutlichen. Es war schon Herbst 1968, nach seinem ersten Schlaganfall, wir sprachen über Schopenhauer, nicht zum ersten Mal. Ich wußte, daß Jaspers nicht nur ihn, sondern auch alle, die in dessen Bann stehen – mich zum Beispiel –, mit zurückgehaltener Ironie dafür verachtete. Denn Schopenhauer, wie immer er war, lebensfreundlich war er nicht – und wer ihn zu seinem Meister macht, der kehrt all dem den Rücken, für das der Staatsbürger, der Mensch überhaupt sich interessieren *soll,* dann besonders, fand Jaspers, wenn es um die Welt, die Öffentlichkeit, also die Politik, wieder einmal so bestellt ist, daß Schopenhaueraner mit Resignation oder auch Pathos – es gibt ja ein Pathos der Resignation –, jedenfalls mit der großen, müden Gebärde des Verneinens, sich wegwenden. Das verachtete Jaspers, das war ihm das schlechthin Unentschuldbare. Selbst wenn man verzweifelt war, man hatte kein Recht, sich darin einzurichten. Jaspers zitierte mehrfach Goethes brutalen Satz: »Wer nicht verzweifeln kann, Der muß nicht leben.«

Jaspers lobte Schopenhauer zunächst mit einem Sarkasmus, daß man sich genierte, so an ihm zu hängen; schließlich sagte er: »Er bleibt natürlich eine immer noch sozusagen amüsante Lektüre – aber wodurch wirkte er denn? Durch politische Verantwortungslosigkeit, durch seine Verachtung des Menschen, des Lebens, der Geschichte, des Staates, von dem er aber seine lebenslängliche Rente gegen Revolutionäre geschützt haben wollte – sein Bild der Welt verpflichtet zu gar nichts, jedes Tier stand ihm näher als jeder Mensch.«

Das konnte ich nicht bestreiten, durfte aber sagen, daß er selber, Jaspers, doch in den letzten Wochen – und das war nicht das Resultat seiner Krankheit – sehr oft vom sozusagen endgültigen Pessimismus beherrscht gewesen sei. Zum ersten Mal hatte man öfter von ihm hören können: »Mit der Politik bin ich fertig, lassen wir das! Die Deutschen haben die Einheit verspielt, die Bismarck sein Nürnberger Spielzeug nannte, als er sie ihnen geschenkt hatte; und sie werden ihre Demokratie verspielen, das zweite Nürnberger Spielzeug, das ihnen von den Westmächten geschenkt wurde.« Jaspers hatte gehofft und darüber auch mit Brenner korrespondiert, dieser machtvollste Gewerkschafts-Boß werde wohl die Verabschiedung der Notstandsgesetze durch den Generalstreik verhindern; und er war erbittert, daß wir Deutschen wieder einen Kanzler hatten, der Nazi gewesen war. So konnte ich einen unzulänglichen Versuch machen, auch die Hoffnungslosigkeit Schopenhauers zu verteidigen: »Sie selber sind ja ohne Hoffnung!« Er sah mich an, dann richtete er sich, als er zu antworten begann, im Bett auf und sagte mit Leidenschaft, daß ihm Tränen in die Augen kamen: »Aber das darf man nicht *zeigen!* Man darf sich doch nicht zurückfallen lassen – man muß doch den *Sprung* wagen, auch ins Dunkle, auch ohne Sicherheit, auch ohne Hoffnung. Hoffnungslosigkeit hilft doch keinem Menschen.«

Lessing

Rede im Wiener Akademie-Theater
zum 200. Todesjahr 1981

> »Der Handelsgeist ist der Geist der
> Welt. Er ist der großartige Geist
> schlechthin. Er setzt alles in
> Bewegung und verbindet alles. Er
> weckt Länder und Städte, Nationen
> und Kunstwerke. Er ist der Geist
> der Kultur, der Vervollkommnung des
> Menschengeschlechts.«
>
> NOVALIS

Nirgendwo sonst ist Lessing so herzlich, ja ehrerbietig aufgenommen worden in seinem so kurzen, weil so niederdrückend
mühsamen Dasein wie in dieser Stadt, in der er dann doch – sein
entscheidendes Unglück und auch das des Theaters – nicht dauernd Fuß fassen durfte. Aber die drei glücklichsten Wochen seines Lebens als Autor verdankte Lessing den Wienern, ihren
Theatern, die ihn spielten und feierten und auch ihren Herrschern bis hinauf zu Fürstkanzler Kaunitz, zu Kaiser Joseph und
zur Kaiserin Maria Theresia, die dem 46jährigen »Ketzer von
Distinktion« (Flake) ihre persönliche Zuneigung entgegenbrach-
ten; Zuneigung, die vermutlich noch bewirkt hat, daß hierzulande ›Nathan der Weise‹ – obgleich verboten auch hier – schon
seine dritte Inszenierung erfuhr, zwar nicht in Wien, jedoch in
Preßburg, bereits sechs Jahre nach Erscheinen, 1785 – also volle
sechzehn Jahre, bevor der Weimarer Intendant Goethe, ja mehr
als dreißig Jahre, bevor den ›Nathan‹ sogar die Münchner aufzu-
führen wagten ... (nachdem die freilich den Patriarchen heraus-
gestrichen hatten.)

So wäre es Wien nicht angemessen, wenn ich heute hier nur

wiederholte, was ich am 20. Februar, dem 200. Jahrestag seiner Braunschweiger Grablegung, in Hamburg über Lessing gesagt habe.

Sie wurden, meine Damen und Herren, zu dieser Stunde unter der Überschrift eingeladen: »Ich bin mir eines Ziels bewußt« – eine Zeile aus dem Nachlaß Lessings, geschrieben für die Vorrede zur zweiten Auflage des ›Nathan‹, die der Autor nicht mehr erlebt hat. Denn derartig dürftig war der Absatz des Buches, welches selbst Herder und andere später Klassiker genannten, niemals öffentlich, sondern nur in Briefen versteckt, zu loben wagten, daß Lessing verzichtete, dem Stück das geplante Pendant zu schreiben, einen ›Derwisch‹, der den Absolutismus des Staates ebenso in seine Schranken verweisen sollte, wie ›Nathan‹ jenen Terror der Ideologie gebrochen hat, der allemal dem Wahn entspringt, die alleinseligmachende zu sein ...

Befragen wir also Lessing – »ich bin mir eines Ziels bewußt« – im Hinblick auf seine Verbindlichkeit für uns heute in dieser konkreten politischen Situation, die ja durch nichts anderes so scharf charakterisiert und so düster überwölkt ist wie durch eine neue, seit Hitlers Tod in diesem Ausmaß nicht dagewesene Eskalation des Wettrüstens. Denn was – auf nur drei Worte zusammengefaßt – wäre sonst die Lehre des ›Nathan‹ als die Mahnung: »Kommunikation – statt Konfrontation?«

Der ›Nathan‹ zuerst und eindringlicher als jedes Philosophikum hat die Menschheit gelehrt, was allein sie heute überlebensfähig macht: So eindringlich, weil lebendig vor Zuschauern entwickelt, ausgekämpft, abgetrotzt der Bedrohung durch den Scheiterhaufen, ja zuletzt herbeigelacht im so streitlustigen wie endlich aussöhnenden Dialog, von Leuten die aller Zeiten Zeitgenossen sind, keine nur historischen Figuren; und die ebenso umgebungsblind und vorurteilsbeladen, wie heute wir, die Spielstätte ihres Lebens betreten haben, um sie endlich so aufgeklärt zu verlassen, so soziabel geworden, wie das nur einmal und nie wieder geglückt ist. Geglückt atembeklemmenderweise auch *ästhetisch*; obgleich doch Lessing das schwerste aller Probleme mit – scheinbar! – *leichtem* Schritt am finsteren Abgrund vorüberbalanciert, um es so sanft und lächelnd vor uns abzusetzen, daß auf Lessing – ja auf Lessing fast allein neben Heine, nicht zutrifft, was Goethe uns allen, Kleinen und Großen, als einen nationalen Defekt angekreidet hat, weil es das meiste, was wir schreiben, für andere Völker ungenießbar macht. Ich meine Goethes Seufzer schon im ›Urmeister‹: »Es ist der Charakter der Deutschen, daß sie über allem schwer werden, und daß alles über ihnen schwer wird.« Dagegen Lessing über dem Schwersten – leicht wurde. Auch existentiell. In der ausweglosen Stunde seines Lebens, als er am 10. Januar 1778, zwei Wochen, nachdem sein einziges Kind am Tag der Geburt gestorben ist, seinem lieben Eschenburg mitteilen muß, daß aus dem Wochenbett das Sterbebett auch für die Mutter wurde, schreibt er: »(...) und bin ganz leicht.« Er hatte begonnen: »Meine Frau ist todt: und diese Erfahrung habe ich nun auch gemacht. Ich freue mich, daß mir viel dergleichen Erfahrungen nicht mehr übrig seyn können zu machen; und bin ganz leicht.« Sieben Zeilen von seinem abwürgenden Alleingelassensein, das ihn dann töten wird – doch erst, nachdem er das Allerschwerste aufs leichteste geschrieben hat, aus schwärzestem Abgrund heraus das Lichteste, den ›Nathan‹.

Schiller war nie so durchschnittsklein wie bei seiner absurden Nörgelei, Lessing habe versäumt, aus ›Nathan‹ eine Tragödie zu machen. Wie unendlich viel logischer und artistisch leichter wäre es doch gewesen, den Nathan des Dramas verbrennen zu lassen, wie wir Christen schon seine sieben Söhne und deren Mutter verbrannt hatten. Auch das ist ein Merkmal des deutschen Geistes dort, wo er die Geisteskrankheit streift: abzustreiten, daß artistisch das Leichte das – *Schwerere* ist. Der kein geringerer Artist war als Schiller: Thomas Mann schreibt am 9. 9. 1913, nachdem er ›Zauberberg‹ begonnen hat und diese Arbeit vergleicht mit der an ›Tod in Venedig‹: »Die Erzählung ist im Stil bequem und humoristisch... aber das macht sie nicht leichter, ich finde, das Tragische ist das Leichtere.« Und das wird er wiederholen als Siebzigjähriger, als er gerade im ›Faustus‹-Manuskript »mit Leichtigkeit« beschrieben hat, wie der Geiger in der Straßenbahn von seiner verlassenen Geliebten erschossen wurde. Thomas Mann: »Wie leicht ist das Katastrophale!«

Unmöglich, daß Schiller das nicht auch wußte, sehr genau wußte, da ihm ja niemals eine Komödie geglückt ist. Aber, sagt Goethe, Schiller – genau dreißig Jahre jünger als Lessing, also der übliche Vater-Sohn-Konflikt, besonders da Schiller wußte, ›Kabale und Liebe‹ sei ein direkter Ableger von ›Emilia Galotti‹ –, er konnte, sagte Goethe, Lessing nicht leiden, weil er nie aufgehört hat, ihn um ›Nathan‹ glühend zu beneiden…

Lessing, und es ist unmöglich, daß Schiller das *nicht* erkannt haben soll, hat aus Ethos seinen ganzen, in ihm noch verbliebenen Lebenswillen und seinen souveränen Kunstverstand konzentriert auf die Vermeidung einer Tragödie: darauf, die im ›Nathan‹ sich anbahnende Katastrophe zu verhindern, um seiner Botschaft willen … Ein Scheiternder, was immer er sonst uns an Einsichten hinterlassen mag, hinterläßt nicht, worauf allein ›Nathan‹ hinzielte: die sonst noch nirgendwo veranschaulichte Lehre, wie man das Dasein übersteht – sogar dann noch, wenn einem die Familie ausgerottet wurde; und wie man lebt mit den anderen, den Fremden, den Feinden. Wie man kommuniziert, anstatt einander die Schädel einzuschlagen. So tief die Wahrheiten der Tragödien sind: diese Lehre Lessings, nicht gegeneinander, sondern bei- und miteinander zu leben, wenn auch für immer ideologisch zerstritten und ohne den anderen je bekehren zu wollen; zu leben mit dem Wissen, daß Bekehrung unmöglich ist, weil man nun ja keineswegs mehr sicher sein kann, Wahrheit sei, was man bisher dafür gehalten habe: dies alles könnte die Tragödie niemals lehren, die das Ergebnis der Konfrontation ist. Dies lehrt nur, wer das Tragische mit Menschenklugheit verhindert.

Lessing war mindestens in seiner Zeit der einzige unter Deutschen – und daher ihnen fremd bis heute, mit keinem ihrer Dichter-Klischees deckungsgleich –, der seine vier Dramen: ›Juden‹, ›Minna‹, ›Emilia‹, ›Nathan‹ und auch das Fragment ›Henzi‹ aus kämpferisch-ironischem Widerstandsgeist gegen seine in diesen Stücken gestaltete Umwelt schrieb – ja, auch das Lustspiel: Was wäre oppositioneller, wenn man selbst Sekretär eines gegen Sachsen kriegführenden preußischen Generals ist, als ein »gewinnendes« Geschöpf aus dem Volk, gegen das man Krieg führt, mit einem schlecht behandelten Offizier der eigenen Armee auf das Versöhnlichste zusammenzuspannen? Auch weiß man ja, daß der Sachse Lessing wegmußte aus Leipzig wegen seiner allzu preußen-freundlichen Reden – so wie er alsbald in Preußen Unwillen erregte, weil er dort mit geradezu friedensgemäßer Vernunft über die Sachsen sprach! So daß Goethe als Augenzeuge und neidloser Chronist ihm bescheinigen konnte, was keiner Komödie sonst je zu Ehren gesagt werden kann: »Die gehässige Spannung, in welcher Preußen und Sachsen sich während des Krieges befanden«, schreibt er in ›Dichtung und Wahrheit‹, »konnte durch Beendigung desselben nicht aufgehoben werden. Der Sachse fühlte nun erst recht schmerzlich die Wunden, die ihm der überstolz gewordene Preuße geschlagen hatte. Durch den politischen Frieden konnte der Friede zwischen den Gemütern nicht sogleich hergestellt werden. Dieses aber sollte Lessings ›Minna‹ im Bilde bewirken. Die Anmut und Liebenswürdigkeit der Sächsinnen überwindet den Wert, die Würde, den Starrsinn der Preußen, und sowohl an den Hauptpersonen als den Subalternen wird eine glückliche Vereinigung bizarrer und widerstrebender Elemente kunstgemäß dargestellt.«

Nie ist einem Lustspiel seit Aristophanes – *nie*, meines Wissens – aufgrund seiner politischen Mission eine derartige Huldigung dargebracht worden wie hier durch Goethe.

Und so wie ›Minna‹ waren es bereits ›Die Juden‹, die der nur zwanzigjährige Lessing uraufführen ließ – Goldoni war 23 bei seiner ersten Premiere –, so waren schon ›Die Juden‹ mehr als die Darstellung eines nur individuellen Konflikts. Denn so untrennbar auch die anderen wenigen klassischen Komödien der Deutschen von ihrer sozialkritischen Urveranlagung her sind, und Sozialkritisches, wo es so ausgeprägt mitspricht, wie in allen unseren Komödien, außer im ›Amphitryon‹ und im ›Schwierigen‹, ist natürlich allemal ein Politikum: Bei Lessing allein ist es erweitert in einen sogar überstaatlichen Bezirk, der das nur Individuelle und seine Nöte – zum Beispiel Armut, die eine Putzfrau zum Diebstahl treibt – ersetzt und überhöht, indem nicht mehr nur aus Personen, sondern aus Krieg oder Rassen- und Religions-Vorurteilen Konflikte abgeleitet werden, die diesen Komödien ihren Sprit geben.

Wer seine Maßstäbe als Theaterbesucher oder Schüler bekam, der schätzt, vermute ich, ›Nathan‹ und ›Minna‹ nach ihrem Rang. Aber die sogenannten Fachleute? Mindestens vor Auschwitz wußten sie nachweislich – denn alle haben darüber geschrieben – überhaupt nicht mehr, welcher Kategorie Lessing einsam angehörte: Er galt für überholt, Nathans Botschaft für eine Banalität. Humanere Zeitläufte hatten selbst den Historikern, die noch keine Verhaltensforscher waren, Einblick verwehrt in die Möglichkeit eines barbarischen Rückfalls, der dann – wie bald! – durch die Hitleritis erfolgte und der heute in lähmender Ehrlichkeit vorangekündigt wird durch die Militärs beider Lager, die gar nicht mehr verhehlen, daß sie die Mitgliedschaft ihrer Staaten im Roten Kreuz als schwarzen Humor betrachten, indem sie offen zugeben, ihr erstes Ziel bei Kriegsbeginn seien die wehrlosen Städter, nicht mehr die Soldaten des Gegners!

Noch 1929, am 200. Geburtstag Lessings, sagte in der Aula der Heidelberger Universität Friedrich Gundolf, obgleich sein ehemaliger Student Josef Goebbels bereits als Gauleiter Berlins mit seiner »Volksaufklärung« die Aufklärung zu liquidieren begonnen hatte – Gundolf sagte ahnungslos: »Lessings Werke beginnen zu verblassen, weil wir seine Kriege nicht mehr führen müssen, und weil selbst seine Duldungsbotschaften Kämpfe sind wider Gegner, die wir nicht mehr fassen, kaum glauben. Zwar ›Emilia‹, ›Minna‹, ›Nathan‹ fristen sich noch auf der Bühne von den Jahren her, seit sie Befreiungstaten waren oder schienen (…), damals aber gewaltig mehr durch ihren Willen als durch ihr Können, heute als Könnerleistung erreicht von unendlich viel Kleineren, als Willenleistung sinnbildliche Geschichte, nicht mehr dringliche Not (…). Nur die Forscher geht heute noch ihre Dramentechnik und ihre Tendenz an.«

Nicht die allergeringste Ahnung, *wer* nur vier Jahre später in die Berliner Reichskanzlei einziehen werde, hatte Gundolf gehemmt bei seinem Geschwätz, das vermuten lassen konnte, Lessing habe seine Duldungsbotschaft »wider Gegner, die wir nicht mehr fassen, kaum glauben«, in Verfolgungs-Wahn gedichtet! Welch erstaunliche, lebensgefährliche Harmlosigkeit des politischen Blicks! Lessing dagegen hatte schon 1774 durchaus für möglich gehalten, Terror-Zeiten der Inquisition und Verfolgung Andersdenkender könnten wiederkehren. Er hatte geschrieben anläßlich eines von ihm rehabilitierten Flüchtlings, der zweihundert Jahre zuvor als Ketzer ins »Elend« – das hieß: ins Ausland – hatte fliehen müssen, um dort »elend« umzukommen: »Welch ein Glück, daß die Zeiten vorbei sind ... daß sie wenigstens unter dem Himmel vorbei sind, unter welchem wir leben! Aber welch ein demütiger Gedanke, wenn (...) sie auch unter diesem Himmel einmal wiederkommen könnten!«

So »weit« – ganze vier Jahre weit – reichte Gundolfs Phantasie 1929 nicht: Verfolgungszeiten für noch einmal möglich zu halten! Zwei Jahre später war er gestorben, und wiederum nur zwei Jahre später war Hitler Kanzler, Gundolf hätte sofort seinen Lehrstuhl verloren und wäre wiederum neun Jahre später in die Gaskammer gebracht worden.

Diese düstere Anekdote zeigt nicht nur, daß Umgebungsblindsein vor keiner Intelligenz haltmacht, denn jedermann konnte 1929 ja schon hören und sehen, daß bereits mit »Feuereifer« – im Wortsinn – Gundolfs mißratener Student Dr. Goebbels als das Maul einer sehr geräuschvollen Partei in drastischer Offenheit alle jene Parolen ausgab, die in Kürze zum Verbot des ›Nathan‹ und zur Bücherverbrennung und folglich zur Menschenverbrennung »führten« ...

Lessing wußte, daß Literatur nicht aus Literatur entsteht, sondern in kämpferischer Auseinandersetzung mit Widersachern und mit der künstlerisch immer von jedem Autor sich neu zu erringenden Form! So allein wurde er ja auch veranlaßt, ›Nathan der Weise‹ zu schreiben; wir kennen das genaue Datum jener Nacht, als ihm der Einfall kam, die soeben über ihn verhängte Zensur, das Verbot, weitere theologische Kampfschriften zu publizieren – auf die für ihn allein noch gangbare Weise zu umgehen: Indem er ein Drama ankündigt, das diesen Kampf fortsetzen werde. Aus Notwehr entstanden – ist ›Nathan‹ notwendig geblieben!

Wir haben in der BRD seit 1969 ein Denunzianten-Kompendium, lexikondick wie unser Fahndungsbuch, das bedrückend verdeutlicht, wie wir uns Jahr für Jahr um weitere 365 Tage von der Aufklärung entfernen. Sein Ekel-Titel: ›Lessing – ein unpoetischer Dichter!‹ Dieser Verleumdungszeile stimmen von den einhundertelf Beiträgern des Bandes, fast ausnahmslos die allererlauchtesten Repräsentanten des deutschen Wortes, die nur zwei Frauen nicht zu, die in ihm zu Wort kommen: Madame de Staël und Hannah Arendt und allenfalls noch ein Dutzend Männer, darunter Hugo von Hofmannsthal, Thomas Mann, Theodor Heuss und als der einzige lebende Beiträger: Hermann Kesten, die Lessing vehement in Schutz nehmen gegen diesen – darauf komme ich zu sprechen – auch politisch so verhängnisvollen Schwachsinn, der in Deutschland eine unheilbare geistige Epidemie signalisiert: ein Poet sei Lessing nicht gewesen.

Das geht bis zu den Anführungsstrichen, mit denen Nietzsche – eine Arroganz, die ihn geradezu verächtlich macht – das Wort Dramatiker umstellt, wenn er von Lessing spricht; das steigert sich bis zu dem absurden Satz: »Eine deutsche Literatur war noch nicht da, als Lessing starb« – gesprochen ausgerechnet zum Dank für den Hamburger Lessingpreis 1950 von Ernst Robert Curtius, der Lessing mit keiner Silbe als Dichter gelten läßt, sondern allein als den Gründer der Kritik; allerdings war Curtius, nicht anders wie sein Abgott Friedrich Schlegel, als Sohn des höchsten Protestanten im Lande: katholisch geworden – und sehr geniert, von einer ahnungslosen Jury ausgerechnet einen Preis zu erhalten, der nach dem Autor des ›Nathan‹ genannt war.

Nie haben die Deutschen sich anfreunden können mit jenen Dichtern, die nach Lessings Gesetzen angetreten sind; und die genau in *dem* Maß, in dem sie geringeren Ranges waren als Lessing – und das waren seine Nachfolger ausnahmslos –, sich stärker bemühen mußten als er selber, den Kriterien zu genügen, die er formuliert hat, um *seinem* Grundgesetz – auch dieses Wort stammt von Lessing – nachzustreben, wie bescheiden auch immer. Lessing, zu dessen Grundgesetz es gehörte, daß ihm »der denkende Künstler noch eins so viel wert ist«; oder: »Die größte Deutlichkeit war immer die größte Schönheit«. Oder: »Ich kenne keinen blendenden Stil, der seinen Glanz nicht von der Wahrheit mehr oder weniger entlehnt«; Lessing, der auch Verse

nur gelten lassen wollte, wenn sie – in Prosa übersetzt – ebenfalls
Hand und Fuß hätten, und der gefragt hat: »Wer wird nicht
lieber eine körnichte, wohlklingende Prosa hören wollen als
matte, geradebrechte Verse« – Lessing fand jene verächtlich, die
sich deshalb als Dichter aufspielen, um den Händeln dieser Welt
und des Alltags den Rücken zuzuwenden, und reimte:

> »Es freuet mich, mein Herr, daß Ihr ein Dichter seid,
> Doch seid Ihr sonst nichts mehr, mein Herr?
> das tut mir leid!«

Natürlich wußte er, daß Literatur ihre eigene Sprache verlangt,
die zunächst herausfinden muß, »wie sich abstrakte Wahrheiten
durch Erdichtungen sinnlich machen ließen.« Dem Begriff: sinnlich machen kommt höchste Aufmerksamkeit zu, denn das
schwammige Wort: dichterisch, womit unter deutschen Philologen so viel Mißbrauch getrieben worden ist, zwei Jahrhunderte
lang, hat Lessing meines Wissens nicht benutzt, sondern er sagte:
»sinnlich machen«, das heißt: anschaulich, lebenswarm. In
Übereinstimmung mit dem obersten ästhetischen Gesetz, das er
sich (und uns) geschrieben und dem er sich verschrieben hatte,
zeitlebens: »Ein Gedicht ist eine vollkommen sinnliche Rede.
Man weiß, wie vieles die Worte vollkommen und sinnlich in sich
fassen, und wie sehr diese Erklärung allen anderen vorgezogen
zu werden verdient, wenn man von der Natur der Poesie weniger
seicht urteilen will.« Wenn ihm Poesie identisch mit vollkommen
sinnlicher Rede war, so auch aus der Einsicht: Gehört werde nur,
was so lebendig wie anschaulich, was mit Eros geschrieben sei.
Und da ihm das von Natur selbstverständlich war, hatte er nie
die Befürchtung, das »Unterrichtende«, das er von der Kunst
auch forderte, habe jenen Beigeschmack, den es heute für uns
hat. Lessing sprach noch ganz unbefangen von »Absicht«.
»Einem Charakter aber, dem das Unterrichtende fehlet, dem fehlet die Absicht. Mit Absicht nachahmen ist das, was das Genie
von den kleinen Künstlern unterscheidet, die nur dichten, um zu
dichten, die nur nachahmen, um nachzuahmen, die sich mit dem
geringen Vergnügen befriedigen, das mit dem Gebrauche ihrer
Mittel verbunden ist (...).«

In unserem Zeitalter der kunstgewerblichen Wegwerfware, in dem alle, die nichts zu sagen haben, wenigstens sagen, es komme nicht darauf an: *was,* sondern allein darauf: *wie* etwas gesagt sei; und Sprache an sich genüge schon, ein Sprachkunstwerk hervorzubringen, ja: die Form erledige das Problem – obgleich doch die Form kein anderes Problem jemals erledigen konnte als jenes: wie ausgedrückt werden kann, was ausgedrückt werden muß: In diesen Jahren wird über solchen leicht»fertigen« Parolen vergessen, daß Probleme ersten Ranges überhaupt nicht lösbar für immer sind, sondern bestenfalls lösbar auf Zeit und nur für die Dauer einer Generation – während dann die nächste ihnen wieder erneut konfrontiert wird, weshalb allein ja diese Probleme ewig sind, nämlich: immer neu zu bewältigende, wie zum Beispiel das der Toleranz, in ›Nathan der Weise‹. Lessing hat das Problem aufgezeigt für alle Zeiten, das macht sein Stück unsterblich. Aber er hat es zu lösen vermocht natürlich nur für das Zeitalter, das noch – im Gegensatz zu unserem – von Religion tyrannisiert war; über uns heute als Damokles-Schwert kreisen die Bomber; nicht mehr der Scheiterhaufen der Religiösen bedroht uns, sondern das Vernichtungspotential der Ideologen.

Lessing, der einzig wahre Schüler Athens unter den deutschen Klassikern, bedauerte, daß die Deutschen seiner Zeit noch keine Bürger im Sinne der Polis seien; er maß, wie wir hören werden, am Tacitus ab, wie sehr elementare politische Rechte den Deutschen abhanden gekommen seien ... Die Öffentlichkeit hat Lessing stärker fasziniert als das nur Private. Er verspottete einen Autor, wenn der »die armseligen Gewohnheiten des Winkels, in dem er geboren worden, für die eigentlichen Sitten des gemeinschaftlichen Vaterlandes halten möchte«, denn es interessiere doch niemanden, »zu erfahren, wievielmal im Jahre man da und dort grünen Kohl esse.« Lessing interessierte sich nicht für das begrenzt Individuelle, auch als Dramatiker nicht, sondern für die Polis und deren Folgen für den einzelnen; wenn später Schiller der unvergleichliche *Historiker* unter unseren klassischen Dichtern wurde, so war Lessing vor Büchner der einzige Politiker unter ihnen – und jene ihn so früh stumm und übellaunig machende Resignation, an der er dann starb (»es kömmt ja doch nüscht dabey heraus«), ist das Ergebnis zuerst seiner Verbannung aus der Polis (Leipzig und Berlin) in ein vom Hofe verlassenes – der war nach Braunschweig übergesiedelt – Provinznest, in das seinen Wohnsitz zu verlegen sich Leibniz beharrlich geweigert hatte als der Hofmann, der er anders als Lessing hatte sein dürfen ...

Da Lessing als der geborene Politiker nicht *wirken* durfte; welcher Bürger hätte das gedurft, bevor er wie Leibniz geadelt war, so wollte er wenigstens *lehren:* ein Impetus, der sich vielleicht deshalb so intensiv in Lessing wie bei keinem anderen Stückeschreiber außer Bernhard Shaw in seiner Ästhetik des Dramas ausgelebt hat, weil er einer Ersatzhandlung entsprang, die ihre Legitimation Lessings vollendeter künstlerischer Form verdankt. Wenn Shaw, der Fabier, sagen durfte: »Hinter meinem ganzen Werk steht eine durchgearbeitete Theorie der schöpferischen Evolution«, so hätte auch Lessing, der Evolutionär – der vor Revolutionen gewarnt hat, denn »was Blut kostet, ist bestimmt kein Blut wert« –, von seinem Werk sagen können, daß jedes einzelne seit ›Die Juden‹ bis hin zu ›Erziehung des Menschengeschlechts‹, seinem letzten Wort, eine »durchgearbeitete Theorie der schöpferischen Evolution« war. Kein deutscher Autor sonst, mit Ausnahme Heinrich Manns, hätte das von seinen Arbeiten behaupten dürfen. »Es ist einem Künstler weit anständiger, den Stoff, in dem er arbeitet, seinen Gedanken, als seine Gedanken dem Stoff zu unterwerfen«, diese Maxime hat ihn konsequenter als sogar Schiller bei der Wahl seiner Themen bestimmt. Wir wissen ja aus Schillers Briefen, daß von ›Kabale und Liebe‹ an nicht mehr die eigene Epoche, auch nicht der Gedanke, die Idee zuerst vor sein geistiges Auge traten und ihn zu einer neuen Arbeit verlockten, sondern historisches Personal, dem er dann freilich den Feueratem seines Gedankenreichtums mitgab, seine Ideen andichtete.

Während Schiller nach ›Kabale und Liebe‹ aufgehört hat, radikal zu sein, also: Machthaber der eigenen Epoche »fürchterlich an den Pranger zu stellen«, wie er das anläßlich des ›Don Carlos‹ 1783 von der – aber doch weit entlegenen, niemanden mehr kränkenden – spanischen Inquisition gesagt hat; während er von

›Fiesco‹ an, das die republikanische Staatsform forderte, endgültig aufgehört hat, Zeitkritik zu schreiben – wurde Lessing mit jedem Text, Essay oder Stück, radikaler und als Person derart unerwünscht, wie das keinem zustoßen kann, der historische Dramen oder solche aus dem Mythos schreibt. (Wagner, Revolutionär von 1848, wußte, daß er Karriere im französischen und deutschen Kaiserreich nur machen könne, wenn er bei der Wahl seiner Stoffe alles verleugnete, ja verriet, was er politisch dachte, bis zuletzt!) Freilich, Lessing zahlte einen furchtbaren Preis: Er wurde so konsequent ignoriert, isoliert, daß er daran starb und daß er seinen ›Derwisch‹ so wenig mehr schreiben, wie die aufregende letzte Skizze ›Mönche und Soldaten‹ mehr zu Ende denken konnte. Entwürfe, beide, die auf eine noch unversöhnlichere Weise als ›Emilia Galotti‹ an die Fundamente des Staates rührten. Sie sollten keineswegs »nur«, wie ›Emilia‹, Auswüchse des Absolutismus züchtigen, sondern den Staat selber in Frage stellen, ja vermutlich ihn so tödlich durch Skepsis unterminieren, wie ›Nathan‹ die Verbindlichkeit aller Religionen, Ideologien, Wahrheiten auf ewig relativiert hat.

Als ich diese Rede ungefähr bis zu diesem Punkt geschrieben hatte, einen Tag nach der Bonner Friedens- und Abrüstungs-Demonstration an jenem 10. Oktober, an dem in Kairo der ermordete Sadat beerdigt wurde – und wenn wir hier am Totensonntag eines Ermordeten gedenken, so auch des Präsidenten Kennedy, der genau heute vor achtzehn Jahren, am 22. November 1963 ermordet worden ist –, da wurde mir anläßlich der nahezu dreihunderttausend Bürger aus vieler Herren Länder, die in Bonn die zwei Weltmächte zur Abrüstung aufgerufen haben, sehr gereizt die Frage vorgehalten, ob ich denn nichts Drängenderes zu tun hätte, nichts Gegenwärtigeres, als an *Lessing*-Studien zu schreiben.

Nein, konnte ich guten Gewissens antworten, nichts Gegenwärtigeres. Denn wenn wir Deutschen einen Dichter besitzen, der dazu Stellung genommen hat, dann Lessing. Lessing als einziger – auch hier. Er war schon zweiundsechzig Jahre tot, als man 1843 ein Blatt entdeckte, auf dem er – schauerlich aktuell für uns heute – nachweist, daß die Lebensfrage der Nation, der ja auch die Bonner Kundgebung der Dreihunderttausend gegolten hatte, nämlich die über Frieden oder Krieg, »in den ältesten Zeiten, von welchen Tacitus schreibt«, durchaus und anders als heute, nie von den Herrschenden allein, sondern stets nur unter »Zuziehung des Volkes« durch »Könige und Herzoge der Deutschen« entschieden werden durfte. Das war ein Gesetz: Während dagegen die »deutsche Freiheit«, so heißt Lessings Notiz, derart heruntergekommen ist, weil wir uns das gefallen lassen, aus Fahrlässigkeit: daß die Regierenden den Wahlzettel, mit dem allein wir Untertanen sie einmal alle vier Jahre belästigen, als Blankovollmacht glauben benutzen zu dürfen, sogar über unser Leben zu entscheiden. Doch darf der Wahlzettel genau dazu niemals aufgewertet werden: Blankovollmacht zu sein, auch über unser Leben zu entscheiden. Und in der Tat: ein Lichtblick – seit vier Tagen sieht es ja so aus, als seien doch die Dreihunderttausend da in Bonn und die vielen in den vielen anderen Metropolen nicht ganz umsonst – wie das früher immer nur verächtlich von den Herrschenden bezeichnet wurde – »auf die Straße gegangen«. Zum erstenmal seit langem, seit 1968, scheint die Macht beeindruckt vom Volk, von jenen, die kein Amt haben, sondern »nur« ihre Mitverantwortung: Und sie verhandelt … Herr Breschnew trifft heute in Bonn ein.

Lessing mußte zunächst zugeben, daß die »sehr geringe Meinung«, die »man überall von deutscher Freiheit« habe und die einen Franzosen 1761 zu der Behauptung veranlaßt hatte, »dass alle deutschen Unterthanen Serfs wären« – Sklaven –, nur zu gerechtfertigt ist. Weil nämlich dieser Franzose, wie Lessing festhält, »von dem redet, was geschieht«. (Freilich kritisierte der Franzose damit auch Frankreich; daß er nur von Deutschland sprach, war eine Tarnung; seine einzige Möglichkeit, das überhaupt zu veröffentlichen.) Doch dann widerspricht Lessing dem Franzosen durch den Hinweis: »Indes ist dieses die Einrichtung des deutschen Staates gar nicht«; muß aber dem Franzosen wiederum zugestehen, wir Deutschen hätten das Recht, das unsere Vorväter sich vor Königen und Herzogen bewahrt hatten, das Mitsprache-Recht über die Lebensfragen, verspielt, verloren, aus Untertänigkeit, aus Dummheit, aus Feigheit. Lessing hält fest, seit Tacitus wisse man, es sei tausend Jahre und länger ausgemacht gewesen, daß »die Landstände zu allen wichtigen Regierungsgeschäften gezogen wurden und ihr Rat und ihre Einwilligung unumgänglich nötig war; z. B. wenn (...) Kriege beschlossen werden sollten.«

Lessing erörtert dann die drei bedeutsamsten Ursachen, warum die Deutschen sich ihr Mitbestimmungsrecht über Friede oder Krieg haben von ihrer Obrigkeit rauben lassen: Erstens habe die Befriedung in den Landen, innen und außen, dazu geführt, daß die Herrschenden auf die Mithilfe der Bürger, den Frieden zu erhalten, seltener oder nie mehr zurückgreifen mußten, wodurch denen aber auch das Einspracherecht verlorenging, oder wie Lessing das ausdrückt: »(...) sind dadurch viele Gelegenheiten zu den sonst häufigen Empörungen der Unterthanen wider ihre Obern abgeschnitten worden.« Zweitens habe die Einrichtung stehender Heere bedingt, daß nicht mehr der Bürger mitzubefehlen habe, sondern daß diese Soldaten »der Landesherrschaft allein zu Befehl« stehen. Drittens: »Endlich hat die verminderte Macht des Kaisers viel dazu beigetragen, daß der deutschen Landstände Ansehen vermindert worden. Die alten Rechte mit der Faust zu behaupten, war ... unthunlich, und also nichts übrig, als richterliche Hilfe zu suchen. (...) Wider die Mächtigen aber fehlt es daran.«

Weiß Gott! Kaiser durch Kanzler ersetzt, Landstände durch Landtage: Und angesichts der neuen Machthaber über die zwei deutschen Staaten, Washingtons und Moskaus, ist die Ohnmacht unserer beiden Kanzler in West wie Ost, ebenso wie die ihrer Parlamente eine schon fast so lähmende wie die Ohnmacht der Bürger selber. Doch Lessing – und auch darin sei er uns vorbildlich – nimmt das nicht hin. Er lehnt sich auf dagegen mit dem Schlußsatz: »Aber sind alle diese Ursachen nicht selbst Mißbräuche oder schlimme Folgen einer sonst guten Einrichtung? Und gilt nicht auch hier, daß kein Mißbrauch durch noch so lange Übung zum rechten Gebrauche wird?« Und Lessing fordert: »Sollen wir wenigstens nicht in unsern Schriften unaufhörlich gegen diese ungerechten Veränderungen protestieren, anstatt durch schmeichelnde Nachsicht und Entschuldigung der Großen ihre Thathandlungen rechtsprechen?«

Wir sollen! Und zwar ohne zu fragen, wie wenig die Großen dem Volk oder gar nur dem Schriftsteller, der immer und in aller Herren Länder die Wehrlosigkeit in Person ist, auch nur zuhören; dichtete doch auch Lessing selber seinen ›Nathan‹ — den er übrigens gar nicht hätte schreiben können, würde ihm nicht der Hamburger jüdische Kaufmann Moses Wessely, dessen wir heute auch dankbar gedenken sollten, für vier Monate dreihundert Taler vorgeschossen haben —, dichtete doch auch Lessing sein Menschheitsgedicht *ohne Hoffnung,* daß es jemals »auf das Theater käme, welches wohl nie geschehen wird«, wie er am 18. April 1779, im Erscheinungsmonat, dem Bruder schrieb. Um hinzuzufügen: »Genug, wenn er sich mit Interesse lieset, und wenn unter tausend Lesern nur Einer daraus an der Evidenz und der Allgemeinheit seiner Religion zweifeln lernt.«

»Zweifeln lernen«: Kürzer ist nie die Grundvoraussetzung, human zu werden, das heißt, duldsam gegenüber dem anderen, dem Fremden, in Worte gefaßt worden! Beginnt doch alle politische Humanität damit, dem zu mißtrauen, was man für Wahrheit hält, das heißt: mit dem Verzicht, die eigenen Ansichten dem anderen aufzunötigen, überhaupt den anderen überzeugen, bekehren, und endlich heißt das leider immer: besiegen zu wollen! Wie unerheblich wird jede andere Menschenpflicht angesichts dieser *einen:* den Alleinvertretungsanspruch vor der Wahrheit, der Religion, der Ideologie aufzugeben. Denn Friede hält nur, wer nicht bekehren will — und wo Krieg ist, da zählt die Wahrheit, die Religion selbst dann nicht mehr, wenn die Ideologie es gewesen ist, die ihn auslöste. Das ist heute nicht anders als hundert Jahre vor Lessings Geburt, als es im Dreißigjährigen Krieg für die Gequälten völlig unerheblich war, ob sie katholisch oder evangelisch oder als Juden ermordet wurden; so wie heute angesichts der Wasserstoff- oder Neutronen-Bombe links oder rechts, Kapitalismus oder Kommunismus, Ost oder West durchaus untergeordnet, der gemeinsamen Bedrohung *aller* untergeordnete Kategorien sind! Das lehrt nicht nur ›Nathan der Weise‹ (doch ›Nathan‹ allein lehrt es in dichterischer Form). Auch Goethe sagte mit fünfundsiebzig zu Eckermann:« »Es ist eine große Torheit, zu verlangen, daß die Menschen zu uns harmonieren sollen. Ich habe es nie getan. Ich habe einen Menschen immer nur als ein für sich bestehendes Individuum angesehen, das ich zu erforschen und das ich in seiner Eigentümlichkeit kennen zu lernen trachtete, wovon ich aber durchaus keine weitere Sympathie verlangte.«

Das ist der Geist, der – wie hoffnungsvoll – vor wenigen Jahren einen westdeutschen Staatsmann sagen ließ, als man ihn gefährlicher »Ostkontakte« bezichtigte: »Der Fortschritt der Entspannung war erst möglich, weil wir die weiterbestehenden ideologischen Unterschiede an die zweite Stelle gesetzt haben. Ich hoffe, daß sie da bleiben und das Interesse an Sicherheit und wirtschaftlicher Zusammenarbeit weiterhin zunimmt. Dann können die ideologischen Unterschiede noch mehr zurücktreten. Sehr überspitzt gesagt, dann haben wir eine Situation wie zwischen den Konfessionen. Die Gegensätze zwischen Katholiken und Protestanten bestehen nach wie vor, aber der 30jährige Krieg findet nicht mehr statt.«

Höchst lessingisch gedacht! Man lese das nach in seinen ›Freymäurergesprächen‹, verfaßt zwei Jahre nach der amerikanischen Unabhängigkeits-Erklärung, deren Urheber zumeist »Freymäurer« waren. Aber Lessing war kein Bürgerkrieger oder Revolutionär. Lessing war Evolutionär. Konsequent, daß er dann auch im letzten dieser Gespräche, »mit welchem – sich der Weg scheidet«, wie Lessing festhält, seinen Freymäurer sich distanzieren läßt von einem anderen Freymäurer, weil der »von denen ist, die in Europa für die Amerikaner fechten«, wie man da liest – aufgeschreckt durch die Aktualität dieses Satzes, der nicht gegen Amerika gerichtet war, sondern der Lessings Skepsis, eine Religion für wahr zu halten, was immer nur auf Kosten der anderen geht, erweitert und überträgt auch auf das Geographisch-Politische! Lessing wollte mit diesem Satz warnen, Entscheidungen, die noch nicht reif in Europa seien – mochten sie in Amerika durchaus schon am Platze sein – auf uns zu übertragen. Nicht anders hat Büchner zuletzt jene, die ihre Haut schon als Revolutionäre zu Markte tragen wollten, bevor eine Situation gekommen sei, die revolutionäre Entscheidungen erzwinge, Narren genannt!

Suum cuique, abwarten, abgrenzen — aus der politischen Einsicht: Sei auch für Amerika der Zeitpunkt gekommen, im Geiste der Freymäurer »ein Reich mit gewaffneter Hand zu gründen«: für Europa eben noch nicht! Wie der Volksmund warnt, weil sich eines nicht für alle und nicht jedes am gleichen Orte und zur gleichen Zeit schickt. Diese Mahnung Lessings war 1778 nicht aktueller als 1981, wo durchaus die Frage Priorität hat, ob bestimmte Waffen, die von den zwei Großmächten sehr weit entfernt von den eigenen Haustüren in fremder Völker Territorien postiert werden: Ob die Waffen auch diese Völker *schützen* — oder diese Völker nur benutzen als Blitzableiter und Panzergräben. Oder ob nicht im Gegenteil — ich habe das vor acht Jahren in meiner ›Lysistrate‹ gefragt, ohne diesen Lessing-Text schon zu kennen — zum Beispiel griechische Inseln oder polnische Wälder erst zu Adressaten für Raketen deshalb werden und nur deshalb, weil Großmächte dort sogenannte Verteidigungsanlagen hingestellt haben, die nicht diese Inseln, diese Wälder schützen, sondern die nur ablenken von den Städten der Großmächte — vor allem dann, wenn diese Großmächte kein Hehl mehr daraus machen, daß sie neuerdings wieder »begrenzte Konflikte« für möglich halten, begrenzt aufs Territorium ihrer entmündigten Satelliten!

Lessing dagegen setzt nicht auf Gewalt. Er sagt: »Sei ohne Sorge, der Freymäurer erwartet ruhig den Aufgang der Sonne und läßt die Lichter brennen, solange sie wollen und können. — Die Lichter auslöschen und, wenn sie ausgelöscht sind, erst wahrnehmen, daß man die Stümpfe doch wieder anzünden oder wohl gar andre Lichter wieder aufstecken muß, das ist des Freymäurers Sache nicht.« Die Lichter brennen lassen, da schon die Sonne noch lange nicht hervortreten wird: Dazu sind Umwege nötig, Geduld, beschwerliche Umwege, daß wiederum die Aktualität, ja Wortgleichheit mich aufschreckte und an Lessings Gegenwärtigkeit denken ließ, als ich in Egon Bahrs Antworten auf die Frage, was zur Sicherung des Friedens in Europa heute zu unternehmen sei, Antworten fand, die ich in Lessings evolutionärer Schrift schon gelesen hatte. Ich weiß nicht, ob Herr Bahr sich bewußt war, er spreche da im Geiste Lessings, ich vermute: nein, denn sonst hätte er Lessing als seinen Wegweiser doch sicherlich dankbar genannt. Um so erstaunlicher die kühnen und doch so logischen Übereinstimmungen!

Lessing sagte, daß auch der denkbar besten aller Staatsverfassungen »Dinge entspringen müssen, welche der menschlichen Glückseligkeit höchst nachteilig sind«. Ihm wird geantwortet, dann sei offenbar aber diese für die beste gehaltene Verfassung mangelhaft. Und hätte man die beste dennoch gefunden, fährt er fort, so würde ein so umfassender Staat, da doch alle Menschen natürlich in diesem besten aller Staaten zu leben wünschten, »keiner Verwaltung fähig sein«. Auch wünschten dann die in ihm Vereinigten dennoch weiterhin »Deutsche und Franzosen, Holländer und Spanier, Russen und Schweden« zu bleiben mit eigenen, untereinander kollidierenden Interessen: so daß denn »das Mittel, welches die Menschen vereiniget, um sich durch diese Vereinigung ihres Glücks zu versichern, die Menschen zugleich trennete«. Wenn dann Lessing zu dem Ergebnis kommt, das wir heute ungern anhören, weil in den vergangenen Jahrzehnten zu oft und immer zu leichtfertig von Vereinigungen geredet worden ist, zum Beispiel von einem vereinigten Europa, was aber doch kluge Politiker, die zugleich Kenner der Geschichte waren, wie de Gaulle oder Churchill, niemals für realisierbar gehalten haben – wenn dagegen auch schon Lessing eingewendet hat: Der Friede des Ausgleichs, des Tolerierens sei gar nicht denkbar ohne Trennendes, die Gesellschaft könne gar nicht »Menschen (...) vereinigen, ohne sie (auch) zu trennen, nicht trennen, ohne Klüfte zwischen ihnen zu befestigen, ohne Scheidemauern durch sie hin zu ziehen«, denn »die Menschen sind nur durch Trennung zu vereinigen, nur durch unaufhörliche Trennung in Vereinigung zu erhalten!« – so entspricht dem die Konzeption Bahrs. Der sagte aufs Jahr genau zwei Jahrhunderte nach Lessings zitiertem Gespräch, 1978: Noch im Jahre 2000 sei Zusammenarbeit zwischen den beiden Weltlagern, dem östlichen und westlichen, dem – vereinfacht gesagt – kommunistischen also und dem kapitalistischen, nur denkbar auf der Basis der zwei Bündnisse, Warschauer Pakt und Nato, als den Grundlagen, »keine unkontrollierten Entwicklungen eintreten« zu lassen: »Ich bin der Auffassung, daß die Phase, in der bündnisüberspannende Vereinbarungen getroffen werden müssen, noch sehr lange dauern wird. (...) Es müssen von Ost und West überwölbende Vereinigungen und Strukturen entwickelt werden, denn sie können ein Dach nicht in der bloßen Luft bauen. Die Säulen sind die beiden Bündnisse. Wenn man aber eines Tages das freitragende Dach hat, da wird man immer noch die Säulen haben und sich lange überlegen, bevor man sie wegnimmt. (...) Das ist kein Problem zwischen zwei Parteien, sondern zwischen zwei Systemen und den sie tragenden Kräften. (...) Ich sehe keine gesonderten Situationen für die Mitte Europas, sondern die Mitte Europas als Teil der Entwicklung zwischen Ost und West überhaupt. Ich sehe nicht, daß es zwischen Frankreich und Polen eine im wesentlichen andere Situation gibt als zwischen der Bundesrepublik und Polen oder zwischen der DDR und Frankreich (...)«.

Was Bahr seinen Verzicht auf Vermischung im Sinne einer Konvergenztheorie nennt; und was Ihr Herr Bundeskanzler vorgestern in Budapest als praktische Möglichkeiten aufzählte – so sagte es Herr Kreisky –, »wie Staaten mit verschiedenen gesellschaftlichen Systemen koexistieren können« – das ist der Geist nicht nur von Lessings ›Freymäurergespräch‹, sondern auch die unpoetische Formel für die poetische im ›Nathan‹: Verzicht auf Kreuzzugs-Eifer. Oder, wie der Volksmund warnt: Liebe deinen Nachbarn, aber reiß den Zaun nicht ein! Lessing hat ja nicht nur deshalb einen Juden zum Sprachrohr seines Menschheitsliedes gemacht, weil von Jugend an seine Sympathie auf Seiten der Verfolgten war. Sondern noch aus zwei weiteren, eminent politischen Gründen: Erstens deshalb, weil Nathans Lehre von der Gleichberechtigung aller Religionen und Menschen um so reiner und überzeugender hervortritt, wenn sie verkündet wird ausgerechnet vom Angehörigen eines Volkes, das sich in so verhängnisvollem Erwähltheits-Wahn das von Gott auserwählte nennt; Lessing hat denn auch diesen jüdischen Rassismus unsterblich lächerlich gemacht in seines »Arabers Beweis, daß nicht die Juden, sondern die Araber die wahren Nachkommen Abrahams sind«. Zweitens hat Lessing deshalb einen Juden zum Botschafter seines systeme-überwölbenden Gedichts gemacht, weil allein die jüdische Religion – zwar aus Hochmut, aber immerhin – darauf verzichtet, andere bekehren zu wollen. Juden missionieren nicht. Wohin aber der Missionars-Wahn der Christen wie der Moslems führt, politisch gesagt: deren universaler Anspruch, das zeigt Lessing im Gedicht: in der bewegenden Totenklage des das Weinen unterdrückenden Nathan über seine von uns Christen verbrannten sieben Söhne und deren Mutter ...

Und wie Lessing den Wahn der *einen* Wahrheit gefürchtet hat, so nicht weniger den der Einheit, wohl wissend, es sei das klügste aller politischen Gleichnisse im Alten Testament jenes von der babylonischen Sprachverwirrung. Denn alle Menschen in *einem* Turm, in *einer* Überzeugung, in *einer* Staatsangehörigkeit: Das wäre das Ende aller Freiheit. Divide et libera: Teile und befreie und – trenne! Das lehrt uns jeden Tag das menschliche Verhalten nicht nur in jeder Siedlung, sondern auch das der Großmächte und ihrer Untertanen, die nichts anderes zu domestizieren vermag als die Furcht, der Gegner sei nicht schwächer als sie selber. Das hat Lessing gewußt, gefürchtet, der einmal schrieb: »Der Aberglauben schlimmster ist, den seinen für den erträglichsten zu halten.« Wie trifft diese Zeile den Dünkel hier des kapitalistischen, dort des kommunistischen Systems! Systeme: Vom Dichter verlangte Lessing, alles, was er sage, solle gleich starken Eindruck machen; »alle seine Wahrheiten sollen gleich überzeugend rühren«. Und da benutzt er den Begriff der Systeme und erläutert: »Und dieses zu können, hat er kein ander Mittel, als diese Wahrheit nach diesem System und jene nach einem andern auszudrücken.« Das verlangte von Lessing seine ihm angeborene dialektische Natur des Urdramatikers, der er war wie kein deutschschreibender sonst, weil er durch sein polemisches Temperament – Polemos heißt Krieg – zur kriegerischen Gattung der Dichtung hingedrängt war, zur dramatischen, deren Gerechtigkeit, deren Ethos es wollen – Schopenhauer hat das plausibel gemacht –, daß jede Bühnenfigur, soll sie überzeugen, so lange im Recht sein muß, wie sie redet, und sei sie der Teufel selbst.

Das haben alle großen Dramatiker auch praktiziert: Den Gegner frei aussprechen, im Recht sein zu lassen, solange er redet, sie hätten sonst keine Charaktere geschaffen, sondern nur Spruchbänder ihrer selbst. Lessing aber ist der einzige Dramatiker, dessen heiteres, darüberstehendes Eingeständnis: als Autor *selber nicht zu wissen,* welcher seiner drei Religions-Repräsentanten im Recht ist, sondern »nur« zu wissen, keiner könne es sein, weil das Recht über andere vielleicht alles mögliche ist, aber doch niemals Religion – Lessing allein von allen hat sein großes Gedicht *unentschieden* enden lassen, hat keiner seiner Figuren das letzte Wort geben *können* –, weshalb noch heute ›Nathan der Weise‹ uns dazu aufruft, das unentschieden in ihm abgebrochene Gespräch weiterzuführen, hinweg über alle Ideologien oder Fronten und in der einzigen Gewißheit, wenn überhaupt etwas Recht sein könne, so zunächst einmal *das* nicht, was einer allein zu haben behauptet.

Und dies ist, auf eine Formel gebracht, auch das Gebot der gegenwärtigen Weltpolitik, von dessen Erfüllung allein es abhängt, ob die Menschheit weiterleben kann mit den Bomben, auf denen wir alle schlafen. *Mit* den Bomben, nicht ohne sie! Denn sie sind da – und so wenig zu Zeiten Lessings und Nathans eine Hoffnung gewesen ist, die Religionen und ihre (damals menschenmörderische) Macht abzubauen, so wenig Hoffnung ist heute, die gegnerischen Lager zu überreden, sich *ihrer* Götter zu entledigen, das heißt: ihrer Machtapparate.

Und weil Lessing kein Narr war, nicht einmal ein Utopist oder Pazifist, sondern ein Politiker – denn Aufklärung ist ja nichts anderes als der Widerschein vernünftiger, das heißt menschenfreundlicher Politik –, so zeigte er in seinem Gedicht kein unerreichbar phantasmagorisches Ziel, sondern Waffenstillstand. Womit sich leben läßt, wie wir wissen seit Hiroshima. Wer mehr verspricht, ist ein Lügner. Wer mehr verlangt: ein Spinner.

Was Bahr von den Mächten heute sagt – sagte wörtlich Lessing im 18. Jahrhundert von den damaligen Mächten, den Religionen, die so wenig in seiner Zeit zum Verschwinden zu bringen waren wie in unsrer die Waffen. Bahr sagt: »Man kann nur in und mit den Blöcken die Blöcke überwinden. Man kann nur in und mit den Bündnissen die Entspannung fortsetzen.«

Wenn wir dann lesen, wie vorgestern Ihr Herr Bundeskanzler Kreisky in Budapest die »Flexibilität« der Ungarn gepriesen hat:

»Wenn wir den Bau der vier Hotels in Budapest den jeweiligen Behörden überlassen hätten, wären sie noch lange nicht fertig«; und daß deren Errichtung, »in Rekordzeit und vorbildlicher Qualität« geglückt sei dank der Unternehmer-Initiative, für die das Tor durch die Handelspolitik der beiden Regierungen in Wien und Budapest eröffnet worden ist: So finden wir auch hier – was nur ein einziges Drama der Weltliteratur aufzeigt – den Geist des ›Nathan‹, der ja ebenfalls seinen höchst heiklen und sehr gefährlichen Verständigungs-Disput mit Saladin allein eröffnen kann durch Geldgeschäfte, im Sinne der so prosaischen wie vernünftigen Maxime des Herzogs von Marlborough: »Nur Interessen lügen nie.«

Ein Leitsatz, den auch der erzkonservative Nachkomme des Herzogs, Winston Churchill, 1941 beherzigt hat, als er zur Niederwerfung des Auschwitzers das weltrettende Bündnis über alle ideologischen Fronten hinweg mit dem Kreml schloß – so wie sein Vorfahre »den Fluch des Erdkreises, die Pest Europas«, nämlich Ludwig XIV., nur hatte besiegen können, weil er sich als Brite mit Prinz Eugens katholischem Wien zusammengeschlossen hatte.

Kein Zufall, daß auch Voltaire das Interesse, den *Handel* an die oberste Stelle setzte, wenn er aufklärend das so schwere Geschäft der Friedenssicherung beschrieb: »Laßt an der Börse von Amsterdam, London, Surat oder Basra den zarathustrischen Perser, den Briten, den Juden, den Muslim, den zur Gottheit betenden Chinesen, den griechischen Christen, den römischen Christen, den protestantischen Christen, den christlichen Quäker miteinander Handel treiben: keiner wird den Dolch gegen den anderen zücken, um seiner Religion neue Seelen zu gewinnen.« Deshalb ist das Motto meines Vortrages das Lob des »Handelsgeistes« durch Novalis. Krupps Chef Beitz aus Essen war viele Jahre, bevor Adenauer sich endlich dazu durchgerungen hat, mit Russen Beziehungen anzuknüpfen, schon zu *Handel* eröffnenden Gesprächen im Kreml.

Spürt man dann, wie das am Vortage des Bonner Breschnew-Besuchs endlich unterzeichnete Erdgas-Geschäft der Westeuropäer mit Moskau das Klima für die kommenden Verhandlungen über Friede oder Untergang begünstigt hat, so bestätigt das wieder, wie Marx *ergänzungsbedürftig* dort ist, wo er den Handel nur einseitig in seinen verheerenden Wirkungen auf wirtschaftlich Schwächere *nur* als Mittel der Ausbeutung bekämpft – ihn aber gar nicht auch anerkennt als das haltbarste aller Mittel, den Frieden zwischen gleichrangigen Völkern zu erhalten. Wie aber Koexistenz nur möglich ist zwischen Gleichberechtigen, so ist zwischen denen auch Monopolisierung zugunsten des einen auf Kosten des anderen leicht zu verhindern durch Ausgleich im Wirtschaftsaustausch. Gleichberechtigung, Koexistenz – statt Ausbeutung, statt Konflikt: Diese Forderung unserer Stunde ist bei keinem anderen Autor zum überzeugenden Gedicht geworden. Doch hier in Wien ist sie durch den klassischen Dramatiker Österreichs, durch Grillparzer, wenigstens fragmentarisch auch als Forderung an die Nachwelt, als Ansatz zu einem politischen Lehrstück hinterlassen worden.

Ich bezweifle, daß Grillparzer Lessings sehr versteckte Notiz über Hannibal gekannt hat, als er die leider nur eine Szene schrieb, die von seinem Fragment ›Hannibal und Scipio‹ überliefert ist. Doch diese Szene, nicht anders wie die zehn Zeilen Lessings, preisen – was bestimmt kein Zufall ist – nicht den bedrückenden Eroberer, sondern den Hannibal, der Frieden sucht. Grillparzer läßt ihn zu Scipio sagen:

> »Rom und Karthago haben sich gemessen
> und beiderseits zu stark gefunden; drum
> laß uns die Kämpfer trennen, eh' der Atem,
> im Streit entgehend, beide niederstreckt.«

Und Lessing: »Es gibt eine Art des Tadels, welche dem Getadelten Ehre macht. Man tadelt den Hannibal, daß er nicht Rom belagerte. (...) Der einzige Hannibal war so weit gekommen, daß er es tun konnte und nicht tat. Wieviel Siege mußte er vorher erstritten (...) haben, (...) ehe man ihm den über alle Lobsprüche steigenden Tadel machen konnte: Und er hat Rom nicht belagert?«

Aus Lessing spricht nicht nur der übliche Widerwille gegen jene, die Blut vergießen, und der ihn schon mit einundzwanzig schreiben ließ: »Sind wir deswegen auf der Welt, daß wir uns untereinander umbringen sollen?«, sondern eine Grundhaltung spricht aus ihm, die Lessing auch als Dichter bestimmt hat, *nur einen einzigen* als vollendeten Schurken von Richardscher Niedertracht auf die Bühne zu stellen: *nur* den *Dogmatiker!* Den, der wiederholt sagt: »Tut nichts, der Jude wird verbrannt!« – dieser Patriarch ist im ganzen Œuvre Lessings der einzige Mensch, dem er keinen mildernden Umstand zubilligt wie sonst allen anderen negativen Figuren seines Werkes! Nur wer sich im Alleinbesitz der Wahrheit wähnt, wird von Lessing als Todfeind der Menschen angesehen, mit dem keine Verständigung, ja, für dessen Irrglauben nicht einmal menschliches Verstehen möglich ist. So wie alles, was sich absolut setzt, wie alles, was sich für vollkommen hält oder von anderen dafür gehalten wird, des Lessingschen Mißtrauens, ja seines Widerwillens so sicher ist – wie umgekehrt er über den von allen Befehdeten sagen wird: »Auf wen alle einschlagen, der hat vor mir Frieden!« –, so ist die Sucht, die letzte Entscheidung, wer der Stärkere, der Sieger sei, herbeizuführen, widernatürlich und Lessing so unsympathisch, daß er Hannibal dafür anpreist, dieser Entscheidung ausgewichen zu sein – so wie Lessing weiß, daß uns Sterblichen die oberste Wahrheit so wenig erträglich ist wie ein absoluter Sieg oder die vollendete Schönheit: weil der Mensch nicht erträglich bleibt *kann* für andere, der sich einbildet, sie zu haben, diese Wahrheit, ein Absolutes.

Kommunikation statt Konflikt; Verzicht auf Entweder-Oder: Welche Botschaft sonst, die je in deutscher Sprache an die Völker ergangen ist, einschließlich des ›Hessischen Landboten‹, einschließlich des ›Kommunistischen Manifests‹ oder Kants ›Zum Ewigen Frieden‹, strahlte noch heute eine annähernd so starke Leuchtkraft aus wie jene Lessings, die als einzige geadelt ist – erstens durch Humor, zweitens durch eine unverjährbar dichterische Form und drittens durch das keineswegs blamable Eingeständnis, das sie allen anderen in ihrer Menschenfreundlichkeit so weit überlegen macht: keine Wahrheit anbieten zu können, sondern nur die Bitte – die *flehentliche* Bitte –, den Mitmenschen zu dulden, weil der auch wie jedermann seit je und für immer vor

Gott oder der Geschichte nur dasteht als Wahrheits-*Sucher*, so ohne Antwort wie ein Hund, der den Mond anbellt!

›Nathan der Weise‹ – wenn ich sage: unser größtes Gedicht, so ist das keineswegs schön-rednerisch-feierstündlich dahergeredet, sondern es ist diese Behauptung festgenagelt an nüchtern überprüfbaren Kriterien. Sofern dies denn Kriterien für Größe sind: daß eine Botschaft, die den Dichter und den Politiker zu Brüdern macht, noch zweihundert Jahre nach ihrer Verkündigung so aktuell wie zwingend logisch zu ausnahmslos *allen* Völkern spricht! Und daß zweitens diese Botschaft durch keine später in ihrem Geiste geschriebene überholt wurde. Und daß sie drittens immer wieder – leider Gottes – ihre geschichtliche Legitimation als bittere Notwendigkeit empfangen hat durch Rückfälle in die Barbarei, unvorstellbar gewesenen Ausmaßes, wie Auschwitz einer war. Und wie sie nunmehr als Bedrohung schon greifbar am Himmel steht durch die völkerlöschende Bombe. ›Nathan‹, meines Wissens, ist das einzige Drama nicht nur der deutschen Sprache, sondern der Welt, und vom gleichen Range wie das andere globale Menschheitslied: wie ›Die Odyssee‹ (doch ›Nathan‹ mordet nicht, als er heimkommt!), das frei von Zeitgebundenheit, von Datierung, Kostüm oder sonstigem historisch fixierenden Tatsachenschutt seinen Appell an alle Zonen und Zeiten richtet.

Und wenn es der Lyrik genügt, den Menschen allein zur Sprache zu bringen: im Drama, in Lessings Form der Auseinandersetzung mit der Welt, wird nicht nur der Mensch, sondern wird der Mitmensch handelnd einbezogen, wird versucht, zu kommunizieren und damit dem Impetus auch des Politikers, soweit der friedlich gesinnt ist, zu genügen. Hier hat Lessing bereits erfüllt, was im vorletzten Gespräch mit Eckermann, im Monat schon seines Todes, Goethe vom Drama gefordert hat: »Wir sprachen über die tragische Schicksals-Idee der Griechen. Dergleichen, sagte Goethe, ist unserer jetzigen Denkungsweise nicht mehr gemäß, es ist veraltet und überhaupt mit unseren religiösen Vorstellungen in Widerspruch. Verarbeitet ein moderner Poet solche früheren Ideen zu einem Theaterstück, so sieht es immer aus wie (...) ein Anzug, der längst aus der Mode gekommen ist, und der uns, gleich der römischen Toga, nicht mehr zu Gesicht steht. Wir Neueren sagen jetzt besser mit Napoleon: ›Die Politik ist das Schicksal‹.«

Und Lessing, Goethes Forderung vorwegnehmend um ein halbes Jahrhundert, hat mit ›Nathan‹ auch so glücklich wie kein Späterer die oft tödliche Klippe umschifft, vor der Goethe in diesem Gespräch den politischen Autor gewarnt hat: parteiisch zu werden! Muß auch der Politiker sich einer Partei bedienen, um seinen Zielen nachzugehen: Die Partei darf niemals sein Ziel sein, sondern nur sein Mittel. Ziel ist die Politik, die überparteiische Sorge um *alle*, um die Polis. Und hier also wird, was der Politiker tut, identisch mit dem, was der Dichter will …

Lessings ›Nathan‹ ist die überlebensnotwendige Lehre, wie die Tragödie abgebogen wird – im allerletzten Moment, denn schon riecht man ja den Scheiterhaufen. Lessing lehrt, daß die Tragödie abgewendet werden *kann*, wenn nicht die tendenziell *immer* terroristische Überzeugungskraft herrscht, sondern guter Wille, die Duldung des anderen aus der Einsicht, daß dem das Lebensrecht schon deshalb gegeben ist und gelassen werden muß, gleichviel was der denkt, *weil der da ist!* Was für ein einfacher Grund – so einfach wie unabweisbar.

Schließen wir mit dem irdischen Stoßgebet Lessings, das wir in dieser kriegsbedrohten Stunde zu unserm eigenen machen: »Möchte es in jedem Staate Männer geben, die über die Vorurteile der Völkerschaft hinweg sind und genau wissen, wo Patriotismus Tugend zu sein aufhört.«

Goethe: Zwei Notizblätter

GOETHES VERSTUMMEN VOR DER GESCHICHTE

> »... da der Dichter durch Antizipation
> die Welt vorweg nimmt, so ist ihm die
> auf ihn losdringende, wirkliche Welt
> unbequem und störend; sie will ihm
> geben, was er schon hat, aber anders,
> das er sich zum zweitenmale zueignen
> muß.«
>
> TAG- UND JAHRESHEFTE, 1780.

Als der Schweizer Diplomat und Autor des ›Richelieu‹, Carl J. Burckhardt, 1937 im Schatten des KZ's Buchenwald – was er aber nicht erwähnt –, also in Weimar über ›Goethes Beziehung zur historischen Wissenschaft‹ reden sollte, richtete er an seinen Freund Rychner den Ruf: »Bitte, hilf mir, Max! Es war ja keine gute Beziehung, aber lag das nicht vor allem an der historischen Wissenschaft, die nichts Gutes und sicher keine Wissenschaft ist?«

Rychner antwortete aus Köln, Goethe scheine überhaupt »in der Dimension der Geschichte gelebt zu haben:

> ›Wer nicht von dreitausend Jahren
> sich weiß Rechenschaft zu geben,
> bleib im Dunkeln unerfahren,
> mag von Tag zu Tage leben.‹«

Da ihm als Schweizer Bismarcks Gründung wenig Eindruck gemacht haben kann, setzt er sehr plausibel hinzu: »Ohne Goethe schiene uns jedoch die deutsche Geschichte im Sande verlaufen, über Ansatz und Planung nie recht hinaus gediehen. Er ist der Augenblick, dem man Verweilen wünscht und in dem am schönsten zu verweilen ist.« Wer könnte Rychner widersprechen, daß die fünf Jahrzehnte zwischen Waterloo und Königgrätz, deren erste Hälfte Goethe repräsentiert, die Epoche gewesen sind, in der es für Deutsche zu leben lohnte und in der – Geschenk auf Gegenseitigkeit – die Deutschen ausgeprägter die »konservative Wohltat des Erdkreises« waren als zur Bismarck-Zeit, die Heinrich Mann als diese Wohltat beschreibt?

Rychner weiß aber offenbar damals noch nicht – später wird er ein sehr gründlicher Goethe-Kenner –, wie radikal Ekel und Abscheu Goethes Haltung zur Geschichte: genauer seine Enthaltung ihr gegenüber bestimmt haben, seit dem Urerlebnis: Französische Revolution, deren Vorankündigung für ihn die Halsband-Affäre war, bei deren Nachricht Goethe seinen Freunden – wie Goethe selber in den Annalen zu 1789 schreibt – geradezu »wahnsinnig« zu reagieren schien:

»Schon im Jahre 1785 hatte die Halsbandgeschichte einen unaussprechlichen Eindruck auf mich gemacht. In dem unsittlichen Stadt-, Hof- und Staatsabgrunde, der sich hier eröffnete, erschienen mir die greulichsten Folgen gespensterhaft, deren Erscheinung ich geraume Zeit nicht loswerden konnte; wobei ich mich so seltsam benahm, daß Freunde, unter denen ich mich eben auf dem Lande aufhielt, als die erste Nachricht hiervon zu uns gelangte, mir nur spät, als die Revolution längst ausgebrochen war, gestanden, daß ich ihnen damals wie wahnsinnig vorgekommen sei.«

Mit einem schon mehr als tierischen Witterungsvermögen hatte Goethe aber bereits 1781, am 2. Juli, an Lavater geschrieben:

»Glaube mir, unsere moralische und politische Welt ist mit unterirdischen Gängen, Kellern und Cloaken miniert, wie eine große Stadt zu sein pflegt, an deren Zusammenhang und ihrer Bewohnenden Verhältnisse wohl niemand denkt und sinnt; nur wird es dem, der davon einige Kundschaft hat, viel begreiflicher, wenn da einmal der Erdboden einstürzt, dort einmal ein Rauch aus einer Schlucht aufsteigt und hier wunderbare Stimmen gehört werden. Glaube mir, das Unterirdische geht so natürlich zu als das Überirdische, und wer bei Tage und unter freiem Himmel nicht Geister bannt, ruft sie um Mitternacht in keinem Gewölbe.«

Goethe, der von Natur kein Tragiker ist und keiner sein will, weil er spürt: die Geschichte würde ihn als Dichter zugrunde richten, ließe er sich zu nahe mit ihr ein – flieht sie aus Selbsterhaltungs-Instinkt genau in *dem* Moment, in dem sie mit den Terrorismen der Guillotinen-Revolution ihre abscheulichste Fratze zeigt, »das Haupt der Gorgone«, das Goethe zuerst in der Halsbandgeschichte mit Entsetzen geschaut hat. Wir kommen darauf zurück. Jetzt aber noch zu einer Zeile in Rychners Brief an Burckhardt, weil sie hinweist auf jene andere, auf die *organische* Seite der Geschichte, wo sie sich als Natur-Geschichte offenbart und wo Goethe sie so gründlich studiert hat, mit Herder, daß er durch seinen kleinen Essay ›Geistesepochen‹ zum Lehrer Spenglers wurde. »In Herdern«, schreibt Rychner, »hatte Goethe früh ein Werkzeug genialischer Ahnung kennen gelernt, in ihm, der historisches Werden mit dem physiognomischen Blick für Formen an diesen nachspürte und Ursprünge nachwies wie Goethe in der Metamorphose der Pflanzen (die Metamorphose ist ja wohl das Geschichtliche par excellence). Er ... fundierte die Farbenlehre geschichtlich, er nahm die Natur historisch und die Geschichte als ein Stück Natur ...« Rychner, der sehr im Banne Spenglers gelebt hatte – wie so viele seiner Generation –, hat mit diesen Zeilen auch verständlich gemacht, warum Spengler immer behauptet hatte, Goethes kleiner Essay über ›Geistesepochen‹ sei seine – Spenglers – Initialzündung gewesen: Wiederholt stellte er Goethe so deutlich heraus, um zu bemänteln, durchaus unehrlich, was er dem Essay ›Weltperioden‹ von Wilamowitz verdankte.

Immerhin, Spengler hat tatsächlich aus Goethes ›Geistesepochen‹ die vier Lebensstadien: Vorzeit, Frühzeit, Spätzeit, Zivilisation übernommen und übertragen auf die von ihm mit jeweils tausend Jahren Dauer beschriebenen, bisher acht Kulturen, deren »Organismus« – ebenso wie die Biographie jedes Individuums – in diesen vier Epochen lebe und sich aus-lebe. »Von Goethe habe ich die Methode«, sagte Spengler, der gern auch

Goethes Mahnung zitierte: »Man suche nur nichts hinter den Phänomenen, sie selbst sind die Lehre«: nicht die Transzendenz der Geschichte, die es vielleicht nur in der Einbildung der Philosophen und Religiösen gibt, sondern ihre irdische Erscheinungsform ist der Schlüssel zur Aufdeckung ihrer Abläufe. Und Spengler hat schon in der Einleitung zu ›Untergang des Abendlandes‹ den Brief herausgestellt, den Goethe aus Neapel an Herder schrieb, als er ihm mitteilte: »Dasselbe Gesetz wird sich auf alles übrige Lebendige anwenden lassen« – nämlich seine Entdeckung der Metamorphose der Pflanzen als *dem* Urbild alles organischen Werdens. Noch später und spät in ›Maximen und Reflexionen‹ finden sich häufig Wendungen wie: »Es ist mit der Geschichte wie mit der Natur...« Und selbst den Menschen inmitten der Weltgeschichte sieht er als Naturgeschöpf; fast pflanzenhaft: »Die Menschen sind als Organe ihres Jahrhunderts anzusprechen, die sich meist unbewußt bewegen.« Also nur wie Wellen?

Zu der Zeit, als Rychners Brief an C. Burckhardt geschrieben wurde, Spengler war im Vorjahr gestorben, war Ortega y Gasset auf der Höhe seines Wirkens. Rychners Freund E. R. Curtius interpretierte die Geschichtsauffassung des Spaniers, der geradezu ankämpfte gegen Goethes Abneigung, sich auch dort mit Geschichte einzulassen, wo sie *nicht* in ihrer Naturgesetzlichkeit zu erkennen war. Man darf verallgemeinern: Nur wo Geschichte Naturgeschichte ist, konnte sie Goethe sowohl beruhigen wie interessieren. (Und wo sie ihn nicht beruhigte, interessierte sie ihn nicht, wandte er sich jedenfalls schroff, ja endgültig von ihr ab, aus Selbstschutz.) Wo sie System sein wollte, nicht der Anschauung abgewonnen, sondern dem Denken – »ich mag von Hegels System nichts wissen«, erklärte Goethe barsch –, dem Denken, dem auch Ortega die geschichtlichen Ereignisse zu unterwerfen wünschte, da lehnte Goethe sich gegen sie auf: »Geschichte ist ein Gewebe von Unsinn!« Er konnte mit neunundsiebzig resümieren: »Ich bin nicht so alt geworden, um mich um die Weltgeschichte zu kümmern, die das Absurdeste ist, was es gibt; ob dieser oder jener stirbt, dieses oder jenes Volk untergeht, ist mir einerlei; ich wäre ein Tor, mich darum zu bekümmern.«

Dagegen nennt E. R. Curtius, der Ortega in Deutschland eingeführt hat, dessen Geschichtsauffassung zwar utopisch, »aber das würde Ortega nicht als Einwand gelten lassen ... Die Sterne, die Pflanzen und Tiere haben Natur. Der Mensch hat keine Natur, sondern Geschichte. Darum ist es die Aufgabe des Denkers, die Geschichte zum System zu erheben. Die Entwicklung des Menschen ist nicht bloß Veränderung, sie ist Wachstum. Jede Etappe bewahrt die frühere in sich auf. Darum versteht sich der Mensch nur, wenn er die ganze Vergangenheit versteht. Die Geschichte ist oder soll sein ein systematisches Wissen von der Grundwirklichkeit, die das Leben ist. Jede intellektuelle Tätigkeit aber, die uns mit der Wirklichkeit in Berührung setzt, ist Vernunft. Darum muß die Geschichte eine Vernunftswissenschaft werden ...«

Sprachlos steht man als Laie vor einer solchen Fülle unbelegbarer Behauptungen: Wieso – zum Beispiel – hat der Mensch keine Natur, sondern Geschichte? Woher weiß – anders als Goethe – Ortega, daß nicht auch Menschengeschichte Naturgeschichte ist? Woher weiß er – anders als Spengler –, daß »die Entwicklung des Menschen ... nicht bloß Veränderung ist, sondern Wachstum«? Wohin wäre denn zum Beispiel der homo politicus seit Perikles »gewachsen«? Cavour und Lenin: hätten sie nicht gelacht anläßlich der Behauptung, sie seien andere, gar größere, nämlich weitergewachsene Staatsmänner als etwa Themistokles einer war? Oder, schreibt Ortega: »Jede Etappe bewahrt die frühere in sich auf. Darum versteht sich der Mensch nur, wenn er die ganze Vergangenheit versteht.« Dagegen hätte Jaspers lachend eingewendet – er lachte gern: »Muß man denn das Ganze wissen, um anzufangen? Dann könnte man es nie!« Und wer je – zum Beispiel – über die frühen Jahrhunderte der Christenheit nachgelesen hat, über die absolute Ahnungslosigkeit um 700 oder 1100 von dem, was einst Rom und Athen gewesen waren, der weiß, wie albern diese Bemerkung ist, jede Etappe bewahre die frühere. Nein: sie *vernichtet* sie sogar zumeist, hat sie noch Spuren von ihr! Die mörderische Blindheit der Christen gegenüber der Antike ging ja zurück auf den Trieb der Christen, alles zu vernichten, was auch nur an die Antike noch erinnerte! Am lustigsten, ja empörend ist der von Curtius gehorsam (gegenüber Ortegas »System«) hingeschriebene Satz: »Jede intellektuelle Tätigkeit aber, die uns mit der Wirklichkeit in Berührung setzt, ist Vernunft.«

So hegelhaft das klingt – so hohl auch, so *unehrlich,* gemessen an Goethes »Gewebe von Unsinn«, wie er die Geschichte nannte, die ja »Wirklichkeit« in jenem von Ortega gemeinten Sinne ist – oder? Wir achten Ortegas Bemühen, das zu gewinnen – vielleicht sollte jedermann sich darum bemühen –, was Burckhardt in den ›Weltgeschichtlichen Betrachtungen‹ einen »archimedischen Punkt außerhalb der Vorgänge« nennt, um sich nicht wie die meisten Zeitgenossen »gegenüber solchen geschichtlichen Mächten ... in völliger Ohnmacht zu fühlen«. Denn, so Burckhardt, »in der Regel« falle doch das »zeitgenössische Individuum der angreifenden oder widerstrebenden Partei zum Dienst anheim«. Aber wir dürfen doch über diesen Prämissen, die Ortega vor sich und seinen Lesern aufbaut, nie vergessen, daß sie lediglich Hilfskonstruktionen sind, so subjektiv und realitätsfern, daß ihr ganzer Sinn schon darin liegt, einen Denkenden für die Zeit, da er das dachte und anderen mitteilte, von der Misere der Geschichte abgelenkt, vielleicht auch die ihm Zuhörenden von ihr abgelenkt zu haben. Ihnen, im Geiste Theodor Lessings, eine Sinngebung angeboten zu haben...

Das ist legitim, dieser Versuch, sich ein Denksystem zu schaffen, das unsere Existenz innerhalb der Geschichte sinnvoll *erscheinen* läßt. Aber ob dieses Bemühen auch sinnvoller ist, auch nur ehrlicher als Goethes bewußtes Verdrängen der geschichtlichen Wirklichkeit? Er wußte, je näher er die Einzelheiten der großen epochalen Erschütterung, der Pariser Revolution an sich heran läßt, desto stärker gefährdet er das Gleichgewicht, das ihm innerlich nötig war, zu produzieren – ja, es gab Zeiten, da hatte er aus Entsetzen vor Geschichte als armer »Zeitling«, dieses Wort benutzte er tatsächlich, die Fähigkeit eingebüßt zu schreiben. Aus erster Hand, aus den Annalen und den Briefen hat, eine höchst wertvolle Arbeit, Hans Gabriel Falk diese Goethe als Dichter fast abtötende Krise anläßlich des Sturms auf die Bastille – kurz vor seinem vierzigsten Lebensjahr – mit Zitaten belegt; hat belegt, wie »die weltgeschichtliche Gegenwart meinen Geist völlig einnahm: Glücklicherweise ward mein ›Tasso‹ noch abgeschlossen«, setzte Goethe hinzu — er wollte sagen: Später wäre der mir nicht mehr geglückt. Wie andere Pläne mißglückten ... fast alle, die Zeitgeschichte hatten gestalten sollen; außer dem Drama: ›Die natürliche Tochter‹ sind alle mißglückt oder liegengeblieben, unausgeführt. Goethe hat den von Burckhardt anvisierten »archimedischen Punkt *außerhalb* der Vorgänge« gar nicht erst gesucht, er machte die ›Kampagne in Frankreich‹ mit, die Kanonade von Valmy ... Geschichte hat auch ihn eingeholt — und wo sie ist, da verstummt in ihm der Autor; er erzählt:

»Meine Freunde jedoch, die sich in so veränderte Gesinnung nicht gleich ergeben wollten, versuchten mancherlei, um frühere Gefühle durch ältere Arbeiten wieder hervorzurufen, und gaben mir ›Iphigenien‹ zur abendlichen Vorlesung in die Hand; das wollte mir aber gar nicht munden, dem zarten Sinne fühlt' ich mich entfremdet; auch von andern vorgetragen, war mir ein solcher Anklang lästig. Indem aber das Stück gar bald zurückgelegt ward, schien es, als wenn man mich durch einen höheren Grad von Folter zu prüfen gedenke. Man brachte ›Ödipus auf Kolonos‹, dessen erhabene Heiligkeit meinem gegen Kunst, Natur und Welt gewendeten, durch eine schreckliche Kampagne verhärteten Sinn ganz unerträglich schien; nicht hundert Zeilen hielt ich aus.«

Literatur, auch dies ist aus dem Überdruß gegen die Stücke anläßlich des Schlachtfeldes zu folgern, hält selten stand gegenüber Krisen, die so tief gehen wie hier Goethes Mitgenommensein durch die historische Wirklichkeit. Es gibt im Tagebuch von Jaspers, das er bis 1942 in Heidelberg führte — dann war es zu gefährlich, er hätte es ja nicht beiseite schaffen können, wären die Nazis bei ihm eingedrungen, um die jüdische Frau abzuschleppen —, auch die Bemerkung, Goethe habe man nicht mehr lesen können, allenfalls Shakespeare — »wenn man überhaupt noch lesen konnte«, nämlich in der Angst, der Ehepartner werde ermordet ...

Falk zitiert, daß Goethe selber von seinem »Schiffbruch«

spricht, was seine Versuche betrifft, sich der Gegenwart zu erwehren durch ihre Gestaltung; und das wäre seine einzige Chance gewesen, sich ihrer zu erwehren. Oder man muß sie fliehen – wie es dann Goethe schließlich getan hat, als er sich dem Orient zuwandte und den Divan schrieb. Bis dahin aber litt er ansteckend. Tatsächlich wurden noch Zuschauer entnervt durch den Anblick des Leidenden »in einer eingeschläferten Furchtsamkeit«, wie er selber in den Annalen 1796 schreibt. Bevor ihm wenigstens 1799 durch Lektüre der Memoiren der Stephanie von Bourbon Conti die Konzeption der ›Natürlichen Tochter‹ gegeben ist, sieht zum Beispiel, erzählt Falk, eine Frau Friederike Brun, die das 1795 in Karlsbad in ihr Tagebuch schreibt, Goethe so: »Anfangs quälten mich seine Blicke … des Beobachters ohne Hoffnung und Glauben an reinen Menschenwert … Seine Gleichgültigkeit ohne Heiterkeit, und daß er schon so ganz mit den Menschen abgerechnet hat, ist mir schrecklich … Nur wenige Worte (sprach Goethe) über das Leiden, das er erduldet, ehe er nach und nach dahin gekommen, wo er nun – sei es war gräßlich oft – und wie er sein Wesen in hohem Grade dem Publikum mitgeteilt; aber mit großen Lücken, wie die zwischen der ›Iphigenie‹, dem ›Tasso‹ und ›Faust‹. Alle seine neuen Produkte lagen 18–15–10 Jahre da.«

Redet sich dann Goethe zuweilen später auch ein, die Trilogie der Revolution, deren erstes Stück ›Die natürliche Tochter‹ war, nur deshalb nicht weitergeschrieben zu haben, weil er gegen seinen Aberglauben verstoßen habe, niemals Freunden von dichterischen Plänen zu sprechen, bevor die vollendet seien – so beschönigt er vor sich nur, daß aktuelle Weltgeschichte, also persönlich bedrohliche, nicht seine Sache als Dichter gewesen ist, weil er sie nicht zu ertragen vermochte. Das gibt er spät auch zu, 1823, als er sich längst zu jener – wir haben das durch die erschreckenden Zitate gegen die Weltgeschichte belegt – scheinbaren Gleichgültigkeit gegenüber dem »verworrenen Quark«, wie er Geschichte auch einmal nennt, durchgerungen hat, um von ihr nicht geistig verschlungen zu werden. Er spricht von der »vieljährigen Richtung meines Geistes gegen die Französische Revolution … und es erklärt sich die grenzenlose Bemühung, dieses schrecklichste aller Ereignisse in seinen Ursachen und Folgen dichterisch zu gewältigen. Schau ich in die vielen Jahre zurück, so seh ich klar, wie die Anhänglichkeit an diesen unübersehlichen Gegenstand so lange Zeit mein poetisches Vermögen fast unnützerweise aufgezehrt, und doch hat jener Eindruck so tief in mir gewurzelt, daß ich nicht leugnen kann, wie ich noch immer an die Fortsetzung der ›Natürlichen Tochter‹ denke, dieses wunderbare Erzeugnis in Gedanken ausbilde, ohne den Mut, mich im einzelnen der Ausführung zu widmen.«

Ohne diesen Mut zum »einzelnen«, das heißt: zum historischen Detail – war an eine Fortsetzung dieses Stücks nicht zu denken. Wie Goethe selber die Greuel-Nachrichten aus Paris verdrängen muß, so verdrängt er schon in der ›Natürlichen Tochter‹ jedes geschichtlich-dokumentarisch Konkrete: Nicht einmal den Schauplatz nennt er, wo sein Stück spielt, auch nicht die Zeit – ja nicht einmal Namen, außer dem Vornamen der Titelfigur, gibt er den Menschen dieses Trauerspiels. Dolf Sternberger hat es die »Parabel von der Verfolgung« genannt, weil ihm selber – als Gatte einer Jüdin 1942/43 – die lähmende Wehrlosigkeit dieses Opfers staatlichen Terrors ebenso vor Augen stand wie einer der Frankfurter Mitbürgerinnen, die auf Bahnsteig 1 zu ihrer Deportation in die Ermordung sich einzufinden hatten. »Ich las das Stück, zumal die beiden letzten Akte… gleichsam mit aufgerissenen Augen, mit den aufgerissenen Augen der Epoche«, schrieb er in einem Essay vierzig Jahre später.

Und doch ist diese Kaspar-Hauser-Tragödie – statt Kaspar jene Eugenie, statt des unehelichen Sohnes die uneheliche Tochter eines Herrscherhauses, die deshalb beseitigt wird, weil sie Ansprüche auf den Thron, ja nur auf ihre Legitimierung geltend machen könnte – von Goethe in dem Bemühen geschrieben worden – und das hat er geschafft –, alles daraus zu *verdrängen*, was an Bestialitäten in jenem Paris, das die Guillotine regierte, hätte auch nur entfernt erinnern können. Dieses *eine* Opfer einer so maßlos opferreichen Zeit, das Goethe auf die Bühne stellt, kommt mit dem Leben davon, indem es einen humanen Bürger findet, der ihm die Ehe anbietet – womit das Mädchen aus fürstlichem Geschlecht sozusagen für die Geschichte uninteressant wurde, nämlich: nicht mehr standesgemäß, da bürgerlich verheiratet ist. Und von der Geschichte fortan verschont bleibt... So schrieb Goethe selber die Geschichte sich vom Halse, so *mußte* er es tun, um nicht an ihr zugrunde zu gehen. Wie Goethe in diesem Stück Geschichte von sich wegdrängt, ihr nämlich den rettenden Ausweg zeigt: das ist heute für uns Leser das *eigentliche* Drama in der ›Natürlichen Tochter‹.

Aber spätestens mit dem ›West-östlichen Divan‹ hatte sich sein Blick abgewendet von den Abgründen der Geschichte, ja sogar des Todes, von dem er einmal sagt, daß es »nichts Abgeschmackteres gibt« als ihn – so wie er Besucher nur noch vorlassen will, die ihm Positives zu sagen haben, denn Problematisches habe er in sich selbst genug! Verächtlich kann diese Haltung nur finden, wer übersieht, daß die schöpferische Krise, in die Goethe durch die Pariser Schrecken gestürzt worden war, ihn als Poet fast umgebracht hat. Ein Historiker ist es denn auch, Luden, der einmal das abgründigste Bekenntnis Goethes, das schlechthin lebenverneinende, das ihm sonst nie über die Lippen gegangen wäre – nur vor dem Anblick der Weltgeschichte – zu hören bekommt:

»Die meisten haben wohl, wenn sie das Leben eine Zeitlang mitgemacht hatten, lieber hinausscheiden als von neuem beginnen mögen. Was ihnen noch etwa einige Anhänglichkeit an das Leben gab oder gibt, das war und ist die Furcht vor dem Sterben. So ist es; so ist es gewesen; so wird es wohl bleiben. Das ist nun einmal das Los der Menschen.« Diese Endgültigkeit des Lear-Pessimismus erreicht schon die schwärzeste Tiefe der Daseins-Denunziation, die einmal auch der Tragiker Churchill, Mitte Achtzig alt, gegenüber seinem Arzt ausspricht, wobei besonders makaber die Tatsache ist, daß es der erfolgreichste Mensch seines Jahrhunderts war, der diesen Seufzer getan hat: »Diese Welt – kein Mensch, der sie kennt, würde sie jemals freiwillig betreten!«

Goethe hat sich seit der Französischen Revolution in jene Erstarrung geflüchtet, die ihn dem grotesken Porträt anähnelt, das Thomas Mann so boshaft wie – vermutlich – fotografisch exakt von Goethes Vater gezeichnet hat. Wie der Lübecker den Alten, so charakterisiert Goethe sich selber durch zahllose Bekundungen gegen Freiheit, Volk, Geschichte, über Autorität, Staatsformen und über sich selber: Äußerungen, die deshalb nicht angezweifelt werden können, weil sie nicht nur in sehr großer Zahl vorliegen, sondern aus *allen* Epochen seit 1790. Faßt man sie zusammen – und das ist erlaubt, weil sie so einheitlich-reaktionär sind, nahezu gleichlautend –, so am besten in Goethes wahrhaft erschreckendem Bekenntnis, zeitlebens habe ihn keine Ungerechtigkeit so sehr verstimmt wie eine Unordnung! Sammler von allem Naturwissenschaftlichen, Tagebuchschreiber über jedes noch so alltägliche Vorkommnis, Buchführer über jedes Schriftstück, jede Lektüre, dürfte er tatsächlich von geradezu perpendikelhafter Pedanterie gewesen sein, die sich – wie jede ausgeprägte Veranlagung – mit höheren Jahren steigerte. Natürlich charakterisieren diese Äußerungen einen Giganten, während die Zeichnung des Vaters durch Thomas Mann nur einen vermögenden Durchschnittsspießer trifft: »... von elfen das zehnte Kind betagter Eltern. Es war ihm anzumerken. Jurist und ›Kaiserlicher Rat‹ nach seinem erkauften Titel, war er ein sonderbar übelnehmerischer, unverträglicher Mann, ein moroser, berufsuntätiger, sammeleifriger Eigenbrötler und lastender Pedant, ein querulierender Hypochondrist, dem jeder Luftzug die mühsame Ordnung störte. Ihn heiratete mit siebzehn, halb so alt wie er, Elisabeth, des Schultheißen und der Lindheimerin fröhliche Tochter – nicht eben zu ihrem Glück, denn ihre besten Jahre verbrachte sie als Diakonissin eines dekrepiten Tyrannen.«

So wenig Goethe dem Durchschnitt auch in seinem Lebensgebaren angehörte, so fern war er dieser Karikatur seines Vaters; dennoch hat er politische Urteile schriftlich und mündlich gegeben, die von jenem Menschen stammen könnten, den Thomas Mann hier so erheiternd porträtiert hat. »Der reine, wahre Despotismus entwickelte sich aus dem Freiheitssinne, ja er ist selber der Freiheitssinn mit dem Gelingen. Der Freiheitssinn strebt ins Unbedingte, er will herrschen, ohne daß er's immer imstande ist und werden kann. Nun kommt bei einem das Gelingen hinzu, und so ist der Despot fertig«, sagt er 1809 zu Riemer.

Schon zwei Jahre zuvor sagte er zu ihm: »Ja, schon jeder, der aus der Subordination heraustritt – denn die ist das Moralische – ist insofern unmoralisch.« Einmal reimt er:

> »Mir ist das Volk zur Last,
> meint es doch dies und das:
> weil es die Fürsten haßt,
> denkt es, es wäre was.«

Nun es *ist* sicher »was«! Und Goethe hat das vor der Revolution nicht nur gewußt – sondern propagiert, so ganz herrlich in ›Die Mitschuldigen‹:

> »Ja, ja, ich bin wohl schlecht;
> allein, ihr großen Herrn, ihr habt wohl immer Recht!
> Ihr wollt mit unserm Gut nur nach Belieben schalten;
> Ihr haltet kein Gesetz, und andre sollens halten?
> Das ist sehr einerlei, Gelust nach Fleisch, nach Gold,
> Seid erst nicht hängenswert, wenn ihr uns hängen wollt.«

Später aber, in den Noten zum ›Divan‹, preist er dann, so günstig er auch Republiken beurteilt, zuletzt den Despoten: »In der Republik bilden sich große, glückliche, ruhigrein tätige Charaktere. Steigert sie sich zur Aristokratie, so entstehen würdige, konsequente, tüchtige, im Befehlen und Gehorchen bewunderungswürdige Männer. Gerät ein Staat in Anarchie, sogleich tun sich verwegene, kühne, sittenverachtende Menschen hervor, augenblicklich gewaltsam wirkend, bis zum Entsetzen alle Mäßigung verbannend. Die Despotie dagegen schafft große Charaktere; kluge, ruhige Übersicht, strenge Tätigkeit, Festigkeit, Entschlossenheit, alles Eigenschaften, die man braucht, um den Despoten zu dienen, entwickeln sich in fähigen Geistern und verschaffen ihnen die ersten Stellen des Staates, wo sie sich zu Herrschern ausbilden.«
Zusammenfassend muß leider gefolgert werden: Daß die Menge zum Tyrannen werden kann, der so schlimm ist, ja schlimmer als alle einzelnen, diese aus der Guillotinen-Revolu-

tion nur allzu berechtigte Erfahrung betont Goethe so sehr, daß
ihm offenbar über dieser Angst der Blick verlorenging für das,
was einzelne – zum Beispiel sein Zeitgenosse Napoleon –, der
nicht fünf Prozent der nach Rußland verschleppten deutschen
Soldaten wieder lebend heimbrachte, der Menge angetan haben:
ein weites Feld! Und so schließen wir denn vorsichtshalber mit
jenen Zeilen, mit denen Goethe selber seine ›Belagerung von
Maynz‹ beendet, »um nicht in Betrachtung der Weltschicksale zu
geraten, die uns noch zwölf Jahre bedrohten, bis wir von eben
denselben Fluten uns überschwemmt, wo nicht verschlungen
gesehen.«

*

Für ein Museum in Rom
Offener Brief an Außenminister Genscher

> »Was mich noch so sehr an ihm freut,
> ist sein einfaches Leben. Er begehrte
> von mir ein kleines Stübchen, wo er
> schlafen und ungehindert arbeiten
> könnte, und ein einfaches Essen, das
> ich ihm dann leicht verschaffen konnte,
> weil er mit so wenig begnügt ist.
> Da sitzt er nun jetzt und arbeitet
> des Morgens an seiner Iphigenia fertig
> zu machen bis um neun Uhr. Dann geht
> er aus und sieht die großen hiesigen
> Kunstwerke.«
>
> Tischbein an Lavater

Sehr geehrter Herr Minister,
    der 29. Oktober, der 200. Jahrestag der Ankunft Goethes in
Rom, veranlaßt mich, Sie zu bitten, in der Via del Corso 18, in
dem Haus, in dem Goethe am 30. Oktober 1786 bei Tischbein
Quartier bezogen hat, das Museum wieder zugänglich zu
machen, das vor dreizehn Jahren Botschafter Staatssekretär Rolf
Lahr – aus eigener Initiative – zusammen mit Marie Luise

Kaschnitz und mit dem Direktor des Frankfurter Freien Deutschen Hochstifts, Herrn Detlef Lüders, feierlich eröffnet hat. Der Schande, daß es 1982 geschlossen wurde, weil einhundertdreißigtausend Mark für den Unterhalt fehlten – Putzfrau und Miete werden nach wie vor bezahlt –, sollte ein Ende gemacht werden! Die Stadtverwaltung Rom hat schon vor über hundert Jahren an diesem schönen Haus eine Bronze-Tafel angebracht, die ausweist, daß Goethe hier zweimal gewohnt hat, in der durch ihn in die Kulturgeschichte eingegangene Künstler-Kommune, mit den drei hessischen Malern Joh. Heinrich Wilhelm Tischbein, Georg Schütz, Friedrich Bürg und mit dem Autor des ›Anton Reiser‹, mit Karl Philipp Moritz. So sehr fühlte Goethe sich am Corso zu Hause, daß er auch während seines zweiten Aufenthaltes dort wieder Quartier nahm. Er schreibt im April 1788: »Da die obere Etage unseres Hauses eben leer ward, säumte ich nicht sie zu mieten und sie zu beziehen ...«

Als im Herbst 1973 der Direktor des Freien Deutschen Hochstifts eine der Eröffnungsreden hielt, sagte er voller Hoffnung – und gewiß ahnungslos, daß neun Jahre später dieses Museum wieder zugemacht werde, wegen eines fehlenden, wahrhaft läppischen Betrages –: „Es ist ein drittes Goethe-Haus ersten Ranges, neben denen in Frankfurt und Weimar!« Zugemacht durch Deutsche an der Schwelle des dritten Zentenariums der Italienreise Goethes ...

Einige Museen erinnern auch heute noch in fremden Ländern an uns Deutsche, so die in Verdun, in Auschwitz, das Londoner Imperial War Museum, die gotische Ruine der Kathedrale zu Coventry. Da war es denn auch politisch enorm instinktlos, ausgerechnet eines jener wenigen Museen – unter welchem Vorwand auch immer – zu schließen, die neben dem Albert-Einstein-Archiv zu Bern in einer ausländischen Metropole an einen Deutschen erinnern, dem die Zuneigung des Erdkreises gehört; und nicht in irgendeiner Metropole, sondern in »dieser Hauptstadt der Welt«, wie der Namensgeber in einer seiner ersten Notizen (1. 11. 1786) festgehalten hat. Goethes Reise nach Italien ist ohne Frage eine der folgenreichsten Unternehmungen der deutschen Geistesgeschichte; mit ihr viel mehr als mit der Winckelmanns beginnt unsere Klassik; auch fehlt jeder Hinweis, daß Lessings Italienreise irgendwelche Folgen für sein Werk hatte, während Goethe hier – ein Symbol – die Prosafassung seiner ›Iphigenie‹ in Jamben umschrieb, den ›Egmont‹ beendete, am ›Tasso‹, am ›Faust‹ arbeitete und natürlich sein Journal führte. Während er in Rom war, schrieb seine Mutter der alten Herzogin, vermutlich fürchtete sie ein wenig für die Stellung des Sohnes, der ohne Urlaub abgereist war: »Von früher Jugend an war der Gedanke Rom zu sehen in seine Seele geprägt.« Und noch mit neunundsiebzig sagte Goethe zu Eckermann: »Ich kann sagen, daß ich nur in Rom empfunden habe, was eigentlich ein Mensch sei. – Zu dieser Höhe, diesem Glück der Empfindung bin ich später nie wieder gekommen; ich bin, mit meinem Zustande in Rom verglichen, eigentlich nachher nie wieder froh geworden.«

Ich erlaube mir, Herr Minister, Ihnen italienische Zeitungen vom September beizulegen, die auf halben Seiten – ›Corriere della Sera‹ oder ›La Stampa‹ – Goethes Ankunft in Oberitalien vor zwei Jahrhunderten zum Anlaß nehmen, ihre Genugtuung darüber auszusprechen, daß dieser Deutsche in ihrem Lande zu sich selber gefunden hat. Das italienische Fernsehen hat mehrfach in Oberitalien die Stätten gezeigt, die Goethe in seinem Journal erwähnt. Die Fondazione Giorgio Cini finanziert Wanderausstellungen, die von Sizilien bis Venedig, dort jetzt auf der Isola di San Giorgio, an Goethes Italien-Wallfahrt erinnern, auf die Italiener so stolz sind, als sei Goethe einer der Ihren. Wir Deutschen aber schließen das Museum, daß ein Glücksfall, kein Zufall, ausgerechnet in jenem Hause zu eröffnen erlaubt hatte, in dem Goethe gewohnt hat.

Ist es vorstellbar, Herr Minister, daß die Engländer an der Spanischen Treppe ihre Keats-Shelley-Gedenkstätte zumachen und jenen Raum nicht mehr als Museum pflegen und offen halten würden – fünftausend bis siebentausend Besucher pro Jahr – in dem am 23. Februar 1821 der sechsundzwanzigjährige Keats gestorben ist? Und Keats, bei allem Respekt, steht nicht im Zentrum der britischen wie Goethe in dem der deutschen Geistesgeschichte!

Die Leitung des Goethe-Instituts, ebenfalls in der Via del Corso, beklagt es denn auch, daß sehr viele Rom-Besucher, oft Ausländer, zu ihnen kommen, weil sie irrtümlich im Goethe-Institut das Goethe-Museum suchen. Seit November 1982 müssen sie abgewiesen werden mit dem doch höchst beschämenden Bescheid, man habe das Museum geschlossen.

Als man mir aufschloß, ließ ich mir auch den Raum zeigen, in dem jener Goethe-Kenner gewohnt hat, der sich jahrelang ehrenamtlich bereit gefunden hatte, hier zu wohnen. Vormittags vier Stunden und nachmittags drei Stunden lang führte er die Besucher durch die Räume – laut ›Frankfurter Allgemeine Zeitung‹ schon 1980 jährlich 3000 – und hielt dabei einen, wie überliefert wird, ausgezeichneten Vortrag über Goethe in Italien. Doch dieser alte Herr gab eines Tages auf (er ist inzwischen verstorben), vielleicht in dem sehr begründeten Gefühl, daß die ehrenamtliche Tätigkeit eine Zumutung sei. Kurios, daß bei uns niemand auf die Idee kommt, der Aufbau eines Museums sei auch eine Arbeit und – wie jede – ihres Lohnes wert! Warum kann eine solche Person, Frau oder Mann, nicht etwa die Bezüge und die Pension eines Studiendirektors erhalten, damit sie dieses Museum als ihre Lebensaufgabe betrachtet? Als Kennedys prominentester Reden-Schreiber, John K. Galbraith, um irgendeine ehrenamtliche Tätigkeit gebeten wurde, sagte er: »Nein, Herr Präsident, Ehrenamtliche erreichen nichts!« Kennedy begriff sofort und übertrug dem Harvard-Professor einen amtlichen Auftrag. Auch ein Museum baut kein Ehrenamtlicher auf!

Zunächst wäre ein Etat nötig, um das Haus zu möblieren. Denn die vom Freien Deutschen Hochstift beigesteuerten wenigen Bilder, die Bücher, vor allem die überwiegend nur in Kopien vorhandenen Ausstellungsstücke vermittelten, so interessant sie auch sind, nicht die Atmosphäre, die erst das Mobiliar des 18. Jahrhunderts herstellen kann. Es gibt natürlich Goethes Bett nicht mehr; Tischbein hat des Dichters und Ministers Ärger über »das verteufelte zweite Kissen« gezeichnet, das die Wirtin, die Frau des Kutschers Collina, beim Bettenmachen immer dorthin legte, wo Goethe es nicht haben wollte; diese Karikatur ist, wenn auch wiederum nur als Kopie, zu sehen. Desgleichen gibt es den

Stuhl nicht mehr, auf dem Goethe lesend von Tischbein gezeichnet wurde – so gegen die Wand gelehnt, daß zwei der vier Stuhlbeine in die Luft standen. Aber es gibt ja Möbel des 18. Jahrhunderts genug, auch in deutschen Museen, die an das römische Museum als Leihgaben gehen könnten. Jedenfalls gehören sie unbedingt als »Atmosphärilien« dazu, um die Goethe-Zeit anschaulich zu machen. Sonst ist hier – ein Glücksfall auch dies – noch vieles beim alten: so gegenüber diesem schönen Haus Nr. 18 mit dem Innenhof, das den Umbau des Jahres 1833 so überstanden hat, daß es noch das Haus Goethes *blieb,* der wohlerhaltene Palazzo Rondanini. Auf ihn mag Goethe geblickt haben, als Tischbein die berühmte Sepia-Zeichnung schuf: der in »Schlappen aus dem Fenster Schauende«.

Die Via del Corso, die vermutlich meistbesuchte Geschäftsstraße Roms, anderthalb Kilometer lang zwischen der sehr nahe am Goethe-Museum gelegenen Piazza del Popolo und der Piazza Venezia, ist auch nahe dem römischen Zentrum der Jugend aller Welt, der Spanischen Treppe: das Museum war also schlechthin ideal gelegen. Und wenn man heute die vor dreizehn Jahren gehaltenen Eröffnungsreden liest, muß man nicht auch an deren hohem Anspruch die Blamage messen, die die Schließung dieses Museums bedeutet?

Ihr Kulturattaché an der römischen Botschaft, Herr Minister, der Gesandte Dr. Minwegen, kann Ihnen Einzelheiten über den beabsichtigten Verkauf des Hauses am Corso Nr. 18 berichten: Es könnte geschehen, wenn nicht rasch die Goethe-Museums-Etage von Deutschen erworben wird, daß demnächst zum Beispiel ein Arzt oder Anwalt sie kauft und dort seine Praxis einrichtet. Das Haus steht, im Ganzen wie auch etagenweise, kurz vor dem Verkauf! Es ist keine Zeit zu verlieren.

Sie haben mir einmal gesagt, daß der mehr oder weniger stillschweigende Anspruch an den Außenminister, mit seiner Kulturabteilung auch den in Bonn fehlenden Kultusminister zu ersetzen, fast unerfüllbar sei, weil kaum Geld für die Kultur zu Ihrer Verfügung steht. Und ich bin auch überzeugt, daß Sie selbst gar nicht informiert sind über den Skandal, der der Anlaß meines Briefes ist. Erlauben Sie daher auch die Frage, warum nicht die

F.D.P., sofern das dem Auswärtigen Amt unmöglich ist, die Schirmherrschaft über das römische Goethe-Museum übernimmt? Die Partei will, wie ich höre, in Kürze auf dem Parteitag in Mainz ihr Kulturprogramm entscheidend erweitern. Wie wäre es, wenn sie dem Beispiel der SPD folgte, die für ihren Klassiker Karl Marx die Gedenkstätte in Trier ausgebaut hat und unterhält? Die dezidierte Unkirchlichkeit Goethes, seine Reserve gegenüber dem Christentum, ließe eine solche Frage an die CSU-CDU absurd erscheinen. Es würde Ihre Partei ehren, wenn sie die stillgelegte Goethe-Stätte in Rom in ihre Obhut und Pflege nähme und endlich wieder der Öffentlichkeit zugänglich machte!

Ihr Ihnen sehr ergebener

gez. Rolf Hochhuth

Mozart und das Ehepaar Hofdemel

> »... habe Beethoven gefragt:
> ›Hofdemel? Ist das nicht die Frau,
> welche die Geschichte mit Mozart
> gehabt hat?‹ ... und rundweg erklärt,
> vor dieser Frau werde er nicht spielen.«
>
> KARL CZERNY 1852 ZU OTTO JAHN.

I.

Ein Bettelbrief Mozarts – hier in Faksimile – vom 2. April 1789, ihm für seine Reise nach Berlin einhundert Gulden zu leihen, wurde im Marburger Auktionshaus Stargardt im Dezember 1970 weit unter Wert, sagt man heute, für DM 28 000 verkauft. Der Brief war an Mozarts Logenbruder, den Juristen Franz Hofdemel gerichtet, das Darlehen wurde gewährt. Wer war Hofdemel, dessen Selbstmord noch Wolfgang Hildesheimer in seiner sonst so umfassenden Mozart-Biographie bewußt aussparte?

Grillparzers Mahnung, niemand könne »die Berühmten verstehen, ohne die Obscuren an ihrer Seite durchgefühlt« zu haben, geht möglicherweise zurück auf dieses Hofdemel-Trauerspiel. Zwar war das schon im Jahr von Grillparzers Geburt ausgekämpft worden, nämlich einen Tag nach Mozarts Tod, am 6. Dezember 1791, blieb aber dennoch, einst Sensation gewesen, die sogar das Kaiserhaus schockiert hatte, unter den Intellektuellen Wiens im Gespräch, sooft von Mozarts Tod die Rede war, bis Grillparzer seinem Freunde Beethoven 1827 die Grabrede geschrieben hat, ja darüber hinaus: Noch 1841 wurde diese – im Wortsinne – mörderische Ehegeschichte auf Anregung des Fürsten Pückler-Muskau in der (heute harmlos zu lesenden) Novelle von Leopold Schefer: ›Mozart und seine Freundin‹ verbucht. (Schefer war einst ein gefeierter Epiker und Lyriker, dessen

Mozarts Bettelbrief an Hofdemel:
»*Ihre sache ist dem Ende sehr Nahe!*«

›Gesammelte Werke‹ in zwölf Bänden erschienen, die 1857 eine zweite Auflage erlebten.) Auf diese verschollene Novelle ging Wolfgang Goetz zurück, als er 1932 für die Inselbücherei seine Erzählung ›Franz Hofdemel‹ schrieb.

Jetzt wurde zum erstenmal dem Ehepaar Hofdemel ein Sachbuch gewidmet, typischerweise durch einen Briten, da die Engländer als Erfinder des Kriminalromans und der Geheimdienstgeschichte dem Biographischen besonders gern bis in seine Intimsphäre nachspüren, dorthin, wo es bekanntlich bei *jedermann* menschlich-allzumenschlich bis kriminell wird. So hat denn auch Carr im Seebad Brighton, noch vor der Drucklegung seines Buches: ›Mozart und Constanze‹ den »Fall«, den es darstellt, zunächst einem öffentlichen Tribunal ausgesetzt, das der Londoner Rundfunk als Hörspiel übertrug: Carr hat, bevor der alsbald weltberühmt gewordene ›Amadeus‹-Film noch gedreht war, die Zuschauer seines Spiels zu Geschworenen ernannt: Sie sollten die ihnen vorgelegten neuen und alten Fakten und Gerüchte um Mozarts Tod überprüfen, besonders die Kunde, der Komponist sei vergiftet worden, die ja immerhin zurückgeht auf eine verifizierte Äußerung Mozarts selber zu seiner Frau. Das Resultat, so berichtete 1983 der ›Spiegel‹: »Die Mehrheit in der Rolle der Geschworenen votierte für Mord; 60 verurteilten Hofdemel als Täter, 39 Süßmayr, 28 Salieri. Die Jury entschied weitgehend nach den Erkenntnissen von Francis Carr …«

Daß Carrs Buch ein dokumentarisch glaubhaft abgesicherter »Reißer« wurde, liegt also in der Natur oder Unnatur der Handlung, nicht an Carr, der zum erstenmal, seit Otto Jahn dies Mitte des vorigen Jahrhunderts getan hat, doch viel gründlicher als dieser frühe Mozart-Biograph, jenes »ganz Wien« alarmierende Drama im Hause Hofdemel am 6. Dezember 1791 rapportiert: Als die Pianistin Magdalene Hofdemel, bekannt auch als Mozarts »Lieblingsschülerin« – er widmete ihr sein »intimstes« Klavierkonzert (KV 595) – aus dem Stephansdom heimkam, wo der Trauergottesdienst für den gestern früh verstorbenen Mozart stattgefunden hatte, fiel ihr Mann mit einem Rasiermesser über sie her, um sie zu ermorden: sie war im fünften Monat … Das Geschrei, vor allem des einjährigen Kindes, scheint sie gerettet zu haben, jedenfalls scheuchte es Nachbarn auf, die einen Schlosser holten, der die Tür aus den Angeln heben mußte, um sie aufzubekommen. Hofdemel fanden sie erst, nachdem sie auch eine zweite Tür aufgebrochen hatten: Er lag, das Rasiermesser noch in der Hand, auf seinem Bett. Der Sechsunddreißigjährige hatte sich den Hals durchgeschnitten, nachdem ihm mißglückt war, auch seine Frau – wie dann sich – zu töten: Magdalena, bewußtlos, blutete aus zahllosen Schnitten in Hals, Brüsten, Armen, ja Gesicht. Zwei Ärzte mußten sie retten, sie blieb entstellt.

Carrs Folgerung: Statt über den Tod des Liebhabers seiner Frau erleichtert zu sein, machte Hofdemel deshalb den Mordversuch, weil er fürchtete, sie gebe bekannt, daß er Mozart vergiftet habe mit dem erst Monate nach der Einnahme wirkenden Aqua Tofana, das im 18. Jahrhundert von Giftmischern als spurlos geschätzt wurde: ein nicht »allzu auffälliges Gebräu aus weißgrauem Arsen, silberweißem Antimon und Bleioxid«. (Klaus Umbach, der auch die Mainzer und Düsseldorfer Ärzte Dieter Kerner und Aloys Greither – dieser auch Mozart-Biograph – zitiert, die 1956 und 1962 die Vergiftungsthese erneut untermauerten, aber noch nicht mit Hofdemels in Zusammenhang brachten und deshalb ihre Schlußfolgerung, Mozart sei offensichtlich vergiftet worden, selber wieder in Frage stellten: Wer hätte ein *Motiv* gehabt? Die Hofdemel-Affäre kalkulierten sie nicht ein.)

Mozart war im Haus Nr. 10 der ihm nahegelegenen Grünangergasse, dessen erste Etage die wohlhabenden Hofdemels bewohnten, häufig Gast gewesen, um zu musizieren, sicher auch, um zu speisen; vor allem aber um Magdalena Unterricht zu erteilen: Er pflegte seine sehr wenigen Schülerinnen – nie nahm er eine an, wird gesagt, ohne in sie verliebt zu sein – in *deren* Wohnung zu unterrichten. Der »Kanzlist der k.k. obersten Justizstelle«, so Hofdemels Titel, ließ zweifellos seine stadtberühmt *schöne* dreiundzwanzigjährige Gattin oft mit Mozart allein. Mozart hat anscheinend Hofdemels Aufnahme in die Freimaurerloge empfohlen, denn in seinem Brief um das Darlehen schreibt er, der bereits Logenbruder ist: »Nun werden wir uns bald mit einem schöneren Namen nennen können! Ihre Sache ist dem Ende sehr nahe!«

Ihre Sache, also die Aufnahme – ein Satz, der sich seit dem 6. Dezember 1791 dann höchst makaber liest. Der elegant wohnende, sich elegant kleidende Hofdemel, der fähig war, einem Grafen die Hälfte seines Barvermögens: nämlich viertausend Gulden zu leihen (sein Jahresgehalt betrug vierhundert Gulden), besaß ein wertvolles Klavier und mehrere Geigen, die er bei seinen Hauskonzerten mit Mozart selber spielte. Francis Carr druckt ein Gesuch Magdalenas an den Wiener Stadtmagistrat ab, aus dem hervorgeht, daß Hofdemel – dies die erste öffentliche Verfälschung, die mit den Umständen um Mozarts Tod systematisch betrieben wurde – sich nicht am 10. Dezember, wie Zeitungen berichtet hatten, sondern am 6. das Leben genommen hat. Magdalenas Gesuch, aus der – offensichtlich konfiszierten – Erbmasse des Selbstmörders, ihr 327 Gulden auszuhändigen, um ihre Ärzte zahlen zu können und auch die Handwerker, die bemüht waren, die von dem mörderisch Rasenden demolierte Wohnung wieder instandzusetzen, wurde mit 560 Gulden sehr großzügig und sofort bewilligt. Die Preßburger Zeitung meldete am 21. Dezember, sogar Ihre Majestät die Kaiserin trete für die Witwe des Selbstmörders ein, die jetzt nach Brünn zu ihrem Vater ging, um dort ihr zweites Kind zur Welt zu bringen: am 10. Mai 1792. Ein Sohn, der vor dem August 1804 gestorben sein muß. Magdalena verließ offensichtlich Wien, um neugierigen Journalisten zu entkommen, denn sogar der Kaiser war »erzürnt« über die Tragödie. Offensichtlich war er von Magdalenas und Mozarts Schuld – nicht von der Hofdemels überzeugt, sonst wäre es der Witwe des Selbstmörders nicht geglückt, dessen Leichnam die sonst übliche Mißhandlung zu ersparen: Sie setzte durch, daß Hofdemel am 10. Dezember ein Grab bekam – statt wie Selbstmörder sonst in eine Rinderhaut eingenäht und vom Henker in einer unbezeichneten Grube versenkt zu werden.

Wie sehr die ganze Monarchie Anteil nahm an der Hofdemel-Tragödie – und diese Hofdemels waren natürlich nur bekannt, weil ihr Schicksal mit dem Mozarts verknüpft war, anders hätte man gar nicht gewußt, wer sie waren –, das macht Carr deutlich durch Zeitungsberichte, die er auffand. So schreibt zwei Monate nach der Tat die ›Grätzer Zeitung‹, am 9. Februar 1792:

»Die durch ihren plötzlich rasend gewordenen Ehemann so sehr
mißhandelte Frau Hofdemel ist nun durch die Geschicklichkeit
und den rastlosen Fleiß der Herren Aerzte Peter Roßmann und
Günther schon so weit hergestellt, daß sie ihren Dank den höchsten und hohen Herrschaften persönlich abstatten kann. Wie
sehr das Schicksal dieser Unglücklichen das Mitleid beinahe aller
Bewohner Wiens erregt, wie sehr Jeder theil an ihrem Leiden
nahm, ist zu bekannt, als daß ich hiervon einige Meldung
machen sollte. Unsere große Kaiserin ließ sich genau um das
Befinden erkundigen, ihr Trost zusprechen und ihre Schmerzen
›durch die gnädigste Verheißung lindern, daß die Monarchin
Sorge für ihr künftiges Schicksal tragen werde‹. Viele erhabene Menschenfreundinnen wetteiferten, die Unglückliche zu
trösten und ihre Schmerzen zu lindern. Unter diesen glänzen
vorzüglich die Gräfin von Stahrenberg und die Gräfin von Cho-
teck [...].«
(Die berühmten Starhembergs wurden in der Zeitung falsch
geschrieben.)

Da Magdalena wohlhabend war und kunstliebend und bekannt
für ihre Schönheit, so ist es unwahrscheinlich, daß sie sich nie
malen ließ. Carr vermutet, da es kein Bild gibt, man habe es
ebenso verschwinden lassen, wie schon Nissen — Constanzes
zweiter Mann — jede Hofdemel-Spur in seiner Mozart-Biographie ausließ ...
    Natürlich folgert Carr keineswegs allein aus dem Drama in
der Grünangergasse, daß Mozart vergiftet worden ist, sondern
unterbaut seinen — sehr überzeugenden — Krimi durch zahllose
Fakten, die nicht als Gerede und Gerüchte abgetan werden können und die mindestens Beweise *ex silentio* sind; tatsächlich
kann ja ein nur auf Verabredung mögliches beharrliches Schweigen so vieler zu einer an sich durchaus nicht zu verschweigenden
Tatsache sehr viel-»sagend« sein! Das Sterben des noch sehr
jungen Höchstberühmten der Monarchie, ja Europas, dessen
›Zauberflöte‹ soeben in Wien dauernd ein sehr volles Haus
machte: Warum wurde es wie eine Schande subcutan versteckt,
statt — »im Beerdigen sind die Wiener groß«, heißt es doch sonst

– von der Öffentlichkeit behandelt zu werden wie der Tod eines Meisters oder Fürsten?

Doch nicht nur Beweise ex silentio, sondern auch zwei unumstößliche Aussagen liegen vor, die mindestens sehr anhörenswert sind: Erstens hat Mozart zweimal zu Constanze gesagt, er werde bald sterben, man habe ihm Aqua Tofana gegeben. Constanze, die sonst bis zu ihrem Tode (Salzburg 6. März 1842) kein einziges Wort über Mozarts Sterben und Beisetzung verliert, so wenig wie die beiden berühmten Ärzte an seinem Sterbebett, hat doch diese Äußerung Mozarts ihrem zweiten Mann, dem dänischen Etatsrat Nissen, für dessen Mozart-Biographie angegeben. Und hat sie auch 1829 den beiden Novellos – englischer Musikverleger und Frau – überliefert, die drei Tage bei ihr waren, um *sonst nichts* zu erfahren, obgleich Zweck ihrer Reise nach Salzburg und Wien es gewesen ist, ein Mozartbuch zu schreiben.

Zweitens hat Constanze ausgesagt, Mozart sei ihr nicht treu gewesen: sicher auch eine Selbstrechtfertigung, da sie in Baden oft Monate mit Mozarts Schüler und Vertrautem Süßmayr lebte, von dem sie vermutlich – so folgerte man aus Mozarts Reiseterminen – auch ihren zweiten Sohn hatte. Carr vermutet, weil Constanze später den Namen Süßmayr in Briefen tilgte und sich zunächst weigerte, Mozarts letzten Wunsch zu erfüllen: Süßmayr solle sein ›Requiem‹ zu Ende schreiben, daß ihr Süßmayr die Ehe versprochen hat, aber sich nach Mozarts Tod davonmachte. Auch er, anwesend im Sterbezimmer, schwieg vollkommen über die Todesursache. Ist die Folgerung erlaubt, daß Mozart beim Sterben wiederholt hat, was er im Sommer im Prater zu seiner Frau sagte: man habe ihn vergiftet? Oder daß vielleicht die zwei Ärzte das *gesehen* haben – und deshalb für immer schwiegen, außerhalb des Sterbehauses? An sich wird ja die letzte Krankheit eines so Berühmten nicht mit Schweigen übergangen. Bereits am 31. Dezember 1791 berichtete das ›Berliner Musikalische Wochenblatt‹: »Weil sein Körper nach dem Tode schwoll, glaubt man sogar, daß er vergiftet worden« ... Wenn auch die Ärzte das gesehen – und deshalb ein Schweigen vereinbart hätten, das nur auf Vereinbarung so strikt von allen eingehalten worden sein *kann?* Wollte man, als am nächsten Tag

Hofdemel versuchte, Magdalena zu ermorden, keinesfalls zulassen – aber das war dann doch nicht zu verhindern –, daß dessen Raserei in einen Zusammenhang mit Mozart gebracht wurde? Carr belegt sogar: Mozarts Tod wurde den Wienern erst bekanntgegeben, als seine Leiche schon verschwunden war. Warum?

II.

Magdalena und Franz Hofdemel, außer dem Ehepaar Mozart selber, das den Titel des Buches abgibt, sind im Register der Carr-Untersuchung die meistgenannten Personen. Vorgearbeitet hat ihm der bis heute meistzitierte aller Mozart-Biographen Otto Jahn, der grundlegend war: schrieb er doch so zeitig, daß er einige wenige Mozart-Zeitgenossen noch selber befragen konnte; viele Beethoven-Zeugen ohnehin. So unersetzt durch neue Biographien ist seine hundertdreißig Jahre alte über Mozart, daß Breitkopf & Härtel in Leipzig diese (jetzt) zwei Bände Jahns samt Registerband vor einigen Jahren neu gedruckt haben. Wie Otto Jahn, den Carr dankbar als seinen Kronzeugen nennt, dieses heikelste aller Mozart-Kapitel aufgreift, dann angewidert, ja entsetzt fallen läßt, weil es die »lichte« Gestalt seines Helden gar zu befleckt zeigt, nämlich nicht nur als Ehebrecher, sondern als einer, der einen Freund in den Tod trieb; wie Jahn in der zweiten Auflage seiner Biographie Hofdemels Ende »natürlich« streicht, das er in der ersten von 1856 rapportiert hat; wie er es endlich *doch* wieder, aus Gewissensgründen, der Nachwelt überliefert – das ist sehr komisch, schon in dem verumständlichenden Felix Krull-Stil, mit dem er begründet, warum er diese schauerliche Moritat denn doch zu überliefern, Gott sei's geklagt, für leider unabdingbar hält:

»Die schwerste Aufgabe erwächst dem Biographen durch seine Pflicht die Wahrheit zu sagen, und zwar wie der geschworene Zeuge nichts als die Wahrheit und die volle Wahrheit zu sagen. Ich habe dabei nicht die Schwierigkeiten im Sinne, welche das wissenschaftliche Erforschen und Feststellen des Factischen

darbietet, sondern die Noth, in welche einen gewissenhaften Biographen die Entscheidung versetzt, welche er über das treffen
muß, was er mitzutheilen oder zu verschweigen hat.

Die Entscheidung wird namentlich erschwert, wenn auch die
Discretion ins Spiel kommt, die man, wie sie im Lebensverkehr
unter gebildeten Menschen in Beziehung auf das Privatleben und
manche Seiten des Charakters für eine Pflicht des Anstands gilt,
sicherlich auch großen Menschen schuldig ist, wenn diese gleich
durch ihre Leistungen zu öffentlichen Personen geworden sind.

Wahrhaft beunruhigt aber hat mich die tragische Erzählung
von dem auf Mozart eifersüchtigen Ehemann, der sich selbst
entleibte, nachdem er seine Frau verwundet hatte. Lange und
ernstlich habe ich geschwankt, ob ich sie mittheilen sollte, und
mich schließlich dazu verpflichtet gehalten, obwohl ich sie nicht
völlig ins Klare zu setzen vermochte ...«

Marx hat allzu freundlich formuliert: »Das Sein bestimmt das
Bewußtsein« – er hätte mindestens im Hinblick auf Historiker
und Biographen sagen müssen: es *beschränkt* das Bewußtsein!
Für einen Mann des Biedermeier war es schlechthin *unvorstellbar,* das Lebensende »seines« göttlichen Mozarts mit dieser
Mord- und Selbstmord-Geschichte zu beflecken. Wie fürchterlich Jahn verspießert und also wie blind er war für die Erotik
überhaupt und wie erst für die seiner Idealfigur, das erhellt einer
seiner Essays über den Roman der Antike, deren »Anstößigkei-
ten« ihm eine Pein waren, so daß Jahn für nötig hält, in einer
Fußnote anzubringen, auch heute noch – geschrieben 1848 –
werde, nicht anders als im Hellenismus, »weder die Reinheit der
Sitten noch des Geschmacks garantiert«, wenn Leser »aus höheren Regionen« ihre Lektüre auswählen. Jahns »Beweis«: Ein
deutscher Fürst sei auf einer Reise von einem Buchhändler dabei
ertappt worden, wie er Casanova las! Das fand Jahn derart
abscheulich, daß er seinen Essay: ›Eine antike Dorfgeschichte‹
mit diesem Quatsch als Fußnote belastet hat ...

Folglich: die Grenzen des Biographen sind allemal als die
Grenzen der Wahrheit zu markieren, so daß denn auch Jahn
1863 »folgert«, Hofdemels Mordversuch an Magdalena könne

schon deshalb mit Mozart nichts zu tun haben, obgleich »man damals wenigstens in gewissen Kreisen die Begebenheit so aufgefaßt und besprochen habe«, weil sie erst – das druckt Jahn gesperrt – »»*fünf Tage* nach *Mozarts Tode begangen ist*«! Abgesehen davon, daß Jahn hier auf die – zweifellos vorsätzliche – Fälschung von Hofdemels Sterbedatum hereinfallen *möchte,* denn er selber hat ja drucken lassen, daß Constanze schon am 11. Dezember beim Kaiser zur Audienz drängte, um ihn zu beschwichtigen: Abgesehen davon, was würde an den Fakten verändert, hätte Hofdemel seine Untat nicht sofort nach der Totenfeier, sondern erst fünf Tage später begangen? Nichts.

Doch Jahn zieht es vor, Hofdemels Beerdigungstag mit dem des Selbstmords zu »verwechseln«. *Alle* Menschen neigen dazu, nicht zu glauben, was sie denken, sondern zu denken, was sie glauben *möchten,* weil der Intellekt die Magd des Willens ist, wie Schopenhauer sachlich feststellt. Und Jahn *will* an die übermenschliche Engelhaftigkeit Mozarts glauben. So daß er schon sechs Jahre nach Erscheinen seiner damals vierbändigen Mozart-Biographie, die zum Zentenarium veröffentlicht worden war, diese ihm so abscheuliche Hofdemel-Geschichte viel abschwächender in seinem ›Mozart-Paralipomenon‹ erzählt als 1856 in der Biographie. Dort hat er sie nun in der zweiten Auflage überhaupt gestrichen, will aber als um Ehrlichkeit bemühter Wissenschaftler sich nicht des gänzlichen Wegfälschens schuldig machen, so daß er sie in der ›Allgemeinen Musik Zeitung‹ 1863 festhält, um sie dann drei Jahre später in seinen ›Gesammelten Aufsätzen über Musik‹ zu verbuchen. Hatte er in der ersten Auflage der Biographie aufgrund seiner Forschungen in Wien, wenn auch widerwillig, doch klipp und klar schreiben müssen:

»In dieser Lage beschloß Constanze, die Großmut des Kaisers anzurufen. Dabei galt es zuerst einem verleumderischen Gerücht von Mozarts angeblichen Ausschweifungen entgegenzutreten, die ihn in eine Schuldenlast von 3000 fl. gestürzt hätten. Es handelte sich dabei besonders um eine Eifersuchtstragödie, die sich am 10. Dez. 1791 im Hause des Kanzlisten *Franz Hofdemel* abgespielt hatte und mit der Mozarts Name in Verbindung gebracht wurde. Constanze erhielt diese Kunde von einer Schülerin Mozarts und zugleich den Rat, den erzürnten Kaiser in einer Audienz über die Haltlosigkeit jener Gerüchte aufzuklären. So übergab sie ihr Gesuch am 11. Dezember dem Kaiser persönlich und wies darauf hin, daß ihr Gatte sich jene Verleumdungen allein durch sein Talent zugezogen habe. Neider und Feinde hätten seine Schulden verzehnfacht, mit 1000 (Gulden) könnte sie alle Forderungen befriedigen; auch seien diese Schulden nicht leichtsinnig gemacht, sondern eine Folge ihrer gedrückten Vermögenslage sowie häufiger Krankheiten und Kindbetten gewesen. Leopold II. ließ sich umstimmen und forderte sie auf, ein Konzert zu geben, an dem er sich so großmütig beteiligte, daß sie ihre Schulden bezahlen konnte. Ihr Pensionsgesuch aber wurde, da Leopold am 1. März 1792 starb, von seinem Nachfolger Franz II. auf die Fürsprache des Fürsten Starhemberg genehmigt. Sie erhielt 266 fl. 40 kr. jährlich.«

Sechs Jahre nach diesen Zeilen in der ersten Auflage der Biographie würde nun Jahn in seinem ›Mozart-Paralipomenon‹ von 1862 am liebsten überhaupt jeden Zusammenhang zwischen Hofdemels Mordversuch und Selbstmord – und Mozarts Tod ableugnen. Er geniert sich nicht zu »folgern«: »Mir ist es eine wahre Erleichterung, daß die Vermuthung, welche sich mir aufgedrängt hatte, die Schatten dieses tragischen Ereignisses möchten Mozarts letzte Lebenszeit verdüstert haben, sich als ganz unbegründet erwiesen hat!« Grotesker Selbstbetrug, denn Jahn *weiß*, daß Mozart Constanze zweimal – beim zweiten Mal unter Tränen – versichert hat, man habe ihm Gift gegeben, er werde sterben müssen. Jahn *weiß* – und das muß er, wie hier schon zitiert, auch in diesem Essay von 1863 noch zugeben, daß »man damals wenigstens in gewissen Kreisen die Begebenheit so aufgefaßt und besprochen habe«, nämlich sogar der »erzürnte Kaiser«, den zuerst zu beschwichtigen Constanze sich beeilt hatte. Am erstaunlichsten: wie Jahn, der ja am Datum von Constanzes Audienz bei Leopold gar nicht zweifeln kann, später nur zu gern glaubt, weil er das glauben *will*, die Hofdemel-Mordgeschichte sei erst am 10. Dezember passiert! Aber da ja Constanze, ausdrücklich um den »erzürnten Kaiser« zu beschwichtigen, bereits am 11. Dezember bei ihm gewesen ist: so müßten – absurd –

Gerüchte und Zorn des Kaisers um Hofdemel schon aufgekom-
men sein, als der noch lebte – wäre er, wie Jahn jetzt glauben
möchte, am 10. zur Untat geschritten. Tatsächlich aber geschah
das am 6., als Magdalena – vielleicht mit ihrem Mann gemeinsam, denn einige ungenannte Logenbrüder waren mit im Stephansdom – von der Totenfeier heimkam ... Am 10. wurde
Hofdemel bereits beerdigt.

»Unser Gewissen«, sagte ernüchtert Burckhardt, »ist zeitlich
bedingt.« Jahns Gewissen hieß ihn in Übereinstimmung mit der
Queen Victoria-Heuchelei des Zeitalters alles abzuleugnen, was
nicht »schicklich« war. So haben die Novellos zum Beispiel 1829
die Hofdemel-Tragödie nicht aufgeschrieben, die vermutlich
jener Klavierbauer Streicher in Wien ihnen berichtet hat, der
zehn Jahre zuvor für sich und Schiller die Flucht aus der Stuttgarter Karlsschule organisiert hatte. Streicher erzählte den Briten,
was sie nicht hören wollten, weil es nicht schicklich war. So daß
sie, statt diese Quelle ersten Ranges sprechen zu lassen, in ihrem
Buch sie abtun, in diesem Stil, mit dieser Borniertheit:

»Bei Streicher zum Essen, er ist einer der hervorragendsten
Wiener Klavierbauer. Er war mit Mozart in seinen letzten Jahren
bekannt und gab Mozarts jüngstem Sohn die ersten Klavierstunden. Streichers Ansichten über die Witwe sind nicht so positiv,
wie ich es gern hören würde. Aber da er nicht sehr viel über
dieses – offenbar unangenehme – Thema sagte, fühle ich mich
nicht berechtigt, auch nur ein Wort von dem, was gesagt wurde,
zu wiederholen. Selbstverständlich werde ich mich immer zu ver-
gewissern versuchen und treulich berichten, soweit es sich um
allgemein interessierende Themen handelt; Privatangelegenheiten und Gerede, womit die Welt nichts weiter zu schaffen hat,
bin ich keineswegs geneigt in Erfahrung zu bringen oder weiter-
zugeben.«

Ein Biograph, der »Privatangelegenheiten« – als gäbe es die
bei einem Genie wie Mozart! – nicht einmal »in Erfahrung zu
bringen« wünscht! Grotesk. Hundert Jahre später schrieb sein
Landsmann Churchill in seinem Clemenceau-Essay – und berief
sich dabei auf Cromwell, der einen Maler angeherrscht hatte: Er
zahle ihm keinen Penny, wenn er die Warzen aus seinem Gesicht

weglasse –, daß bei Menschen, die Geschichte gemacht hätten, überhaupt nichts kaschiert werden dürfe ... Doch Novello war einer jener »Biographen« – solche gibt es immer –, die deshalb ihre Bücher um das Mitteilenswerteste bringen, weil sie in bornierter Übereinstimmung mit dem Zeitgeist vorsortieren nach *moralischen* Maßstäben, die freilich mit jeder Zeit *wechseln*, jedoch von geistig kleinen Leuten gehorsamst als zeitlos mißverstanden werden. Ihre Maxime ist immer gleich: Was nicht sein darf – *kann* (im Leben ihres Helden) nicht gewesen sein! Und im Biedermeier war diese Hofdemel-Tragödie so unpassend, wie sie zu keiner Epoche sonst gewesen wäre. Wieder drängt sich da als leider unentbehrlich die schlaueste aller Einsichten Nietzsches auf: Irrsinn sei bei einzelnen höchst selten – jedoch in Völkern und Zeitaltern *die Regel!*

Hinzuzusetzen bleibt: Dieser Irrsinn ist zeitlos und quantitativ gleich – wechselt aber die Erscheinungsform. Und im Biedermeier war die herrschende Geisteskrankheit das Gebot, das *unbedingte* Gebot, alles erotisch »Unschickliche« wegzuleugnen als nicht existierend. Ein Genie nur konnte damals so frei sein, ehrlich festzustellen wie Balzac: »Der Ruhm hat keine *weißen* Flügel!« Doch Jahn war kein Genie, sondern fleißigster Durchschnitt. So wenig genial wie die beiden Novellos, deren Landsmann Ruskin – nicht irgendein kunstfremder Idiot, sondern der Poeta laureatus der Nation – in dieser Epoche, die er mit dieser Untat schauerlich *genau* charakterisiert, deshalb als Nachlaßverwalter die Skizzenbücher des größten Malers seines Volkes, Turners, verbrannte, weil die Aktzeichnungen enthielten! So wie zu dieser Zeit Angehörige Büchners oder seine Braut das Tagebuch und Aretino-Drama verbrannten ... Wie hätte in einer solchen Epoche Mr. Novello in einem Mozartbuch, das er alsbald herausbrachte, über Hofdemels berichten *können?* So erwähnt er die Hofdemels gar nicht, sondern gibt nur das Harmlose wieder, das seine Gattin und er, soweit schicklich, aufgeschrieben hatten in Salzburg und Wien: »Heute zum Essen bei Streicher ... Er ging ziemlich streng mit Mme. Mozart ins Gericht und wollte nicht, daß sein Name im Zusammenhang mit bestimmten Dingen erwähnt würde, die er Vin erzählt hatte und die vielleicht ihre Gefühle verletzt haben könnten. – Streicher war sehr mitteilsam – er sagt, es sei Madames Schuld, daß für Mozart kein Grabstein errichtet worden sei, aber den Beweis dafür kann er nicht antreten.« Vincent Novello bemerkte: »Mozarts Grabstein ist ein heikles Thema bei Streicher und allen anderen, die Geschmack und Gefühl haben – soweit ich sie getroffen habe.«

Otto Jahns Verdrängungen sind um so mehr unter dem Diktat seines Zeitalters, das den Triumph des Spießbürgertums in der Geschichte markiert, erfolgt, als der große Mommsen, der Otto Jahn im September 1869 den Nekrolog schrieb, besonders Jahns »Wahrheitsforschung« feiert: »Wahrhaftigkeit war der Kern und Grund seines Wesens«, bestätigt Mommsen dem nur fünfundfünfzig gewordenen Kollegen, der noch Universalhistoriker war, »worin vielleicht keiner«, schreibt Mommsen, »der mit ihm Lebenden mit ihm Schritt gehalten hat.« Jahn hatte, Professor in Leipzig und Bonn, und vermutlich, weil er seinen Aufenthalt eigens hervorhebt, 1852 zum erstenmal in Wien, in diesem Jahr durch Beethovens Schüler Karl Czerny die Hofdemel-Moritat vernommen. Czerny, schreibt Jahn, »äußerte sein Erstaunen, daß sie mir unbekannt geblieben ... sie sei in früheren Jahren in Wien ganz bekannt gewesen«.

Czerny, der ihm »aus seinem langjährigen Verkehr mit Beethoven« auch erzählte, dessen »ganz außerordentliches Phantasieren ... gehe denn doch noch über Mozart«, nannte als Zeugin »die begeisterte Schülerin und Freundin Mozarts, Frau Hofdemel ... Es habe übrigens Mühe gekostet, daß ihr Beethoven etwas vorgespielt habe. Sie sei nach Wien zu Besuch gekommen und habe bei Czernys Eltern gewohnt, und als sie den dringenden Wunsch geäußert, Beethoven zu hören ... habe Beethoven gefragt: ›Hofdemel? Ist das nicht die Frau, welche die Geschichte mit Mozart gehabt hat?‹ ... und rundweg erklärt, vor dieser Frau werde er nicht spielen; auch sei es erst später durch vieles Zureden gelungen, ihn dazu zu bringen, daß die Frau ihn besuchen durfte, wo er dann auch phantasiert habe ...«

»Czerny«, schreibt Jahn, »bestätigte, in seiner Jugend im Elternhaus die Witwe Hofdemel, die nach Mozarts und ihres Mannes Tod nach Brünn gezogen sei – dort war ihr Vater

Kapellmeister an St. Peter –, oft gesehen zu haben«; sie logierte, besuchte sie Wien, bei Czernys. Da sie, einst »durch Schnitte in Hals und Brust gefährlich verwundet« worden war, trug sie zeitlebens »ein auf eigene Art gebundenes Tuch«, um die »sie entstellenden Narben am Halse ... zu verdecken«. Da immerhin fast sechzig Jahre verstrichen waren seit Hofdemels Mordversuch und Selbstmord, als Otto Jahn davon erfuhr, bemühte er jetzt »meinen verehrten Freund *Köchel*« – in der Registratur des Landgerichts nachzuforschen, wo Herr von Köchel fündig wurde. Carr druckt Magdalenas Eingabe vom 17. März 92 an den Magistrat ab, im Original. Jahn druckt und kommentiert – falsch – nur Teile des heute im Wiener Staatsarchiv befindlichen Schreibens, das detailliert bis zu den Arzt- und Handwerker-Rechnungen die Tragödie vom 6. Dezember und ihre Folgen festhält ...

III.

Carrs Forschungen, was immer man davon annimmt oder ablehnt, erlauben jedenfalls zum erstenmal den Versuch – jeder Mozartbiograph bisher hat *das* vergebens versucht –, Konstanzes Verhalten seit dem Todestag am 5. Dezember zu begreifen. Wird auch noch jetzt keiner entschuldigen, daß sie in barbarischer Kälte sogar die Bitte Joseph Deiners in den Wind schlug, ihrem Mann wenigstens ein Holzkreuz zu setzen, um kenntlich zu machen, wo er liege – so war doch bisher ohne die Hofdemel-Moritat der Sinneswandel Constanzes überhaupt nicht nachzuvollziehen. Nicht nur Carr belegt, indem er über Begräbnisse anderer Komponisten spricht, die wesentlich weniger berühmt gewesen sind als Mozart, wie total *abnorm* Constanzes Verhalten war, sondern auch Goethe in ›Wahlverwandtschaften‹ beweist, daß der Zeitgeist damals eine intimste Beziehung Angehöriger zu Gräbern bewirkt hat, ganz unabhängig davon, wie wo welche Friedhofs-»Ordnung« auch um 1800 beschaffen gewesen sein mag. Constanzes geradezu *widernatürliches* Verhalten, es muß gemessen werden an dieser zeitgenössischen Einstellung zu Gräbern:

»Dem Geringsten wie dem Höchsten ist daran gelegen, den Ort zu bezeichnen, der die Seinigen aufbewahrt. Dem ärmsten Landmann, der ein Kind begräbt, ist es eine Art von Trost, ein schwaches hölzernes Kreuz auf das Grab zu stellen, es mit einem Kranze zu zieren, um wenigstens das Andenken so lange zu erhalten, als der Schmerz währt, wenn auch ein solches Merkzeichen, wie die Trauer selbst, durch die Zeit aufgehoben wird. Wohlhabende verwandeln diese Kreuze in eiserne, befestigen und schützen sie auf mancherlei Weise und hier ist schon Dauer für mehrere Jahre. Doch weil auch diese endlich sinken und unscheinbar werden, so haben Begüterte nichts Angelegeneres als einen Stein aufzurichten, der für mehrere Generationen zu dauern verspricht und von den Nachkommen erneut und aufgefrischt werden kann. Aber dieser Stein ist es nicht, der uns anzieht, sondern das darunter Erhaltene, das daneben der Erde Vertraute. Es ist nicht sowohl vom Andenken die Rede, als von der Person selbst, nicht von der Erinnerung, sondern von der Gegenwart. Ein geliebtes Abgeschiedenes umarme ich weit eher und inniger im Grabhügel als im Denkmal; denn dieses ist für sich eigentlich nur wenig; aber um dasselbe her sollen sich wie um einen Markstein Gatten, Verwandte, Freunde selbst nach ihrem Hinscheiden noch versammeln und der Lebende soll das Recht behalten, Fremde und Mißwollende auch von der Seite seiner geliebten Ruhenden abzuweisen und zu entfernen.«

Carr weist denn auch nach, daß Baron Swieten zunächst genau im Geiste dieses Goethe-Wortes gehandelt hat: Er bestellte eine Beisetzung für acht Gulden und 56 Kreuzer: drei Gulden kostete ein Sarg. Daß jedoch Mozart dann in eine nicht bezeichnete Grube kam, was kostenlos war. Warum? Absurd anzunehmen, die adligen Freunde und reichen Freimaurer, unter ihnen Hofdemel, hätten nicht die acht Gulden aufgebracht. Noch absurder, Constanze, die sechs Tage später die Audienz beim Kaiser *wohlhabend* verließ – ihr Mann hatte tausend Gulden Schulden hinterlassen, der Kaiser ihr dreitausend gegeben und Pension versprochen –, würde nicht fähig gewesen sein, mehr als ein Holzkreuz: ein Denkmal zu kaufen; doch sie kaufte nicht einmal das Holzkreuz! (Wenn ein hoher Jurist im Ministerium um

400 Gulden im Jahr verdiente, so hat der Kaiser der Witwe siebeneinhalb stattliche Jahresgehälter geschenkt, samt der Pensionszusage; so viel – und hätte für ein Holzkreuz nicht *gereicht*? Es bleibt als einzig mögliche Folgerung: Mozarts Grab *sollte* nicht auffindbar sein.) Mit einem Satz: Im Sterbezimmer muß sich Constanzes Sinneswandel vollzogen haben oder spätestens am nächsten Tag, als Hofdemel versuchte, Magdalena zu ermorden.

Hatten etwa die beiden sehr bekannten Ärzte *gesehen,* daß Mozart tatsächlich an Gift starb: oder warum schwiegen sie zeitlebens? Hatte Mozart selber diese, seine mehrfach ausgesprochene Überzeugung wiederholt und vielleicht sogar angegeben, daß er Hofdemel für den Täter hielt oder sich für den Vater des Kindes, das Magdalena dann im Mai zur Welt brachte? Reagierte Constanze deshalb so mitleidlos, weil sie sich selbst kaum freisprechen konnte von dem Verdacht, ihr im Sommer geborenes Kind sei von Süßmayr, den sie unbedingt nach Prag hatte mitnehmen müssen, als sie mit Mozart dorthin gereist war? Wie groß war wohl ihre Verbitterung, daß Mozart die wahrhaft königliche Pfründe *ausschlug,* die Friedrich Wilhelm II. von Preußen ihm angetragen hatte? Immer in Geldsorgen – nur weil Mozart offensichtlich einer Frau wegen Wien nicht verlassen und nach Potsdam gehen wollte? Carr folgert, nur deshalb könne von dem geplanten Einzelgrab abgeraten worden sein, weil man – des Giftes wegen – eine Obduktion habe vermeiden wollen; wenn das wahr ist – nie wird das aufgeklärt werden, es sei denn, es fänden sich noch Aufzeichnungen von Zeitgenossen –, so wäre tatsächlich die logische Konsequenz nach Hofdemels Selbstmord: auch das vom Kellner Joseph Deiner vorgeschlagene Holzkreuz nicht zu setzen, um zu verhindern, daß später noch eine Exhumierung erfolgen könne.

Unbestreitbar: Nie ist ein Berühmter – und Mozart war schon 1791 berühmter als jeder andere Österreicher außer dem Kaiser – derart versteckt beerdigt worden wie dieser Mann, der so populär war, daß sofort nach der mit einem Tag Verspätung am 7. Dezember in der Zeitung gemeldeten Todesnachricht die Mitbürger sich vor dem Sterbehaus versammelten, aus dem freilich der Leichnam längst mit unbekanntem Bestimmungsort wegge-räumt worden war wie eine Pestleiche. Obgleich der Nachruf in höchst ehrenden Worten gehalten war, die keinen Zweifel zulas-sen: Wien *wußte*, daß ein Genie ohne Beispiel gestorben war! Auch Sophies langer Bericht über sein Sterben enthält keine Silbe über Ursache und Grab. Constanze hatte mit ihm eine tolerante Ehe geführt: im Geiste der Aufklärung, der fünfzig Jahre später, ja schon im Biedermeier den Biographen Mozarts nur noch pein-lich war; so anrüchig war ihre Ehe, daß Sophie in der Sterbe-nacht einen Pfarrer vergebens anflehte zu kommen.

Die Mozarts konnten es zwar miteinander kaum aushalten, daher sie getrennt lebten in den letzten zwei Jahren, mehr oder weniger; sie konnten es aber auch ohne einander kaum aushal-ten: so daß er ihr oft (und offensichtlich sie auch ihm) die sinn-lichsten Briefe schrieb. Sie wird gewußt haben – einige seiner sehr eifersüchtigen Briefe, sogar die Mahnung, „den Schein" zu wahren, sind erhalten, obgleich Carr vermutete, Constanze habe viele vernichtet – sie wird gewußt haben, daß er sie, die mit Süßmayr lebte, nicht für treu hielt; so wie er gewußt haben muß, daß sie ihn nicht für treu halten konnte. Dennoch liebten sie einander.

Aber ein Ereignis, das wir nicht kennen, unmittelbar vor oder nach Mozarts Tod, könnte allein erklären, warum Constanze sogar noch darüber Erleichterung äußerte, daß sie eines Tages die Totenmaske Mozarts so hat hinfallen lassen, daß man die Trümmer ebenso wegschmeißen konnte, wie man einst den Leichnam spurlos beseitigt hat. Drei Frauen immerhin, wie bei Jesus, unter ihnen bestimmt Magdalena und die Schwägerin Sophie, aber bestimmt nicht Constanze, haben ihn ein Stück Weges geleitet.

Melvilles Moby Dick

> »Wahrhaftig, dieses Buch könnte
> Ahab geschrieben haben.«
> CESARE PAVESE.

I.

Erst neunzig Jahre nach Melvilles Tod, am 17. Februar 1981, berichtete die ›New York Herald Tribune‹, die europäische Ausgabe der ›New York Times‹, den Europäern unter dem Titel: »›Moby Dick‹ durch Unfall inspiriert«, daß kürzlich auf dem Speicher eines Hauses der ungedruckte Erfahrungsbericht eines – durch Not nach Schiffbruch auch an Kannibalismus beteiligten – Walfang-Matrosen aufgefunden wurde, der an Bord der ›Essex‹ gearbeitet hat, als das Schiff am 20. November 1820 durch einen Wal versenkt worden ist. Die Zeitung schreibt:

LANG-VERSCHOLLENE ERZÄHLUNG ERINNERT AN
SCHIFFBRUCH DURCH WAL.

»Nantucket, Mass. – Das Kentern des Walfangschiffes ›Essex‹ durch einen Pottwal, der das Schiff rammte und so die zwanzigköpfige Besatzung dazu zwang, mit Rettungsbooten auf das Meer zu gehen, wurde in Erinnerung gerufen durch eine Erzählung, die über ein Jahrhundert verschollen war.

Nur acht der verunglückten Seeleute überlebten. Fünf trieben für mehr als 90 Tage auf See, sie ernährten sich von mitgenommenem Brot, Fisch und dem Fleisch der Besatzungsmitglieder, die eines natürlichen Todes starben oder nach Ziehung des Loses getötet wurden.

Die ›Essex‹ aus Nantucket sank auf ihrem Weg über den Pazifik am 20. November 1820. Jahrelang war die einzige Beschreibung der Reise ein Bericht, den der Erste Maat, Owen Chase, im

Jahr nach dem Unglück schrieb. Die Erzählung von Chase inspirierte die Beschreibung des Höhepunkts von Moby Dicks Angriff auf das Walschiff ›Perquod‹ in Hermann Melvilles klassischem Roman. Eine zweite Darstellung wurde 1880 von Thomas Nikkerson geschrieben, der zum Zeitpunkt des Unglücks siebzehn Jahre alt war und am Ruder des Schiffes stand.

Der Verbleib der Nickerson-Darstellung war unbekannt, bis Ann Finch aus Hamden, Conn., das Manuskript auf ihrem Speicher fand und es der Nantucket Historical Association schenkte.

Die Erzählung wurde von Edouard Stackpole, einem Historiker und Walfangexperten, der dem Kuratorium des Peter Foulger Museums angehört, für echt erklärt. Nickerson gab folgende Darstellung des Wal-Angriffs: ›Ich stand am Ruder und sah, als ich auf die dem Wind zugekehrte Seite des Schiffes schaute, einen großen Wal, der immer näher kam. Ich rief nach dem Maat, um ihn zu informieren. Als er den Wal sah, gab er mir sofort Befehl, das Ruder umzuwerfen und auf die Boote Kurs zu nehmen.

Kaum hatte ich den Befehl ausgeführt, als ich viele Stimmen laut schreien hörte, daß der Wal das Schiff ramme.

Gerade hatten ihre Schreie mein Ohr erreicht, als sie gefolgt wurden von einem ohrenbetäubenden Krachen. Der Wal hatte das Schiff mit seinem Kopf direkt unter dem Vorschiff mit solcher Kraft getroffen, daß jeder die Erschütterung merkte.

Ein zweiter Schlag folgte. Das Schiff begann zu sinken.‹

Der Darstellung zufolge raffte die Besatzung Nahrung und Vorräte, auch Nägel, Messer und Pistolen, zusammen und verließ das Schiff.

In jedem der zwei Walboote waren sieben Besatzungsmitglieder, in einem dritten Boot sechs. Sie schlugen den Kurs auf Südamerika ein, nachdem Captain George Pollard errechnet hatte, daß sie die Westküste des Kontinents, ca. 2000 Meilen entfernt, erreichen könnten. Nach einem Monat sichteten sie Henderson's Island, wo drei blieben. Die anderen füllten ihre Flaschen mit frischem Wasser, fingen Fisch, um ihn zu trocknen, und segelten weiter.

Eines der Boote blieb offensichtlich auf See. Zwei Wochen später, am 12. Januar, wurden die zwei verbleibenden Boote durch einen Sturm getrennt. Nickerson und Chase waren in einem Boot, zusammen mit drei anderen. Am 18. Januar starb Richard Peterson und wurde auf See gelassen. Ein anderer, Isaac Cole, wurde verrückt und starb am 8. Februar. Der Bericht von Chase sagt, daß die Gliedmaßen der Toten als Nahrung verwendet wurden.

Am 15. Februar schrieb Nickerson, die drei Überlebenden teilten ihr letztes Stückchen Brot:

›Der Tod scheint wirklich über uns zu schweben und uns ins Antlitz zu starren, aber wir haben in einer Besprechung beschlossen, daß wir nie das Los entscheiden lassen würden, wer von uns den anderen als Nahrung dienen sollte, sondern daß alle Entscheidung bei Gott liegt.

Wir kamen dennoch überein, daß im Falle des Todes von einem von uns die anderen sich von dessen Überresten ernähren sollten, in der Hoffnung, jemand könne unsere Freunde informieren. Aber Gott entschied anders und hielt seinen schützenden Arm über uns und errettete uns aus den Klauen des Todes.‹

Zwei Tage später wurde das Boot von der ›India‹, einem Walfangschiff aus London, gesichtet, und die drei wurden gerettet.

Das andere Boot wurde am 23. Februar vom Walschiff ›Dauphin‹, das aus Nantucket kam, gesichtet. Zwei Männer, Captain Pollard und Charles Ramsdell, wurden gerettet; sie hatten überlebt, weil sie Owen Coffin, den Neffen des Kapitäns, getötet hatten, um ihn zu essen. Coffin hatte beim Losen den kürzesten Strohhalm gezogen. Die drei Männer, die auf Henderson's Island an Land gegangen waren, wurden zwei Monate später von einem Schiff aufgenommen.«

II.

»Pensioniert« – aber es gab fast keine Renten in den USA – wurde der New Yorker Zollinspektor Herman Melville mit 66 Jahren 1885.

Vier Jahre zuvor war die unsterbliche der zahllosen Räuberpistolen erschienen, die bis auf den heutigen Tag (›Der weiße

Hai‹) periodisch als geglückte oder verkrüppelte Stiefgeschwister seines ›Moby Dick‹ in die Welt gesetzt werden: ›Die Schatzinsel‹ von Stevenson.

Der dreißigjährige Schotte konnte so sicher sein, kein Mensch in der englischsprechenden Welt entsinne sich auch nur noch des Titels ›Moby Dick‹, eines vor dreißig Jahren von einem ebenfalls dreißigjährigen Autor in New York und in London publizierten Romans mit dem Untertitel ›Der Wal‹, daß der Jüngere unvergeßbare Visionen des Älteren aus dessen total verschollenem ›Moby Dick‹ einfach übernahm. So teilt er zunächst dem sogenannten »Haupttreffer« unter seinen Seemännern, der alle anderen auch *körperlich* weit überragt, einen körperlichen *Mangel* als Mitgift zu: die Beinprothese, mit der auch Melvilles fluchgeschundener Kapitän Ahab die Deckplanken so bestößt, daß seiner darunter hausenden Besatzung das Mark gefriert.

Stevensons Einbeiner John Silver — »er ist kein gewöhnlicher Mensch, ein Löwe ist nichts gegen den langen John! Ich hab' selbst gesehen, wie er — unbewaffnet — ihrer viere packte und mit den Köpfen gegeneinander schlug« — kann denn auch bei schwerer See mit oder ohne Krücke rascher über Deck sich vorwärtshangeln als ein gewöhnlich sterblicher Zweibeiner. Auch einen als Seemann ausgeschiedenen Bettler bringt Stevenson noch an den Stock, dessen »Auftappen auf der gefrorenen Straße mein Blut gefrieren« läßt — und natürlich ist dieser Bettler blind, so wie ja auch Melville seinem Ahab, den er so spannungsfördernd spät auftreten läßt wie Molière seinen Tartuffe — im 28. Kapitel sehen wir den Kapitän zum erstenmal —, die Dämonie schon ins Gesicht schrieb: »Er sah aus, als hätte man ihn vom Scheiterhaufen herabgerissen... Aus seinem grauen Haar hervor und auf der einen Seite des lohbraun versengten Angesichts und Halses steil nach unten, bis es im Rock verschwand, drang weißlich, leichenfahl anzusehen, ein gertendünnes Mal.« Melville wußte wie Stevenson, daß den berühmtesten Soldaten Englands wie Rußlands das in der Schlacht verlorene Auge entscheidend »profiliert« hatte: Nelson und Kutusow. (So wie später einäugige Soldaten als besonders draufgängerische die Phantasie motorisierten: Stauffenberg und Dajan.)

Doch obgleich Stevenson sich endlich genötigt sah, in einem Essay wesentliche Ingredienzen seiner zum internationalen Bestseller gewordenen ›Schatzinsel‹ als von ihm gestohlene zu deklarieren: den von keinem Menschen mehr gekannten ›Moby Dick‹ brauchte er gar nicht zu erwähnen, als er eingestand, gestohlenes Wasser sei süß; und aufzählen mußte, daß er von Defoe den Papagei, von Poe das Skelett, von Kapitän Marryat (›Sigismund Rüstig‹) den Kampf ums palisadenbewehrte Blockhaus, und dies von Washington Irving und jenes aus Johnsons ›Freibeuter‹ und die Kiste des Toten aus Kingsleys ›Zuletzt‹ übernommen hatte: an Melville, obgleich der noch zehn Jahre lang lebte (bis zum 28. September 1891), dachte ja niemand mehr ... wie übrigens Melville selbst es exakt vierzig Jahre zuvor vorausgesagt hatte, als er, Sommer 1851, um die Ernte einzubringen – damals noch Farmer –, für drei Wochen seine Arbeit an ›Moby Dick‹ hatte unterbrechen müssen und an Hawthorne schrieb: »Lieber Freund, ich habe so eine Ahnung – ich werde schließlich ausgemergelt sein und zugrunde gehen wie eine alte Muskatnuß-Reibe, die durch ständiges Reiben in Stücke geht. Was ich am liebsten schreiben möchte, verfällt dem Bann – es bringt nichts ein ... schauen Sie sich meine Hand an! Vier Blasen hier in der Handfläche, die ich mir beim Hacken und Hämmern in den letzten paar Tagen zugezogen habe. Heute ist ein Regentag; so bin ich im Hause und lasse die Arbeit ruhen ... Aber ich habe von dem ›Walfisch‹ gesprochen. Wie die Fischerleute sagen, er war ›im Zorn‹, als ich ihn vor drei Wochen verließ. Bald werde ich ihn beim Kinnbacken nehmen und auf die eine oder andere Art erledigen. Was kommt eigentlich dabei heraus, wenn man an einer so kurzlebigen Sache wie einem modernen Buch so intensiv arbeitet? Und wenn ich in diesem Jahrhundert die Evangelien schriebe, ich würde doch im Rinnstein sterben.«

Die »Evangelien« sagte er keineswegs zufällig; ›Moby Dick‹ wird ebenso lange noch gelesen werden! Doch seinem Schöpfer half das nichts. Er starb nicht im Rinnstein, aber doch möglicherweise aus Kummer darüber, daß er seine soeben beendete Novelle ›Billy Budd‹ nicht verkaufen konnte – und auch nicht auf eigene Kosten drucken, wie einige lyrische Arbeiten, die er während seines jahrzehntelangen Schweigens als Romancier verfaßt hatte. Sein ›Billy Budd‹ ist in der amerikanischen Literatur, was in unserer ›Michael Kohlhaas‹ ist: die mit keiner anderen vergleichbare Novelle. Doch blieb sie dreißig Jahre ungedruckt, dann hob sie irgendwer auf – Familie Melville hatte sie seltsamerweise nicht ebenso verheizt wie alle Briefe bis auf *einen*, den der große, lustvolle, höchst anschauliche Briefschreiber seiner Frau geschrieben hatte; dieser eine Brief ist vielleicht nur deshalb nicht weggeschmissen worden wie alle anderen, weil er erwähnt, Präsident Lincoln habe im Vorbeigehen Melville die Hand gedrückt. Diese Nichtachtung, die Melville in seiner Familie erfuhr – und die Tatsache, daß Amerikas Buch der Bücher keine Frau erwähnt: könnten einander bedingen.

III.

Zwar war in den USA sein ›Moby Dick‹ bei Erscheinen 1851 mit 2771 Exemplaren noch respektabel verkauft worden, sicher aber nur deshalb, weil ›Weißjacke‹, Melvilles im März 1850 publizierter Roman über »seine Erfahrungen und Beobachtungen im Dienst einer amerikanischen Fregatte«, wie er im Vorwort schrieb, das gewesen war, was wir heute ein politisches Ärgernis nennen: Eines Morgens lag der Roman auf dem Pult jedes amerikanischen Kongreß-Abgeordneten und regte die derartig auf, daß sie Menschlichkeit gesetzlich festmachten: »Bald ging ein Gesetz durch, das die Auspeitschung in der Flotte untersagte und keine andere Strafe an deren Stelle setzte«, wie Konteradmiral Franklin überliefert. So wurden 4145 Exemplare von ›Weißjacke‹ binnen dreier Jahre verkauft.

Doch die Entmutigung und Vereinsamung und das Verstummen Melvilles und schließlich seine Selbsterkenntnis, er werde seine Familie an den Bettelstab bringen, wenn er nicht endlich wieder wie einst als Seemann einen »ordentlichen« Beruf ergreife – daher er Zollinspektor wurde, denn sein Gesuch, ihn zum Konsul wenigstens in Glasgow zu machen, wenn Florenz zu fein für ihn sei, wurde abgeschlagen –, resultierten aus der Katastrophe, die ihn bei Erscheinen des ›Moby Dick‹ in London überrollt hat. Der englische Verleger behauptete, an früheren Büchern einschließlich ›Moby Dick‹ 453 Pfund verloren zu haben, und forderte, Melville solle die Hälfte der Kosten tragen, wenn er seinen neuen Roman, seinen siebenten: ›Pierre‹ in England gedruckt haben wolle; die zweite Forderung: um künftig Lesern nicht wieder ein Monstrum wie neulich ›Moby Dick‹ zuzumuten, solle Melville zustimmen, daß fortan seine Manuskripte von einem »literarisch versierten Freund« druckreif geschrieben würden, solche Änderungen seien »absolut notwendig. Hätten Sie in ›Mardi‹ und in ›The Whale‹ (›Moby Dick‹) Ihre Phantasie ein wenig im Zaum gehalten und in einem Stil geschrieben, der der großen Masse der Leser verständlich erscheint; hätten Sie nicht des öfteren die Gefühle vieler empfindlicher Leser verletzt, so hätten Sie in England Erfolg gehabt.« Wie einer zu schreiben hatte, wenn er trotz literarischer Qualität ein Erfolgsbuch liefern wollte, hatte im Vorjahr Charles Dickens mit ›David Copperfield‹ gezeigt. Nach Deutschland wurde ›Moby Dick‹ dann schon gar nicht mehr importiert wie die frühen Romane, die übersetzt worden waren. In seiner vierten Auflage, 1889, erklärte das achtzehnbändige Meyers-Konversations-Lexikon, Melville sei 1874 gestorben – so sehr war er verstummt, der noch lebte bis zum 28. September 1891!

Die Deutschen sogar überließen es der Zürcher ›Manesse Bibliothek der Weltliteratur‹, fast hundert Jahre nach Erscheinen endlich eine erste ungekürzte Ausgabe des Romans zu übersetzen. Aber auch Frankreich hatte vorsichtshalber neunzig Jahre lang gewartet, bis es sich 1941 dazu hinreißen ließ, Bekanntschaft mit ›Moby Dick‹ zu machen. Sartres Rezension ist eigentümlich unstandesgemäß. Schnöde und durchaus unsachlich rempelt er zunächst den Übersetzer Jean Giono an, der nicht wisse, wie sehr Melville Landbewohner verachtet habe! Daran ist kein wahres Wort. Im Gegenteil: Melville blickt immer mit Furcht und oft mit Haß aufs Meer! Enkel und Urenkel großer Landbesitzerfamilien, war er ja durchaus unfreiwillig, total verarmt als Halbwaise, mit siebzehn Seejunge geworden, und als er dann – sehr früh, schon mit fünfundzwanzig – wieder an Land blieb, so früh wie finanziell ihm »irgendwie« möglich, da sprach und schrieb er durchaus mit Liebe von seinen wenigen Tieren und dem Land, das er bewohnte, ohne zu seinem Kummer von ihm leben zu können, weshalb er versuchte, vom Schreiben zu leben – einige Jahre. Doch niemand scheint 1941 von Melvilles Biographie in Frankreich irgend etwas gewußt zu haben. Auch Gionos Vokabular reizt Sartre zu dummer Ironie, weil der dichtende Landmann Giono im Vorwort zu Melvilles Roman schreibt: der habe die Südsee »gepflügt«. Eine die entsetzliche Vergeblichkeit aller menschlichen Bemühungen höchst anschaulich wiedergebende Vokabel, die nicht einer Sprachentgleisung Gionos entstammt – sondern zum Beispiel auch von Bolivar benutzt wurde, als er, geschlagen von Resignation, bekannt hat, Latein-Amerika revolutionieren zu wollen, das bedeute: das Meer *pflügen!*

Dann vergleicht Sartre – Vergleiche wie zwischen dem lieben Gott und dem Hutmacher – den Amerikaner mit Rabelais und meint: »In seinen besten Augenblicken hat Melville den Atem eines Lautréamont«! Zwar stellt dann Sartre Melvilles angeblich »erdrückend dokumentarisches Buch«, das »vorsintflutlich, unförmig und maßlos« sei – es ist in Wahrheit mit der gleichen Strenge komponiert wie eine Renaissance-Fassade –, als ein »ungeheueres Kompendium« neben den ›Ulysses‹. Doch gerade *dieser* Vergleich, der alles Metaphysische außer acht läßt, läßt nur merken, daß Sartre *nicht* merkte, daß Melville – seine ihm eigentümlichste Leistung – auch als Artist das so im Roman noch niemals dagewesene Meisterstück fertiggebracht hat, Transzendenz als spannende Unterhaltung und nicht als Essay zu vermitteln! Camus merkte das sofort. Er stellte den Melville seither gar nicht mehr weg, las jede Randglosse des vor fünfzig Jahren verstorbenen New Yorkers, offensichtlich schülerisch dankbar, Melvilles Magna Charta des surrealistischen Erzählens im anspruchslosen Tarnkleid eines »nur« abenteuerlich-realistischen Seebuches für sich als Leitfaden entdeckt zu haben. Denn Camus schrieb gerade ›Die Pest‹…

IV.

Wann die Russen Melville das Gastrecht gegeben haben: an Einflüssen auf ihre Epik jedenfalls ist das nicht ablesbar. Wer kennte aus den Biographien ihrer Erzähler-Giganten noch ein anderes Meereserlebnis als jenes, das Thomas Mann in seiner ›Meerfahrt mit Don Quijote‹ von Ivan Gontscharow überliefert? Der Autor des ›Oblomow‹, vom Kapitän während eines Sturms auf hoher See aus seiner Kajüte geholt, denn als Dichter müsse er doch das grandiose Schauspiel ansehen, sah sich um, sagte rasch: Ja, Unfug, Unfug! – und verschwand wieder unter Deck.

Das ist weniger als wenig. Daß der Landriese Rußland ohne – *noch* ohne! – eisfreie Küste zum Weltmeer (denn die Ostsee nennt der Lübecker ein »provinzielles Gewässer«) keine Meeres-Dichtungen hervorbrachte, das wird sich ändern, sobald auch die Russen die von ihnen so gierig gesuchte Erfahrung gemacht haben, die uns Deutschen bereits auf dem Buckel lastet: daß Übersee-Abenteuer, wie jetzt der Kreml sie sich herbeibaut durch Kiellegung der zahlenstärksten Kriegsflotte, gesetzmäßig große Landreiche ruinieren.

Deutschland hat, während es unter Wilhelm dem Letzten die zweitstärkste Kriegsflotte und – neben England – auch die imponierendsten Passagier-Dampfer der Welt besaß, die nicht nur danach, sondern die überhaupt je eine Nation in der Geschichte besessen hat, in wenigstens *einem* Roman eine Katastrophe auf hoher See besungen: Gerhart Hauptmann in ›Atlantis‹, nachdem er selber bei seiner ersten Amerika-Fahrt 1894 in einem Orkan fast untergegangen wäre. Daß seine detailreiche Darstellung des Verschwindens des Post- und Schnelldampfers ›Roland‹ in einem Zyklon ausgerechnet 1912 im ›Berliner Tagblatt‹ vorabgedruckt wurde – und daß dann am 14. April die Titanic mit 1517 Menschen an ihrem Eisberg scheiterte, wurde Hauptmann als Vision angerechnet.

Neben seinem Roman liest sich Kellermanns ›Das Meer‹ so gewichtslos – wie sich Hauptmann neben Melville als leichtgewichtig erweist. Er hat ihn nicht gekannt: ›Moby Dick‹ scheint zuerst 1927 in einer barbarisch auf 300 Seiten kupierten Verzerrung übersetzt worden zu sein; Melville gekannt haben dann zweifellos Traven, der ›Das Totenschiff‹, und Edschmid, als er seine ›Exotischen Novellen‹ schrieb. Auch Hans Henny Jahnn steigert auf allerdings nur wenigen Seiten in seinem Roman ›Das Holzschiff‹ – erster Teil seines ›Fluß ohne Ufer‹ – Schiff- und Meerbilder über nur beschriebene Wirklichkeit hinaus ins Visionäre; Visionen sind jene Abbilder der Realität, hinter denen die *Idee* aufscheint, im Sinne jener Mahnung Thomas Manns: alles nur Stoffliche sei langweilig ohne ideelle Transparenz.

Doch die große Meeres-Dichtung, die Schillers längstgehegter Plan war, sein liebster und intimster, blieb uns Deutschen aus.

Schillers letzte Sehnsucht nicht nur, sondern seine stärkste war meerwärts gerichtet. Immer, und auch noch wenige Monate vor seinem Tode: »Eine große Sehnsucht nach mannigfacher Weltanschauung auf Reisen wandelte ihn in den letzten Lebensjahren oft an. Wir erfreuten uns an Plänen und suchten den kürzesten Weg zum Meere, was er so sehr zu sehen wünschte.« (Karoline v. Wolzogen) Von allen seinen dramatischen Träumen und Notizen und Fragmenten: die ›Seestücke‹ und ›Das Schiff‹ haben ihn offenbar nachhaltiger und öfter als die anderen produktiv aufgeregt, besonders seit ihm Kotzebue seine ›Kleinen historischen Schriften‹ geschenkt und Dramen geschrieben hatte, die Schiffe, Inseln und Meere zur Anschauung brachten. (Die schäbige Nichtachtung Kotzebues in der Nachwelt ist ein Stück tragischer deutscher Literaturgeschichte für sich; immerhin haben diesen Komödiendichter – wen hätten wir sonst in unserer Klassik gehabt – so unterschiedliche Geister wie Goethe, Bonaparte, Schopenhauer, Hauptmann hoch geschätzt; noch Maugham stellte einige der Komödien Kotzebues über Gogols ›Revisor‹; als Schiller zum letztenmal ausging, acht Tage vor seinem Tode und schon fast tot aussehend, ging er aus, um ein Stück von Kotzebue anzusehen!)

Doch außer seinem Armada-Gedicht – eine Vision, wie sie dann Döblin »angesichts« der Flotte Gustav Adolfs, die sich der Ostseeküste naht, in seinem ›Wallenstein‹ wieder aufgenommen hat – konnte Schiller literarisch nichts mehr bergen von dem, was an dramatischen Meeresbildern in seiner Phantasie auf die

Gestaltung wartete. So blieb uns Deutschen nur die Sehnsucht nach Meeres-Dichtungen — neben den herrlichen Norderney-Gedichten Heines, dessen Fliegender-Holländer-Fragment von 1834 neun Jahre später ebenso Richard Wagner zu seiner Oper anregte wie Kapitän Frederick Marryats ›Gespensterschiff‹ und wie eine Meerfahrt ab Riga auf der (gar nicht so sehr provinziellen) Ostsee, bei der Wagner fast ertrunken wäre; wie denn ja überhaupt nur elf Jahre, nachdem Thomas Mann 1934 sein Heimatgewässer so ironisch als harmlos abtat, gerade auf dieser Ostsee die menschenreichsten Schiffs-Untergänge (›Wilhelm Gustloff‹: 4000 Ertrunkene; ›Goya‹: 6000 Ertrunkene) der gesamten Weltgeschichte Ereignis wurden!

Des unglücklichen Leutholds Meister-Poem ›Das Meer‹: das schönste deutschsprachige; Lenaus unglücksvolle Amerika-›Bilder‹, Sealsfields und Gerstäckers Epik, die immerhin einmal den Atem des Ozeans in deutsche Provinz trugen: nichts davon deutet darauf hin, daß einer dieser Autoren durch Melvilles strenge Schule gegangen wäre, so wenig wie in der Zeit nach dem Zweiten Weltkrieg Melville einen deutschen Schüler gehabt hat, was erstaunlich ist im Hinblick auf den sonst so mitreißenden Sog, in den beinahe alle Deutschen als Anfänger nach 1945 bei ihrer Bekanntschaft mit — so viel geringeren — amerikanischen Erzählern geraten sind! Und noch aufschlußreicher angesichts dieses Romans, der wie kein anderer Stendhals Forderung an den Epiker: »philosophisch schreiben« erfüllt — daß nicht nur in der deutschen Literatur, sondern daß auch in der deutschen Philosophie das Meer nicht vorkommt, dem das Leben entstammt: Siebzig Prozent der Oberfläche unseres Planeten kommen in der gesamten deutschen Philosophie nicht vor! Die antiken Denker, Küstenstädter, Meerbefahrer, konnten das Meer anschauen, und ihrer keiner verfiel dem Fortschrittswahn — aber die unseren? Hätten auch sie am Meer gewohnt — ist denkbar, daß sie dann naiv wie Hegel nach christlichem Geschichtsschema der Verwirklichung der Vernunft auf Erden entgegengehofft hätten. Nur dem Friesen Jaspers stellt das Meer »die Forderung, es aushalten zu können, daß nirgends der feste Boden ist, aber gerade dadurch der Grund der Dinge spricht.«

Und Goethe, der auch das Meer gesehen hat, illustrierte nicht zufällig an »Bächen«, an »Strömen«, an »Fluß« und »Überschwemmung« den sinnlosen Potenzverschleiß der gesamten Napoleonischen Ära – mag sie auch so zweckvoll der Ökologie gedient haben wie später die Hitleritis oder früher die schwarze Pest. »Man sieht in dieser ungeheuren Empirie nichts als Natur und nichts von dem, was wir Philosophen so gern Freiheit nennen möchten.« (An Schiller, 9. März 1802).

V.

Findet man in den bisher erschienenen Briefsammlungen Thomas Manns den Namen Melville nicht einmal im Register, so hat er, der ›Moby Dick‹ sicherlich nicht gekannt hat, doch am äußersten Rande seines Lebens in Melvilles ›Billy Budd‹ die Meisternovelle gefunden, die er zuletzt noch höher gestellt zu haben scheint als selbst Gotthelfs ›Schwarze Spinne‹, die er während der Arbeit an ›Doktor Faustus‹ als den Gipfel aller Erzählungskunst ausrief. Thomas Manns letztes Manuskript überhaupt, an dem er noch an jenem Julitag 1955 schrieb, als er in Noordwijk aan Zee, Holland, ins Spital gefahren werden mußte, um das Krankenbett nur noch zu verlassen für seine Überweisung ins Zürcher Krankenhaus, wo er dann am 12. August gestorben ist, in Zimmer 111 und übrigens auf den Tag genau 55 Jahre, nachdem er das Manuskript der ›Buddenbrooks‹ seinem Verlag eingesandt hatte – Manns letzte Betrachtung galt den ›Schönsten Erzählungen der Welt‹: Er schrieb fünf Druckseiten als Geleitwort einer zweitausend Seiten umfassenden Anthologie; und von diesen fünf Seiten widmete er zwei der *einen,* weil unvergleichlichen Nachlaß-Novelle des siebzigjährigen Melville: »Wenn man mich fragt, wo in dem Bande ich am längsten verweilt, wobei mir das Herz am größten wurde, so gestehe ich die Modernität meines Geschmacks und antworte: Bei ›Billy Budd‹ … Oh, hätte ich das geschrieben, oder könnte ich mich der einem Naturereignis angeglichenen Beschreibung rühmen des undeutlich aufkommenden und von der Disziplin rasch unterdrückten Murmelns und Murrens der auf dem offenen Deck versammelten Mannschaften, die alle ihren Billy lieben!« (Melville erzählt, wie dieser Matrose unschuldig – einen Engel Gottes nennt ihn selbst der Kapitän – an der Rahe des Hauptmastes erhängt wird.)

Und dieses Meisterwerk – so völlig obskur war um 1890 in New York sein Autor, der abgewrackte Zöllner – lag dreißig Jahre ungedruckt herum, keiner fragte nach Melvilles Nachlaß. Und wurde schon 1938 ins Deutsche übertragen, obgleich Amerikaner selber nicht hoch von ihm dachten; wie Heinrich Mann sagt, den das auch betrifft, so ist es: »Wenn uns die Heimat nicht anbietet, erfährt die Fremde nie von uns oder spät.«

Wie dachte »die Heimat« über den Prometheus unter ihren Epikern? Das muß noch erzählt werden als Schlußposse der Darstellung der so ablehnend bis zögernd – *nicht* erfolgten Melville-Rezeption durch jene Generation, die dann in aller Welt den amerikanischen Roman des 20. Jahrhunderts repräsentierte. Nicht etwa in einem Brief oder Gespräch, also beiläufig – sondern für den Druck »verlautbarte« Hemingway: »Wir haben in Amerika geschickte Schriftsteller, Könner gehabt. Poe ist ein Könner. Bei ihm ist alles gekonnt, wunderbar konstruiert, aber er ist tot. Wir haben rhetorische Schriftsteller gehabt, die das Glück hatten, eine Spur von dem, wie Dinge wirklich Dinge sein können, zum Beispiel Wale, in der Chronik eines anderen Mannes zu finden oder auf Reisen, und dies Wissen ist von der Rhetorik eingehüllt wie Rosinen im Kuchenteig. Gelegentlich ist es allein da, nicht von Kuchenteig umgeben, und es ist gut. Zum Beispiel bei Melville. Aber die Leute, die ihn loben, loben ihn wegen seiner Rhetorik, die unwesentlich ist. Sie geheimnissen etwas hinein, was nicht da ist.« Die ingrimmige Borniertheit dieser Verleumdung läßt sich nicht einmal durch die – den Denunzianten bedrückende – Tatsache entschuldigen, daß Hemingway, als er diesen Schwachsinn über Melville in Druck gab, schon *gewußt* hat, auch ihm selber sei es aufgegeben, den Lebenskampf symbolisch im Kampf eines Seemannes mit einem großen Fisch darzustellen. Und so hat ihn verbittert, in Melville den – vielleicht doch unerreichbaren – Vorgänger wie einen Vorwurf vor Augen zu haben, so daß er ihn kurz und klein zu reden versuchte, aus Notwehr! Denn Hemingway hatte zu diesem Zeitpunkt bereits die Meister-Reportage veröffentlicht, die den Kampf mit einem Riesen-Marlin nicht weniger grandios vorwegnimmt, als er ihn dann sechzehn Jahre später in ›Der alte Mann und das Meer‹ noch einmal als Novelle gab, die er übrigens sofort mit Entsetzen als sein letztes Wort empfand: Er dachte, er *wußte,* nach diesem Werk könne er nur noch sterben! Und so war es echte Tragik, zwanzig Jahre zuvor in ›Moby Dick‹ *das* Thema schon meisterlich gestaltet zu sehen, das auch seines war: Der Riesenfisch, der die Menschen lehrt − daß doch der Fisch und nicht der Mensch der Herrscher des Meeres bleibt. Und Fisch und Ozean, wie sie sich behaupten oder jedenfalls den »Sieger« Mensch leer ausgehen lassen, geschlagen oder sich zu Tode siegend − Hemingway wußte diese Tragödie, die auch *er* schreiben mußte, nicht anders zu gestalten, wußte sie auch »nur« am Fischfang abzuhandeln wie sein größerer Landsmann Melville. Das bedrückte ihn so sehr, daß er in seiner Bosheit so tief unter sein Niveau ging...

Machen schon gewöhnliche Sterbliche sich bekanntlich nie so lächerlich, als wenn sie über Berufskollegen reden − die Genies sind noch kleinlicher als wir Kleinen, wenn sie das tun: Man denke an die unsagbare Peinlichkeit, mit der Schiller erklärte, Goethes Dramen bearbeiten zu müssen für die Bühne. Und das auch getan hat! Oder sein Haß auf den Autor der ›Emilia Galotti‹, *weil* er Lessing das Muster für ›Kabale und Liebe‹ verdankt; es gab nie in Schillers Leben einen Kummer, der ihn mehr schlug als seine Unfähigkeit, die Parabel zu finden, die der ›Nathan‹-Autor geschaffen hat, während ihm zwar die herrlichsten aller deutschen *historischen* Dramen glückten, aber eben *nicht* das von Kostüm und Zeitgebundenheit unabhängige Menschheitslied wie die ›Odyssee‹ und ›Nathan der Weise‹!

Hemingway − nicht wie Schiller von Lessing, wie Brecht von Hauptmann und Schnitzler nur durch *eine* Generation von Melville getrennt, was den Vater-Sohn-Konflikt unter Landsleuten in der Kunst immer mörderisch macht, sondern durch zwei Generationen − hätte ihn *gelassener* ansehen können, denkt man, weil Enkel nie über Großväter so abfällig reden wie Söhne über

Väter. Aber dafür hat die Themen-Gleichheit, die Jagd auf den Fisch als Lebens-Symbol, Hemingway so neidverzerrt wie keinen sonst Melville attackieren lassen. Obgleich ihm mit ›Der alte Mann und das Meer‹ die Parabel dann noch geglückt ist, von der Schiller anläßlich Nathans nur erbittert geträumt hat. Immer schon hatte Hemingways Neid und Eifersucht auf Epiker die albernste Seite seiner grandiosen Natur bloßgelegt: »None of that shit at my table!« konnte er *schreien,* ob nur von Norman Mailer oder ob gar von Dostojewsky die Rede war.

Was Sartre, da es das Neue an ›Moby Dick‹ war, als »das erdrückend Dokumentarische« mißverstanden hatte: Hemingway sah das nicht einmal – sicherlich aus Selbstschutz nicht. Denn seine genial naive Art zu erzählen, naiv im Sinne von Schillers Unterscheidung von naiver und sentimentalischer Dichtung: sie hätte sich möglicherweise selber aufgegeben, würde er riskiert haben, die *lexikalische* Erzählweise zu studieren, mit der Melville 1850 um ein Jahrhundert die Aufgaben der Epik vorwegnahm, zehn Jahre bevor Fontane im ›Borodino‹-Kapitel von ›Vor dem Sturm‹, der 1878 erschien, und fünfundsiebzig Jahre, bevor Thomas Mann im ›Zauberberg‹ zuerst auf deutsch diese neuen, *wissenschaftlichen* Griffe, Stoffmassen episch zu bewältigen, versucht haben.

Da der Meister des Aussparens, Hemingway, auf nur drei Zeilen alle über Melville möglichen Falschmeldungen komprimiert hat, müssen die noch dementiert werden; denn sie werden viel gelesen werden in ›Die grünen Hügel Afrikas‹, während eine Melville-Biographie in Deutschland nicht greifbar ist. Daß Melville seinem Epos eine fünfzehn Seiten lange ›Etymologie‹ voranstellte – erster, schroffster Verstoß gegen den Zeitgeschmack, also eine registernüchterne Aufzählung aller Erwähnungen von Walen in Bibel, Lexika, Literatur und Reiseberichten –, macht Hemingway sich zunutze, um ihn anzuschwärzen, »in der Chronik eines anderen« gefunden zu haben, was er über Wale wußte. Wahr ist: Melville kannte die fünf Ozeane und den Walfang noch gründlicher als Hemingway die Jagd, denn er ist kein Sonntagsseemann gewesen, wie Hemingway ein Freizeit-Jäger war, sondern Melville lief mit siebzehn aus einem Bankhaus fort, um

300

als Schiffsjunge auf einem Frachter anzuheuern, der zwischen seiner Vaterstadt New York – dort war er am 1. August 1819 geboren – und Liverpool pendelte; mit dem gleichen Recht wie Joseph Conrad durfte er die sieben Meere als seine Universität bezeichnen. Nur war Melville nach acht Jahren einer barbarisch strengen und abenteuerlich-lebensgefährlichen »Schulung« wieder an Land geblieben, um als Kleinfarmer alljährlich ein ziemlich erfolgreiches Buch aus seinen Erlebnissen und Beobachtungen zu machen, »Pflichtarbeiten, die ich für Geld gemacht habe – ich mußte sie machen, so wie andere Leute Holz sägen«. Das schreibt er noch im gleichen Brief, in dem er ankündigt, daß er nunmehr – es ist sein 30. Jahr, also jenes, das laut Schopenhauer und Ortega y Gasset im Leben der meisten Genialen das Jahr der Entscheidung oder des entscheidenden Wurfes ist –, daß er künftig »wahrhaftig solche Bücher schreiben möchte, von denen es heißt, daß sie ›danebengehen‹. Verzeihen Sie meinen ›Egotismus‹.« Diese Berufung auf Stendhals Lebensprinzip ist um so interessanter, als nichts dafür spricht, daß er Stendhal kannte. (Vom nächsten und letzten Roman dann: ›Pierre‹, im Mittelpunkt Inzest, sagt Melvilles verständnisvollster italienischer Biograph, Cesare Pavese, der ›Moby Dick‹ bereits 1932 zu Turin in seiner Übersetzung herausbrachte, ›Pierre‹ sei tatsächlich »danebengegangen«).

Und Melville beginnt ›Moby Dick‹ zu schreiben, das Buch, das dann alle seine Zeitgenossen übereinstimmend als ein »danebengegangenes« verwerfen ... (Ich habe im Monodram ›Tod eines Jägers‹ Melvilles Briefe, große Prosa: Existenzphilosophie hundert Jahre vor Jaspers und Sartre, schon zu interpretieren versucht.)

VI.

Speziell Walfänger ist Melville auch gewesen, Weihnachten 1840 war er – wie dann im ›Moby Dick‹ sein Ismael –, an Bord eines Dreimasters von 600 Tonnen gegangen, auf dem er es anderthalb Jahre aushielt, bis er auf einer Südsee-Insel sich gedrängt

fühlte, von Bord zu flüchten – obgleich er wußte, daß die Einge-
borenen Kannibalen waren: was dafür spricht, daß er auf dem
Schiff die Hölle gehabt hat! Er war ja (beide Großväter waren im
Unabhängigkeitskrieg ausgezeichnete Generale gewesen) aus
einer Patrizierfamilie, die ihren Vater, den Ernährer von acht
Köpfen, verlor, als Herman dreizehn war; er war in die Bank-
lehre genötigt worden, um Schulgeld zu sparen; und wie so oft in
Familien, die dann einen Dichter hervorbringen, war dessen
Vater von finanziellen Krisen geschlagen gewesen. Vor dem Hintergrund einer sogenannten guten Familie und behüteten Kindheit muß Melvilles Bordleben als Walfänger betrachtet werden;
Rudolf Sühnel, der zuerst in Deutschland Melvilles Leben in
den Zerreißproben der erbarmungslos harten Marine-Jahre beschrieb, verweist auf die Tatsache, daß deshalb die amerikanische über die norwegische und britische Walfangflotte obsiegt
habe, weil sich in Europa nicht genug Männer und Jungen als
Walfänger hätten rekrutieren lassen, obgleich schon damals
Matrosen mit Gewinnbeteiligung geködert wurden ... Melville
wurde so herzlich von den Kannibalen aufgenommen, daß er bei
diesen Insulanern, Taipis, so lange blieb, bis sie ihn zum Zeichen
seiner Zugehörigkeit mit ihren Tätowierungen verzieren wollten: da floh er abermals, diesmal nach Honolulu, wo er sich für
zwei Jahre auf jenes amerikanische Kriegsschiff verpflichten
mußte, das ihn die brutalen Erfahrungen lehrte, aus denen er
›Weißjacke‹ schreiben konnte.

Nun Hemingways Vorwurf, aus Chroniken anderer Leute
Bücher gemacht zu haben: Abgesehen davon, daß mit diesem
»Vorwurf« – könnte der überhaupt einer sein – achtzig Prozent
der Weltliteratur zu makulieren wäre, denn auch die ›Odyssee‹,
›Hamlet‹ und ›Krieg und Frieden‹ sind keine Autobiographien:
Auf Melville trifft er genau *nicht* zu! Es sei denn, Hemingway
habe an Ahab gedacht, Melvilles dämonischen Kapitän, den tatsächlich der Dichter des ›Moby Dick‹ nicht aus eigener Anschauung »besaß«, sondern kennengelernt hat als Leser einer Chronik,
deren Autor jener – in dem eingangs zitierten Artikel – Erste
Maat an Bord der ›Essex‹ war, als dieses Walfang-Schiff am
20. November 1820 von einem hundert Tonnen schweren –

weißen – Wal in den Grund gerammt worden war, weil der Kapitän dieser ›Essex‹ offenbar von Haß auf genau diesen Wal nicht weniger besessen war als Melvilles dann »erfundener« Ahab! Mit nur sieben anderen Matrosen hatte der ›Essex‹-Chronist die Vernichtung des Schiffes überlebt. Und Melville hat diesen Verfasser der populären Broschüre und früheren Maat, aus dem inzwischen ein bekannter Walfänger-Kapitän geworden war, noch persönlich kennengelernt, von ihm auch als Mensch produktiv fasziniert. Melville traf ihn, während er selber Walfang-Matrose war, bei einer kurzen Begegnung ihrer beiden Schiffe im Süd-Pazifik und erhielt hier die Broschüre über den – damals noch lebenden – legendären weißen Wal »Mocha Dick«, so getauft von Schiffsleuten, die das Ungeheuer das Fürchten gelehrt hatte, weil er zuerst nahe der südchilenischen Insel Mocha bekämpft worden war – vergebens. Die dreißig Meter lange Bestie, berühmt geworden, seit ihr die Vernichtung der ›Essex‹ zugeschrieben wurde, vermochte noch einmal, als drei Schiffe gemeinsam Jagd auf sie machten, eines zu versenken, dazu drei Boote und sieben Seeleute in die Tiefe zu reißen – erst »im Jahr 1859 gelang im Südatlantik die Erlegung eines altersschwachen, riesigen weißen Wals, der mit neunzehn Harpunen im Rücken und Narben an der Kopfseite die Kennzeichen des sagenhaften Mocha Dick trug. Die USA standen damals vor dem Bürgerkrieg, die Walfängerei war nicht im Brennpunkt des Interesses, und so kam der Bericht erst 1892 in die Presse.«

Der erwähnte Sühnel, der das berichtet, aber den 1981 aufgefundenen Leidensreport der ›Essex-Matrosen‹ noch nicht kannte, hält auch fest, Emerson sei in der Postkutsche 1834 einem Matrosen begegnet, der zu einer 700 (!) Schiffe zählenden Walfang-Flotte gehört und ihm erzählt habe, mit einem acht Meter langen Rachen habe ein Wal das Beiboot des Erzählers wie eine Nuß zerknackt, nur ein Sprung in die See habe die Matrosen vor dem Jonas-Schicksal gerettet ... Melville selber erfuhr im Erscheinungsmonat seines ›Moby Dick‹ – und schrieb: »Ihr Brief hat mich gradezu betäubt« –, daß am 20. August 1851 ein Wal im Pazifischen Ozean ein amerikanisches Schiff, die ›Ann Alexander‹, versenkt habe: Autoren-Glück, diese nachträgliche und also um so überzeugendere Legitimierung seines ›Moby Dick‹ durch die Realität, sofern überhaupt eine solche Legitimierung eine Steigerung der literarischen Leistung sein kann – was offensichtlich Autoren wie Hemingway meinen. Melville selbst war deshalb so hingerissen von dieser Kunde, weil das Tier auf genau jene Weise, auf die im Roman der Moby Dick die von Melville erfundene ›Pequod‹ versenkt, die ›Ann Alexander‹ angegriffen und in die Tiefe gebohrt hatte: Eines ihrer Begleitboote hatte einen Wal harpuniert – Melville bestand darauf, das müsse sein Moby Dick gewesen sein –, der sich plötzlich umwandte und es mit seinen Kiefern einfach zerbiß. Als ein zweites Boot die Verfolgung des Fisches aufnahm, zerstörte er auch dies. Kapitän Deblois konnte seine Matrosen auffischen, ließ aber – ähnlich dem wahnsinnigen Ahab –, sich nicht zurückschrecken, die wütende Bestie abermals anzugehen: die raste jetzt mit fünfzehn Knoten Geschwindigkeit auf den Bug zu und stieß das Schiff zugrunde. Doch im Gegensatz zu den Männern Melvilles, die alle außer dem Erzähler – »nennt mich Ismael«, ist der erste Satz des Romans –, in dem dreitägigen Endkampf mit dem weißen Wal sterben, wurde die Besatzung der ›Ann Alexander‹ gerettet ...

VII.

Realitätsnaher zu schreiben ist unmöglich, daher Hemingways hämischer Kommentar so unsachlich ist: nur erklärlich aus seinem Unverständnis für Melvilles um ein Jahrhundert zu früh geborene Erfindung, die erst noch Epoche machen wird: den *lexikalischen* Stil, die nahtlose Verfugung wissenschaftlicher Texte aller Disziplinen der alten Humaniora wie der neuen Naturwissenschaften mit homerisch und alttestamentlich epischer Prosa. Betrachtet man – wie das offensichtlich Sartre getan hat, als er das »erdrückend Dokumentarische« tadelte – einzelne der 135 Kapitel des Romans für sich, zum Beispiel das 32., das »Zoologie der Wale« überschriftet ist, so verfährt man, als breche man aus der – schon erwähnten – Renaissance-Fassade einen

Quader heraus und schließe von dem auf das so zerstörte Ganze, indem man behauptet, nur einen Zoologie-Buch-Text vor sich zu haben. So muß auch Hemingway verfahren sein, als er von »Rhetorik« sprach – und dabei möglicherweise an das 9. Kapitel gedacht hat, das »Die Predigt« heißt und tatsächlich eine Predigt *auch* ist; vor allem jedoch integrierter Bestandteil eines erzählerischen Universums ist, das sich so wenig ohne seine ihm exakt eingefügten Teile begreifen läßt, wie diese Teile – herausgebrochen – sich künstlerisch rechtfertigen könnten.

Was den Roman, der – wenn irgendeiner – so »aus der Art geschlagen war«, wie alles Geniale die Gattung sprengt, in die man es schubladisieren will, um seine Wirkung brachte, ihn »weltunmöglich« machte fast hundert Jahre lang, war das *Neue*, das er in die Literatur einführte! Neu war, »unerhört« im Wortsinne, daß er nicht nur die Erzählung des Walfangs war, sondern dessen Lehrbuch. Und nicht nur Lehrbuch des Walfangs, sondern Lehrbuch der – bisher nicht geübten – Erzählungskunst, über den Walfang so zu schreiben, das er ihn nicht nur rapportierte, sondern lehrte. Und auch noch lehrte, welche Fragen zu stellen seien – Fragen, auf die kein Sterblicher antworten *kann*, daher allein *sie*, diese Fragen, immer aufs neue gestellt werden müssen! Fragen anläßlich des gestirnten Himmels und der Gezeiten des Meeres und des Menschengeschicks und der Fauna und der Natur des Menschen, damit der Mann an Bord nicht nur weiß, was er tun soll, sondern gar erahnen kann, warum er da ist – und warum er bald weg ist, für immer. Da der Autor kein Theologe war und, obgleich gelernter Walfänger, nicht als Walfänger schrieb, sondern als Dichter, so fand er für die Radikalität seines Fragens und Verunsicherns – in der Tat verunsichert das Buch auch den Leser, als sitze der nicht in seiner Sofa-Ecke, sondern stehe bei schwerer See an Bord – eine Sprache, die das Alte Testament mit dem Vokabular eines Seemannes des naturwissenschaftlichen Zeitalters sozusagen auf seine Verbindlichkeit für uns heute überprüft.

Wenn Melville selber, obgleich er tausend Seiten Raum hatte, sich zu verdeutlichen, einmal seufzt unter der Last dessen, was er mitteilen will: »Nichts Geringeres versuche ich, als Ordnung in die Bestandteile eines Chaos zu bringen« – das Chaos ist der Kosmos –, um so mehr jeder, der *ihn* erklären will. Einmal sagt er: »Jetzt aber bleibt als Schlußkapitel dieses Teils unserer Schilderung noch zu beschreiben – zu besingen, wenn es mir erlaubt ist – wie man das Öl in Fässer füllt und in der Last verstaut«. Dieser Satz sagt viel über Melvilles Stil und Anspruch: Ein Sänger des Genauen sein zu wollen, ein Unterhalter als Belehrer, ein Poet als Sachbuch-Autor! Melville läßt uns teilnehmen an seinen Kümmernissen, nur streckenweise sein Ziel zu erreichen: »Daß mein System auf den ersten Anhieb nicht vollkommen ausgeführt sein werde, habe ich eingangs erklärt ... Doch nun lasse ich es im Stich, so unfertig, wie der erhabene Kölner Dom gelassen wurde, mit dem Kran noch auf der Plattform des unvollendeten Turms. Denn kleine Bauwerke können von dem beendet werden, der sie zuerst geplant; die großen, die wahren aber überlassen es immer der Nachwelt, den Schlußstein einzufügen. Gott bewahre mich davor, daß ich je etwas vollende. Dies ganze Buch ist nur ein Entwurf – ach, nur der Entwurf eines Entwurfs. Oh! Zeit, Kraft, Geld, Geduld!«

So viel, nein: so wenig zu Melvilles Form. Zu seiner Sprache: Wie er aus der Realität das hereinholt in den Roman, was sofort zum Symbol wird, ebenso versucht er die Identität des physischen mit dem metaphysischen Treiben und Getriebenwerden seiner Menschen, Tiere, Schiffe, Wellen herzustellen – daher er die Sprache der Bibel, des Sprichwortes und das Singen Homers ständig hereinholt ins kalt-ausnüchternde Vokabular naturwissenschaftlicher Fibeln. Zum Beispiel: »Ich habe die Gewißheit, daß dies der Lauf der Welt ist, daß jeder seinen Teil bekommt, physisch oder metaphysisch: der Knuff wandert reihum über Land und Meer, und einer sollte dem anderen den Buckel reiben und zufrieden sein.« Immer aus einem neuen Aspekt stellt er die Frage, ob einen der Schiffbruch »sofort zum Unsterblichen ernennt«. Er fragt, weil nicht Glaube, den er vorgetäuscht, sondern Zweifel sein Motor ist: »Der Tod lauert im Walfang – ein unwahrscheinlich schneller Aufstieg des Menschen Hals über Kopf in die Ewigkeit. Was aber dann? ... Mich dünkt, was man hier auf Erden meinen Schatten nennt, ist mein eigentlicher

Stoff ...« Und immer wieder reißt den Jungen, den ausgestoßenen Sohn der Hagar, Ismael, wie Melville seinen Normalverbrauchten nennt, ihn (und die Leser) jugendliche Abenteuerlust aus der gruftkalten Prediger-Atmosphäre, die der Vorausschau auf das Ende in schaumweiß aufgewühltem wal-weißen, leichenlaken-weißen, knochen-weißen (wie Ahabs Beinprothese, die aus dem Kieferknochen eines Wals gezimmert ist) Meer entspricht.

Weiß als Toten-»Farbe«, weiß wie die rasch verwehende Vergänglichkeit der Gischt: das ist die alles überziehende bedrohliche »Farbe« des Epos, die keine ist. Zwar auch Sperma, das Leben-Schaffende, ist weiß – wie die Gischt, aus der Venus, die Schaumgeborene, an Land, ins Leben ejakuliert wird, und wie das Weiß der Bräute! Doch das geradezu *tendenziös fraulose* Buch läßt keinen Gedanken an jenes Weiß aufkommen, das die Gegenwelt zum Weiß des Todes ausdrückt. Diese furchtbare Abwesenheit von Eros – sie ist noch spürbar, wenn man bedenkt, daß Melville nahezu erschöpfend über den Wal schreibt, doch mit keiner Silbe auch erwähnt – ich hätte es denn überlesen –, daß dieses Säugetier das zärtlichste Liebes- und Familienleben von allen hat.

Carl Schmitt hat 1942 in ›Land und Meer‹ den französischen Historiker Jules Michelet zitiert, der 1861, elf Jahre nach Erscheinen von ›Moby Dick‹, sein großes Buch über das Meer publizierte, aus dem Schmitt entnimmt: »Der männliche Walfisch ist der ritterlichste Liebhaber der weiblichen Wale, der zärtlichste Gatte, der sorglichste Vater. Er ist das humanste aller Lebewesen, humaner als der Mensch, der ihn mit barbarischer Grausamkeit ausrottet.« Aber schon Schmitt schließt an diesen französischen Lobredner des Liebes- und Familienlebens der Wale die düstere Betrachtung an: Wie harmlos doch damals noch die Methoden gewesen seien, die Wale zu töten – gemessen an der viehischen Abschlacht-Orgie (nein: an der menschlichen!), mit der im 20. Jahrhundert der Wal verfolgt, ja ausgerottet werden wird, trotz internationaler Vereinbarungen, die Wale leben zu lassen, die zuerst 1937/38 in London und dann immer wieder – doch immer wieder ganz unzureichend – getroffen wurden.

Im Februar 1983 hat ein Team des NDR (Autor/Regie: Carsten Diercks, Kamera: Ulrich Kreiger) noch einmal in einem Fernsehfilm festgehalten – schon für die Nachwelt, die den Wal kaum noch kennen wird –, was heute mit diesem größten aller Tiere das böseste aller Lebewesen, der Mensch, anstellt. Im Vorspann zu dieser trostlosen Fortsetzung von Melvilles Roman hieß es: »Neunzig Walarten leben in den Meeren dieser Erde. Die größten dieser Meeressäugetiere werden über 30 Meter lang und erreichen Körpergewichte um 120 000 Kilogramm, 120 Tonnen also.

Die Furcht vor dem Menschen lernten die Wale sehr früh, denn zumindest an den nördlichen Küsten jagt man sie seit Jahrtausenden in der sogenannten Buchtenjagd, die heute noch auf den Faröern praktiziert wird.

An den Rand der Ausrottung gebracht wurden die Wale erst in diesem Jahrhundert. In den 60er Jahren waren in *einer* Saison in der Antarktis allein 18 000 Menschen mit modernstem Fanggerät auf Waljagd. Sie töteten 46 000 Meeresriesen.«

Carl Schmitt weist auch darauf hin, daß er Melvilles ›Moby Dick‹ die *politische* Information verdankt, daß der Leviathan, wie die Bibel den Wal nennt – nicht immer nennt sie ihn so –, überhaupt die Menschen erst zu Ozeanfahrern gemacht hat, hinweg von den küstennahen Gewässern über die Weltmeere:

»Der Mensch wird hier, durch den Kampf mit dem andern Lebewesen der See, immer weiter in die elementare Tiefe maritimer Existenz hineingetrieben.

Diese Walfischjäger segelten vom Norden zum Süden des Erdballs und vom Atlantischen zum Pazifischen Ozean. Immer den geheimnisvollen Bahnen der Wale folgend, entdeckten sie Inseln und Kontinente, ohne viel Aufhebens davon zu machen. Bei Melville sagte einer dieser Seefahrer, als er das Buch des Kapitäns Cook, des Entdeckers Australiens, kennengelernt hatte: Dieser Cook schreibt Bücher über Dinge, die ein Waljäger nicht in sein Logbuch schreiben würde. Wer hat, fragt Michelet, den Menschen den Ozean offenbart? Wer hat die Zonen und Straßen des Ozeans entdeckt? Mit einem Wort: Wer hat den Erdball entdeckt? Der Wal und der Walfischjäger! Und das alles unabhängig von Columbus und den berühmten Goldsuchern, die nur mit großem Lärm das finden, was die Fischerrassen aus dem Norden, aus der Bretagne und dem Baskenland ebenfalls gefunden haben. Das sagt Michelet und fährt fort: Diese Walfischjäger sind der erhabenste Ausdruck menschlichen Mutes. Ohne den Walfisch hätten sich die Fischer immer nur an die Küste gehalten. Der Wal hat sie auf die Ozeane gelockt und von der Küste emanzipiert. Durch den Wal hat man die Meeresströmungen entdeckt und den Durchgang im Norden gefunden. Der Walfisch hat uns geführt.

Damals, im 16. Jahrhundert, waren auf unserm Planeten zu gleicher Zeit zwei verschiedene Arten von Jägern in einem elementaren Aufbruch. Beide öffneten neue, unendliche Räume, aus denen große Reiche entstanden. Zu Lande die russischen Pelztierjäger, die, den Pelztieren folgend, Sibirien eroberten und auf dem Landweg die ostasiatische Küste erreichten; zur See diese nord- und westeuropäischen Waljäger, die durch alle Weltmeere jagten und, wie Michelet richtig sagt, den Globus offensichtlich machten. Sie sind die Erstgeborenen einer neuen, elementaren Existenz, die ersten neuen, wirklichen ›Kinder der See‹.«

Reise, das »Weite suchen« als Lebensgefühl, die Frische der Gefahr – solange sie »noch frisch«, solange sie nicht auch tödlich ist –, sie sind der *gute* Geist dieses schlechthin unvergleichbaren Romans; der böse, das ist sein Pessimismus, der mühsam, sehr mühsam von Gottesgedanken abgefangen werden soll, in Wahrheit nicht abzufangen ist. Der Schiffsjunge immerhin bringt es fertig, sich minuten-»lang« herauszureißen aus dem Abgrund der Gedankenschwärze, aber dann fällt gleich auch ihn schon »der schwarze Hund«, wie Churchill seine ererbte Melancholie nannte, des Dichters Melville an: »So ohne Ende, so ohne Hoffnung ist alles irdische Bemühen. Wir kamen hinaus ins offene Wasser, und die salzige Brise frischte auf; die kleine ›Moss‹ schüttelte den flinken Schaum von ihrem Bug wie ein schnaubendes junges Füllen. Wie schmeckte ich die Luft der ungebundenen Weite! ... Und bewundernd warf ich mich ans große Herz des Meeres, das keine Spur bewahrt.«

Da die Kapitel kurz sind, ist es ein sehr leicht lesbares Buch, auch wenn sein Autor einer Frau dringend abriet, sich damit einzulassen: »Es handelt sich nicht um fein gesponnene Seide für zarte Hände – sondern um ein fürchterliches, aus Schiffstauen und Stricken gewirktes Gebilde. Ein eisiger Wind bläst hindurch und Raubvögel ziehen ihre Kreise darüber.« Am Vorabend der Industrialisierung in jenem Lande USA veröffentlicht worden zu sein, dem einmal Ludwig Marcuse vorhielt, sogar das schaudervolle Wirtschaftsdown des Schwarzen Freitags 1929 habe nicht vermocht, seinen ruchlosen Optimismus im Sinne des Philosophen zu überprüfen – das *mußte* dieses bewußt ›daneben‹ geschriebene Buch für die Dauer seiner ersten hundert Jahre umbringen! Kein Zufall, daß der einzige deutsche Philosoph, der das Meer, weil er am Meer geboren, jemals zu seinem Lehrer machte, so wie der Meerfahrer Melville das Meer seine Universität nannte – daß der Friese Japsers, obgleich er Melville nicht gekannt hat, jene Zeile schrieb, die in jeder der tausend Seiten des ›Moby Dick‹ als geheimes Wasserzeichen mitschwimmt:

»Scheitern ist das Letzte.«

Thomas Mann
oder Undank vom Urenkel

> »Der geistige Mensch ist fast
> ebenso sehr auf Wahrheiten aus,
> die ihm wehtun, wie die Esel nach
> solchen lechzen, die ihnen
> schmeicheln.«
>
> THOMAS MANN: ›BRUDER HITLER‹

VORBEMERKUNG:

Als Thomas Manns hundertster Geburtstag gefeiert wurde, am 6. Juni 1975, veröffentlichte ›Der Spiegel‹ von einem Autor des Jahrgangs 1943 »zehn polemische Thesen« gegen den Lübecker, die mich veranlaßt haben, ebenso polemisch den Epiker, der das selber nicht mehr konnte, in Schutz zu nehmen: um Dankesschuld abzutragen! Denn meine Jahrgänger und ich (1931), ehemalige Mitläufer: Pimpfe in Hitlers »Deutschem Jungvolk«, hatten, soweit wir Zugang zur Literatur suchten, in Thomas Mann mehr als in jedem anderen Dichter der Gegenwart unseren entscheidenden Deutschlehrer und literarischen Kämpfer gegen die Nazis geliebt; wer selber zu schreiben versuchte – stand als Anfänger (ebenso wie heute noch als Grauhaariger) fassungslos vor der Tatsache, daß ›Buddenbrooks‹ von einem Dreiundzwanzig- bis Fünfundzwanzigjährigen geschrieben worden war; und der sensationell revolutionäre ›Tonio Kröger‹, der nur siebzehn Jahre nach ›Schimmelreiter‹ die Novelle in Deutschland erstmals um den Essay bereichert hatte, der ebenso in sie integriert war wie ein Liebesgedicht Storms, war von einem erst Siebenundzwanzigjährigen geschaffen worden: Solange meine Generation lebt, kann und will sie das um so weniger vergessen, als ja sie

311

selber bei weitem keinen Künstler vom Range Thomas Manns hervorgebracht hat.

Daher verletzten meine Generation die Thesen *des* Autors, der erst zwölf Jahre gewesen war, als Thomas Mann starb; und daher alle unsere Gefühle nicht nachempfinden konnte, die uns seit 1945 an Thomas Mann gebunden hatten, als wir unsere erste geistige und politische Begegnung mit dem Emigranten gehabt haben – »Emigrant«, ein beschönigendes Wort, denn inzwischen hat sich Heydrichs Befehl gefunden, Thomas Mann ins KZ zu bringen.

Der fast siebzig Jahre Jüngere *konnte* nicht wissen, was es uns, eine oder eine halbe Generation älter als er, existenziell bedeutet hatte, bei unseren so frühen wie linkischen literarischen Gehversuchen noch Zeitgenosse Thomas Manns gewesen zu sein – was etwas sehr anderes ist für das Lebensgefühl, als nur der Leser eines verstorbenen Klassikers zu sein, wie es der Autor des Jahrgangs 1943 war. Der ›Spiegel‹ gab meiner Antwort die Überschrift, Zitat aus meiner Polemik: Undank vom Urenkel.

Bleiben wir bei diesem Titel.

Aber nicht überliefert werden soll der Name des damaligen Polemikers, weil der seit einem Dutzend Jahren in meisterlichen Essays eine totale Revision seines Thomas Mann-Bildes vorgenommen hat; es wäre unfair, ihm eine Jugendarbeit noch hämisch dauernd vorzuhalten – *ich* dürfte das schon gar nicht, weil ich seinen Aufsätzen gerade auch über Thomas Mann sehr Aufschlußreiches, mir Neues verdanke.

Da auch damals im ›Spiegel‹ meist nur der erste Buchstabe seines Namens genannt worden ist – Polemiker haben immer zu wenig Platz – so wie Thomas Mann dort abgekürzt als T. M. gedruckt worden war, so soll auch hier, wie der Ton der Polemik, ihre Form beibehalten werden.

Nichts wird gekürzt. Doch statt den Namen des damals jungen Angreifers oder dessen Anfangsbuchstaben heute zu wiederholen, sprechen wir nun – wie schon 1975 einige Male – vom Thesen-Anschläger oder in ähnlichen Umschreibungen ...

Pacific Palisades, California
1550 San Remo Drive
21. III. 1950

Werter Herr Belzner,
haben Sie Dank für Ihre Anteilnahme und ihre schönen,
wissenden Gedenkworte. Eine besondere Genugtuung
war mir Ihre tadelnde, an das offizielle West-Deutschland
gerichtete Anmerkung. Er selbst hätte die langen,
überströmenden, hochfeierlichen Telegramme der Ost-
Berliner Regierungsstellen und Kulturorganisationen
nicht zu ernst genommen. Und doch, daß aus Bonn,
Frankfurt, München (Akademie der Künste!) und
aus seiner Vaterstadt Lübeck *nicht ein Wort* kam,
ist *miserabel.*

THOMAS MANN ANLÄSSLICH
DES TODES HEINRICH MANNS.

Überzeugendste Antwort auf die »Zehn polemischen Thesen«
wäre eine Auswahl aus den Schriften Manns, der 60 Jahre lang
täglich knapp eine Seite schrieb, auch dann, wenn er reiste, auch
dann, wenn er krank, aber fieberfrei war; und der 24 000 Briefe
hinterließ, darunter gar nicht wenige Bettelbriefe um Geld (und
auch um Verleger) u. a. für solche Leute, die gleichzeitig in *ihre*
Briefe oder Tagebücher – Musil, Döblin, Roth – die schäbigsten
Bemerkungen über T. M. eintrugen.

Doch ging keiner so weit wie heute dieser Angehörige der
Urenkel-Generation T. M.s, schon dem 25jährigen Verfasser der
›Buddenbrooks‹ den »Rausch« anzukreiden, dem er sich bei
»einer ausgeprägten Anfälligkeit für schnöden Materialismus
und einer Neigung zum bourgeoisen Parasitentum im Münchner
Gesellschaftsleben« überlassen habe.

Da er rügt, daß die Vokabeln »Klassenkampf« und »Profitma-
ximierung« in Manns Œuvre fehlen, kann sein Hinweis auf das
Parasitentum dieses fleißigsten aller Autoren sich nur beziehen
auf die wahrhaft zum Klassenkampf aufwiegelnde Tatsache, daß
T. M. sich nicht scheute, mit *zwei* Dienstmädchen – wie man
nicht mehr sagen darf, also: Raumpflegerinnen – seine Gattin zu
verwöhnen, die in rascher Folge sechs Kinder gebar, Resultat des

vom »Urenkel« ebenfalls gerügten T. Mannschen »Vitalitätsdefizits«.

Alle Thesen beantworten hieße nur: so oberflächlich wie diese Thesen sein, die auf drei Seiten fertig werden nicht nur mit dem, was T. M. auf 12 000 aussprach, sondern sogar noch mit dem, was T. M. auf ihnen verdrängte, unterdrückte: war doch Unterdrückung, wie der Thesen-Anschläger uns belehrt, zeitlebens das Hauptgeschäft dieses Erzählers, der sogar die Sprache – »nicht ohne stilistische Eleganz«, konstatiert sein Gönner des Jahrgangs 1943 – nur als Herrschaftsinstrument notzüchtigte, daher denn auch Manns Versuch, »bürgerliche Humanität allein aus der Sprache neu zu begründen« – wie hätte er das anstellen sollen? – zur »Falschmünzerei« denaturierte …

Der fast siebzig Jahre Jüngere beginnt mit der Behauptung, T. M. sei für die Bundesrepublik »noch immer« repräsentativ. Wäre der jetzt ungefähr Dreißigjährige zehn Jahre älter, er würde sich erinnern, daß im Gegenteil die Beziehungen der BRD zu T. M. die miserabelsten gewesen sind – »miserabel« ist das Wort, mit dem T. M. kommentierte, daß weder Heuss noch Adenauer, noch Lübeck sich hinreißen ließen, ihm auch nur zum Tode seines Bruders Heinrich zu kondolieren – so wenig wie die Akademien in München, deren Mitglied, oder die in Westberlin, deren Vorsitzender Heinrich Mann vor 1933 gewesen war, wie unser Motto belegt…

Bonn hat niemals – wie Pankow – den Versuch gemacht, wenigstens einen der zwei Epiker zur Rückkehr aufzufordern. Nicht T. M. »paßte« in den Orden Pour le mérite, sondern die christlichen Chefepigonen der Nachkriegsliteratur, Schröder und Bergengruen. Ganz spät – nämlich erst zwei Tage vor seinem Tode – wurde T. M. zugelassen, und zwar nur deshalb, weil er im Mai 1955 noch einmal in Deutschland ein Beglaubigungsschreiben hatte abgeben dürfen: seine Stuttgarter Schiller-Rede.

Jetzt begann auch die westliche Hälfte Restdeutschlands, offiziell dem Flüchtling, der im KZ ermordet worden wäre, zu verzeihen, was sie ihm angetan hatte. Selbst Lübeck, seit 55 Jahren beleidigt, in aller Welt nicht mehr allein durch Marzipan, sondern – seit 1901 – auch durch die Buddenbrooks repräsentiert zu sein, »beeilte« sich nun, den verlorenen Sohn zum Ehrenbürger zu machen, schon zwölf Wochen vor dessen Tode; alle früheren Versuche, eine Mehrheit im Stadtparlament für das Selbstverständliche zu erzwingen, scheiterten am Parteigeschmeiß, an mehr und weniger dem gleichen, das zu Düsseldorf noch heute den Namen Heine nicht über der Universität zuläßt.

Geschlossen boykottierte noch 1955 die CDU-Fraktion jene Sitzung, in der FDP, DP und SPD sich überwanden, T. M. zum Ehrenbürger zu machen. Wo ein deutscher Künstler wenig gilt, da ist sein Vaterland; wo er gar nichts gilt, seine Vaterstadt.

Doch soll nicht unterschlagen werden, daß T. M. sogar von Bonn »geehrt« wurde: »Aber gesagt will sein, daß auch ein gemessenes Telegramm von dem deutschen Bundesminister für Kultur, Schröder, kam. Er muß die Erlaubnis dazu Adenauern in einer ernsten Unterredung abgerungen haben«, schreibt T. M. vier Tage nach seinem letzten Wiegenfest an Hesse; zwei Monate und zwei Tage später starb der Achtzigjährige, der also bisher so wenig von den Bonnern beachtet worden war, daß er denen noch zutraute, sie ließen in der Hauptstadt einen Kultusminister zu – während sie doch jeder Belästigung durch den Geist sorgsam aus dem Verfassungswege gegangen waren, indem sie Kultur von Anbeginn abschoben in die Provinzen an solche Minister, die keiner auch nur dem Namen nach kennt, weil die einen Namen nicht haben; Vergleich: de Gaulle hatte sein Amt noch nicht angetreten, als er Malraux ins Kabinett berief, um zu demonstrieren, die Kunst, die Literatur seien auch Regierungssache! BRD würde als Banausenrepublik Deutschland von der Nachwelt übersetzt, hätte sie Nachwelt: doch gibt es kein Beispiel – keines –, daß eine Residenz von den Geschichtsschreibern zur Kenntnis genommen wurde, die nicht Kultur zur Kenntnis genommen oder – wie Roosevelts Washington oder Stalins Moskau – auch ihre heroische Phase gehabt hat. Wir kennen allein deshalb die Herzöge von Braunschweig, weil dort die Schwester Friedrichs des Großen Lessing an ihren Hof holte, so wie alsbald ihre Tochter in Weimar Herder und Wieland.

Hat ein Bonner T. M. die letzte Ehre erwiesen, als ihn, der zeitlebens in seinen Büchern subtile Späße mit Familiennamen gemacht hat, in Kilchberg ein Pfarrer namens Schweingruber begrub? War ein Bonner in der Paulskirche, als dort T. M. zum 200. Geburtstag Goethes sprach? Nein: so wenig ein Bonner anwesend war, als dort Jünger den Goethepreis erhielt...

Leistete die Ära Adenauer in ihrer Hauptstadt – etwa architektonisch – *einen* Beitrag zur Kultur? Die Karl-Marx-Straße in Bischof Max-Straße umgetauft zu haben: das genügt nicht für Nachwelt! Vergleich: Die Wittelsbacher machten München zur Kunsthauptstadt – während anläßlich eines Lebewesens wie Strauß die Nation Gott danken muß, wenn der endlich nach fünfzig Regierungsjahren und einer Million Reden *nichts* hinterläßt, *nichts* als ein imponierendes Privatvermögen ...

Von den Bonnern bei seinem Tode geehrt worden zu sein, das kann unser Thesen-Anschläger T. M. nicht einmal vorwerfen – so wirft er dem Hundertjährigen noch vor, daß BRD wie DDR anläßlich des Zentenariums ihn gemeinsam kanonisierten. Fand er auch verdächtig, als zum 75. Geburtstag Brechts links wie rechts der Wetta geräuschvoll und fast ein Jahr lang gehuldigt wurde? Freilich, der von Tucholsky »harmlose Brecht« Genannte hat niemals ein Stück geschrieben, das nicht sogar in Bonn zur Aufführung zugelassen wurde ...

Daß der siebzig Jahre jüngere Autor jenem alten, der sich als Unpolitischer mißverstand, während er mindestens seit 1917 für das – wie er selbst im August 1914 – in die Irre getaumelte Bürgertum ein nie mehr falsch prognostizierender, nie mehr versagender Leitbildner wurde, der noch mit 43 umlernen konnte, aber nicht, wie unser Urenkel ihm vorhält, aus Opportunismus, denn warum hätte er sich sonst bloßstellen sollen durch Veröffentlichung der »Betrachtungen«, mit denen er sich ja im ungünstigsten Moment preisgab, anstatt sie in der Schublade zu verstecken –, daß er diesem Autor, der drei Bände politische Prosa hinterließ und dafür auf viele dichterische Pläne verzichtete, Fehlverhalten ausgerechnet als Politiker vorhält: das hat nichts mehr zu tun mit dem naturnotwendigen Generationskonflikt, wie er sich etwa artikulierte in der Verachtung Manns durch Brecht, durch Jahnn, Hannah Arendt. Walter Muschg, Ulrich Sonnemann, die alle *eine* Generation jünger sind als er.

316

Nein, zwischen dem Hundert- und dem Dreißigjährigen, der ja schon der Urenkel-Generation angehört, ist keineswegs mehr der übliche Vater-Sohn-Konflikt mit dem Lübecker auszukämpfen: nein, *er* lehnt T.M. ab, wie die Romantiker einst den ihnen wesensfremden Lessing, den »sie überhaupt nicht mehr unter die Dichter rechneten« (Treitschke). Und wie jene 48er-Bewegten, die in Goethes Leben wie in seinen Gedichten nur Mangel an Freiheitssinn und volksfremde Kälte erblickten, so daß sie jene »auszischten«, die des Zentenariums des damaligen »*Repräsentanten*« gedachten. Ausländer erst entdecken in Goethes Leben die Plackerei für die Armen und Entrechteten im Herzogtum, dessen Premier er gewesen; und entdeckten im Werk, keineswegs nur in den Wanderjahren, den ein Jahrhundert und weiter vorausblickenden Soziologen, ja Sozialisten. Doch »die Leute« urteilten wie Lotte Schiller: »Er hat sein Sach auf nichts gestellt.«

T.M. nannte Aufsatzsammlungen »Bemühungen« oder »Die Forderung des Tages« – und jede politische Zeile darin belegt, wie legitim diese Titel sind. Aber da sein letztes Wort – im Tschechow-Essay des Neunundsiebzigjährigen – ausdrücklich das Bekenntnis ist, nur die Arbeit, nur die Mühe, nicht aber ein »Ergebnis« als Ziel und Sinn des Lebens anbieten zu können, so ist er politisch uneinsortierbar, bleibt »draußen«.

Originell ist es nicht mehr, seit Lotte in Weimar dem Lübecker anzuhängen, er »verwechsle« sich mit Goethe – es ist das Niveau, die gleiche Denunziation gegen Hauptmann abzuleiten, seit dessen Stirnglatze zunahm. Auch hier kommt der Angreifer, versteht sich, an diesem Witz nicht vorbei, »bereichert« ihn lediglich durch das Soziologen-Rotwelsch unserer Jahre, indem er vom »Herrschaftsanspruch« Manns durch dessen Annäherung an Goethe spricht, von usurpatorischem Trick.

Gewiß: Zitierte etwa T.M. Goethes Selbstlob, wer mit fünfundzwanzig den Werther mache, der sei »eben doch keine Katze«, so dachte er zweifellos daran – und auch seine Leser sollten das tun, und sie haben es getan –, daß auch er, T.M., mit fünfundzwanzig die ›Buddenbrooks‹ »gemacht« habe – und demnach keine Katze sei. Wahr, nur weiß ich nicht, was daran kriminell sein sollte, auch nur erwähnenswert!

Ich finde das ehrlich, auch daß T. M. einem richtungslosen Bürgertum, das kaum bereit gewesen wäre, sich an Marx zu orientieren, in einem Roman und in wenigsten dreien von fünf Essays Goethe – und damit sich selber, warum nicht? – als Galionshaupt nahezubringen versuchte. Es gibt schädlichere Religionen als den Goethekult, speziell in jenen Jahren, speziell auch heute. Und wenn wir Goethe als Problematiker kennen, so doch in erster Linie aus dem Aufsatz Ortegas und aus denen Thomas Manns; daß der Thesen-Ankleber ihm anhängt, von Goethes »Vollkommenheit« zu schwärmen, ist so weit unter seinem wie er, wie wir alle heute: unter Manns Niveau.

Daß der von unserem Dreißigjährigen genehmigte Heinrich Mann jene Äußerung des Bruders, die offenbar den Kritiker am meisten anekelt: »Wo ich bin, ist die deutsche Kultur«, zur ersten Zeile seines Bruder-Kapitels im ›Zeitalter‹ machte, zeigt doch, daß auch der kritische ›Untertan‹-Autor diese Bemerkung nur sachlich fand. Sie war es. Oder wo sonst war die deutsche Kultur, als T. M. in die USA emigrierte?

In Deutschland jedenfalls war sie nicht: dort, wo jene »entartete« Kunst, die nicht im Ausland zu verkaufen war, verbrannt wurde wie die Bücher jener Autoren, die nur deshalb nicht als Personen mitverbrannt wurden, weil sie sich – Tucholsky etwa oder Einstein – in sachlicher Einschätzung ihrer deutschen Mitbürger rechtzeitig davongemacht hatten.

Zwar lebten noch schöpferische Persönlichkeiten im Reich, etwa Kollwitz und Barlach und Jaspers; Benn hatte sich mit einer Stabsarzt-Uniform getarnt, die Huch und Flake schrieben geduldet, aber aus der Öffentlichkeit so gut wie beseitigt; Friedrich Georg Jünger war wegen seines Gedichts: ›Der Mohn‹ schon 1934 von der Gestapo besucht worden; sein Bruder hatte mit ›Marmorklippen‹ den Kopf riskiert, Wiechert kannte das KZ schon von innen; Kuckhoff wurde enthauptet, Reck-Mallescewen wie Mühsam in Dachau ermordet. Sternheim, den deutschen Molière, konnten sie deshalb aus Brüssel nicht nach Auschwitz bringen, weil er im Bett starb, bevor die Razzien einsetzten ... Gertrud Kolmar, Georg Hermann, Paul Kornfeld, Theodor Wolff wurden in Auschwitz vergast.

318

Hauptmann, der Freund Eberts und Rathenaus, dem T. M. stets in der Weimarer Republik den Vortritt als »Repräsentant« zugestanden hatte und der zum »Klassiker« geworden war in jenen Zeiten, als in Deutschland die Juden die Kultur und die Arier den Antisemitismus finanzierten, wurde nun von Nazis, die er verachtete, zu den Logen geleitet, wenn er zu seinen Premieren erschien. Da man Remarques nicht habhaft wurde – der von den Nazis weitaus meistgehaßte aller Autoren –, so enthauptete Freisler Remarques Schwester...

Auch kann ein *nach* der Peripetie der Hitler-Allmacht Geborener sich nicht mehr vorstellen, daß es ein jahrelang so schauerlicher wie realistischer Gedanke für T. M. gewesen sein muß, niemals mehr, auch nicht tot, mit seinem Werk heimkehren zu dürfen: Der Auschwitzer hätte in seligem Alter wie Franco mit Staatsbegräbnis abgehen können, würde er so schlau wie der Spanier mit dem Westen Krieg vermieden haben; da wir Deutschen niemals eine Demokratie aus eigener Kraft (weil nicht aus eigenem Willen) haben errichten können; unsere Republiken wurden uns stets durch »Feinde« nach einem verlorenen Krieg aufgezwungen: Was spräche dafür, wir würden je Lust gehabt haben, nach des Führers natürlichem Ende eine zu errichten und den Emigranten zu erlauben, in den deutschen Sprachraum heimzukehren mit ihren Büchern und Bildern? Um sich vorzustellen, wie bedrückend-einsam T. M. vor dem Krieg im Ausland war – Ausland kommt von Elend oder umgekehrt –, dazu genügt diese eine Anekdote; es gibt schlimmere in der deutschen Geistesgeschichte – jammervollere gibt es nicht: In einem zweistökkigen Zürcher Laden, in dem er einen Hut oder Mantel kaufen will, flüstert ihm der Besitzer zu, im ersten Stock sei Herr Gerhart Hauptmann, der ebenfalls einkaufe. Ob er ihn sehen wolle? T. M. antwortet: »Jetzt vielleicht doch besser nicht!« Darauf der Textilhändler: »Ja, das hat eben Herr Hauptmann von Ihnen auch schon gesagt!«

Ich kann mich nicht dafür verbürgen, ob nicht vielleicht umgekehrt erst Mann – dann Hauptmann gefragt worden ist. Entscheidend und für uns in der glückverdummten Nachwelt aufschlußreich ist, daß der berühmteste Dichter im Reich, unan-

greifbar sogar durch Nazis, dem T. M. am 60. und am 70.
Geburtstag 1922 und 1932 mit seinen bleibenden Huldigungsreden königliche Geschenke gemacht hatte – wahrhaftig hatte er
Hauptmann mit einem König verglichen –, daß dieser Poeta laureatus *auch* der Nazis, den Goebbels immerhin als den »Gewerkschafts-Goethe« respektieren mußte, daß Hauptmann also nicht
das Format hatte, den jüngeren und bei weitem nicht so berühmten Freund, der nun in der Fremde sein mußte, vertrieben von
Haus und Manuskripten und Leserschaft und Heimat: anzusprechen! Dachte er wie alle Welt zur Zeit der Olympiade von 1936,
das Hitler-Regime halte sein Leben lang und »ewig«? Warum
hätte Hauptmann das nicht denken sollen: alle dachten es!

Der Schweizer Max Rychner schrieb 1937 aus Köln, wo er
Redakteur war, an Carl J. Burckhardt nach Genf, im Begriff,
zum Berner ›Bund‹ überzuwechseln: »Der Wegzug von Köln ist
uns ein Kummer. Elly trennt sich noch schwerer als ich, da hier
ein unsäglich angenehmes Lebensklima ist und man sich gar
nicht mit Ansprüchen an die Art des andern gegenübertritt...
Eigentlich hatte ich vor, noch einige Jahre in München oder
Wien zuzubringen – ich gebe die Hoffnung noch nicht auf.«
Warum hätte er sollen? Als er in jenem November, in dem die
Synagogen angezündet wurden, im November der Kristallnacht
1938, Freund Burckhardt, nun Völkerbund-Kommissar in Danzig, besucht, trifft dort aus Rom ein Brief von Ludwig Curtius
ein, »in dem eine Friedenszeit von 25 Jahren mit frohlockender
Stimme als das Allerwahrscheinlichste vorausgesagt war«! Wer,
wo man Deutsch redete und so glücklich lebte wie Rychners in
Köln, dachte noch an die Emigranten? Wir heute sind post
»festum« so schlau wie immer die, die vom Rathaus kommen.
Doch welche Hoffnung auf Heimkehr, damals, bei diesem »normalen« Leben im Reich, wenn man nicht Jude oder KZ-Insasse
war, sollte T. M. gehabt haben *können?* Und was erwartete ihn
in den USA?

Daß manche Emigranten – viele kamen elend um – mit den
Siegern heimkehrten, erweckt heute den falschen Eindruck, sie
hätten dort als Sieger gelebt. Alma Mahler-Werfel notierte 1942
nach einem Streit mit Golo Mann, »schon in Portugal innigst mit

ihm befreundet ... Ich danke Gott, daß Hauptmann nicht hier von wohltätigen Sammlungen leben muß, denn verdienen würde er keinen Cent ... kaum ins Englische übersetzt, nicht durch seine Werke bekannt ... Rich. Strauß würde zweimal in der ›Met‹ mit dem Rosenkavalier zur Aufführung kommen – und nicht öfter ... Davon aber kann er nicht leben ... Arnold Schönberg ist am Verhungern, nachdem man ihm an seinem siebzigsten Geburtstag an der Universität von Los Angeles pensioniert hat.« Von Heinrich Mann gab es in den USA kein einziges Buch!

Ich fürchte, es gibt deshalb keine Wahrheit in der Geschichtsschreibung, weil Chronisten späterer Generationen nie mehr wissen, wie schwer die's hatten, die sie darstellen. Insofern ist unser Thesen-Anschläger subjektiv ohne Schuld ... Wie furchtbar und wie wahr der Satz T. M.s, als er einem der Zahllosen, die nach Hitlers Tod sich nicht genug darüber empören, daß Mann nicht sofort ins liebe Deutschland zurückkehre, die Landsleute »aufzurichten«, antwortet: Nicht einer dieser Briefe, die ihn jetzt zur Heimkehr drängen, würde je geschrieben worden sein, hätte Hitler gesiegt!

Nein, die Kultur war da – *nur* da – wo Thomas Mann »das deutsche Wort in alter Freiheit zu führen« berechtigt war: Sie war in den USA, besonders in Kalifornien, bei ihm und den beiden Marcuse und den beiden Frank und bei Einstein und Weill und Dessau und Schönberg und bei Piscator und Zuckmayer – und Thomas Mann wäre ein Heuchler gewesen, hätte er nicht gesagt, was stimmte.

Repräsentation ist für unseren Thesen-Anschläger ein derartiges Reizwort, daß er nicht einmal fragt, wie T. M. es hätte anstellen sollen, *kein* Repräsentant zu werden! Er fragt das nicht – weil er nach der *Leistung* nicht fragt, die den Autor zum Repräsentanten erhob oder brandmarkte: diese in der Geschichte der Epik seit Homer nicht einmal bei Melville vorgekommene Leistung eines Zweiundzwanzig- bis Fünfundzwanzigjährigen!

Auch Dostojewski konnte mit nur dreiundzwanzig ›Die armen Leute‹ machen und Eichendorff ›Ahnung und Gegenwart‹ – aber der Jüngling T. M. hatte kurz vor seinem 25. Geburtstag (und ziemlich hoffnungslos, was ich erwähne, weil man ihn hier als den ewig Verwöhnten denunziert) an den Verlag ein Manuskript abgeschickt, das zum erstenmal seit ›Wahlverwandtschaften‹ den deutschen Roman wieder weltliteraturfähig machte: Allein der 75jährige Autor von ›Effi Briest‹ war dem dreimal sitzengebliebenen Jüngling aus Lübeck als deutschschreibender Prosa-Artist ebenbürtig!

Überhaupt kommen alle barbarischen Ungerechtigkeiten – keineswegs nur die an Manns Adresse geschriebenen – gegenüber der Leistung früherer Generationen aus Mangel an Einsicht, wie neu, wie überraschend, wie jeder Konvention spottend – das heißt: wie genial diese Leistung *bei ihrem Erscheinen* war! Denn ein Genie ist – Mann hat es definiert –, wer mit *neuen* Mitteln *neue,* das heißt: bisher unentdeckte oder nicht für erfaßbar gehaltene Bereiche des Daseins erschließt, der Kunst oder der Wissenschaft.

Beispiel: Als T. M. dreizehn war, erschien der ›Schimmelreiter‹, womit »Storm die Novelle, wie er sie verstand ... auf einen seither nicht wieder erreichten Gipfel führte«, wie 1930 T. M. schrieb. Aber als Thomas Mann erst siebenundzwanzig war, erschien ›Tonio Kröger‹, womit er die Erzählung, »wie *er* sie verstand«, mit völlig neuen Mitteln und Themen und einer in Deutschland noch nie gehörten Sprache vergeistigte. Das verunsichert alle Konventionellen bis zum Haß gegen das Neue: Wer gelb gewordene Literaturgeschichten der Zeit vor 1914 aufschlägt, wird lesen, wie sehr »man«, das heißt: die durch Konvention Abgerichteten, also Fachleute – bezweifelte, ob T. M. überhaupt unter die Dichter zu rechnen sei! Denn durfte ein Dichter einen Lexikon-Absatz über Typhus kaum verändert in einen Roman montieren, um das Sterben des letzten Buddenbrook auf eine so ausgenüchterte Weise ein- und auszuläuten? War das nicht »nur eine Reportage«?

Und so hat T. M. bis zur ›Betrogenen‹ mit ausnahmslos jedem Werk, auch mit Essays wie ›Bruder Hitler‹, Überraschungsangriffe gegen die von den Pawlowschen Hunden der Kritik aufgestellten ästhetischen Leitplanken geführt, auch gegen die moralischen. Wie bis dato »unerhört«, wie sensationell kühn das – so nannte es Benn –.»phosphoreszierende« Deutsch der Lübecker

Brüder, der Rhythmus ihrer Prosa, ihr Themengriff schon im ersten Jahrzehnt ihrer Wirkung empfunden wurden, haben so neidlos vielleicht zwei ebenso bedeutende Neuland-Gewinner im Reich der Sprache nur deshalb anerkannt, weil Lyrik ihr Hauptgeschäft war: Rilke und Benn.

Fünfzig, sechzig Jahre später Geborene, die also den verbotenen Autor erst ungefähr an Hitlers letztem Wiegenfest entdeckten, wurden noch ebenso schockiert, ja gelähmt durch die Sprache Manns, den sie nicht als Erzähler zuerst, sondern als Redner erlebten: in jenen sieben Minuten, in denen er den Braunauer persönlich anredete, den er in den Alpen vermutete.

Die *Scham*, die dieser Redner zum Beispiel in einem gerade vierzehn gewordenen Jungvolkjungen damals auslöste, als er mitteilte, wie feierlich die japanische Regierung zum Ableben ihres Todfeindes Roosevelt in Washington kondoliert habe – und was dagegen *unser* Führer zum Tode des »größten Kriegsverbrechers aller Zeiten« in den Äther geifern ließ, diese Scham hält dreißig Jahre!

Es war ein sehr heißer Aprilnachmittag, aber mich fröstelte, als ich dieses Deutsch hörte, der ich ja noch nie eine Rede Luthers gelesen hatte. Wie Mann den durch die ersten Minuten jedem verekelten Hitler zuletzt – sich überwindend – *duzte;* und die demagogische Wucht dieses *furchteinjagenden* Politikers – der jetzt Dreißigjährige »beanstandet«, er sei keiner gewesen –, als er schloß:

»Schande genug, du stupider Völkermörder, daß *Der* gehen mußte und du noch lebst! Wie kommst du dazu, noch zu leben? Wo dieser – Geist wurde, bist du nur noch ein Gespenst. Verstecke dich eine Weile noch in dem Bergloch, das deine Getreuen dir gruben! Deine Tage sind gezählt; sie waren es, als dir dieser Gegner erstand, und noch im Tode wird er dir furchtbar sein.«

Ist eine solche Rede – und allein deren gibt es fünfundfünfzig – nicht »Werk«? Ist sie weniger dauerhaft als eine Erzählung, ist sie keine? Oder eine Ballade – wie jene etwa vom 27. Juni 1943, als Mann der Welt den Aufstand der Geschwister Scholl verkündet? Wer sonst hätte damals im »feindlichen« Rundfunk sagen dürfen: »Ehre und Mitgefühl auch dem deutschen Volk!«

Da rufen alle jungen Theoretiker im Chor, der Dichter habe sich zu engagieren – doch wenn er es tut, und seit Büchner hat keiner es so konsequent getan, dreißig Jahre lang, wie Thomas Mann: dann soll er es nicht mit dem technisch hörbarsten Mittel tun – das war im Krieg BBC –, sondern fürs Bücherbord, versteckt im Rosinenteig der »Belletristik« – als wisse heute noch irgendwer, wie die abzugrenzen ist.

Ist ›Der gute Mensch von Sezuan‹ politische Dichtung – nicht aber Manns Moses-Novelle ›Das Gesetz‹? Und da T. M. dank seines uns schon bekannten »Vitalitätsdefizits« noch die einflußreichsten seiner Verächter auch physisch überstand, so hat seine Sprache weiter ausgreifend Schule gemacht als die jedes anderen Deutschen seit – Verzeihung, ich muß es sagen – seit Goethe.

Nicht Manns Sprache also kann der Zehn-Thesen-Kämpfer gemeint haben, als er dessen »Zukunftswirkung unerheblich« nannte, sondern Themen und Erzählformen, die Mann *er*schloß und *ab*schloß. Das aber spricht nicht gegen ihn als Klassiker, sondern belegt, daß er einer war: Nicht nur anläßlich Vergils hat Eliot den Klassiker geradezu definiert als den, der vollendet, also abschließt: eine Kunstform, ein Weltbild, ja sein Zeitalter, das er – warum nicht? – *repräsentierte*.

Ein Unglück war's ja wohl nicht für uns Deutsche, daß in jenen zwölf Jahren, da wir mehr Aufmerksamkeit in aller Welt erregten als tausend Jahre lang vorher, uns *noch einer* repräsentierte, neben dem anderen, der für achtzig Millionen redete.

Der alte Mann und das Glück:
Ernest Hemingway

> »Die Größe Hemingways liegt darin,
> daß er als einziger unter den lebenden
> Schriftstellern seine Bücher mit
> der Erinnerung an körperliche Lust
> angefüllt hat, Sonnenschein und
> Salzwasser, mit Essen, Wein und
> Lieben und mit der Reue, die
> der Schatten jener Sonne ist.«
>
> PALINURUS, DAS GRAB OHNE FRIEDEN

> »...übrigens schließt mein Begriff
> der Souveränität den Selbstmord ein.
> Er ist sogar der souveräne Akt
> schlechthin, neben den Tränen und
> dem Lachen das humane Monopol.«
>
> ERNST JÜNGER, ALADINS PROBLEM

Der Selbstmörder Ernest Hemingway war in diesem Jahrhundert einer der vom Schicksal meistverwöhnten Sterblichen. Wem das paradox erscheint, der übersieht, eine wie selbstverständliche Partnerschaft dieser Erzähler zeit seines Lebens mit dem Tode unterhielt; übersieht auch, daß erst in der Nähe des Todes oder doch der Todesgefahr der Arztsohn Hemingway – als Krieger, Reisender, Jäger – zu dem Dichter wurde, der das Psychogramm seines Zeitalters so eindrucksvoll mitbestimmte. Und es mitüberliefern wird, solange man Englisch liest.

Als er Kind war, konnte man an Bostoner Häuserwänden so ruchlos optimistische Aufschriften lesen wie: »Das Schicksal ist nur für die Dummen!« Daß Hemingway schon als Junge, der einmal seinen praktizierenden Vater an ein Sterbebett begleitete, sich rebellisch auflehnte gegen dieses realitätsblinde, heuchlerisch »besonnte« Lebensgefühl Amerikas, auch Europas zur Zeit seiner Schülerjahre; daß er mit Sarkasmus dem Fortschrittswahn und der Illusion eines ewigen Friedens begegnete, machte ihn zum Tragiker, während doch seine Klassenkameraden stets die Meinung gehegt hatten, der immer lustige Ernest werde ein humoristischer Schriftsteller...

Sehr früh schrieb Hemingway seinem Vater, der als Präsident der Chicagoer Ärztekammer scheinbar ein Standbild des erfolgreichen Durchschnitts-Amerikaners war, sich aber schon 1928, mit siebenundfünfzig Jahren, erschoß: »Um wieviel besser ist es, man stirbt in der glücklichen Zeit noch nicht desillusionierter Jugend, man tritt ab im hellen Glanze des Lichts und nicht mit einem verbrauchten alten Körper und zerbrochenen Illusionen.«

Genau dies hat Hemingway dreiunddreißig Jahre später getan, als er der Auffassung war, nicht mehr schreiben zu können – eine Auffassung, die seine Frau, seine Ärzte geteilt haben, vielleicht aber doch nur unter dem Einfluß der bewegenden Klagen des frühzeitig gealterten Mannes. Denn die vermutlich letzte seiner Arbeiten überhaupt, die letzte seiner Pariser Skizzen mit dem irreführenden Titel ›Paris hat kein Ende‹, ist noch auf der Höhe seiner großen Prosa: wenige Seiten über die unfreiwillige Trennung von seiner ersten Frau Hadley Richardson, ein Stück Autobiographie unverwandelt gesteigert zu einer der so seltenen Ehegeschichten weltliterarischen Ranges.

Dies erklärt neben sehr vielem anderen, warum er einer der meistbevorzugten Zeitgenossen gewesen ist: Noch mit seiner letzten Arbeit vermochte er sein Ende mit seinen Anfängen zu verknüpfen, sein »Alter« – er wurde nur 61 – mit seiner Jugend und konnte als Autor heimkehren nach Paris, an seinen Ursprungsort, in die Stadt, in der er zwar nicht so arm gewesen war, wie er gern renommierte, aber unbekannt, doch hoffnungsvoll und produktiv wie nirgendwo sonst: Hier hatte er einen Tag erlebt, an dem ihm drei Kurzgeschichten geglückt waren, geschrieben in einem Café, um daheim die Heizung zu sparen. Und Paris liebte er so heftig wie nicht einmal Venedig.

Ganz großes Glück hatte er zunächst mit seinem Vater, der ihn offenbar nie bedrängt hat, einen anderen Beruf zu erlernen als den des Schriftstellers. Seit seiner Pubertät war Hemingway nicht eine Minute im Zweifel, daß er Autor werden würde – oder gar nichts. Sein Großvater Hall prophezeite wenige Tage vor seinem Tode (1904), diesen Enkel bringe die ausschweifende Phantasie entweder ins Zuchthaus oder zu Weltruhm: Der Fünfjährige hatte ihm geschildert, wie er ganz allein ein durchgegangenes Pferd aufgehalten haben wollte; auch als Erwachsener glaubte er sich zuweilen jedes Wort, obgleich er hanebüchene Erfindungen als wahre Episoden zum besten gab. Um nur eine zu erzählen: Er rühmte sich, 1944 an der Invasionsfront – genauer: hinter ihr – einen gefangenen »Kraut« (Deutschen) dreimal in den Bauch und einmal in den Kopf geschossen zu haben – »bis dem das Gehirn zur Nase herausquoll«–, weil der »Kraut« die Amerikaner eine degenerierte Rasse genannt und sich geweigert habe, Aussagen zu machen. Als junger Mann wollte er eine Nacht mit Mata Hari, der berühmtesten Spionin des Ersten Weltkriegs, geschlafen haben – doch war sie bereits 1917 hingerichtet worden, während Hemingway erst 1918 als kriegsfreiwilliger Sanitätshelfer nach Europa, an die italienisch-österreichische Front, verschifft worden war. Meist erzählte er natürlich derlei Geschichten weniger, um sich selbst an ihnen zu berauschen; er erzählte sie, weil er Journalisten »verarschen« wollte, von denen er sagte, daß sie einem »nicht das Tafelsilber stehlen wie die anderen Gäste, sondern die Ideen«. Im Ernst dachte er aber sehr hoch vom Journalismus, in dessen Schule auch er schreiben und seine berühmt gewordene ›Rest ist Schweigen‹-Kunst des Weglassens erlernt hatte; nur hielt er mehrfach fest, wer Schriftsteller werden wolle, der müsse eines Tages, und nicht zu spät, konsequent brechen mit dem Beruf des Reporters: dürfe jedoch später, wenn er seinen Stil, sein Thema gefunden habe, auch wieder Reportagen schreiben. Hemingway schrieb meisterhafte noch als Nobelpreisträger (seit 1954).

Sein Vater lehrte die Kinder angeln (mit drei Jahren erhielt Ernest die erste Angel) und schießen, er zeigte ihnen, wie man Lagerfeuer macht und Fisch und Geflügel brät – während die

Mutter vergebens darum bemüht war, Ernest zum Cello-Spieler »abzurichten«. Sie besaß einen großen Musik-Salon, malte und erwarb sich mit aufreizender Zähigkeit die lebenslängliche Abneigung ihres Sohnes, der sie mehrfach die »ärgste Hündin Amerikas« nannte und nicht zu ihrer Beerdigung fuhr, sondern Geld für den Sarg schickte – ein verspätetes Gegengeschenk für die Pistole, mit der sein Vater sich erschossen hatte und die ihm einst von der Witwe als Weihnachtsgeschenk zugesandt worden war... Später sagte Ernest, eine unglückliche Jugend sei die beste Schule für Autoren – Krieg ausgenommen. Und doch beharrte er darauf, nie als Junge einen unglücklichen Tag gehabt zu haben. Und zweifellos hat er seiner Mutter unrecht getan, denn mindestens die enorme Energie hatte er von ihr, vermutlich auch das (meist verschwiegene) Vermögen, ohne das seine erwerbslose Anlaufzeit in Paris nicht zu finanzieren gewesen wäre.

Daß man überhaupt zahllose solcher Geschichten von Hemingway kennt, auch schlimmere, auch lustigere, die seit seinem Tode »von selbst an einer solchen Gestalt weiterbilden«, wie einmal Jacob Burckhardt den Prozeß definiert, mit dem ein Mensch zum Denkmal wird und Wirklichkeit zur Legende – verdankt er wiederum seinem Glück: Er hatte einen Bruder, der ein höchst anschauliches Buch über ihn schrieb, obgleich der vielfach verwöhnte Nobelpreisträger verächtlich und arrogant, ja erschrocken auf die Nachricht reagiert hatte, sein Bruder wolle über ihn schreiben. Er hat tatsächlich überlegt, ob er ihm das Manuskript nicht abkaufen und es vernichten solle – es ist erhalten als das geglückteste Buch, das vielleicht überhaupt ein Bruder über einen Künstler schrieb. Auch Hemingways Witwe kann erzählen; bei weitem nicht so gut wie ihre Erinnerungen sind jene des Sohnes Gregory, eines Arztes, der aber auch bestätigt, wie lebensecht jene zwei Bücher sind, die Carlos Baker und A. E. Hotchner über »Papa« Hemingway veröffentlichten. Seinem Freund Hotchner hatte Hemingway erlaubt, all das auf Tonband aufzunehmen, was sie auf Reisen, in Arenen oder Lokalen miteinander beredeten. Das Tonband war dabei, wenn sie Stars oder Ärzte besuchten, tranken oder telefonierten.

Hotchners Protokolle des menschlichen, auch allzu menschlichen Zusammenseins mit dem melancholischen Weltberühmten bereichern, erschüttern, trösten auch jeden, dem das Werk Hemingways möglicherweise partienweise verjährt scheint. Hemingway um wieder von seinem Glück zu sprechen, verdankt Hotchner, der ihn als einen von Altersangst, von dennoch unversiegbarem Sarkasmus, von politischem Verstand und einer höchst gewinnenden Selbstironie geprägten Mann zeichnet, daß sein Bild um genau *die* sympathieweckenden Züge bereichert wird, die einem die Epik des Mannes aus Chicago nicht mitliefert: Mitgefühl für den Autor stellt sich bei der Lektüre Hotchners ein, hohe Achtung vor ihm durch Hotchners Mitteilung, welchen »Zuständen«, Ermüdungen, Nervenkrisen die imponierende Lebensleistung dieses Arbeiters tagtäglich abgekämpft werden mußte, der in Depressionen verfiel, wenn er nur *einen* Vormittag nicht weiterkam an seinem Stehpult! Und der Kraftmeier, ja Angeber, der allzu Erfolgverwöhnte, als der uns Hemingway zuweilen auf die Nerven fiel, ist durch Hotchner fast auf Null reduziert und daher in seinen menschlichen Dimensionen so sehr erkannt und vertieft worden, daß er jetzt vor uns steht wie der alte Mann selbst aus jener seiner Erzählungen, die dessen Kampf mit den Haien im Golfstrom schildert und zum Paradigma menschlichen Ringens wurde.

Glück mit Gefährten – Glück auch in Gefahren: Die Mine, auf die er 1918 in Italien sein Sanitätsauto steuerte, hätte ihn ohne sein Glück getötet oder mindestens verstümmelt. Keiner seiner drei Söhne kam um im Krieg. Er selbst überlebte Frontkämpfe – wenn auch immer nur sehr kurzfristige, denn er war Journalist, nicht Soldat – in Spanien wie am Hürtgenwald.

Er hatte Glück mit seiner Notlandung am Rande des Urwaldes, weil er sich mit Frau und Pilot vor einer Herde bedrohlicher Elefanten auf einen Felsen flüchten konnte, auf dem er schon am nächsten Tag entdeckt und gerettet wurde; Glück hatte er auch wenige Tage zuvor bei seinem berühmten Flugzeugabsturz – die Maschine war vor der Landung in eine Lichtleitung geraten –, obgleich seine gesundheitlichen Einbußen nicht so harmlos waren, wie er vorgab. Und auch mit seinem Ende hatte er Glück: Drei oder vier Versuche, sich umzubringen, wurden zwar verhindert, indem man ihn zurückriß, als er sich aus dem Flugzeug stürzen oder in einen Propeller laufen oder vor seinem Gewehrständer erschießen wollte – endlich aber behauptete er doch sein Selbstbestimmungsrecht über Todesart und -datum.

Hemingway hatte aber vor allem Glück im Beruf. Zwar erfuhr er als Fünfundzwanzigjähriger mit seinem zweiten Buch nicht jenen sensationellen Triumph, den der fünfundzwanzigjährige Thomas Mann mit *Buddenbrooks* erlebt hat – doch blieb ihm, im Gegensatz zu Thomas Mann, in der Mitte des Lebens der furchtbare Schock des Emigrierenmüssens in einen fremden Sprachraum erspart, die Verteufelung seiner Muttersprache und seiner Nation vor aller Welt durch Teufel, die sich das Vaterland zum Entsetzen der Welt angeeignet hatten; Hemingway blieb, Repräsentant seiner Nation schon im Jünglingsalter wie einst der Lübecker, in ruhiger, produktiver Übereinstimmung mit den politisch-gesellschaftlichen Anschauungen seiner Landsleute; und ging er in den Krieg – nach Spanien oder Frankreich –, so wußte er: er war auf der Seite der Humanität. Glück also auch mit der Politik, das heißt: sein Selbstbestimmungsrecht ihr gegenüber! Kämpfte er in Spanien auf seiten der Kommunisten, weil zuletzt sie allein dort noch gegen den Faschismus kämpften, so war er dennoch nie Kommunist, nie parteilich festgelegt. Als Präsident Eisenhower ihn einlud zu seiner Rußland-Reise, lehnte Hemingway dankend ab: Er wollte nicht als Mitläufer ihm staatlich verordneter Dolmetscher, ohne die er mit keinem Einheimischen hätte sprechen können, die UdSSR besuchen...

Obgleich Hemingway täglich, aber wenig schrieb – etwa eine Druckseite, oft nur eine Manuskriptseite und immer nur vormittags, in den ausgeschlafensten Stunden –, gehörte er doch seit *In einem andern Land* zu den meistrespektierten Meistern seiner Sprache, also seit seinem dreißigsten Jahr, das auch bei ihm wie bei den meisten nicht ausgesprochen Frühreifen offenbar das entscheidende war. Zehn Jahre später – er machte Pausen zwischen seinen Romanen, schrieb dann Reportagen – glückte ihm in nur zehn Wochen die fast korrekturenlose Niederschrift jener

Erzählung *Der alte Mann und das Meer,* die seine Wiederauferstehung sogar vor den Kritikern war, die wegen seines Venedig-Romans im Jahr zuvor schon frohlockten, ihn endgültig eingesargt zu haben.

Man liest ihn heute anders als zu seinen Lebzeiten, weil sein imponierender Entschluß, selber mit einer Doppelrohrflinte in die ›ewigen Jagdgründe‹ hinüberzuwechseln, alles, was er je schrieb, legitimer macht. Ein Jäger, der zum Schluß sich selber erschießt, ist sozusagen der einzige überzeugende Jäger: Er hat keinem Tier angetan, was er nicht sich selber zuzufügen bereit war. Selbst so empörende Sätze, die man früher mit Widerwillen las: »Ich kann nur Männer achten, die gekämpft haben«, werden erträglich oder wenigstens verständlich, wenn man weiß, welchen Tod der sich bereitet hat, der das schrieb.

In der Tat ist es ein großes Glück für ihn, daß mit seiner Todesart seine allzu gespreizt zur Schau getragene Männlichkeit, Jagdlust, Kampfgier, Schießwut, Todesnähe eindrucksvoll gerechtfertigt werden.

Nun liest ihn schon der Jahrgang, der zur Welt kam, als Hemingway sich umbrachte – die heute Sechzehnjährigen haben ihn für sich entdeckt, lesen ihn auch schon in der Schule.

Und wir Alten, die wir ihn jetzt wiederlesen, entdecken in seinen Büchern, was wir als Jungen noch gar nicht suchten in ihnen, weil wir es selber hatten: Jugend … nur Joseph Conrad und Thomas Wolfe fallen mir ein, wenn ich nach Epikern Ausschau halte, die ebenso intensiv das Gefühl vermitteln, noch einmal teilhaben zu dürfen an der Jugend, die für uns dahin ist! Jugend: nicht mißverstanden als primitive Abenteuerei, als Verantwortungsflucht, hinweg aus den Pflichten, aus den Städten zu sonnigen Küsten, sondern als eine dem Alltag, dem Büro, der Familie bewußt abgekämpfte Ferienzeit.

Ein Denker war er nicht, so wenig wie andere sehr große Menschendarsteller, so wenig wie Tolstoj oder Hauptmann. Nicht einmal ein Essayist. Und doch glückte es ihm in seinen Spitzenleistungen, die Forderung Stendhals an den Romancier zu erfüllen: »Philosophisch schreiben« – keiner seiner Romane im

Ganzen erfüllt dieses Gesetz, wohl aber in allen Büchern einige Seiten; so wie seine etwas über zwei Seiten kurze Erzählung *Alter Mann an der Brücke* höchste Bildnerkraft, Anschaulichkeit vereint mit der philosophischen Essenz unseres ganzen Zeitalters der ersten zwei Weltkriege.

Tod, das Nichts, der Krieg, Altersängste – das alles ist ja da, auf jeder seiner zweieinhalbtausend Seiten, aber ist nur da wie das Wasserzeichen in schwerem Papier; es drängt sich nicht auf, sondern es legitimiert nur die Heiterkeit, das Feriengefühl, den Blick auf Meere und in tiefe Wälder, die uns dieser Mann in seinen Büchern schenkte, die vermutlich zu den dauerhaftesten gehören, weil sie ein Urverlangen gerade auch der stadtmüden Erwachsenen stillen: nach ernsthaften Robinsonaden.

DIE BRIEFE

Ein Geschenk für den, der auf große Fahrt geht: Hemingways bei weitem umfangreichstes Buch, 638 Seiten, aber ganz handlich, dünnes Papier, altmodisch in schönstes Leinen gebunden: zweihundert der schätzungsweise siebentausend Briefe, die Hemingway in seinem Leben schrieb. Drei Briefe des Neunjährigen zuerst; zuletzt dann sein Brief *an* einen Neunjährigen, der mit einem Herzleiden im Spital lag und jung starb. Merkwürdig: Hemingways erster erhaltener Brief spricht von Fischen – sein letzter auch. Der Neunjährige an den Vater: »Lieber Papa: Letzten Freitag war das Wasser in unserem Aquarium in der Schule ganz trüb. Ich hab' eine Muschel reingetan, die ich vom Fluß mitgebracht hatte. Sie hing bei einem unserer großen japanischen Schleierschwanzgoldfische am Schwanz...« Und an den Neunjährigen schreibt der Einundsechzigjährige, der sich knapp drei Wochen später, Sonntag früh am 2. Juli 1961, mit einem doppelläufigen Gewehr und zwei Patronen die Schädeldecke wegschießen wird: »...ich hatte die Möglichkeit, etwas von der herrlichen Landschaft am Mississippi zu sehen, dort, wo man in alten Holzfällerzeiten die Baumstämme runtertrieb, und die Pfade, auf denen die Pioniere nach Norden kamen. Ich sah im Fluß ein paar gute Barsche springen. Ich wußte bisher überhaupt nichts über den oberen Mississippi; es ist wirklich ein herrliches Land, und im Herbst gibt es dort eine Menge Fasane und Enten... Ich hoffe, wir werden beide bald ... zusammen über unsere Krankenhauserfahrungen Witze machen.«

Daß ein Vierteljahrhundert verging, bevor diese Autobiographie in Briefen endlich gedruckt wurde – herausgegeben von jenem Professor Carlos Baker, der schon bald nach Hemingways Tod in Zusammenarbeit mit der Witwe die sozusagen offizielle Biographie publiziert hat –, ist auf des Dichters testamentarische Verfügung zurückzuführen, nie einen seiner Briefe je zu drucken. Denn, so schrieb Hemingway 1952, seine Briefe seien zu »oft verleumderisch, immer indiskret und oft obszön«. Und das ist wahr. Auch kann man sich ärgern, wie dumm sie zuweilen sind, wenn der stets reizbare Riese seine schreibenden Kollegen überblickt: die Bestätigung der uralten Erfahrung, daß Männer sich nie lächerlicher machen, als wenn sie über Rivalen sprechen. Und Hemingway sah sogar in Klassikern noch Rivalen. Der einzige Satz über den Dichter von ›Carmen‹: »Werde für die Reinkarnation Prosper Mérimées gehalten, den ich nie gelesen, aber immer für ziemlich schlecht gehalten habe.« Mehrfach spricht Hemingway im Vokabular der Boxkämpfer. Zu seinem Verleger meint er: »Ich bin ein Mann ohne Ehrgeiz, außer dem, daß ich Weltmeister sein will; ich würde zwar nicht gegen Dr. Tolstoi antreten zu einem 20-Runden-Kampf, weil ich weiß, daß er mich zu Brei hauen würde..., aber über sechs Runden würde ich es mit ihm aufnehmen, und er würde mich keinmal treffen, und ich würde ihn völlig fertigmachen und ihn vielleicht k.o. schlagen... Ich hab' angefangen zu versuchen, tote Schriftsteller zu schlagen... Zuerst habe ich es bei Mr. Turgenjew versucht, und das war nicht allzu schwer. Dann bei Mr. Maupassant (das »de« gestehe ich ihm nicht zu), und es brauchte vier der besten Erzählungen, um ihn zu schlagen... Mr. Henry James würde ich mit dem bloßen Daumen erledigen... und ihm dann eine dorthin verpassen, wo er keine Eier hatte, und dann den Ringrichter bitten, den Kampf abzubrechen...« So über viele Seiten, aber weitaus gehässiger noch. Und primitiver.

Solche Entgleisungen sind nicht typisch für die Briefe, abgesehen von jenen über Autoren – für die sind sie exemplarisch. Die große Mehrzahl der Briefe bestätigt das Bild, das Hemingway-Leser seit Jahrzehnten von dem Epiker haben, ohne dieses Bild wesentlich zu erweitern. Mit Ausnahme der politischen Haltung Hemingways, die in den Briefen – ähnlich ist das ja beim späten Fontane – so drastisch ausgedrückt wird wie nirgendwo in seinen Romanen und Erzählungen.

Es ist das Bild eines Erzählers, der sein Bild von der Welt, unter Verwendung eines Zitats, als Siebenundzwanzigjähriger in die Zeile faßt, die zum Titel der Briefsammlung wurde: »Die Welt ist so voll von so vielen Dingen, daß ich sicher bin, wir sollten alle glücklich wie die Könige sein. Wie glücklich sind Könige?« Zwanzig Jahre später, als sich 1946 bereits der Kalte Krieg abzuzeichnen beginnt, schreibt der aus den Schlachten der Westfront Heimgekehrte dem russischen Epiker Simonow einen langen Brief über seine Teilnahme an der Invasion in der Normandie (6. Juni 1944), der Befreiung von Paris und der Abwehr der letzten Offensive Hitlers in den Ardennen (Weihnachten 1944); und auch in diesem Brief wiederholt er das Bekenntnis aus frühen Jahren, dem Leben die positiven Aspekte abzugewinnen, anstatt »den wiederholten Vorführungen eines Churchill zu lauschen, der macht jetzt das, was er schon 1918/19 gemacht hat, um etwas zu bewahren, das heute nur durch Krieg bewahrt werden kann. Verzeihen Sie mir, wenn ich über Politik rede; ich weiß, daß man mich immer für einen Narren hält, wenn ich das tue. Aber ich weiß, daß nichts zwischen der Freundschaft unserer Staaten steht...« Hemingway hatte postuliert: »Nach allem, was die Welt sich geleistet hat, sollten Schriftsteller in der Lage sein, einander zu verstehen.« So wollte er die Welt sehen, als der leidenschaftliche Liebhaber des Lebens, der Hemingway immer war – zum Glück für seine Bücher, ein Glück, das sich auf die Leser überträgt. Auch auf die Leser vieler dieser Briefe. So konnte er seinen letzten Skizzen, die er sich heroisch abkämpfte, bereits geschlagen von Depressionen und hohem Blutdruck und Verfolgungswahn, noch den Titel geben: ›Paris – ein Fest fürs Leben‹. Danach hat er sich erschossen.

Schreiben, das sagte auch Baker, war für Hemingway neben anderem Beschäftigungstherapie (wie übrigens für *jeden*). Stand er jedoch an seiner Schreibmaschine, obsiegte sein Humor, seine Lust am Dasein, seine Freude und Fürsorge für seine drei Söhne, die er ebenso früh für Jagd und Fischfang ausbildete, wie er dafür von seinem Vater ausgebildet worden war – fast früher noch, als er das College besuchte. Wenn Hemingway nur selten in den USA lebte – keiner seiner Romane spielte dort! –, wenn er nur in frühesten Jahren zeitweise eine Anstellung als Reporter in Toronto hatte, aber nie das gelernt hat, was man einen soge-nannten »bürgerlichen« Beruf nennt, so personifizierte er selber genau jene Lebensform als Jäger, Fischer, Schreiber, Soldat, die auch die tragenden Figuren seiner Romane und vieler Novellen kultivieren.

Aber ebendiese zuerst von Hamsun im 20. Jahrhundert so radikal ausgelebte Abneigung gegen alles, was unter dem Begriff »Stadt« zu subsummieren ist, diese schon zivilisationsfeindliche große Gebärde der Verachtung alles dessen, was das eingekäfigte Dasein des Durchschnittsbürgers bestimmt und verschleißt, hat die weltweite Popularität zuerst Hamsuns, dann Hemingways ausgelöst. Hemingway wagte noch zu *sein*, was die allermeisten nur *erträumen*. Seine Briefe, genau wie seine Bücher, belegen das denn auch ganz deutlich. So, wenn Hemingway am 30. Mai 1932 an Dos Passos schreibt: »Lieber Dos: Also, da hast Du was verpaßt, als Du diese Reise nicht mitmachtest. Mann, ich wünschte, Du hättest es einrichten können. Habe 19 Marlin-Schwertfische gefangen und drei Seglerfische (einer acht Fuß neun Zoll). Habe die ganze Küste mit Nahrung versorgt. Sogar in diesen Zeiten bringt es zehn Cent pro Pfund...«

Schon zwanzig Jahre bevor er ›Der alte Mann und das Meer‹ veröffentlichte, beschrieb er in vielen Briefen den Fischfang und die Jagd. Übrigens auch in einer meisterlichen Reportage, die vielleicht künstlerisch noch höher steht, sprachlich noch reifer, üppiger und schöner ist als später die Novelle, der Hemingway den Nobelpreis verdankt. Auch schon hier beschreibt er den Verlust der Beute durch die Haie. Außerdem kommt er noch einmal auf die Möglichkeit zu sprechen, überhaupt als Fischer seine Familie zu ernähren – und vermutlich hätte er das versuchen müssen ohne die Zuwendungen der reichen Mutter und der sehr reichen zweiten Frau. Denn wirklich viel Geld brachte ihm erst 1940 ›Wem die Stunde schlägt‹, sein Spanienkrieg-Roman, und vor allem dessen Verfilmung. Es ist ja eine der vielen Legenden um Hemingway, daß er sehr früh hohe Auflagen gehabt habe. Der listige Ernst Rowohlt, den Hemingway ebenso wie dessen Sohn Heinrich Maria Ledig-Rowohlt auch über die Nazi-Zeit hinweg als Freund geachtet hat, verschwieg mit Fleiß, daß er von den ersten Hemingway-Romanen, die er in Berlin herausbrachte, ungefähr je dreihundertfünfzig Exemplare verkaufen konnte! Rowohlt aber, der ja nun auch diesen Briefband der zehnbändigen Hemingway-Gesamtausgabe folgen läßt, blieb Hemingway trotz den deprimierenden »Absatz«-Zahlen immer treu – eine Treue, die sich später dann auch für den Verlag königlich bezahlt gemacht hat.

Von all dem, auch von den Geldproblemen und den drei Ehescheidungen, die offenbar nie zu dauernden Trennungen von den Geschiedenen führten, sprechen diese Briefe ebenso unverblümt wie die autobiographischen Skizzen in den Werken. Vor allem sind aber diese Briefe Denkmäler der Freundschaft – ob es gilt, einem Freund »nur« finanziell oder vor Gericht beizustehen, auf Hemingway ist unbedingt Verlaß. Dort sogar, wo er sich selber politisch dadurch erheblich in Mißkredit bringt – etwa wenn er für den zum faschistischen Propagandaredner (in Italien) gewordenen Ezra Pound eintritt, der durch die Todesstrafe bedroht und nur zu retten ist, indem man ihn in einer Irrenanstalt unterbringt...

Das Buch bringt viel von dem, bewahrt es und überträgt auf den Leser, was man Hemingways persönliche Ausstrahlung genannt hat – nur Franklin Delano Roosevelt, so heißt es in einem der zitierten Augenzeugenberichte, habe noch ähnlich wie Hemingway das Zentrum eines Raumes gebildet. Nicht einmal Winston Churchill, so Archibald Mac Leish, habe vermocht, »so sehr wie Ernest in einem Zimmer präsent zu sein«. Nur logisch, daß dann in politisch derart hysterisierten Zeiten wie denen der zwei Weltkriege und des Faschismus und der Kommunistenjagd durch Joseph McCarthy auch die politischen Urteile und Fehlurteile eines immer temperamentgeladenen Dichters, der sich in allen seinen Briefen nicht zügeln wollte, nicht »ausgewogen« waren, wie heute das Modewort »vorschriftsmäßiger« Fernsehkommentatoren heißt.

Um aber vom Zeitgeist der zwanziger, dreißiger, ja noch der fünfziger Jahre Authentisches zu hören, muß man die Briefe dieser Jahre lesen — denn sogar die Tagebücher werden ja nur höchst selten »ungereinigt« gedruckt. Wenn auch Hemingways Witwe Briefe zurückhielt, zum Beispiel Briefe an Frauen (wenn auch nicht an frühere Ehefrauen Hemingways), so bleibt doch als ihr Verdienst hervorzuheben, daß sie keinen einzigen der hier gedruckten Briefe gekürzt hat: Wie leicht hätten sich Fälschungen unter dem Vorwand, Wiederholungen streichen zu wollen, bewerkstelligen lassen!

Hier aber erfährt man erstmals, wie radikal der junge Hemingway politisch urteilen konnte — während er den proletarischen, zum Mörder werdenden Helden seines Romans ›Haben und Nichthaben‹ ausdrücklich sagen läßt: »Ich bin kein Radikaler, aber eins sag' ich dir, meine Gören werden keinen Kohldampf schieben; ich weiß nicht, wer die Gesetze macht, aber ich weiß, es gibt kein Gesetz, daß man hungern muß...« In den Briefen finden sich nun erstmals Belege, daß dieser »Held« nichts weniger ist als eine »Kunstfigur« —, sondern daß hier Hemingway selber spricht. Er bekennt, ihm sei »die Lust vergangen, an irgend etwas anderem zu *arbeiten*« — und Hemingway hat arbeiten unterstrichen — »als an einem intelligenten politischen Attentat... Wenn man gesehen hat, wie Clemenceau (père de la victoire — und Freund der ›poilus‹, der Frontsoldaten) die Kriegsversehrten von der Garde républicaine über den Haufen reiten ließ, wie Rollstühle zerbarsten und die Straße übersät war mit beinlosen, armlosen Bastarden unter den Hufen der Pferde, Bastarden, die ›wußten‹, daß ›er‹ seinen ›poilus‹ nicht weh tun würde... Zum Teufel, wenn Jaurès nicht umgebracht worden wäre, hätte es in Frankreich eine Revolution gegeben ... Jaurès, Rosa Luxemburg, Karl Liebknecht, dann einer, anders als sie, aber verdammt gut, ein Bursche namens Rathenau, Stambolisky

337

– so schnell, wie in Europa ein ehrbarer Mann hoch-
kommt, wird er auch umgebracht ... und keiner hängt dafür.«
So sagte Lessing: »Heute ein Dichter – morgen ein Königsmör-
der!«

Diesen Hemingway hat keiner seiner Leser gekannt, bevor die
Briefe ans Licht kamen. Der Leser wird lange durch sie beschäftigt und mehr in ihnen finden, als hier anzudeuten ist.

George Grosz:
Der Zeuge als Klassiker

> »Es gibt keinen subalterneren Hohn
> als den auf den Dichter, der
> ›in die politische Arena hinab-
> steigt‹. Was aus ihm spricht,
> ist im Grunde das Interesse, das
> im Schweigen und im Dunkeln
> walten möchte, unbeaufsichtigt
> durch den Geist, von dem es
> wünscht, daß er sich hübsch im
> ›Geistigen‹, im ›Kulturellen‹
> halte, und dem es dafür erlaubt,
> das Politische als unter seiner
> Würde zu betrachten. Daß er
> eben damit zum Knecht des
> Interesses, zu seinem ... Partei-
> gänger wird; daß er überdies
> mit solchem vornehmen Rückzug
> auf den Elfenbeinturm eine
> anachronistische Albernheit
> begeht, soll er nicht merken.«
>
> THOMAS MANN, ›SPANIEN‹, 1937

Shakespeares Forderung: »Begegnen wir der Zeit, wie sie uns sucht«, die Stefan Zweig als Motto seiner Autobiographie ›Die Welt von gestern‹ voranstellte, ist die Maxime, nach der George Grosz zeitlebens gearbeitet hat. Das führte in Deutschland dazu – *nur* in Deutschland, keineswegs auch in den USA, wo Grosz siebenundzwanzig Jahre eine Professur für Malerei innehatte –, daß Grosz zeitlebens und auch heute noch zu jenen Künstlern gezählt wird, die man hierzulande in eine Kategorie zweiter Klasse »einstuft«. Man zählt sie zu den Zeitkritikern, also zu Vertretern der politischen Kunst – ohne zu bedenken, daß der

Gegensatz von politisch nicht klassisch ist, sondern parteiisch. Goethe, der parteiische Kunst ablehnte, hat ein für allemal definiert, anläßlich der antiken Tragödie, nicht mehr Götter und Heroen seien heute unser Schicksal, sondern: »Die Politik ist das Schicksal« – und also auch der uns heute gemäße Hintergrund, Beweggrund, Wurzelgrund der Kunst, soweit die sich überhaupt mit dem Menschen als gesellschaftlichem Wesen einläßt. Napoleon hatte das schon zu Goethe gesagt; ähnlich lautet ja seine Anordnung: »Mein Sohn soll Geschichte studieren, *die* ist die wahre Philosophie« … Ein Liebesgedicht oder eines über Venedig oder über einen verschneiten Wald kann noch immer ohne jeden Bezug zu dem sein, was Politik uns heute auferlegt; kann – muß aber keineswegs. Man denke an die Gedichtzeile Brechts, des berühmtesten der Freunde von George Grosz: »Was sind das für Zeiten, wo ein Gespräch über Bäume fast ein Verbrechen ist, weil es ein Schweigen über so viele Untaten einschließt!«

Das mußte vorausgeschickt werden, um die Denunziationen abzufangen, die noch heute Grosz angehängt werden und die Ausdruck sind einer spezifisch deutschen Geisteskrankheit, die da sagt: »Nur« ein Zeitkritiker sei er gewesen, also künstlerisch *deshalb,* weil die Epoche Gegenstand seines Malens, Schreibens, Denkens ist, nicht klassisch, sondern zweiten Ranges. In keiner anderen Nation verfiele man diesem Spleen! Aber Deutsche diskutierten im Ernst noch vor 60 Jahren in hochangesehenen Literaturgeschichten, ob der Autor der ›Buddenbrooks‹ lediglich ein Schriftsteller sei oder auch ein Dichter.

Schuf Fontane mit ›Effi Briest‹ *das* Meisterwerk zu Beginn des modernen deutschen Romans, so war er nach Auffassung dieser hinterwäldlerischen Ästheten »nur ein Schriftsteller«; reimte er dagegen seine zehnte ›Ziethen aus dem Busch‹-Ballade, so war er ein Poet. Und ebenso verrückt wie die abtaxierende Verbannung des Romans aus dem Gefilde der Dichtung – machten diese Leute, und machen das heute noch, einen Unterschied zwischen Geschichte und Zeitgeschichte. Abgesehen davon, daß kein Deutsch kann, wer das tut, denn Geschichte ohne Zeit gibt es nicht, ein Zeitkritiker wird nun einmal hierzulande nicht für voll genommen. So wenig wie ein Zeichner dann, wenn er einen an

Krücken gehenden Bettel-Soldaten zeichnet, je für so »zeitlos-klassisch« gelten wird wie Wilhelm Leibl, wenn er ein oberbayerisches Mädchen in der Tracht der Bergbewohner malt. Natürlich ist das albern, denn es gibt nur *einen* Qualitäts-Unterschied: den zwischen politischer Kunst und parteiischer Plakatschreiberei, Plakatmalerei. »Zeitlose« Kunst gibt es nicht – Kunst, die diesen Namen verdient, muß selbst dann, wenn sie *thematisch* die Zeit ausspart, in der sie entstand, in ihren *Mitteln,* das heißt: ihrem Stil – Ausdruck ihrer Zeit sein. Sprache, Pinselführung: Wer sie einfach von der stromab gegangenen Generation übernähme, wäre nichts als ein Epigone. Und politisch als Künstler arbeiten, heißt die Polis – das ist nicht nur die Stadt, sondern sind die Menschen in ihr – in Bild und Wort bannen. Mit Parteilichkeit, die nie Kunst ist, sondern Propaganda, hat das überhaupt nichts zu tun.

Grosz war nie ein parteiischer, war stets ein politischer Künstler. Die Proletarier, die Kriegskrüppel, die um eine Milchsuppe schlangestehenden Berliner Kellerkinder, der ins Ghetto verwiesene New Yorker Neger – alle diese Ausgestoßenen, Entrechteten, Verkümmerten, denen sein Herz gehörte, also seine Kunst, die Dienst an seinen Mitmenschen war – sind keineswegs idealisiert. Sie sind ebenso ironisiert, karikiert, verdeutlicht wie jene Herrenmenschen, die deshalb »Herren« sind, weil sie die Mehrheit unterdrücken.

Grosz steht in der Tradition der Berliner Klassiker des Zeichenstifts: Menzel, Käthe Kollwitz, Zille, Grosz. Menzel war der genialste, weil früheste und umfassendste, geboren 1815, gestorben 1905. Er hat als schon steinalter Mann die Empörung Seiner Majestät Wilhelms des Letzten herausgefordert, als er der jungen Käthe Kollwitz für deren revolutionären Zyklus über den Bauernkrieg die Goldmedaille der Königlichen Akademie zusprach. So wie der betagte Max Liebermann die Berufung des »Proleten-Zeichners« Heinrich Zille in die Akademie durchkämpfte, mit dem einfachen Argument: »Wer kann denn zeichnen wie Zille?«

Diese beiden Geschichten sind zwei Belege mehr für die Tatsache, daß kritische, politische Kunst von *allen* Herrschaftssystemen, ob kaiserlichen, ob demokratischen, ob kommunistischen auf genau die *gleiche* Weise bekämpft wird: indem man diesen den Staat kritisierenden Künstlern nicht etwa nachsagt, Kritik am Staat sei unzulässig – oh, nein: das sagt man nie! Denn welcher Staat will nicht für tolerant gelten? Sondern man sagt: diese Autoren, diese Zeichner seien überhaupt keine Künstler, sie könnten nichts, hätten »keine Sprache« – wer will das Gegenteil beweisen, über Geschmack läßt sich bekanntlich nicht streiten; oder sie könnten nicht malen. So war das immer: Im Reiche Napoleons III. wurde Courbet, dem späteren Communarden, der nach 1871 in der Schweizer Emigration verschwinden mußte, um nicht auf ewig eingesperrt zu werden, nicht etwa vorgeworfen, er male »Proleten« und dürfe deshalb nicht ausgestellt werden im »Salon«! Nein, man sagte Courbet nach, leider seien seine ›Steineklopfer‹ deshalb nicht ausgestellt worden, weil sie »schlecht gemalt« seien. Beweise einer das Gegenteil! Beweisbar ist, daß zweimal zwei vier gibt. Nicht aber, ob ein Autor Sprache, ein Maler Stil hat. Ästhetische Maßstäbe, da so schwammig, daß fast immer auch das Gegenteil gesagt werden könnte, werden denn auch durchweg von Leuten formuliert, die selber ganz unfähig sind, Kunst zu machen. »Wie viele Bücher über das Malen schrieb Renoir?«, fragte einmal ironisch Valéry, Frankreichs größter Lyriker seiner Zeit. Bücher *über* Kunst verfassen jene, die Kunst nicht machen. Und *deshalb* meist so viel besser von ihr leben, als jeder, der Kunst hervorbringt. Denn wer selber Kunst nicht macht, sondern nur kommentiert, stellt sich nie bloß, bleibt oben in der Wertschätzung seiner Leser. Der nun fast achtzigjährige Berliner Luft dürfte – immer »oben«, da auch noch der *einzige* Kritiker West-Berlins, in beiden großen Springer-Blättern *und* im Rundfunk – vier bis fünf Generationen von Autoren, die er zugrunde zu richten half, glänzend überlebt haben. So war das immer und überall: Bruckner wurde niemals eingeladen in Wien; Hanslick, der versucht hat, Bruckner zu liquidieren, galt fünfzig Jahre lang als unentbehrlich in jedem Salon.

Die mit den Jahren wachsende Wut, die ein solcher Parade-Kritiker aufstaut und periodisch gegen Künstler losläßt – resultiert aus seiner Einsicht, der er sich auf die Dauer denn doch nicht verschließen kann, daß der Künstler wenigstens eine Chance behält, trotz der Todesurteile, die der Kritiker über ihn immer wieder ausspricht, doch später noch gekannt zu werden, vielleicht sogar geschätzt, ausgestellt, neu gedruckt, ja als Klassiker gefeiert und geliebt wie jetzt George Grosz – während vom Kritiker nicht einmal mehr sein Grabstein aufzufinden sein wird, geschweige denn ein gedrucktes Wort! Das macht böse.

Grosz hat sie überstanden, seine Kritiker; auch seine politischen Verfolger. Der kluge Berliner Gastwirtssohn, Jahrgang 1893, wartete nicht, bis Hitler die ersten Künstler ins KZ brachte, sondern ging schon 1932 als Gastprofessor in die USA, deren Bürger er 1938 wurde und bis zu seinem Tode in West-Berlin am 6. Juli 1959 geblieben ist.

Die Wut, mit der Grosz, weil er ›Das Gesicht der herrschenden Klasse‹ prägnanter wiederzugeben vermochte als jeder Foto-Apparat, in der Weimarer Republik von allen Zeitungen verfolgt wurde, auch mehrfach von Gerichten, die sich als »Stützen der Gesellschaft« fühlten, ist heute nicht mehr nachvollziehbar. Wir lachen. Die damals Meinung Machenden lehnten aber ausnahmslos ab, Graphik von Grosz zu drucken. Er durfte in kommunistischen Winkelblättchen publizieren, malte für Piscator das Bühnenbild zu dessen Dramatisierung von ›Schwejk‹, nach dem Roman des Tschechen Hasek; wurde wegen »Gotteslästerung« verklagt, weil er ›Christus mit der Gasmaske‹ gezeichnet hat, um zu helfen, daß Gas-Verwundete endlich eine bessere Rente bekämen; die Geldstrafen waren mörderisch: zweitausend, sechstausend Mark zuweilen – was in gar keinem Verhältnis zum Einkommen des Zeichners stand, der Frau und Söhne nur ernähren konnte, weil er Bühnenbilder malte, auch für Max Reinhardt. Eine Professur hätte in der erzreaktionären Republik von Weimar niemand Grosz angeboten: *deshalb* ging er in die USA.

Ein deutsches Künstler-Leben. Zum Klassiker gemacht hat diesen Berliner der Ruf, den er in den USA genossen hat. Denn zuweilen sind sogar wir Deutsche bereit, unseresgleichen Größe und Klassizität *dann* zuzugestehen, wenn Ausländer uns sagen, *wessen* Ranges der Mensch war, der da aus unsrer Mitte hervor-

und *davon*gegangen ist. Wenige Deutsche haben Arbeiten hinterlassen, die so exakt wie die von Grosz noch entferntesten Generationen zeigen werden, wie die erste Hälfte dieses von zwei Weltkriegen gewürgten Jahrhunderts ausgesehen hat.

Und das trifft ebenso auf Grosz, den Zeichner und Maler, zu, wie auf Grosz, den Poeten und Autor: Dreißig Jahre – eine nationale Schande! – nach dem Tod dieses Mannes gibt es im Lande der zahlenstärksten Buchproduktion der Welt noch keine Ausgabe der Gedichte von Georg Grosz, die dermaßen verschollen sind, daß die wenigsten wissen, wie sehr er nicht nur als Zeichner, sondern auch als Lyriker die Gattung durch revolutionäre Innovationsschübe erneuert und bereichert hat, ebenso wie sein Gesinnungsfreund Kurt Tucholsky. Zwar ist die Autobiographie: ›Ein kleines JA und ein großes Nein‹, die 1955 bei Rowohlt erschienen ist, als Taschenbuch noch ebenso zu haben wie eine Monographie. Und vor allem liegt eine geschriebene Chronik von Rang vor: Briefe aus Jahrzehnten – zeitkritische, wie nicht überraschend. Doch auch – so faszinierend wie gänzlich überraschend – die *sinnlichsten* Liebesbriefe, die überhaupt je an eine Ehefrau – wer könnte das wissen: ich sage also nicht geschrieben wurden, aber doch im Druck erschienen sind. Der Familienvater Grosz konnte Frau und Söhne erst später nachkommen lassen in die USA – und so hat den Einsamen die Sehnsucht hingerissen, eine wahrhaft orgiastische Prosa nach Berlin zu schreiben. Und die Söhne hatten – ganz selten! – Format genug, dem Druck auch der Liebesbriefe an ihre Mutter beizustimmen.

Doch daß der bildende und Prosa schreibende – auch ein Lyrik dichtender Künstler war: wer weiß das? Allein Rühmkorf hat die Gedichte einmal in der ›Frankfurter Allgemeinen‹ gefeiert, aber einen Verleger haben sie nicht. Doch trifft auf diese Gedichte zu – ich las eine Auswahl, vor Jahrzehnten in Prag erschienen –, was zum Preis der Lyrik Kurt Tucholskys zu sagen ist, der ja endlich eine Gesamtausgabe erhalten hat. Grosz steht noch draußen vor dem Pantheon, in das er ebenso aufzunehmen ist. Denn auch Tucholskys Mitlebende hätten sich nie träumen lassen – und er auch nicht –, die Nachwelt – und wie schnell – werde ihn je zum Klassiker machen, der er doch tatsächlich war, wenn denn ein klassischer Autor *der* ist, der Hamlets Forderung an die Künstler, *ihrem* Zeitalter den Spiegel vorzuhalten, mit bisher unerprobten, nichtbenutzten Worten und Formen erfüllt. Das ist Tucholsky geglückt – in einem Maß, das nur der gerecht taxiert, der die Gedichte dieses Journalisten und Poeten mit denen seiner (oft nur epigonenhaften) Zeitgenossen vergleicht. Nicht das Genie Brecht, sondern nur Benn und Kästner verstießen ebenso radikal wie Tucholsky gegen die Konvention, haben wie er dem Gedicht deutscher Sprache jene Innovationsschübe hineinejakuliert, die es überhaupt erst aufnahmefähig gemacht hat für die spezifischen Inhalte und Aussagen unserer ersten Jahrhunderthälfte. Und ebenso hat Grosz in seine Gedichte die Zeit »hereingelassen«, *ihr* Bild überliefert: das ist so viel, wie nur wenige können, ja es ist *das,* was selbst Künstler von Rang oft auf das äußerste erbittert: so hat die große Ricarda Huch – zwei Jahre, bevor sie auf heroische Weise die Nazis *gezwungen* hat, sie aus der Liste der Akademie-Mitglieder zu streichen – mit Schärfe gegen die Aufnahme Gottfried Benns in die Berliner Akademie protestiert, *weil Benn das medizinische Vokabular in seine Lyrik integriert hat!* Dennoch bleibt die Huch, die das gescheiteste Buch über die Romantik schrieb, eine Autorin sehr hohen Ranges, sicherlich die bedeutendste der Deutschen überhaupt.

Aber das Genie ist nun einmal – der Definition Thomas Manns gemäß – in die Pflicht genommen, *zuerst* für die Kunst *Themen* zu erschließen, die bisher von Künstlern nicht wahrgenommen wurden; und das mit *Mitteln* zu tun – also einer bisher »unerhörten« *Sprache* oder einem bisher nie praktizierten *Stil,* ob nun als Zeichner, ob als Bildner –, die bisher nicht praktiziert wurden. Das hat Grosz als Zeichner so revolutionär getan wie vor ihm unter Deutschen nur Menzel und vielleicht noch Klinger. Und das hat er auch im Gedicht getan, ebenso kühn wie Benn und Kästner, doch auch so satirisch wie Tucholsky. Auch bei Grosz überwiegt wie bei Tucholsky die Satire in der Chronik, zu der – im Zusammenhang gelesen – die Gedichte dieses oft berlinerisch schreibenden, sich schnoddrig gebenden, dabei tief verletzlichen Zeitgenossen der sterbenden Monarchie, des Ersten

Weltkriegs und der durch Hitler ausgelöschten Weimarer Republik sich summieren. Zusammen mit den Gedichten des weniger politisch orientierten, des aus seinem Privatbereich schwieriger herauszulockenden Erich Kästner ergeben Tucholskys Verse und Lieder mit den Bildern (und mit einigen der Gedichte) von Grosz die gültigsten Momentaufnahmen jenes Jahrzehnts in Deutschland, das die Hitler-Epoche vorbereitet, ja herbeigesehnt hat!

Tucholsky, immer auf der Hut, nicht von seinem sehr starken Gefühl überwältigt zu werden, hat nichts so sehr gefürchtet wie die Sentimentalität, vor der er sich in um sich beißende Ironie flüchtete. Konnte er gar nicht umhin, abgegriffene, überlieferte Lyrismen wie »im Stillen« ausnahmsweise einmal zu verwenden, so kam er aller gefürchteten Feierlichkeit zuvor, indem er das reimte auf »Abführpillen«. Der nur 45 Jahre war, als er sich tötete, mußte zeitlebens vor der Last der Melancholie ins Gedicht fliehen. Niemand hat den »alten Mann« so tragisch in einem Gedicht gezeichnet wie Tucholsky, niemand wie er den »Hunger« des – was den Magen betrifft – Sattgewordenen nach unerfüllbaren Sehnsüchten. Tucholsky schrieb dieses entnervend traurige Poem über die »ewige böse Geschichte«, schloß es aber mit der Zeile: »Doch darüber macht man keine Gedichte.«

Grosz – im Gegensatz zu Tucholsky – gab sich gänzlich abgebrüht. Doch die Schnelligkeit, mit der er heimreiste aus den USA nach Berlin, sobald die Nazis beseitigt waren; vor allem jedoch die Tatsache, daß er in New York darauf verzichtete, als Satiriker zu wirken – er wäre dann auch verhungert –, und Landschaften und Akte malte: spricht dafür, daß er sein Herz nur besser *getarnt* hat als Tucholsky, der vermutlich auch als *Jude* größere Hemmungen hatte, den Deutschen so drastisch, wie Grosz das zu tun wagte, zu zeigen, was er von ihnen an Niederträchtigkeiten erwarte. Daß Tucholsky sich tötete in der Emigration – dagegen Grosz samt Familie sich durchsetzte in den wirtschaftlich so mörderischen USA: spricht auch dafür, daß Grosz der Härtere von beiden war, wie er denn auch niemals annähernd so populär wurde wie seit dem Zweiten Weltkrieg Tucholsky.

Besuch bei Jünger

Bevor im Mai 1985 der französische Staatspräsident François Mitterand in Wilflingen Ernst Jünger besucht hat – er blieb zwei Stunden, dann flog er in seinem Helikopter wieder davon –, war nur einmal ein deutscher Dichter von einem ausländischen Staatsoberhaupt besucht worden: der großherzoglich-weimarische Premierminister von Goethe an seinem 78. Geburtstag 1827 durch König Ludwig von Bayern. (Napoleon hat Goethe nicht besucht, sondern anläßlich des Erfurter Fürstenkongresses empfangen.)

Schon im November 1984 war Ernst Jünger durch Mitterrand zum Frühstück ins Elysée geladen worden. Als neulich der französische Staatspräsident erfuhr, Jünger wolle die Renoir-Ausstellung in Paris ansehen – die Besucher-Schlange war kilometerlang –, sorgte er dafür, daß der Neunzigjährige dienstags kommen durfte: als einziger. Dienstags ist die Ausstellung geschlossen; Renoirs ›Frühstück der Ruderer‹ ist Jüngers Lieblingsbild. Nachdem Jünger bei Mitterrand gefrühstückt hatte – Jünger: »Es war sehr anregend« –, wurde der Deutsche aufgefordert, im Senat einem französischen Frontkämpfer einen französischen Orden zu verleihen. Mitterrand hatte des Kaisers jüngsten Pour-le-Mérite-Träger schon gebeten, zu den Gedenkfeiern nach Verdun zu kommen, wo Jünger mit ihm und dem deutschen Bundeskanzler die Ehrenkompanie abschritt.

In Paris in der Metro ereignete sich dies – ein Ereignis deshalb, weil kein anderer Deutschschreibender vorstellbar ist, dem dies widerfahren könnte. Jünger erzählt: »Mir gegenüber saß ein Mann in Arbeitskleidung, er sprach mich an: ›Vous êtes Ernst Jünger?‹ – ›Oui, Monsieur.‹ Kürzlich war in Paris mein Tagebuch ›Siebzig verweht‹ erschienen, unter dem Titel: ›Soixant-dix s'efface‹. Der Mann in der Metro sagte: ›Je viens de terminer ‹Soixant-dix s'efface›‹. Dann fragte er: ›Wo haben Sie Ihre Frau?‹ Ich sage: ›Die hier!‹ – Sie wissen, ich bezeichne meine Frau in

meinen Tagebüchern meist als Stierlein. – Klopft der Mann mir
auf den Schädel und sagt: ›Aha, hier haben Sie Ihren Stier!‹«

Der (am 29. März 1986) Einundneunzigjährige liest noch heute
ohne Brille oder Lupe, er hat gar keine Brille. Nach neun Stunden Schlaf – »acht sind mir nicht genug, da bin ich nicht völlig
ausgeruht« – badet er leitungswasserkalt; wohlgemerkt: er
badet, duscht nicht nur, was ja mancher bei nur vier Grad im
Winter fertigbringt. Jünger sagt, es sei ein bißchen absurd,
daß »im Sommer, wenn es schon draußen warm ist, das Wasser
mit siebzehn Grad aus der Leitung kommt, jetzt im Winter aber
nur mit vier. Ich muß das tun, weil ich sonst gar nicht zu mir
käme!« Er ist nach dem Aufwachen melancholisch, weil »der
Alltag selten so interessant und angenehm ist, wie die Träume
waren«.

Nach dem Frühstück legt er eine Patience, bis er sich, nur
flüchtig, den Briefen und der ›Frankfurter Allgemeinen‹, der einzigen Tageszeitung, die er überfliegt, zuwendet. Zeitungen, nicht
nur Zeitungen, liest für ihn seine Frau: Jünger hat das sehr große
Glück, nach dem Tode seiner ersten Frau (Gretha von Jeinsen,
die mit vierundfünfzig Jahren an Krebs starb) das »Stierlein«
geheiratet zu haben, Frau Dr. Lieselotte Jünger, Witwe eines
Gefallenen und – jetzt pensionierte – Archivarin des Marbacher
Schiller-Archivs. »Pensioniert« ist insofern irreführend, als Frau
Jünger einfach den Arbeitsplatz in Marbach mit dem in Wilflingen austauschte: Sie ist dort nun Jüngers Archivarin im Forst-
haus der Reichsfreiherren von Stauffenberg – Verwandten der
gräflichen Linie, die Claus und Berthold hervorbrachte, die beiden als Attentäter hingerichteten Brüder. Denn dieses anno 1728
erbaute Elf-Zimmer-Haus bewohnt Jünger, seit er aus Kirchhorst bei Hannover vertrieben worden ist, 1946, da die dortigen
Behörden damals nicht einsehen wollten, ein Autor benötige
einen Arbeitsraum. Kaum hatte Jünger sich in Ravensburg einge-
richtet, bot ihm Stauffenberg dieses wundervolle Refugium an;
neulich stellte er ihm noch eine Janusfigur in den Garten: einen
Obelisken des achtzehnten Jahrhunderts, der das Bildnis einer
jungen Frau und auf der Rückseite das eines alten Mannes trägt.

Jünger arbeitet, zwei Fenster vor dem Schreibtisch, im ersten Stock und blickt auf die beiden jahrhundertealten Linden, die das Barockportal des Schlosses flankieren. Ohne sie je gesehen zu haben, hat Magritte als Brieffreund Jüngers eine dieser domhohen Linden und einen Halbmond in ihrem Gezweige mit Kugelschreiber gezeichnet. Auf seinen Fensterbänken füttert Jünger, der heute bedauert, Magritte in Brüssel nicht besucht zu haben, die vielen Vögel aus den Linden. Obgleich er als Haustiere nur Katzen hält, beschäftigen ihn doch Tiere ebenso wie Menschen. Er ist ja, seit er anfangs der zwanziger Jahre aus der Reichswehr ausschied, für die er, zur gleichen Zeit wie de Gaulle in Frankreich für die französische Armee, ein Instruktionsbuch der Infanterie schrieb, Entomologe. In Leipzig hat er Biologie studiert, in den Jahren, als er von Spengler tiefer programmiert wurde als vermutlich von damals jedem anderen Autor, übrigens ebenso wie Benn und wie auch, während der ihn las, Thomas Mann, der 1922 dann Spengler ebenso gehässig aburteilte, wie im Jahr zuvor Spengler *ihn.* Doch gerade als Zoologe hat dann Jünger aufbegehrt gegen Spengler; er schrieb als Student dem Dichter-Bruder Friedrich Georg: »Bei Lektüre Spenglers, den ich nach unserem Gespräch noch einmal aufmerksam gelesen habe, wurde mir übrigens deutlich, daß ich in der Überzeugung von der Einheit der Menschheits-Geschichte« – die ja Spengler ausdrücklich bestreitet, er sagt: jede der von ihm geschilderten neun Kulturen sei ein in sich geschlossener Kreis, der mit den acht anderen nichts zu tun habe, ja ihnen wildfremd sei – »nicht zu erschüttern bin. Ohne das würde sie für mich sogleich zur Zoologie.« Nun, der Geschichte ist es freilich ganz gleichgültig, ob sie sich dem einzelnen als Zoologie darbietet oder nicht.

Jünger ist entscheidend durch sein Wohnen in Berlin und Paris geprägt worden – er hat die Welt bereist, nur war er nie in Wien und London –, doch die längste Zeit hat er auf Dörfern gewohnt, in Kirchhorst und in Wilflingen. Kein Zufall. Wie lange müßte er sonst radfahren, denn der Neunzigjährige fährt Rad und hat »natürlich« nie das besessen, was ja noch heute wir Deutschen in wahrhaft erschreckender Unbefangenheit einen »Führer«-Schein nennen – wie lange müßte Jünger radeln, lebte er nicht auf dem

Dorf, um in Wäldern, an Teichen, in Lehmgruben auf »subtile Jagden« gehen zu können! Der Neunundachtzigjährige wollte ein Mofa kaufen und erzählt jetzt lachend, es habe ihn denn doch ein wenig verstimmt, daß der Händler mit dummen Redensarten dagegen Einwände gemacht hat – und tatsächlich ist ja auch nicht einzusehen, warum der wie höchstens siebzig Aussehende und Reagierende und Gehende nicht Motorrad fahren sollte, wenn ihm in kommenden Jahren die Wege in die Wälder zu Rad ein wenig zu lang werden!

Jünger geht täglich zwei Stunden und liest etwa drei Stunden, auch im Auto, das seine Gattin steuert. Dazu kommt seine, übrigens auch durch kein Mittagsmahl, man ißt erst um sechs, unterbrochene Arbeit am Schreibtisch und an den Käferkästen: Jünger besitzt zwischen dreißig- und vierzigtausend Käfer, doch keine Schmetterlinge, deren zwei nach ihm benannt sind. Käfer sind mehr als ein halbes Dutzend nach Jünger benannt, der die Freundlichkeit hatte, mir im November zu schreiben: »Sie gehören einer bedeutenden Familie an: ein Hochhuth muß auch Entomolog gewesen sein – es gibt Käfer: ›Hochhuthi‹ ...«

Welcher Lebende könnte hoffen, als *Autor* so von Ernst Jünger geschätzt zu werden, wie Jünger den Entomologen schätzt, den man in der Familie hatte? Denn Jünger liebt zwar zeitgenössische Maler: Rudolf Schlichter hat ihn mehrfach porträtiert, auch als Halbakt. Und die dämonisch grandiose Federzeichnung ›Atlantis vor dem Untergang‹ hat Jünger, in dessen Arbeitszimmer sie hängt, Schlichter schon 1924 abgekauft. Und Jünger liebt Max Ernst und korrespondierte mit Magritte. Und Wimmer und Breker machten expressive Büsten von ihm, auch andere noch. Und Kallmann malte einige überzeugende Ölskizzen von Jünger.

Doch mit der zeitgenössischen Literatur hat er nichts im Sinn, wenn man absieht von Bruder »Fritz«, dessen Widerstandsgedicht ›Mohn‹ Thomas Mann ja 1934 begeistert seiner Familie vorlas, ohne zu wissen, daß bereits die Gestapo dieses Gedichts wegen bei Friedrich Georg Jünger bedrohlich »vorgesprochen« hatte. Jünger las auch Hemingway und, mit Abneigung, die Prosa Sartres. Und liebte Henry Miller, der ihm Briefe schrieb. (Auf meine indiskrete Frage, denn der noch heute *schöne,* immer berühmt gewesene

Mann kann ja unmöglich wildernden Frauen entgangen sein: »Haben Sie auch Akte ›gezeichnet‹ in noch ungedruckten Tagebüchern, Liebesszenen, wie die Nacktbade-Szene in ›Besuch auf Godenholm‹?« – antwortet Jünger: »Nein, ich war der Meinung, das Mysterium müsse gewahrt bleiben.«) Und er schätzte Aldous Huxley. Und besuchte in Berlin den alten Benn, der ihm dann zum sechzigsten Geburtstag reimte: »Wir sind von außen oft verbunden, / wir sind von innen meist getrennt, / doch teilen wir den Strom, die Stunden, / den Ecce-Zug, den Wahn, die Wunden / des, das sich das Jahrhundert nennt.« Doch, charakterlich kaum auf der Höhe seiner Genialität als Lyriker, schrieb Benn dann hinter Jüngers Rücken dümmlich-hämische Briefe über ›Strahlungen‹ – sicher nicht aus Neid auf den Autor, wie üblich, wenn Autoren übereinander reden, sondern weil Jünger Instinkt und Humanität genug hatte, sich nie mit den Nazis zu kompromittieren. Und Jünger liebt Trakl. Jedoch von den Autoren, die nach 1945 anfingen zu publizieren, hat offenbar nur einer vermocht, die Aufmerksamkeit Jüngers – in Grenzen – auf sich zu lenken, Alfred Andersch, der einen die Generation überbrückenden Essay über Jünger schrieb und ihn manchmal persönlich traf.

Mag sein, daß noch einer von Jünger wahrgenommen wurde. Doch markiert ungefähr Joseph Conrad die Jahrgänge, bis zu denen hin Jünger sich intensiv einließ auf Dichter seines Jahrhunderts – ein »Anhänger« war er nie: er war der Motorwagen, der voranfuhr. Ist auch irritiert, wenn man ihn nach Vorgängern und Schülern fragt. Natürlich gibt es Ausnahmen: beschäftigt hat ihn Flakes einziger surrealistischer Roman ›Horns Ring‹, den er wie Sieburg in den Schützengräben las; er ist 1916 erschienen, so wie 1917 Flakes ›Logbücher‹, die formal – nur formal – Jüngers liebenswürdigstes Werk ›Das abenteuerliche Herz‹ vorwegnahmen, jene handkleinen Betrachtungen wie ›An der Zollstation‹, die ohne Frage zur bleibenden Prosa des Jahrhunderts zählen, dichterisch unvergleichlich. Und mit viel Sympathie spricht Jünger von dem Franzosen und dem Briten, die auch als Soldaten Dichter wurden: von Saint-Exupéry und dem Wüsten-Lawrence.

Doch Jünger »haust in sich« … wie oft dachte ich, wenn er spricht – und sähe man ihn nicht, während er spricht, man

dächte, er läse rasch und leichthin aus den ›Strahlungen‹ vor –,
wie oft dachte ich an diese vier Worte: »Er haust in sich«, mit
denen Lenbach den auf Friedrichsruh begrenzten, gestürzten Bismarck charakterisiert hat. Gewiß, die Gegenwart wird erwähnt,
etwa bei der Erörterung, wo man wann ißt. Oder auch, weil
Jünger demnächst nach Sumatra fahren will, was er mit Lichten-
berg kommentiert: »Wer weiß – die Schienbeine und Hoffnungen nie zu weit ausstrecken!« Aber er haust in sich, er, der er die
Verkörperung einer Erfahrungssumme ohne Beispiel ist. Wann
gab es vor ihm je einen neunzigjährigen, noch produktiven
Autor? Waren Hamsun, Shaw, Wilhelm von Scholz noch produktiv, zuletzt? Jünger schreibt gerade die Reinschrift von ›Siebzig verweht‹, dem dritten und vierten Band der Journale, die er
vor zwanzig Jahren begonnen hat.

Die Summe seiner Erlebnisse aus den Bürgerkriegs-Gefährdun-
gen von 1918 bis zum 20. Juli 1944, als Jüngers Schutzengel, der
ihn 1914 bis 1918 ein Dutzend Verwundungen überleben ließ, ihn
vor dem Galgen rettete, teilt er mit keinem Sterblichen sonst. Dazu
kommen seine Reise- und Lese-Abenteuer; von wie vielen interes-
santen Büchern hätte kein heute Lebender jemals gehört, würde
nicht Jünger in seinen Tagebüchern von denen gesprochen haben!
Nun ist es mehr als fünfundsechzig Jahre her, daß er berühmt
wurde; nur zweien noch in der Kunst- und Weltgeschichte war es
beschieden, ebenso lange *lebend* berühmt zu sein: Michelangelo
und Churchill; Tizians Geburtsjahr, darüber schwanken ja die
Angaben um ein Jahrzehnt. Und Churchill war Ende seiner achtziger
Jahre geistig eine Ruine, man konnte ihn gar nicht mehr vorzeigen.
Wir Deutschen hatten einen wie Jünger noch nie. Die »*Wollust,*
einen großen Mann zu sehen«, sie ist da, sobald *er* da ist: als habe ein
berühmter Tänzer, jetzt Ballettmeister einer Oper, zu seinem siebzigsten Geburtstag eingeladen – so bewegt sich noch heute dieser
klassisch gewordene homo ludens, der sehr oft lacht und nicht die
Spur einer überheblichen Offiziers-Casino-Schnoddrigkeit hat:
was hier erwähnt wird, weil dieses Klischee vom alten Soldaten
manchem den Blick auch auf Jünger verdeckt. Glück und Vernunft: sie strahlt er aus; ein fünfundsechzig Jahre jüngerer Besucher, mein Sohn, sagte: »Dies Glück ist ein Teil seiner Leistung!«

Wenn auch andere Dichter von Dichtern programmiert wurden, so wie Jünger Goethe, Dostojewski und Joseph Conrad Entscheidendes verdankt – Jünger ist viel weniger von Dichtern beeinflußt worden als von den Journalschreibern und den Historiographen alten Stils. In Griffnähe am Schreibtisch steht die armlange Reihe der Gesamtausgabe von Léon Bloy. Drei Schritte weiter hat er »seinen« ganzen Herzog von Saint-Simon. Und den (zuerst 1912 von Flake eingedeutschten) Tallemant des Réaux, den Chronisten vom Hofe Ludwigs XIII., den Jünger während des Zweiten Weltkrieges für sich entdeckte und fast ebenso gründlich in ›Strahlungen‹ ausgebeutet hat wie die während des Hitlerkrieges zweimal von ihm gelesene Bibel. Und Casanova steht da und Tausendundeine Nacht. Und Herodot und Plutarch – Hausgötter, die Jünger an seinen eigenen, hautnahen und oft todesnahen Erlebnissen mit der Macht getestet hat auf ihre Verbindlichkeit für uns heute. Dazu sein dauernder Umgang mit den Briefschreibern, die Geschichte reflektieren – obenan Burckhardt.

Als der (fast blinde) Jorge Luis Borges 1982 nach Europa kam, ließ er durch das Auswärtige Amt sagen, er wolle auch einen Deutschen besuchen: Ernst Jünger. Für diesen Lateinamerikaner ist es so selbstverständlich, wie es für Malraux war, daß Jünger zu seiner »Familie« gehört: daran sei hier erinnert, weil in der Bundesrepublik bei Leuten, die Autoren beurteilen, ohne sie zu lesen, Jünger noch immer in die Nähe von Nazis oder gar Antisemiten gerückt wird. Nur deshalb ein Streiflicht auf diesen Komplex. Wenn es für Heutige, die schon mit achtzehn Auto fahren können – was ja Jünger mit einundneunzig noch nicht erlernen will –, fast »selbstverständlich« ist, einen, der noch zu Pferde in den Krieg zog, *deshalb* als »Herrenreiter« zu bespötteln, so ist das nicht nur sehr blöde – sondern erinnert auch an die Worte des alten Cato, als man ihn fragte, warum er sich Sorgen mache um ein bevorstehendes Gerichtsverfahren, in dem er angeklagt war, es gehe doch um eine Lappalie. Der Achtzigjährige antwortete: »Sagt das nicht – es ist immer schwer, sich vor einer Generation zu verantworten, die nicht mit uns gelebt hat!«

Abgesehen davon, daß keine Generation, nur weil sie jünger ist, schon das Recht hat, über eine andere Gericht zu halten: Es ist doch selbstverständlich, daß die Handlungsweise eines Menschen, ebenso wie das, was er denkt und wie er die Szene sieht, nicht ablösbar sind von der Epoche, die seine Sicht, sein Denken und Tun bestimmte. Kritik am Parlamentarismus ist dort, wo er herrscht, zum Beispiel heute – und wo er zuweilen Synonym für Korruption wird, wie in Flicks Bonn – etwas ganz anderes (und völlig Legitimes) als am Rande einer Diktatur. Wenn Jünger die Weimarer Republik als Staatsform ablehnte, so hat er gewiß nicht zu Zeiten, als Hitler dann diese Republik liquidierte, Kritik an ihr geübt, sondern zu Zeiten, als sie obenauf war. Und das ist moralisch gerechtfertigt, ja notwendig! Ein anderes Beispiel: Es ist ein Unterschied, ob integre Persönlichkeiten, wie Rosa Luxemburg, Anna Seghers, Piscator, Bloch, Grosz, Wehner, *vor dem* Erlebnis – das ja ein historisch *neues* war – der Stalinschen Schauprozesse Kommunisten geworden sind oder nachher; also dann im Wissen, daß einer *entweder* eine Ein-Parteien-Regierung unterstützen *oder* aber sich beklagen kann, daß es zu Stalinschen oder Hitlerschen Zuständen kommt. Vor 1936 muß das keiner durchschaut haben, später aber doch! Abgesehen davon, daß Jünger – wie sonst nur noch Ricarda Huch – bereits 1933 schriftlich und mehrfach und sogar erfolgreich dagegen protestiert hat, von den Nazis in die Berliner Akademie gewählt oder von Hitler (vor 1933) für den Reichstag nominiert zu werden, hat er 1934 und 1938, zuerst als die Röhm-Anhänger, dann die Juden ermordet wurden, sich im Bürgerkrieg todesmutig gegen den Strom gestellt. Er holte den Graphiker A. Paul Weber, wie nicht Jünger, sondern Weber mir erzählt hat, aus dem KZ und hat vermutlich auch Anteil daran, daß Ernst Niekisch in der Haft nicht ermordet wurde.

Was er nach der Reichskristallnacht – nicht nur Kristall wurde in ihr zerschlagen – mit ›Marmorklippen‹ riskiert hat, das wird deutlich sogar für Jungen und Mädchen, die das Dritte Reich nur noch aus Filmen kennen, wenn sie diesen Brief lesen, den Hitlers Präsident des sogenannten »Volksgerichtshofes« über Jünger und die drei (!) Aktenordner mit »Belastungsmaterial« schrieb; wenig bekannt ist, daß ein von den Alliierten aufgehängter Vertrauter Himmlers (aufgehängt, weil er Opfer von medizinischen

Der Präsident
des Volksgerichtshofs

Geschäftszeichen: **1 L 7684/44**

Berlin W 8, den **1.Dezember 1944**
Bellevuestraße 15
Fernsprecher 22 18 23

An die Kanzlei des Führers
Reichsleiter Martin Bormann

B e r l i n   W 8
Voßstrasse 6

7916
1944

Betr.: **J ü n g e r , Ernst**

Sehr verehrter Herr Reichsleiter!

In Sachen des Schriftstellers und Hauptmanns i.R. Ernst
J ü n g e r   erlaube ich mir, Ihnen mitzuteilen, daß das
Ermittlungsverfahren gegen den Vorgenannten vom Ermittlungs-
richter beim Volksgerichtshof niedergeschlagen worden ist.

Jünger war insbesondere wegen angeblicher defaitistischer
Äußerungen während seiner Zeit im Stabe des Militärbefehls-
habers Frankreich und seiner Schrift "Die Marmorklippen" aus
dem Jahre 1939 zur Anzeige gebracht worden. Da Jünger inzwischen aus dem Heeresdienst ausgeschieden ist, war die Zustän-
digkeit des Reichskriegsgerichts nicht mehr gegeben und die
Sache z.w.Erl. dem Oberreichsanwalt b. VGH abgegeben. Am
2o.1.M. hat der Führer von Wolfsschanze aus mir fernmündlich
den Befehl erteilt, die Sache nicht weiter zu verfolgen.

Heil Hitler!

Dr.Freisler

NS.: In der Anlage übersende ich drei Aktenbände z.obg.Sache
- der Führer wünscht sofortige Vorlage. D.O.

Freislers Brief an Bormann
in Sachen Ernst Jünger

Versuchen an Menschen »selektierte«), daß dieser Wolfram Sievers als Mitglied des engsten Kreises um Himmler ausgesagt hat, Goebbels habe mit Himmler beschlossen, Jünger nach Erscheinen der ›Marmorklippen‹ lebenslänglich im KZ einzuzwingern – doch Hitler habe 1939 noch entschieden: »Dem Jünger geschieht nichts!« Die Wahrheit dieser Aussage wird belegt durch den (hier erstmals abgedruckten) Brief, von dessen Existenz Sievers nichts gewußt haben kann, da dieser Brief (siehe Faksimile) erst 1985 in Amerika gefunden worden ist (heute im Bundesarchiv Koblenz).

Jünger, als er mir eine Kopie dieses Briefes sandte, kommentierte: »Was Sie über meinen Schutzgeist schreiben, empfinde ich jedesmal, wenn wieder ein Dokument aus den Archiven kommt. Zur Zeit fahndet man dort nach den drei Bänden, die Hitler anforderte. Zum Glück scheinen sie ihn nicht mehr erreicht zu haben. Canaris ließ er noch in den letzten Tagen umbringen. Auch Rommel mußte dran glauben, trotz dem Pour le Mérite. Den ganzen Krieg über hatte ich nicht nur mit unseren sogenannten Befreiern, sondern auch mit den eigenen Leuten bis zur Spitze zu tun. Es begann mit dem Protest des Hannoverschen Gauleiters Bouhler bei Hitler, dann mit den Ermittlungen Bormanns, zwischendurch forderten Goebbels und Himmler meinen Kopf. Das gehört zur Geschichte der Marmorklippen und beginnt mit dem Groll, den vor allem die ›Kristall-Nacht‹ in mir auslöste.«

Als Jünger mir das schrieb, hatte er noch übersehen, daß Bormann von Hand rechts oben auf Freislers Brief notiert hat: »Führer vorgelegt. 4. Dezember Bo.« David Irving erläuterte: Hitler war bereits in Berlin, als er am 1. Dezember mit Freisler telefonierte – ohne dem Volksgerichtshof-Präsidenten zu sagen, daß er ihn aus Berlin anrufe: Hitler war aus der »Wolfsschanze« in Ostpreußen für immer vor der Roten Armee getürmt, da er aber »Durchhalten um jeden Preis« von »seinen« Deutschen verlangte, so hatte er Freisler nicht wissen lassen, er sei in Berlin. Vor der Generalität im Hauptquartier hatte er sein Verschwinden damit »begründet«, jetzt endlich müsse er sich in Berlin einer Stimmbänder-Operation unterziehen; was er auch getan hat. Bormann brauchte also die ihm am 1. Dezember von Freisler übersandten drei Jünger-Aktenordner nur hinüber in die Reichskanzlei zu tragen – die Hitler dann etwa am 10. Dezember verließ, um in der Eifel seine letzte, die Ardennen-Offensive vorzubereiten. Dort sprach er am 12. und 13. vor den Generalen, die am 16. dann »gehorsamst« – wie sehr liebten sie doch alle Deutschland, das sie angeblich vor dem Bolschewismus retten wollten – die letzten militärischen Kräfte des Reiches gegen die *West*mächte losließen! Nicht ohne übrigens dabei fast zweihundert eigene Flugzeuge abzuschießen, da »die Herren« vergessen hatten, den Flakbatterien an Ruhr und Rhein mitzuteilen, diesmal seien die so tief »einfliegenden« – nämlich auf dem Heimweg fliegenden – Maschinen keine alliierten, sondern deutsche Flugzeuge, die amerikanische Panzer angegriffen hatten ... Es ging drunter und drüber – und es ging mehr verloren in diesen Tagen als Jüngers Akten, sofern Hitler sie mitgenommen haben sollte in den Westen.

Doch dürfte vor allem die Scheu Hitlers, sich an Hochberühmten zu vergreifen, Jünger gerettet haben. Hitler hat seinen mutigsten innenpolitischen Gegenspieler – der schon zu Zeiten des Triumphs, 1940, gegen den Diktator offen Front gemacht hatte, den Bischof von Münster, Graf Galen, niemals anzutasten gewagt, sondern nur im vertrauten Kreis erklärt, nach dem Siege werde »Galen vor die Gewehre kommen!« Und er hat auch Rommel im Verstohlenen ermorden lassen, nicht aber gewagt, ihn vor Freisler zu stellen. Jünger war nicht populär. Doch er war neben Hauptmann und Ricarda Huch und Wiechert der im Reich angesehenste Dichter; auch Wiechert war ja bald aus dem KZ entlassen worden. Und Goebbels wußte, warum er Mitte März 1945, als er längst beschlossen hatte, mit Kindern und Frau bei Hitler in der Reichskanzlei zu sterben, noch anordnete, der fünfzigste Geburtstag Jüngers am 29. März dürfe in der Presse nicht erwähnt werden. Wie gern hätten die Nazis in diesem Frühjahr 1945, als ihre »Durchhalte«-Parolen die Zeitungen und den Funk bestimmten, dem Volk einen aus dem Ersten Weltkrieg legendär Tapferen als Vorbild angepriesen! Doch sie wußten, *ihren* Staat könnten sie mit Jünger nicht machen. Warum? Weil er niemals einer der Ihren gewesen war. Keine Frage auch, daß Bormann – wenn nicht Hitler selber – Goebbels von Freislers Jünger-Akten erzählt hat in den langen Nächten, in denen sie dann in Berlin zusammenhockten. Liest man heute bei einem Zeugen wie Dolf Sternberger (F.A.Z. vom 4. Juni 1980), welche alarmierende Wirkung 1939 ›Auf den Marmorklippen‹ mindestens bei jenen wenigen Deutschen hatte, die den Nazis nie hörig geworden waren, dann begreift man kaum mehr, wieso Hitler Jünger am Leben ließ. Freilich, er hatte ihn doch an langer Leine unter Aufsicht in der Armee, publizieren konnte Jünger nichts, was der Zensur entgangen wäre. Aber wenn man heute die Prosa der ›Marmorklippen‹ liest wie George-Gedichte – nein: viel faszinierter, man *spürt* die Lebensgefahr, die diese Dichtung über den Autor brachte –, so wurde damals dieses »kühnste Erzeugnis der Schönen Literatur in Deutschland« sofort verstanden als »Signal, das plötzlich aus der Düsternis aufschießt und die Gegend erhellt... Man rieb sich die Augen, es schien fast unglaublich, daß dergleichen möglich war... In Chiffren war unseren elenden Beherrschern das Urteil gesprochen ... ist uns jener Entsetzensblick für Lebenszeit gegenwärtig, den der Erzähler dort auf die ›Schinderstätte‹ tat, eine versteckte Blöße im Wald, wo Menschenleiber ausgebeint werden und wo ein unscheinbares Männchen, vor sich hin pfeifend, auf einer Werkbank Menschenhaut bearbeitet. ›Köppels-Bleek‹ – auch der Name des grauenhaften Ortes ist wohl jedem im Sinn geblieben, der es damals gelesen hat. Denn es war die Welt der Konzentrationslager, die Sphäre des Geheimterrors, die hier in ein unvergeßliches Momentbild gefaßt zu sein schien... Gerade darum hatte es eine eigentümlich befreiende Wirkung, ohne daß der tödliche Ernst unserer wirklichen Situation irgend gemildert erschienen wäre...«

Die schon jetzt veröffentlichten achtzehn großformatigen Bände der Jünger-Gesamtausgabe bei Klett, Stuttgart, zu denen freilich noch viele tausend hochkarätige Briefe kommen werden, auch Fragmente, wie das Drama ›Prinzessin Taraskana‹, das außer Jüngers Gattin niemand kennt, bisher; auch liegen seit Januar 1981 neue Tagebücher vor, die soeben – es wurde schon gesagt – vom Dichter ausgefeilt werden, um die zwei Bände

›Siebzig verweht‹ fortzusetzen: Dieser äußere und innere Umfang des Werkes bringt den in Verlegenheit, der über Jünger weniger schreiben will als ein ganzes Buch. (Wozu auch eine Biographie? Er gab sie selbst in seinem durch und durch autobiographischen Werk. Wir sprechen davon, daß Mendelssohn seinen ersten Band ›Der Zauberer‹ über das Leben Thomas Manns vielleicht nur schreiben konnte, weil Thomas Mann alle seine Tagebücher bis 1918 vernichtet hat; der Biograph Mendelssohn ging klugerweise über dieses Jahr 1918 nicht hinaus. Und so könnte kaum je ein Biograph Wesentliches liefern, das nicht Jünger selbst schon dokumentiert hat.)

Diese Notizen über einen Besuch in Wilflingen können sich so wenig zum Ziel setzen, die achtzehn Bände des Jüngerschen Lebenswerkes zu betrachten – die bilden einen ganzen Kontinent –, wie Notizen Jüngers über den Besuch einer Insel etwa den Kontinent darzustellen versuchen, dem diese Insel vorgelagert ist. Jünger beginnt ›San Pietro‹ mit den Zeilen:»Über Inseln läßt sich viel erzählen, und man findet leichter den Anfang als das Ende dabei. Ich entsinne mich der Unterhaltung mit einem jungen Freunde, der eine Monographie ›Die Insel‹ zu schreiben beabsichtigte. Ich mußte ihm abraten, denn der Stoff ist so gewaltig... Inseln gibt es nicht nur wie Sand am Meere, sondern alles ist Insel, auch die Kontinente, und selbst die Erde ist ein Inselchen im Äthermeer.«

Betreten wir aber selbst diesen Kontinent jetzt nicht, so ist es doch unser Ziel, ohne Einschränkung denen, die ihn bisher gemieden haben, den Rat zu geben, sich darin umzusehen – mit Jünger auf Reisen zu gehen, anhand seiner Journale, die ja auf weitesten Strecken Reise-Bücher sind; freilich nicht Fremdenführer im üblichen Sinn, sondern die höchst anregende Auseinandersetzung eines liebevoll-kritischen Betrachters mit den Menschen, mit Fauna, Flora und der Geschichte in Ferne und Nähe. Jünger auf diesen Reisen als sein Leser zu begleiten, das ist ein Vergnügen, wie es allein bei Hemingway noch zu finden ist – doch Jünger bezieht im Gegensatz zu dem Amerikaner die Vergangenheit mit ein, die Hemingway überhaupt nicht wahrnahm. Jünger ist geistiger, und das heißt: humaner auch – weil immer die von »Geschichte« zur Strecke Gebrachten, ihre Opfer, mitsprechen, wo Jünger spricht, auch dann, wenn er »nur« der Schiffsjungen gedenkt, deren so viele auf den berühmten Entdeckungsreisen verlorengingen, spurlos, über Bord gerissen. Ein Beispiel dafür, was Jünger an Menschlichkeit nicht alles herausholen kann aus alten Reise-Scharteken, die zeitlebens seine (wie übrigens auch Schillers) Lieblingslektüre waren, sondern was Jünger in sie einbringt an Mitgefühl, das heißt: an Phantasie für das Leid der Besatzungen und der von diesen Besatzungen »besuchten« Eingeborenen. Berichtet er von seiner Lektüre der Aufzeichnungen irgendwelcher Beamter im Dienste der Niederländischen West- und Ost-Indien-Kompagnien, etwa von einer Molukkenreise – so ist es natürlich erst dieser große Dichter, der uns Heutige zu mitfühlenden Teilnehmern dieser Abenteuer macht; nicht etwa das, was Jünger »auszieht« aus solchen Büchern, sondern Jüngers Interpretation.

Gewiß gibt es auch bei ihm wie bei jedem noch so umfassenden Autor »Blindstellen«, die einen ärgern, so wenn er im vielleicht herrlichsten Porträt, das ihm glückte, dem Nelson-Bildnis, die Untat dieses Seemannes: die Erhängung Caracciolos, des neapolitanisch-republikanischen Admirals, der sich gegen die unmöglich gewordenen Bourbonen erhoben hatte, einfach unterschlägt, weil Jünger seinen Schlachtengott unbefleckt zeichnen will. Und doch: »Die Humanität wird stärker im Maß, in dem der Nächste der Hilfe bedarf« – mit dieser Forderung, die er im Nelson-Porträt erhebt, fing Jünger bei sich selber an: als er die Familie des ins KZ, später für »lebenslänglich« ins Zuchthaus gesteckten Freundes Niekisch, dem Jünger vergebens die Emigration nahegelegt hatte, bei sich aufnahm. Und als er mit ›Marmorklippen‹ mehr riskierte als den Kopf. Mehr? Ja: heimlich zu Tode geschunden zu werden – und ohne wissen zu können, was Himmler dann mit Witwe und Söhnen anstellen werde.

Würden nun verschonte Jahrgänger einwenden – tatsächlich sprechen junge Leute das zuweilen aus –, diese Welt sei die ihre nicht mehr, sei allenfalls respektabel noch als Geschichte, so muß ihnen erwidert werden: Lest ›Über die Linie‹, Jüngers Sechzig-Seiten-Rezept, mit den drei Grundmächten der Metaphysik, des Eros und der Musen die entscheidende Krankheit des Zeitalters, den Nihilismus, nicht zu überwinden – Jünger sagt ausdrücklich: jedermann sei befallen von ihm und müsse mit ihm leben –, ihn aber so weit in sich einzudämmen, daß Existenz fernerhin möglich bleibt. Diese drei Grundmächte, die Jünger gegen ihn mobilisiert, kann jeder in sich aktivieren – und Jünger zeigt, wie: Die Freiheit »haust in jenen Gebieten, die zwar organisierbar, doch nicht zur Organisation zu zählen sind. Wir wollen sie die Wildnis nennen; sie ist der Raum, aus dem der Mensch nicht nur den Kampf führen, sondern aus dem heraus er auch zu siegen hoffen darf ... der Urgrund seiner Existenz ... Heute wie jemals sind Menschen, die den Tod nicht fürchten, unendlich überlegen auch der größten zeitlichen Macht... Hier liegt auch der eigentliche Grund für die Erbitterung (der Machthaber) gegen jede Lehre, die transzendiert. Dort schlummert die höchste Gefahr: daß der Mensch furchtlos wird. Es gibt Gebiete auf der Erde, auf denen man bereits das Wort »Metaphysik« als Ketzerei verfolgt... Die zweite Grundmacht ist Eros; wo sich zwei Menschen lieben, entziehen sie dem Leviathan Gebiet, schaffen von ihm unkontrollierten Raum... Der Eros lebt auch in der Freundschaft, die gegenüber der Tyrannis die letzten Prüfungen erfährt... Durchaus verbunden sind Freiheit und musisches Leben ... noch trifft die musische Schöpfung, das heißt das Kunstwerk, innen und außen auf enormen Widerstand... Es kann sein, daß er sich, wie der Christ dem Kreuze, nur in den Katakomben ihm nähern kann... Verfolgung weist den Künstler aus...«

In diesen wenigen Seiten, 1950 geschrieben, ergänzt 1953 durch ›Der Waldgang‹, ist auch einmal – um nur einen ihrer Aspekte flüchtig zu streifen – davon die Rede, man werde selbst heute »kaum einen Menschen finden, der in seinem Garten das Ökonomische in einer Weise herrschen ließe, daß nicht auch Blumen darin Platz fänden. Sogleich gewinnen seine Beete höheres Leben, das rein Notwendige wird erhöht.« Wir zitieren das, weil gesagt wurde, sogar die Grünen hätten, einige der Grünen, dagegen protestiert, daß Jünger endlich den Goethe-Preis erhielt: Sollte das wahr sein, aber es ist kaum zu glauben, so wäre das der stupide Gipfel lärmender Ignoranz. Denn wenn je die Grünen Dichter hatten hierzulande, dann die Brüder Jünger, die bekanntlich in der Perfektion der Technik zugunsten der Ausbeutung der Natur früher als alle anderen eines der Grundübel des Zeitalters attackiert haben. Genug. Es kann hier nicht einmal versucht werden, sich interpretierend dem kolossalen Gebirgsmassiv des Jüngerschen Werkes zu nähern, das sieben Jahrzehnte dieses durch Kriege und Bürgerkriege gekennzeichneten Jahrhunderts spiegelt; von einem solchen Spiegel zu erwarten, er sei immer hell und blank gewesen, das hieße – ein Bild Jüngers – »auf die Seismographen einschlagen«, weil sie Erdbeben ankündigen.

Der Widder Jünger – es beschäftigt ihn sehr, daß er ein Widder ist, so wie andere Widder in Politik und Kunst seine besondere Aufmerksamkeit wecken – war oft für Überraschungen gut. Warum legt uns der Einundneunzigjährige nicht noch ein Drama vor? Als Jünger zu Anfang der fünfziger Jahre ›Das Sanduhrbuch‹ zu schreiben begann, brach er seine Niederschrift des einzigen Dramas ab, an dem er je schrieb: ›Prinzessin Taraskana‹. Diese Russin war eine potentielle Rivalin der Deutschen Katharina, die nicht nur über die Leiche ihres Mannes ging, des Zaren Peter III., um die »Große« zu werden, sondern die auch diese Prinzessin Taraskana in Venedig durch einen als »Liebhaber« sich in ihr Vertrauen einschmeichelnden Günstling kidnappen, nach Petersburg entführen und hinrichten ließ. Jünger entdeckte diesen wahrhaft »heutigen« Stoff bei einem Historiographen des russischen Hofes. Die »Lehre« dieses Stücks, Burckhardts Feststellung: »Nun ist noch gar nie eine Macht ohne Verbrechen gegründet worden«, hat Jünger stets fasziniert. Auch das Drama als Form – seine Tagebücher sind voll von Anspielungen auf Stücke, auch auf die Stückeschreiber, speziell auf Shakespeare und auf Hebbel, den er für einen Großen wegen des Tagebuchs hält; auch hat ihn, im Banne Nelsons, dessen damals so »skandalöses« Verhältnis mit Lady Hamilton produktiv aufgeregt als Dramenstoff: Warum schreibt nicht Jünger dieses Stück?

Wie lange hatten wir kein historisches Drama: Käme es endlich, unsere so langweiligen Bühnen zu beflügeln, es wäre nicht nur deshalb dramatisch, weil es von einem Einundneunzigjährigen käme. Jünger sagt: »Ich bin als Widder geboren, also habe ich einen starken Trieb entwickelt, mich in der Welt und ihren Gefahren zu bewegen. Wäre ich ein Mann wie Stifter gewesen, so hätte ich mein Werk sicher aus der Ruhe geschaffen. Wir sind ja diejenigen, die unsere Welt schaffen... Der Getriebene hat eine andere als der Phlegmatiker«. Die des Getriebenen ist die des Dramatikers; wie wenige Romane haben wir Deutschen, die so dramatisch sind wie der des neunundachtzigjährigen Jüngers, wie ›Eine gefährliche Begegnung‹? Wer diesen »sehr guten Simenon, der Maupassant studiert hat«, so l'Express, Paris, zur französischen Ausgabe, erst im vergangenen Jahr zu Ende schrieb – sollte der nicht in diesem Jahr seine Taraskana-Tragödie vollenden?

Da es eine Chuzpe ist, angesichts eines Oeuvres, das mehr Vollendetes enthält als das der meisten Zeitgenossen Jüngers, ausgerechnet nach *dem* zu fragen, was nicht – bisher – fertig wurde, werden wir nicht mit dieser Frage schließen, sondern werden Freunde werben, Jüngers (bis heute) vorletztes Buch zu kaufen, weil man das nie ganz wegstellt, also nicht nur leihen kann: sein Vademecum für Künstler ›Autor und Autorschaft‹. Wo gab es das schon einmal – überflüssige Frage: es gab das nirgendwo, daß jemand die Summe seiner Einsichten aus *siebzig* Berufsjahren für Kollegen zusammenfaßte? Nicht einmal der Mitte neunzig werdende Somerset Maugham hat in ›The Summing Up‹ und in seinem Notizbuch das vermocht: nur diese beiden Bücher aber überhaupt fallen mir ein, wenn ich nach systematischen Künstler-»Schulen« suche, die ein Großer aufgrund seiner Erfahrungen verbucht hat – Erfahrungen *bei* der Arbeit und *mit* der Arbeit draußen, mit ihrer Aufnahme oder Ablehnung durch Mitwelt und Nachwelt. Siebzig Berufsjahre: wir übertreiben nicht, denn Jünger war noch nicht neunzehn, als er jenes Journal ›In Stahlgewittern‹ zu schreiben begann, das André Gide das beste Kriegsbuch genannt hat: Aufzeichnungen eines Stoßtruppführers 1914/18, die jetzt im ersten Band der Jünger-Werke das Zentrum bilden.

Im Vorwort zu ›Autor und Autorschaft‹, das, charakteristisch für den Aphoristiker, nur sechzehn Zeilen kurz ist, sagt Jünger:

»Es ist nicht zu vermeiden, daß jeder sein Lehrgeld zahlt. Erfahrungen sind besser als Belehrungen. Immerhin könnten diese Positionslichter diesem oder jenem Jungen dienen, der davon träumt, sich auf das offene Meer hinauszuwagen, und der sich berufen fühlt.«

Franzosen wüßten sofort, wo sie in ihrer eigenen Literatur ähnliche Werke zu suchen haben: bei den Aphoristikern ihres Ancien régime. Flake hat sich einmal dagegen ausgesprochen, dieses halbe Dutzend großer Autoren – vom 1592 verstorbenen Montaigne bis zum 1801 gestorbenen Rivarol, über den Jünger seinen längsten biographischen Essay schrieb und den er übersetzt hat – »Moralisten« zu nennen, weil dieses Etikett, das zuerst Wilhelm Dilthey ihnen aufgeklebt hat, in die Irre führe: »Diese Schriftsteller« schreibt Flake, »predigen nicht, sie beobachten und stellen fest, sprechen aber nicht im Namen des konservativen, kirchlichen Geistes – im Gegenteil, sie denken nicht daran, sich gegen den Schwung der Aufklärung zu wenden.«

So auch Jünger, der formal – glücklicherweise *nur* formal – auch an Nietzsche insofern anknüpft, als ›Menschliches-Allzumenschliches‹ (1878) das erste deutsche Buch gewesen ist, dessen äußere Form – der zum handbreiten Essay erweiterte Aphorismus – für Jünger maßgebend wurde. Besonders auch für sein Hauptwerk, die Tagebücher, deren bisher letztes ›Siebzig verweht‹, soeben in Paris erschienen ist.

Daß Jünger selber als Offizier 1940 in der immer fragwürdigen Gestalt des Okkupanten hoch zu Roß in Paris einzog, das hat die Franzosen, mit deren Intellektuellen er während des Hitler-Krieges intimen Umgang aufrechterhielt, nur insofern interessiert, als sie ›Strahlungen‹, Jüngers Journal dieser Kriegsjahre, sofort übersetzten und seinem Autor huldigten schon zu einer Zeit, als die bundesdeutsche Öffentlichkeit in Jünger noch immer den »Militaristen« begeiferte, dem sie nur »verzieh«, weil einige seiner Kameraden, am 20. Juli 1944 in das Attentat auf Hitler verwikkelt, in Drahtschlingen erwürgt worden sind. Jüngers Mitwisserschaft war für die Häscher unbeweisbar; doch entließen sie ihn aus der Armee. Die war längst jene nicht mehr, die Jünger im Ersten Weltkrieg geliebt hat. Auch sein achtzehnjähriger Sohn, dem Todesurteil durch einen Marinerichter entkommen, wurde 1944 an seinem ersten Fronttag verheizt – ausgerechnet in den Marmorbrüchen von Carrara, was den Vater als Autor der ›Marmorklippen‹ besonders nachhaltig erschüttert hat.

Daß Jünger seine Tagebuchform auch beibehielt für »die folgenden Notizen, die dem musischen Schaffen, seinen Voraussetzungen und Konsequenzen, auch seiner Abgrenzung... gelten«, das macht die Lektüre von ›Autor und Autorschaft‹ so mühelos, so leicht: ein Buch, das man schwerlich für immer wegstellen wird, weil man seinen Beobachtungen und Reflexionen auf 277 Seiten bei jedem neuen Durchblättern immer neue Aspekte abgewinnt. Wenn Benn von ›Maximen und Reflexionen‹ sagte, wer Sorgen habe, sollte jede Woche eine Stunde in diesem Goethe lesen, so ist mindestens jenen Leuten, die schreiben, malen, komponieren, bildhauern, mit der gleichen Empfehlung dieser Jünger-Band ans Herz zu legen. Vor allem jenen auch, die Geschichte schreiben und die über Politik nachdenken. Denn sie in erster Linie sind angeredet – wenn auch Jünger selbst nicht müde wird, die Verbindung von Politik und Literatur zu verdächtigen, offenbar ohne jede Einsicht in die Tatsache, daß doch er selbst *der* politische deutsche Autor schlechthin ist. Nicht ein parteiischer, versteht sich. Und, gewiß, Biologe ist er auch und ein ausgreifender Sammler von Sanduhren und Käfern und so leidenschaftlich als Gärtner wie als »Inseln sammelnder« Weltbefahrer – als er zum zweitenmal im Leben den Halleyschen Kometen sah, da war der Einundneunzigjährige auf Sumatra –, und Theologe ist Jünger und Archivar und Leser – »vielleicht war ich in erster Linie Leser«, sagt er. Nein, diese Aufzeichnungen des Autors für Autoren belegen: Soldat war Jünger zuerst und zuletzt, der als Jüngling – ein Wunder bei mehr als einem Dutzend Verwundungen – den Schützengrabenkrieg überlebt hat und nur deshalb nicht von der Politik verschlungen worden ist, weil er schrieb. Weil seine »Autorschaft« sein Rettungsanker wurde. Und ihn auf Distanz gebracht hat »zur Straße«, zum völker- und vernunftverschlingenden großen Parteienwirrwarr, zur Zeitgeschichte.

Und genau diese Stellung des Künstlers am Rande – aber sehr dicht am Rand –, die Jünger in sehr vielen Aphorismen und

Momentaufnahmen, persönlichen oder auch historischen, umkreist, gibt diesem Vademecum seine Verbindlichkeit für jeden, der sich schaffend der Bestie Öffentlichkeit stellt und sich ihr gleichzeitig entzieht, um überhaupt schaffen zu können. Ob das Jünger an Sokrates erläutert oder an einem Künstler zur Zeit der Französischen Revolution, oder ob er aus eigener Erfahrung spricht – Kaiserreich, Republik, Diktatur, wieder Republik, dazwischen noch Besatzungszeit –, was immer er notiert, es hilft jenen, die sich heute oder eines Tages in ähnlichen Situationen finden: »Staat und Gesellschaft suchen bald durch Bestechung, bald durch Erpressung auf die Dichtung einzuwirken; beidem ist zu widerstehen. Das heißt nicht, ihrem gerechten Anspruch sich verweigern; Sokrates, Vorbild im Leben und im Sterben, focht in drei Feldzügen als Hoplit. Immer noch ist er unserer Gesellschaft, ja unseres Schutzes bedürftig, zur Rechten wie zur Linken angewiesen auf seine Schildträger.«

Noch dort, wo man aufbegehrt gegen Jüngers Notizen, ja sich darüber ärgert, lohnt es zu fragen, warum ein so Vielerfahrener an der Schwelle zum zehnten(!) Jahrzehnt seines Lebens nicht nur die Politik in der Kunst als Fremdkörper denunziert, sondern auch die Weltstädte (zugunsten der Gärten), die kulturellen Leistungen des eigenen Jahrhunderts (zugunsten der vergangenen Zeiten), die Wissenschaft (zugunsten des Mythos oder der Dichtung), die Zivilisation im Sinne Spenglers (zugunsten der Kultur) einer Kritik unterwirft, die zwar stets interessant ist, aber insofern nicht gerecht, als sie Schwächen und Mängel, die zeitlos *jeder* Epoche anzukreiden sind, als spezielle Unarten nur der unseren hinstellt.

Wenn er, der so unvergeßlich in Paris über Paris, in Berlin über Berlin schrieb, im Alter sagt: »Wohnsitz des Autors. Früher große Städte und Residenzen: Paris, Rom, Leipzig ... Nun der leere Betrieb, der Lärm, die Kasernierungen ... Städte sind heute eher Orte zum Studium als zur Produktion«, so ist zu fragen, wieso denn er selber seine faszinierendsten Wirkungen in seiner kritischen Auseinandersetzung mit den Erscheinungen nicht der Kultur, sondern der Zivilisation erzielt hat? Oder seine Notiz »Der Mythos ist für den Dichter unentbehrlich; verderblich ist ihm die Politik«: Hat denn Jünger vergessen, daß *seine* aufregendsten Deutungen mythischer Gestalten, zum Beispiel der Judith, mit der er sich oft auseinandergesetzt hat, stets aus der Nähe, aus dem Bezug solcher Figuren zur *politischen* Gegenwart entstanden sind?

Wenn Jünger daran erinnert, daß Spengler für unsere Zeit den Cäsarismus kommen sah, schränkt er ein:»Ähnlichkeiten bestehen ohne Zweifel, aber ein Tacitus hatte es immerhin noch mit einem Nero zu tun.« Sollte das ein Vorzug gewesen sein? Und wenn er schreibt:»Ein Tag im Garten ist wertvoller als Jahre, verbracht in Städten, Bibliotheken oder selbst inmitten von Kunstwerken«, so kann man als sein dankbarer Leser nur sagen: Gott sei Dank lebt Jünger *nicht* nach dieser Maxime!

Wie lebt er denn? Als einer, der sich stets Gefahren ausgesetzt hat: Einmal in seinem Sumatra-Reisebuch, als der Einundneunzigjährige den Halleyschen Kometen wieder gesehen hat, spürt man, daß auch er die existentielle Bedrohung, ihr Unheimliches empfindet; nachts, die anderen schlafen, in seinem Flugzeug über dem Ozean ... der Forscher in ihm, der Soldat, der Bürgerkrieger, sie machten ihn zu dem Menschen und Dichter, die für ein ganzes Zeitalter, für das der großen Kriege, zu Symbolen wurden. Jünger selber – eben wie der Widder, er sagte es ja, sich *seine* Welt schafft – drängte nach dem Gesetz, nach dem er »angetreten«, in diese Rolle. Als ihm 1942, gleich nach Erscheinen seines ersten Tagebuchs aus dem Hitler-Krieg, ›Gärten und Straßen‹, sein Verleger ankündigen muß, das Buch werde verboten werden, habe bei Goebbels und zweifellos auch bei den Militaristen der Bendlerstraße Unwillen erregt, da schreibt am 7. Mai 1942 Jünger seinem Oberst Hans Speidel, der gegen die Warnung des Heeres-Personalamtes:»Ernst Jünger ist ein gefährlicher Mann. Sie werden sich mit einer Versetzung Jüngers in Ihren Stab nur schaden«, den Dichter in den Kommandostab des»Militärbefehlshaber Frankreich« geholt hat:»Daß es mit den ›Falaises de Marbre‹ einige Schwierigkeiten gab, deutete ich ja bereits an. Heute schreibt mir mein Hamburger Verleger ... daß inzwischen ›Gärten und Straßen‹ auf offizielle Klippen, die weit härter als die Marmorklippen seien, gelaufen sind.

An solche Gerüchte bin ich schon seit Jahren gewöhnt, sie gehören meiner Ansicht nach zum Décor, der jede geistige Aktion begleitet, und der wichtiger ist als der Applaus. Es kommt demgegenüber darauf an, daß man die richtigeren, die angemesseneren Prinzipien hat, dann nimmt auch die Verfolgung fruchtbaren Charakter an. Fehlt es dagegen an dieser Bedeutung, so bleibt die ganze Autorschaft ein müßiges Geschäft. Auch gibt es ja heute Arten des Lobes, die uns der Freundschaft derjenigen berauben, auf deren Achtung wir Wert legen...«